In memory of my father
who taught us to live w

To my mother Georgina, fron
out ideas and to weave them into concepts.

To my sister Rosa Elvira, who through her vocation as teacher has
instilled a love of knowledge, liberty, fortitude and deep respect for life.

To Robin and Louis, inspirers of hope and sincere friends
for whom I have the purest feelings of fraternity.

To my brothers: Jairo, Ana, Eugenia, Ernesto, Víctor, Emilio,
Doris and Eduardo for their tenacity
on life and being living examples of learning,
working and solidarity.

FORMACIÓN EDUCATIVA
BASADA EN COMPETENCIAS

Jesús Salvador Moncada Cerón

EDITORIAL
TRILLAS

México, Argentina, España,
Colombia, Puerto Rico, Venezuela

Catalogación en la fuente

Moncada Cerón, Jesús Salvador
  Formación educativa basada en competencias. --
3a ed. -- México : Trillas, 2015.
  302 p. ; 23 cm.
  Título anterior: Modelo educativo basado en
competencias
  Bibliografía: p. 289-294
  Incluye índices
  ISBN 978-607-17-2359-8

  1. Educación - Currícula. 2. Psicología pedagógica. I. t.

D- 379.154'M445m   LC- LB1775'M6.5   5350

La presentación y disposición en conjunto de *FORMACIÓN EDUCATIVA BASADA EN COMPETENCIAS* son propiedad del editor. Ninguna parte de esta obra puede ser reproducida o trasmitida, mediante ningún sistema o método, electrónico o mecánico (incluyendo el fotocopiado, la grabación o cualquier sistema de recuperación y almacenamiento de información), sin consentimiento por escrito del editor

Derechos reservados
©TT, 2015, Editorial Trillas, S. A. de C. V.

División Administrativa,
Av. Río Churubusco 385,
Col. Gral. Pedro María Anaya,
C. P. 03340, México, D. F.
Tel. 56884233
FAX 56041364
churubusco@trillas.mx

División Logística,
Calzada de la Viga 1132,
C. P. 09439, México, D. F.
Tel. 56330995, FAX 56330870
laviga@trillas.mx

Tienda en línea
www.etrillas.mx

Miembro de la Cámara Nacional de la Industria Editorial Reg. núm. 158

Primera edición 3-TT
ISBN 978-607-17-0793-2
⊕(7-TT)
Segunda edición TI
ISBN 978-607-17-1446-6
(Título anterior: Modelo educativo basado en competencias)

Tercera edición, agosto 2015
ISBN 978-607-17-2359-8

Impreso en México
Printed in Mexico

Índice de contenido

Introducción — 7

Cap. 1. Aspectos de la educación basada en competencias — 17
El ser humano como principio y fin de la educación, 17. La educación basada en competencias en la era del conocimiento, 21. Contexto del proceso de enseñanza-aprendizaje en el ámbito de las competencias, 25. Factores que influyen en el aprendizaje en el marco de las competencias, 27. Cambio de paradigma educativo de la enseñanza al aprendizaje, 33.

Cap. 2. Modelo educativo basado en competencias — 40
Qué no es y qué debería ser el modelo educativo, 40. Conceptos del modelo educativo, 42. Tipos de modelos educativos, 43. Tipos de competencias, 51. Competencias docentes, 66. Descripción de competencias, 72.

Cap. 3. Fases y guía para la elaboración del modelo educativo — 87
Qué entendemos por modelo educativo, 88. El currículo educativo. Necesidad del currículo, 108. Diseño curricular por competencias, 112. Método educativo, 117. Estilo pedagógico, 121. Metodología socioformativa en la formulación de competencias, 123. Comunidad educativa, 130. Elementos del modelo educativo, 131. Cooperación y construcción de espacios internacionales, 134. Madurez científica y tecnológica, 134. Concepto de innovación educativa con uso de las TIC, 135. La educación virtual, 143. Evaluación en la modalidad educativa a distancia y virtual, 148. La planeación de la institución educativa, 162. El modelo educativo: su necesidad e importancia en la labor pedagógica, 169.

Orientación del ideario pedagógico y del modelo educativo hacia el desarrollo y el cambio social del país, 171. Siglo xxi: época de cambios, 173. La educación en el contexto de los cambios sociales en América Latina, 173. El modelo educativo: instrumento eficaz para producir agentes de cambio social, 174. Orientaciones y estrategias para elaborar el modelo con las comunidades educativas, 177.

Cap. 4. Implantación del modelo basado en competencias en las instituciones educativas **191**

El porqué de un modelo educativo, 191. El modelo educativo, un compromiso con la calidad, 192. El modelo, expresión de libertad, 198. Modelo educativo y modelo de sociedad, 199. El horizonte del modelo educativo, 201. Las finalidades que queremos lograr, 202. Las estructuras que se han de renovar, promover, cambiar e inventar, 203. Macroambiente y modelo educativo, 203. Métodos de elaboración y revisión del modelo educativo, 209. Esencia del modelo educativo, 224. Descripción del modelo educativo, 229. El modelo educativo basado en competencias en el nivel básico, 231. Modelo educativo por competencias en la educación técnica, en el nivel medio superior y universitario, 240. Metodología para recopilar información sobre la viabilidad de las competencias, 267.

Conclusiones **277**
Bibliografía **289**
Referencias en línea, 293.
Índice onomástico **295**
Índice analítico **297**

Introducción

El análisis de los modelos educativos está actualmente en el centro de las discusiones en torno al quehacer académico. Lo peculiar de esta discusión radica en el consenso cada vez más extendido de la necesidad de que las instituciones educativas cumplan satisfactoriamente la función de formar a las futuras generaciones en las competencias, capacidades y destrezas que requiere el desempeño laboral para una sociedad que se transforma profunda y rápidamente. Las instituciones educativas en la era del conocimiento giran alrededor de la promoción de competencias, que son las que pueden dar respuesta a las exigencias del mundo actual. Por su gran potencial como generadoras de desarrollo, las instituciones educativas necesitan asumir un compromiso con la innovación y la transformación, lo que implica una redefinición de sus políticas, programas, orientaciones, currículos y capacidades de gestión. Estas instituciones deben incrementar la calidad de los procesos de enseñanza-aprendizaje, y responder así a los requerimientos y desafíos relacionados con la globalización de sociedades, economías y mercados laborales.

Durante las últimas décadas las competencias han penetrado en los diversos niveles educativos en los países de economías más desarrolladas (Gutiérrez, 2005). En el caso de México, en años recientes comenzó el diseño de políticas educativas basadas en competencias, empezando por la educación tecnológica: el CONALEP, los CETIS y CEBETIS, posteriormente la educación básica, y ahora se está extendiendo a los demás niveles educativos de tal manera que la educación por competencias se encamina a ser más la norma que la excepción.

La introducción del concepto de competencia en la educación se fundamenta en la creciente demanda social de conocer las capacidades que se desarrollan en las fases formativas, y en la necesidad de mejorar la preparación de manera que permita una mejor incorporación del educando al ambiente laboral. Los procesos de selección se presentan en el ámbito profesional, en el educativo y en las instancias evaluadoras y acreditadoras que dan un valor específico al aprendizaje de los alumnos, a los resultados obtenidos.

El uso del término *competencia* se ha extendido a partir de la década de 1970 en el mundo empresarial y en el relacionado con la formación profesional. Refiere a una idea de cualificación y de certificación para poder ejercer una actividad laboral. De estos ámbitos, la noción se ha desplazado al sector educativo en general. El interés cada vez mayor por las competencias educativas deriva básicamente de las evaluaciones realizadas por la *International Association for Educational Achievement* (IEA) y de las evaluaciones PISA de la OCDE.

En el ambiente educativo, el planteamiento que justifica la introducción de las competencias se da a partir de una toma de conciencia respecto a las limitaciones del tradicional modelo académico, que no prepara suficientemente a los jóvenes para afrontar situaciones personales y de nivel profesional práctico, así como para seguir aprendiendo a lo largo de toda su vida. De la lógica del "saber" se requiere transitar a la del "saber hacer". Lo importante es el empleo que se hace del conocimiento y reducir con ello la brecha entre la teoría y la práctica.

El modelo educativo basado en competencias se sustenta en un enfoque holístico de la educación, por lo que enfatiza el desarrollo constructivista de los conocimientos, las habilidades, actitudes y valores que permitan a los alumnos insertarse adecuadamente en la sociedad como agentes de cambio y personas productivas que poseen al menos los aprendizajes básicos: aprender a conocer (conceptos), aprender a hacer (procedimientos) y aprender a ser y convivir (actitudes).

Este modelo se constituye en la oportunidad para reflexionar profundamente sobre el sentido de la educación, desde la inicial y la básica hasta la universitaria, en el contexto de la educación para toda la vida. Deben precisarse cuáles son los contenidos culturales y las competencias que permitirán al joven desenvolverse en su medio regional, nacional e incluso global, de la manera más eficiente a lo largo de su vida. En este sentido, los criterios de evaluación de las competencias están orientados a los resultados, lo que permite mayor creatividad y flexibilidad en el trayecto de adquisición de competencias, en los diseños de los procesos de formación y en la selección de las estrategias curriculares y pedagógicas.

Sin embargo, vale la pena señalar que existe una serie de conocimientos, de experiencias y actitudes que nos dan identidad, que son importantes para nuestra propia vida, aunque no deriven necesariamente en competencias. Para comprendernos a nosotros mismos, a la sociedad o a la naturaleza se ha acudido al conocimiento relacionado con la filosofía, la psicología, la antropología y la historia, entre otras áreas del saber. Así, por ejemplo, Edgar Morin (2000) establece siete saberes indispensables para la educación:

1. Conocer lo que es conocer y evitar las cegueras del error y la ilusión.
2. Conocer los principios del conocimiento pertinente.
3. Enseñar la condición humana: reconocerse en los elementos comunes de la identidad de la especie humana y al mismo tiempo reconocer la diversidad tanto individual como cultural.

4. Tomar conciencia de la identidad terrenal.
5. Saber afrontar las incertidumbres.
6. Saber comprender.
7. Conducirse de acuerdo con la ética del género humano.

Algunos de estos conocimientos pueden traducirse en competencias, pero hay otros que constituyen nuestra memoria e identidad y que son más próximos al área del pensamiento que a la de la acción, pero su valor es intrínseco y absolutamente importante para estructurar nuestra forma de ser y de vivir.

El modelo educativo implica infundir, entre los estudiantes, el personal académico y administrativo, nuevos conocimientos, habilidades y actitudes que permitan desempeñarse de manera eficaz en un medio nacional, internacional y multicultural. En el plano institucional no basta enseñar actitudes de apertura hacia la transformación y la innovación, sino que hay que formar talento con competencias profesionales y laborales requeridas por la nación para su desarrollo humanístico, cultural, científico y tecnológico.

En nuestra realidad de principios de siglo nos situamos ante un nuevo paradigma económico-productivo en el cual la disponibilidad de capital, mano de obra, materias primas o energía ya no son los factores fundamentales, sino el uso del conocimiento y la información. Las economías más avanzadas se basan hoy en el manejo de conocimiento, pilar fundamental del poder y la riqueza de las naciones.

La emergencia de un conocimiento sin fronteras y de la sociedad de la información supone desafíos inéditos para la educación. Esta situación implica que los individuos sean preparados para que su proceso de aprendizaje continúe más allá de la escolaridad formal, y que deban estar actualizados permanentemente. Algunas opciones para materializar este propósito resultarán sin duda, de la innovación de la tecnología, con ricas ofertas de información y espacios para transformarla en conocimiento.

Ciertamente debemos, en esta búsqueda interpretativa, encontrar aquellas categorías clave que mejor nos dejan captar y explicar el dinamismo esencial de nuestra época, y que nos sirven, al mismo tiempo, de guía en la investigación social, histórica y educativa, y también como indicadores de nuestra acción.

En sintonía con lo que supone acceder a la sociedad del conocimiento, se reconocen las señales que ya han llegado y afectan a los individuos en su formación, como:

- Rápida y frecuente obsolescencia de conocimientos y habilidades.
- Competitividad internacional por el talento.
- Mutación de los conceptos tradicionales de trabajo y empleo.
- Énfasis en el desarrollo de habilidades y el aprendizaje permanente.
- Búsqueda intensa de valores, identidades y participaciones.
- Iniciativa como la fuerza directriz.
- Alta demanda de individuos con habilidades superiores.
- Mayor difusión de ideas y de objetos culturales.

- Comunicación electrónica, que abre franjas a referencias culturales globalizadas.
- Fragilidad de las culturas particulares.

La historia reciente nos enseña que en educación es mejor escrutar el futuro para comprender cuáles son las respuestas justas en el presente. Ante la incertidumbre del porvenir, el desafío educativo debe partir de la esperanza, con miras a progresar hacia los ideales de paz, libertad, justicia social y armonía, pues en las instituciones educativas no sólo se debe enseñar el patrimonio de conocimientos de la humanidad, sino ante todo la sensibilidad para lo nuevo y la pasión para proyectar el futuro. Estas instituciones requieren trabajar para la formación de los alumnos en competencias, creando un ambiente de comunidad animada por el espíritu de libertad, de responsabilidad, de verdad y de servicio, ayudando a los educandos para que crezcan en el desarrollo de su personalidad.

La educación entonces nos plantea la exigencia de una "ingeniería de la vida", desde el momento que requiere ser pensada y programada antes de aplicarla para desarrollar y hacer madurar al ser humano. De ahí surge la necesidad de "proyectar" la tarea educativa. El modelo educativo no es espontáneo o irracional, es un esfuerzo intencional que parte de realidades concretas conocidas y poseídas (la condición del educando y su ambiente social) hacia metas ideales, diseñadas en finalidades y objetivos, claramente propuestos para ser logrados por el educando y alcanzados por medio del quehacer de cada día por la comunidad educativa.

El planteamiento de un modelo educativo exige un esfuerzo intencional que significa plantearse objetivos, metas y planes de acción educativos claros y bien pensados, hacia los cuales polarizar las intervenciones, los recursos y los estímulos pedagógicos de todos los agentes que intervienen en el proceso educativo. Lo que se busca es lograr el desarrollo de la personalidad del alumno, según el "perfil" del "ser humano nuevo", previamente diseñado en el "modelo", el cual a su vez debe estar orientado hacia el cambio social del país, que será generador de la "nueva sociedad" que todos anhelamos.

En el desarrollo de un modelo educativo, la propuesta concreta de Sánchez (2013) establece las siguientes fases:

- Preparación para el cambio.
- Conformación del equipo de trabajo.
- Estructuración del programa piloto, considerando las bases institucionales, sociales y académicas.
- Capacitación para el manejo del modelo de todos los involucrados en su aplicación y evaluación.
- Estructuración del trabajo de los diferentes departamentos.
- Plan general de desarrollo consensuado y socializado en la institución y la comunidad.
- Generación de condiciones que permitan a académicos y alumnos la in-

corporación a su quehacer académico con el fin de optimizar recursos e iniciativas.
- Orientación a la innovación.
- Establecimiento de formas de evaluación y ajustes continuos.

El modelo educativo parte de la realidad de cada individuo participante para forjar un "nuevo individuo social".

De acuerdo con este mismo autor, para la construcción del modelo se han de considerar los siguientes aspectos:

- Innovación.
- Interdisciplinariedad.
- Integración.
- Interculturalidad.
- Desarrollo de competencias.
- Bases metodológicas que orienten el modelo.
- Bases metodológicas que coadyuven en los procesos de enseñanza-aprendizaje.

Las bases ideológicas de tal modelo tomarán en cuenta los elementos:

- Humanismo.
- Desarrollo individual.
- Equilibrio entre todos los componentes propuestos.
- Partir de lo local sin dejar de destacar los aspectos nacionales y globales.
- Ser flexible.

Los valores institucionales y sociales que más deben apuntalarse en la creación del modelo son:

- Trabajo en equipo.
- Compromiso institucional.
- Compromiso y responsabilidad social.
- Respeto a la diversidad.
- Calidad de vida.
- Ética profesional.

Los principios esenciales que dan base al modelo son:

- La historia.
- La vida cotidiana y las experiencias.
- La integración.
- La autogestión.
- La colaboración.
- La comunicación.
- La creatividad y la constructividad.

Detrás del modelo educativo existe una filosofía curricular o una orientación teórica que, a su vez, es síntesis de una serie de posiciones filosóficas, epistemológicas, científicas, pedagógicas y de valores sociales. El modelo educativo basado en competencias parte del proceso de acción social y del nuevo proyecto de sociedad, de ahí que los fines del modelo sean los siguientes:

- Definir la identidad educativa.
- Realizar una educación fincada en los valores perennes del humanismo.
- Favorecer la educación integral e integradora de los alumnos.
- Impulsar la relación de las instituciones educativas con el entorno.
- Servir de puente mediador entre teoría y práctica.
- Favorecer el encuentro interdisciplinar.
- Vehiculizar y concretar las orientaciones generales del sistema educativo.
- Operar como nexo entre prescripción y ejecución.
- Orientar los procesos y las estrategias de investigación.
- Servir de guía al personal docente y administrativo.
- Facilitar los procesos de cambio y de innovación en el aprendizaje.
- Hacer explícitas las intenciones del proceso enseñanza-aprendizaje.
- Conceptuar al ser humano y a la sociedad y, conceptuar cómo se relacionan entre ellos.
- Dar una concepción del conocimiento y el aprendizaje.
- Señalar la forma del aprendizaje y de la enseñanza que se tiene que asumir.
- Determinar el perfil del egresado que nos proponemos formar.
- Proponer el tipo de plan de estudio que posibilite todo lo anterior.

En la elaboración del modelo deben participar, en diferentes formas, todos los integrantes de la comunidad educativa, esto es, los directivos, los maestros, los alumnos, el personal administrativo, el personal de apoyo y demás miembros, para que en conjunto se comprometan a mejorar la calidad de sus acciones educativas y se logre

- Clarificar los valores de la propia institución.
- Modificar esquemas pedagógicos.
- Facilitar la investigación e innovación educativas.
- Reorientar, si es necesario, la educación que se imparte en el centro educativo.

Dentro de este panorama, el modelo educativo no es sólo una oportunidad para el reconocimiento de la calidad de los programas de la instituciones educativas, sino una ocasión para reconocer la dinámica del mejoramiento de la calidad y precisar las metas del desarrollo deseable. La calidad supone el esfuerzo continuo de las instituciones, para cumplir en forma responsable con las exigencias propias de sus funciones sustantivas que son la docencia, la investigación y la proyección social.

En el modelo educativo se definen la misión, los propósitos, las metas y los objetivos educativos; a la vez, se enuncia la naturaleza jurídica y se formulan, a la luz de la identidad propia de la institución, sus estrategias fundamentales respecto a la formación basada en competencias, a la docencia, a la investigación y la proyección social.

La implantación del modelo educativo permite ver la estructura organizacional de la institución educativa, así como sus mecanismos explícitos de administración y gestión, en correspondencia con su naturaleza, tamaño y complejidad. Tales aspectos deben garantizar la obtención de los objetivos propuestos por los programas académicos. La institución educativa hace seguimiento de sus políticas de gestión y los resultados de tal seguimiento se utilizan para introducir mejoras y nuevas orientaciones en los programas educativos y en la institución en su conjunto.

El modelo que nos ocupa muestra las estrategias para generar en las instituciones educativas un ambiente que refiere a la misma institución como un todo, en lo relacionado con el bienestar de los estudiantes. Éste debe ser considerado una dimensión de la formación integral, que asume a la persona como totalidad y se orienta al logro de su autonomía, a su crecimiento personal, a su maduración como ser humano y al mejoramiento de su socialización. Las instituciones educativas deben incluir servicios de bienestar para los estudiantes, los profesores, los empleados administrativos y demás miembros de la comunidad, brindando actividades que propicien el desarrollo humano, incluidas actividades culturales, deportivas, artísticas y sociales, entre otras.

A continuación se enuncian algunos criterios sobre los cuales opera el modelo educativo y a cuya luz se aprecian las condiciones, las características, las variables y los indicadores de calidad de las instituciones educativas. Estos criterios constituyen un punto de vista valorativo y se consideran una totalidad. No hay entre ellos jerarquía alguna ni se establece predilección de uno sobre otro; ellos se complementan y se potencian entre sí. Tales criterios son

a) *Universalidad*. Hace referencia de una parte a la dimensión más intrínseca del quehacer de las instituciones educativas. El trabajo académico descansa sobre uno o varios saberes, ya sea que se produzcan por medio de la investigación, se reproduzcan mediante la docencia o se recreen, contextualicen y difundan a partir de múltiples formas. En todos los casos, el conocimiento posee una dimensión universal. De otra parte, la universalidad hace también referencia a la multiplicidad y extensión de los ámbitos en que se despliega el quehacer de la institución.

b) *Integridad*. Es un criterio que remite a la probidad como preocupación constante de las instituciones educativas en el cumplimiento de sus tareas. Implica, a su vez, una preocupación por el respeto de los valores y referentes universales que configuran el "*ethos* académico" y por el acatamiento de los valores universalmente aceptados como inspiradores del servicio educativo.

c) *Equidad.* Es la disposición de ánimo que debe movilizar a las instituciones educativas "a dar a cada quien lo que le corresponde". Expresa de manera directa el sentido de la justicia con que se opera. Reconoce las diferencias y la aceptación de las distintas culturas y de sus múltiples manifestaciones.

d) *Idoneidad.* Es la capacidad que deben tener las instituciones educativas de cumplir a cabalidad con las tareas específicas que se desprenden de su misión, de sus propósitos, de la naturaleza de sus programas, todo ello articulado de manera coherente en el modelo educativo.

e) *Coherencia.* Es el grado de correspondencia entre las partes de la institución, es decir, la adecuación de las políticas para que en cada uno de los niveles se realice efectivamente la misión que debe profesar la institución educativa.

f) *Transparencia.* Es la capacidad de las instituciones educativas para explicitar sin subterfugio alguno sus condiciones internas de operación y los resultados de ella.

g) *Pertinencia.* Es la capacidad de las instituciones educativas para responder a las necesidades del medio de forma proactiva con el fin de transformar el contexto social donde opera la institución, en el marco de los valores que la inspiran y definen.

h) *Eficacia.* Es el grado de correspondencia entre los logros obtenidos y los propósitos formulados en el modelo educativo.

i) *Eficiencia.* Es la medida de cuán adecuada es la utilización de los medios de que dispone la institución educativa para el logro de los propósitos esperados.

El modelo educativo es un instrumento que sirve para la renovación de las instituciones educativas, ya que es evidente la eficacia pedagógica que promueve. Si los directivos y profesores de dichas instituciones tienen ideas claras y precisas acerca de los objetivos y las metas de la institución; si saben crear un clima propicio en él y logran planificar y organizar la acción educativa en forma participativa y corresponsable, despertarán las fuerzas de todos los integrantes de la comunidad educativa.

La institución educativa se compone de: un carácter eminentemente humanístico sobre el destino y la razón de ser de la educación; y de su trascendencia como hecho colectivo que conmina a los sujetos a elaborar su propio cuadro de valores y saberes. Es el escenario en el que se ejercen las libertades que otorgan su esencia universal. El orden y el respeto han de identificar los propósitos institucionales así como el espíritu de los destinatarios del servicio educativo.

La filosofía en el escenario educativo se fundamenta en la verdad y en la justicia; que ha de guiar la equidad, la pertinencia y la trascendencia de los hechos emanados de la escuela.

Las decisiones de orden político deben sustentarse bajo principios y valores universales dentro de un marco de derechos y deberes. La institución educativa habrá de equilibrar tales preceptos y proyectarlos al exterior a partir de la bioética en afinidad con los derechos humanos. Sobre lo filosófico se construye la propuesta jurídica, que incide en los planteamientos institucionales; sus elementos son la misión y la visión. La filosofía determina el ser del centro educativo e inspira su quehacer. Es la base de su historia y guía el presente; provee la claridad conceptual para conducir su futuro.

Finalmente, más que tener la posibilidad de ser educado, el principal derecho se centra en tener una buena educación, la cual es vital en los países emergentes, pues sistemáticamente han desarrollado esquemas educativos con pobres resultados. Las reformas de las últimas décadas no han sido suficientes para trascender los planteamientos de una educación pobre y ello ha marcado brechas entre los países desarrollados y los más pauperizados. En nuestro país se mantiene el concepto del analfabetismo funcional, es decir, sujetos que leen sin comprender y que escriben sin comunicar.

El derecho más sólido que ha de construirse es el derecho al aprendizaje, el que estimula un anhelo por seguir aprendiendo de modo permanente a lo largo de toda la vida. De allí emerge la capacidad de modificar sociedades y generar un verdadero desarrollo. Una educación endeble propicia temor, frustración, inseguridad, incapacidad, impacta de forma negativa en la autoestima y, en general, crea daños en ocasiones irreversibles. En contraparte, una educación buena es constructiva, integradora, identifica talentos particulares, permite una adecuada comunicación, incita al trabajo en equipo, abre expectativas para un pensamiento generoso, honesto, crea un proyecto de vida ético con responsabilidad ciudadana, enaltece el esfuerzo, el valor, la dignidad laboral y contribuye a erigir un futuro diferente.

CAPÍTULO 1

Aspectos de la educación basada en competencias

EL SER HUMANO COMO PRINCIPIO Y FIN DE LA EDUCACIÓN

La educación en sentido activo y dinámico se puede definir como la ayuda que una persona, grupo o institución presta a otra, para que se desarrolle y se perfeccione en los diversos aspectos: materiales y espirituales, individuales y sociales de su ser, dirigiéndose así hacia un fin propio.

El término *educación* deriva del latín *educo, educas, educare*: ir conduciendo de un lugar a otro, o también de *educo, eduxi, eductum*: sacar de sí, extraer. La primera etimología pone de relieve el progreso producido por la educación; la segunda, que los resultados alcanzados se obtienen desarrollando las virtualidades contenidas en el interior del sujeto. Es una acción que tiende hacia el sujeto mediante el desarrollo de sus facultades y virtudes.

El principio del proceso educativo es la persona como tal, en el sentido cualitativo, porque el ser es un fin en sí mismo y no un medio, y por eso la educación es la posibilidad para que éste logre lo que le hace falta para ser más humano. De ahí que todo proceso educativo se fundamente en una visión antropológica específica.

Desde siempre la educación se ha presentado como una disciplina normativa, como una relación entre personas. Las primeras prácticas educativas no fueron otra cosa más que una manera de conformar los imperativos de la vida cotidiana e integrar al individuo a la comunidad. A medida que maduraron los grupos y las sociedades, se fueron fijando las técnicas y disciplinas del aprendizaje bajo la autoridad de los más ancianos de la comunidad. Esta fue la educación primitiva.

De ahí pasamos a la educación humanista, que tiene su origen en Platón. Se le llama *humanista* porque se funda en el hombre mismo, en sus posibili-

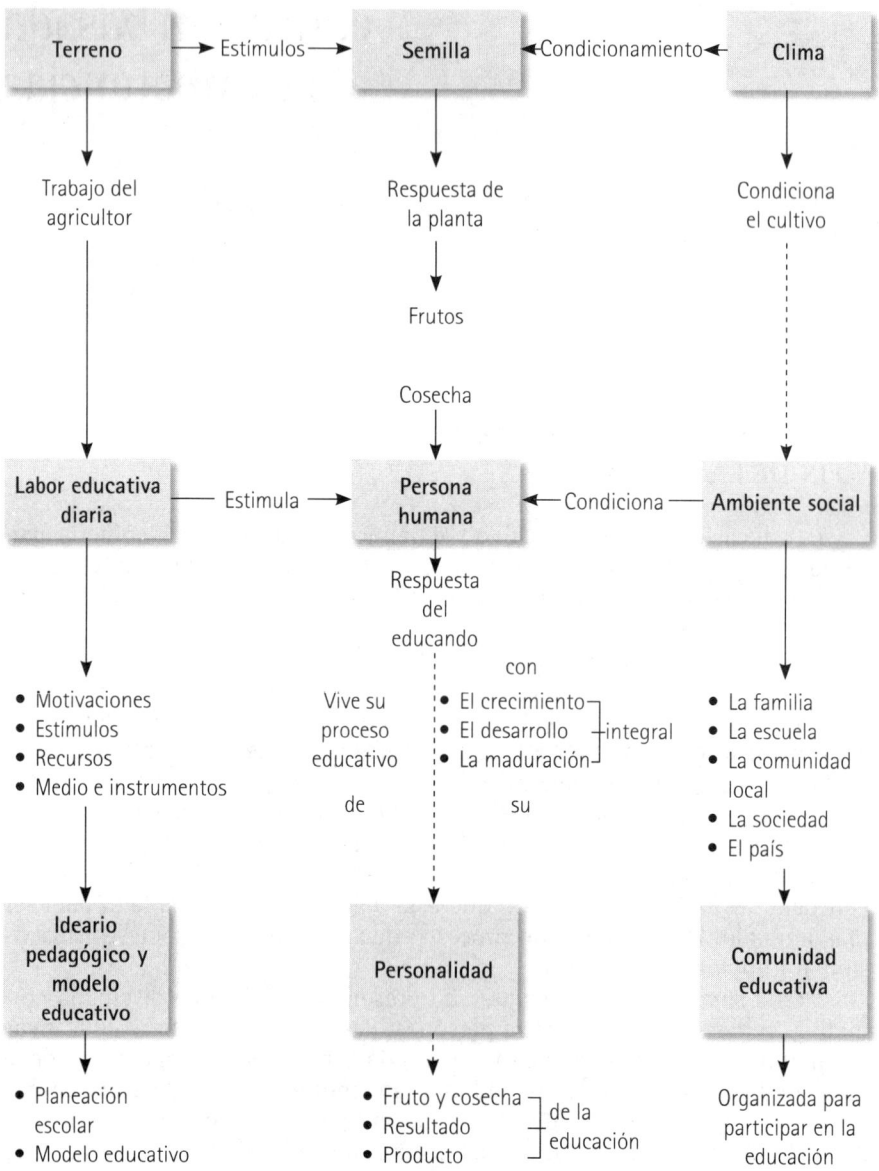

dades, límites y anhelos. Su fin es la realización del sujeto como ser. En este tipo de educación prevalecen las normas sobre el individuo; todo el proceso educativo tiende a la incorporación del sujeto a un modelo reconocido universalmente como bueno. Y se apoya en la definición del hombre como ser ideal y como *Homo sapiens*, cuya única meta es la de parecerse en lo más posible al modelo del hombre educado, al Hombre.

La formación del *Homo sapiens* se fue sustituyendo a lo largo del tiempo por la formación del *Homo faber*; pero ninguna de estas dos concepciones educativas propone al hombre realmente como el principio de su perspectiva, ya que el hombre educado es el resultado de una sucesión de actos regidos por un fin externo; la educación ahí es el premio y término del proceso mismo. En este proceso se observa el deseo de reunir o conjuntar al *Homo faber* y al *Homo sapiens*, para lograr la realización del hombre total.

El objeto de la educación se presenta actualmente como el desarrollo total y totalizante del ser humano. Esto se fundamenta en la concepción antropológica de Husserl: el hombre es conciencia de algo, es proyección hacia algo, su existencia es un existir. De alguna forma este desarrollo es intencional, es decir, conocido y querido por el sujeto. De la identificación de este "algo" que mencionábamos anteriormente, del cual el hombre es consciente, depende el sentido de la educación, de sus aspiraciones, de su inspiración y su devenir, de sus posibilidades y de sus límites.

La educación primitiva identifica este "algo" como el "nosotros". El sujeto educado era conciencia de la colectividad y su fin, encontrarse a sí mismo como miembro de su comunidad. La educación humanística identificó por su parte ese "algo" como el "yo", como su propio "ego"; el sujeto educado es conciencia de sí, conciencia de su esencia definitiva en términos de razón: el hombre se educa para encontrarse como ser presente, para descubrir su racionalidad. La educación es, en definitiva, como un regreso a uno mismo.

Si queremos lograr un proceso educativo integrado y total es preciso volver a definir este "algo" del cual el hombre es conciencia. Y aplicar las dimensiones del sujeto que es conciencia de sí mismo hacia el mundo, hacia los demás, hacia el cosmos, para identificar al ser humano como principio y fin del acto educativo.

a) El hombre como intencionalidad. Para educar al ser es preciso situarlo en su propia realidad espaciotemporal, a que exista en el mundo con los demás. Para Heidegger, la existencia es un principio dinámico, que implica un diálogo eterno del hombre con el hombre, del hombre con el mundo y del hombre con su Creador.

b) El hombre como ser mundano. El ser humano está inmerso en el mundo, le pertenece. Descubre los significados del mundo poniéndolos momentáneamente entre paréntesis para recuperarlos luego en todas sus dimensiones.

c) El hombre como conciencia de los demás. Como ser intersubjetivo, el hombre es incompleto y aspira a la plenitud, y la busca en las relaciones con los demás para transformar el mundo y en la religación con Dios para ser más. Esta proyección del sujeto hacia los demás se efectúa en el mundo con el que está en relación. No basta estar en contacto con el mundo, es necesario existir en el mundo con los demás. Sólo así se da la transformación de lo que ya está ahí. El ser en el mundo es al mismo tiempo un ser-ahí y un ser-ahí-con, es un ser en el mundo con los demás. El ser ahí sólo es en tanto que tiene la estructura esencial del ser-ahí-con. El tiempo es la dimensión esencial y existencial del ser definido como su propio no-ser-todavía. Por eso vivir es vivir su propia muerte en cada instante, es correr al encuentro de su propia realidad, al encuentro de su futuro, de sus posibilidades. El tiempo es la proyección del todavía-no del hombre; es una sucesión de momentos que se anulan por sí mismos y preparan al momento supremo en el cual el ser ya se conoce. Todo esfuerzo educativo tiende a formar como si el hombre fuese eterno y se inclina a rehusar su temporalidad. Sólo cuando el hombre se sabe y se acepta como ser temporal que peregrina en esta tierra, hace de tal actitud un ser libre.

d) El hombre y el factor cósmico. Los educadores harán lo posible para que los educandos recuperen su dimensión cósmica, puesto que el hombre está inscrito en un marco histórico y mundano. La educación se puede definir como la práctica de la libertad; como dice Freire, el hombre es el fundamento y la condición de posibilidad del acto educativo. La educación debe preparar al hombre a vivir el cambio continuo; educarse es aprender a ser dentro de las condiciones del cambio. Esto supone la apertura de la estructura sociocultural del momento hacia una nueva dimensión; *es un proceso donde surge una conciencia colectiva de la humanidad, y al surgir, ésta se esboza en una cultura planetaria fundada en una simbiosis ecológica. Entonces, la educación se vuelve un proceso de iniciación para un hombre conciencia del universo.*

Pero, ¿cómo se aprende a ser conciencia del universo? Se intenta encontrar una nueva dimensión para definir al hombre: puede ser la cósmica planetaria; el desarrollo humano debe encontrar una nueva dinámica interior en un contexto reordenador más amplio de las relaciones fundamentales. Este pensamiento abre la antropología a la dimensión cosmológica, busca y sitúa al hombre en sus relaciones con la Tierra. Aquí el sujeto es conciencia de sí, de los demás, del mundo y del cosmos.

Así, para que el hombre pueda ser más hombre, en su nueva perspectiva geocéntrica, hace falta construir un nuevo sistema de relaciones y prioridades, más que regresar a fórmulas, modelos y sistemas educativos.

Hemos de tener en cuenta que el ser humano no es un ser separado del universo, sino más bien un modo de ser del universo. Pues el ser es la síntesis del universo, es la microfase del cosmos y el cosmos, es la macrofase del hombre. Se establece un sentido de identificación entre las necesidades del ser humano y las necesidades del cosmos. Debe surgir el ser humano cósmico, que no es otra cosa que la persona integrada con el todo y en un verdadero sentido subordinado al todo.

Este paso del antropocentrismo al geocentrismo en la identificación del hombre como tal conduce a una formulación de nuevos principios educativos. Si la tierra es, según Tomás Berry, una comunidad autoemergente que se nutre, se gobierna y se educa a sí misma, entonces todos los sistemas particulares deben integrarse en lo que se refiere al ser, a la alimentación, a los procesos de gobierno, a la educación. Asimismo, la principal tarea humana es fomentar la intercomunicación de todos los componentes de la comunidad terrestre, del planeta. Educarse es aprender a dirigir el proceso evolutivo de la Tierra y a llevar adelante dentro de su propio ser el proceso evolutivo general. Educarse es aprender a vivir religado al universo al cual pertenece uno en esencia y existencia.

Hay que educarse para proponer la formación futura del hombre-individuo y del hombre-sociedad como parte integrante de la Tierra, como persona cósmica. Para conseguir tal fin hace falta pensar en un programa planetario de la educación, en una espiritualidad planetaria. Rousseau había definido la tarea educativa en términos de recuperación: el hombre es originariamente bueno, la sociedad lo ha corrompido, la educación debe permitir que él recupere su bondad original, en una forma equivalente dentro del nuevo orden social fundado en la edificación de un contrato social justo; sin embargo, tal perspectiva era muy normativa. El esfuerzo educativo propuesto al hombre, en términos de conquista de su propia naturaleza, quedaba centrado en lo meramente humano.

La tarea educativa geocéntrica o planetaria, aunque todavía hoy parezca lejana o utópica, es la que permite encontrar nuestra identidad perdida: el hombre tiene nostalgia de su ser cósmico perdido. Hay que educar para que cada uno pueda volver a su identidad integral y conjuntamente vuelva a encontrar a los demás. Hay que hallar un modo de ser fundamental, una manera de ser auténtica, en armonía con nuestra naturaleza y nuestro origen cósmico.

LA EDUCACIÓN BASADA EN COMPETENCIAS EN LA ERA DEL CONOCIMIENTO

"Estamos viviendo una transformación radical. Por primera vez, el factor de producción más importante está en manos de los trabajadores y éste es el conocimiento... Las reglas de juego han cambiado. Hemos pasado de la Era Industrial a la Era del Conocimiento. En la sociedad del conocimiento el trabajador del conocimiento gana acceso al trabajo y posición social a través de la educación. Por tanto, la adquisición y distribución de conocimiento formal tienen la misma importancia que la que han tenido la adquisición y distribución de la propiedad e ingresos en los últimos siglos" (periódico *El Comercio*, 2006, p. 1).

Por ello, al hablar de la era del conocimiento, autores como Cardona (2002) plantean que la educación necesita reestructurar sus objetivos, metas, pedagogías y didácticas para lograr la misión que demanda la sociedad del conocimiento.

Los principios que sustentaron la realidad moderna durante gran parte del siglo xx se basaron fundamentalmente en el positivismo, empirismo y conductismo, que requirieron pedagogías centradas en la trasmisión de conocimientos para modelar la conducta humana. Las situaciones de un orden actual han transformado la proyección pedagógica en consonancia con una nueva realidad posmoderna. Al asumir que el conocimiento se torna obsoleto en un periodo no mayor a cinco años para ser remplazado por un nuevo conocimiento, resulta ineficaz acudir a formulismos pedagógicos rebasados por el extremo dinamismo de las estructuras sociales (Argudín, 2005). Ya han quedado atrás los esquemas que consideraban que el conocimiento era estable y que al concluirse una formación académica, ésta era suficiente para integrarse al mundo productivo, sin que mediaran procesos continuos de actualización. En la era del conocimiento, la educación basada en competencias es una de las respuestas más acertadas para abordar los problemas de este cambio de época.

La palabra *competencia* se deriva del griego *agon*, y *agonistes*, que se refiere a quien se ha preparado para ganar en las competencias olímpicas, con la obligación de salir victorioso.

En sus raíces latinas, el término reúne las palabra *comp*, que significa "pedir, aspirar, tender a", y *petere*, idea de compañía, de compartir. Competencia es *competere*, es decir, ir al encuentro de una misma cosa. A partir del siglo xv, *competere* adquiere el significado de "pertenecer", "incumbir", "corresponder a". Se crea así el sustantivo *competencia* y el adjetivo *competente*, cuyo significado se asume como el de "apto" o "adecuado". En esta misma época, la noción de competencia comienza a utilizarse como "contender con", "rivalizar con", lo que da lugar a sustantivos como *competición*, *competidor*, *competitividad*, *competitivo*.

En el ambiente educativo, el concepto de competencia no proviene de un único paradigma, sino que se ha venido estructurando a partir de las aportaciones de la filosofía, psicología, lingüística, sociología, economía y formación laboral. Es así, un término interdisciplinar (Rial Sánchez).

La capacidad es una "subunidad" de la competencia. Rial Sánchez refiere el concepto de Bunk (1994:8) y señala que la capacidad es "el conjunto de conocimientos, destrezas y aptitudes cuya finalidad es la realización de actividades definidas y vinculadas a una determinada profesión". La interrelación de capacidades produce la competencia.

El interés por desarrollar competencias surgió en el ámbito universitario a finales de la década de 1960 y principios de 1970. David McClelland, profesor de psicología de la Universidad de Harvard, se dio cuenta de que los exámenes aplicados a los alumnos no eran capaces de prever el éxito o el fracaso laboral de los profesionales que egresaban (Adams, 1996, citado por Brundrett, 2000). Con la expectativa de reconocer cuáles eran las variables que permitirían entender esta situación, McClelland fundó la consultora McBer, con el propósito de encontrar en qué se fundamentaba la competencia de un profesional. Su investigación lo condujo a elaborar la "Evaluación de competencia laboral", que derivó en una lista de competencias básicas entre las que destacan la identificación con la compañía, la autoconfianza, la búsqueda de información, la orientación al cliente, el pensamiento conceptual, la flexibilidad y el liderazgo.

En 1981 la consultora pretendió caracterizar un "Modelo genérico de competencia gerencial", y aplicó un instrumento de evaluación de competencia laboral a más de 2000 personas que tenían posiciones gerenciales en dos compañías. A partir de este proceso se identificaron las competencias ya señaladas que todo gerente debía tener si pretendía desarrollar un trabajo sobresaliente. Si bien el estudio de la consultora, con su "lista de oro", se centró en la administración de empresas, en el área educativa se creó la inquietud sobre la factibilidad de generar listas de competencias para otras profesiones y cómo enseñarlas.

La educación basada en competencias, a pesar de no ser una temática tan reciente, aún propicia debates y controversias, ya que en principio parece estar ligada más al campo laboral que a la misma autonomía de las ciencias. Entre sus definiciones iniciales, Boyatzis (1982, citado por Brundrett, 2000) señalaba las competencias como las características que establecen la diferencia entre una actuación sobresaliente y un desempeño promedio o abajo del promedio. Ese sesgo empresarial parece crear confusión entre la "actuación en el trabajo" y el término *competencia*. Este hecho ha generado las principales críticas a la educación basada en competencias, puesto que en apariencia se origina una dependencia educativa a los requerimientos de la empresa, lo que reduce la capacidad personal a la capacidad laboral.

Hacket (2001) da una opción a esta situación antagónica. Marca que desde una perspectiva estrecha, las competencias conducen a un entrenamiento estandarizado y producen resultados que pueden ser alcanzados por todos los educandos en un nivel aceptable. Por su parte, en la perspectiva amplia se consideran los factores sociales, intelectuales, emocionales y de proceso implícitos en el acto educativo en donde se practica la educación basada en competencias. Es importante entender que la fusión de estas dos perspectivas orienta una visión holística de la competencia, pues si bien es cierto que la educación no debe estar desvinculada del mundo del trabajo, tampoco se reduce a éste.

Como es sabido, en América Latina, en afinidad al modelo educativo napoleónico que data de hace dos siglos y da prioridad a los aspectos del mercado laboral, hasta hace poco tiempo éste era un modelo muy generalizado en todos los niveles educativos y marcaba una tendencia de profesiones bien definidas, con escasa intercomunicación, con competencias profesionales claras e, incluso, legalmente fijadas. Dada la precaria intercomunicación de las profesiones, las competencias demandadas han establecido un rumbo específico y están relacionadas con un aspecto concreto del mundo laboral. También han sido relevantes las profesiones estables cuyas competencias profesionales no se modifican de manera considerable a lo largo de la vida profesional. Sin embargo, estas tendencias se están transformando en vista de que el conocimiento ya no es estable y de que el trabajador precisa capacitaciones continuas en áreas transversales a su ámbito principal de desarrollo profesional.

Por otro lado, podemos señalar que la educación basada en competencias tiene las ventajas siguientes:

a) Se desenvuelve en un medio en el que el conocimiento cambia rápidamente. El valor del conocimiento que el alumno "atesora" se devalúa al cabo de los años, puesto que los nuevos saberes remplazan a los anteriores. Esto implica que el educando tenga la capacidad de acceder a esos conocimientos, y en esa dinámica, la tarea de la institución educativa es enseñar a los alumnos a aprender a aprender. De esa manera, sin importar que la información cambie, el estudiante tendrá la competencia de indagar, sintetizar y valorar los nuevos datos que surjan en su ámbito profesional y personal.
b) La educación basada en competencias permite al estudiante identificar los procedimientos utilizados en la elaboración del propio conocimiento que lo habilita para saber hacer. De esa manera, podrá tener un autocontrol sobre los pasos que lleva a cabo para lograr las metas que se proponga.
c) Permite la vinculación de los contenidos educativos entre sí y de éstos con los requerimientos laborales de las sociedades del conocimiento.
d) El modelo de competencias conduce a que el educando acceda con eficiencia al sector productivo.
e) Contribuye a la formación integral de los alumnos. Ayuda a mejorar su calidad de vida, facilita la adquisición de conocimientos, habilidades y actitudes que le permiten un desarrollo y una madurez que amplíen sus perspectivas y la toma asertiva de decisiones a lo largo de la vida.

El campus virtual

La educación virtual, a diferencia de la presencial, está organizada utilizando como instrumento de trabajo una plataforma tecnológica y normativa constituida por recursos informáticos y de trasmisión electrónica. Hay un enlace de las entidades internas entre sí y con otras externas. Así, se vinculan escuelas, institutos y campus para ampliar, diversificar y modernizar la oferta educativa y los servicios de la institución educativa.

El campus virtual representa una modalidad de apoyo y cooperación entre las entidades académicas involucradas. Con la educación a distancia se abren alternativas que combinen la enseñanza escolarizada con la abierta, lo que amplía y flexibiliza el potencial del proceso de enseñanza-aprendizaje. También motivará la internacionalización de la educación, impulsará el uso más amplio de la enseñanza de la informática y el acceso a la educación formal a quienes no tienen acceso a un campus físico. Un esquema virtual con más oportunidades de desarrollar nuevas áreas de investigación educativa y de fomento social, así como la extensión cultural, el intercambio con otros centros educativos y la retroalimentación entre pares académicos de diferentes países.

CONTEXTO DEL PROCESO DE ENSEÑANZA-APRENDIZAJE EN EL ÁMBITO DE LAS COMPETENCIAS

La intervención docente da respuesta de cómo abordar la enseñanza; sin embargo, este proceso, debido a su amplia complejidad, requiere ser aclarado en estos momentos para trascender las dificultades que se dan en torno al logro de una enseñanza de calidad en los distintos niveles educativos.

La enseñanza se ha formulado de diversas maneras a lo largo de la historia, y en el proceso pedagógico se derivan roles acerca de quienes enseñan y quienes aprenden. Se ha considerado que el papel del profesor se fundamenta en proveer recursos de aprendizaje a sus alumnos y motivarlos para dar sentido a lo que aprenden. Les ofrece, asimismo, orientación y asesoramiento en la elaboración de sus trabajos y tareas.

No obstante esta versión de la enseñanza, es necesario señalar que en otras etapas de la historia el acto de enseñar ha partido de concepciones diversas en las que los roles de educador y alumno han sido diferentes. De una "pedagogía de la reproducción" se ha transitado a una "pedagogía de la imaginación" que se fundamenta en la indagación y en la búsqueda, más que en la respuesta (Beltrán Llera, 2003). El proceso centrado en la enseñanza ha dado paso al que se sustenta en el aprendizaje. También se está otorgando más importancia a los procesos que a los productos. En términos generales, las principales perspectivas sobre la enseñanza y la evolución del concepto de aprendizaje pueden concretarse de la forma siguiente:

a) Modelo didáctico-expositivo. Se basa en la cátedra magistral expositiva. Es característica de un tiempo en el que eran pocos los que tenían acceso a la cultura, de tal suerte que en ese rubro el profesor era básicamente el proveedor de la información. Al centrarse en el profesor, el aprendizaje buscaba la memorización de los conocimientos estructurados que él trasmitía.

b) Modelo didáctico-instructivo. Implica la clase magistral y el libro de texto. Al difundirse los libros y al crearse las bibliotecas, la cultura se hizo más extensiva. Con ese apoyo el docente seguía siendo el máximo depositario de la información que recibían los alumnos. Él continuaba siendo el instructor y la enseñanza se basaba en los contenidos que tenían que memorizarse para resolver los ejercicios y los exámenes.

c) Modelo didáctico-alumno activo. Se caracteriza por identificar en el alumno una actitud activa que rebasa la tradicional postura pasiva y receptiva. Esta educación se da en el contexto de la institución escolar "activa" (Dewey, Freinet, Montessori). Su propósito es motivar a los estudiantes para elaborar proyectos que les den la posibilidad de descubrir el conocimiento y aplicarlo. La enseñanza se sustenta en la actividad del alumno, quien debe ampliar y replantear sus conocimientos para hacer frente a problemas reales. Si bien esta visión representa una propuesta interactiva muy apreciable, en la realidad ha coexistido con el modelo memorístico, el estudio del libro de texto y la realización de ejercicios rutinarios.

d) Modelo didáctico-colaborativo. Se refiere a la enseñanza abierta y colaborativa. En el marco de la "sociedad de la información" y del acceso masivo a las tecnologías de la información y la comunicación ha emergido un nuevo paradigma, el de la "enseñanza abierta". En este modelo, que ha retomado principios fundamentales de la institución escolar activa, el profesor modifica su rol como trasmisor de información. Contextualiza los temas, hace énfasis en los aspectos más importantes o complejos, motiva la aplicación del conocimiento y propicia una mayor autonomía de los alumnos en su proceso de aprender. Al tener éstos la oportunidad de consultar fuentes diversas, el docente se torna en un orientador de aprendizajes, proveedor y asesor de los recursos educativos, así como tutor y consultor (Tébar, 2003).

A principios del siglo XXI, "ya no basta con que cada individuo acumule al comienzo de su vida una reserva de conocimientos a la que podrá recurrir después sin límites. Sobre todo debe estar en condiciones de aprovechar y utilizar durante toda la vida cada oportunidad que se le presente de actualizar, profundizar y enriquecer ese primer saber y de adaptarse a un mundo en permanente cambio" (Delors, 1996). Los objetivos y resultados del proceso de formación se establecen como aprender a conocer; aprender a hacer para poder influir sobre el propio entorno; aprender a vivir juntos para participar y cooperar con los demás, y aprender a ser, lo que implica un proceso que encierra a los otros tres. Éstos se convierten en esenciales para los cambios en los sistemas de enseñanza-aprendizaje (Delors, 1996).

A partir de la reunión de ministros de educación de diferentes países europeos, se acordó unir esfuerzos para enseñar a aprender. Algunas publicaciones derivadas de este esfuerzo son: *Libro Blanco sobre educación y formación: enseñar y aprender. Hacia la sociedad cognitiva* (1995); *Libro Verde: vivir y trabajar en la sociedad de la información: prioridades para las personas* (1996); *Plan de acción para el empleo en el reino de España* (1999); *Memorando sobre aprendizaje permanente* (2000); *Ley de cualificaciones y de formación profesional* (2002). En estos textos se destacan los cambios en la lógica

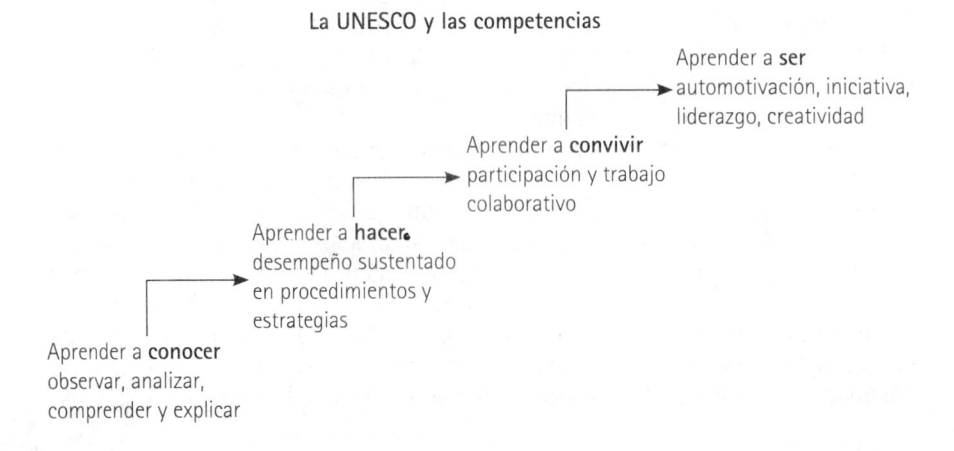

La UNESCO y las competencias

Aprender a **ser**
automotivación, iniciativa, liderazgo, creatividad

Aprender a **convivir**
participación y trabajo colaborativo

Aprender a **hacer**
desempeño sustentado en procedimientos y estrategias

Aprender a **conocer**
observar, analizar, comprender y explicar

de producción y en las organizaciones, basadas ahora en la cooperación y el interés común. Con el modelo didáctico colaborativo se empiezan a diseñar las propuestas curriculares sustentadas en competencias que dan énfasis a la educación profesional con la expectativa de incorporar exitosamente al alumno a la vida laboral.

FACTORES QUE INFLUYEN EN EL APRENDIZAJE EN EL MARCO DE LAS COMPETENCIAS

Los factores que influyen en el aprendizaje y que resultan vitales para desarrollar una competencia se vinculan con las actitudes sobre lo que se quiere aprender, las aptitudes respecto a lo que se puede aprender y los contenidos que traducen lo que se aprende. Las actitudes[1] son una predisposición afectiva y motivacional necesaria para el desarrollo de una determinada acción, y poseen también un elemento cognitivo conductual. En la actitud lo esencial es propiciar expectativa, ya que así el estudiante se interesa y motiva en su proceso de aprendizaje, lo que incrementa su atención y comprensión.

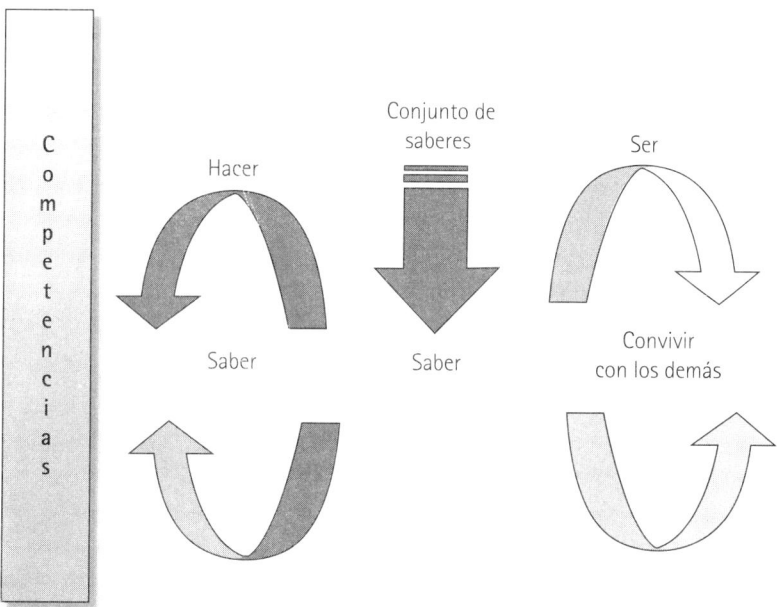

[1] Las actitudes podrían definirse como sesgos, preferencias y apreciaciones subjetivas que predisponen a la persona a actuar o responder en formas predecibles. Las actitudes llevan a las personas a sentir simpatía o antipatía con ciertas cosas, o a definir las cosas como buenas o malas, importantes o triviales, dignas o no de concitar interés (UNESCO, 2009).

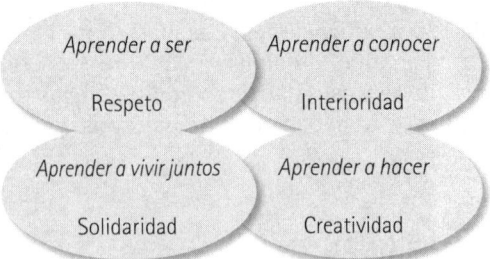

Aprendizajes y valores

Son tres los ámbitos de los contenidos de aprendizaje en los que actúan las aptitudes, consideradas como capacidades para pensar y actuar. La *aptitud intelectiva* es una habilidad mental que determina el potencial de aprendizaje o capacidad para pensar y saber. Se guía de acuerdo con la estructura mental, las funciones cognitivas, los procesos de pensamiento y las inteligencias múltiples. Las *aptitudes procedimentales* o capacidades para actuar y hacer se vinculan con los métodos, técnicas, procesos y estrategias utilizados para propiciar hábitos, habilidades y destrezas.[2] Se relacionan con la calidad del desempeño. La organización de los contenidos es fundamental para el proceso de aprendizaje. Mientras exista mayor coherencia entre los contenidos, los alumnos, al relacionarlos, encontrarán mayor nivel de comprensión. Se hallan en el currículo y se presentan por áreas, unidades de aprendizaje o asignaturas que poseen núcleos temáticos estructurados a través de diferentes temas. Son tres las áreas básicas que agrupan los contenidos que se enseñan en todos los niveles educativos:

a) Conocimiento declarativo (*saber que*).
b) Conocimiento procedimental (*saber hacer*).
c) Conocimiento actitudinal (*saber ser y convivir*).

Proceso de formación integral de los alumnos

Cognoscitivo: saber
Procedimental: saber hacer
Afectivo: saber ser

- Ser competente es poseer capacidades para realizar acciones.
- Resolver problemas en diferentes contextos.
- Ser proactivo y creativo para transformar la realidad.
- Construir y reconstruir el conocimiento en diferentes contextos.

(LÓPEZ, 2007)

[2] Las destrezas constituyen habilidades que permiten que las personas exhiban comportamientos específicos. Éstas incluyen tanto habilidades para la vida, así como otras destrezas (destrezas prácticas o técnicas). El conocimiento y las actitudes preparan a las personas para actuar. Las destrezas hacen posible que ellas, efectivamente, concreten sus acciones (UNESCO, 2009).

El aprendizaje de contenidos *declarativos* se refiere al aprendizaje de hechos, conceptos y principios. Quien aprende es capaz de reconocer, identificar, describir y comparar objetos, sucesos e ideas.

El aprendizaje de contenidos *procedimentales* alude al aprendizaje de un método que el sujeto es capaz de utilizar en diversas situaciones y de diferentes maneras, con objeto de solucionar problemas planteados para alcanzar las metas fijadas. El aprendizaje de contenidos *actitudinal-valorales* consiste en que el alumno sea capaz de regular el propio comportamiento en concordancia con el principio normativo que dicho valor estipula. Está relacionado con los valores, las normas y las actitudes (Díaz Barriga, 2000).

Quien sabe actuar y lo hace bien es porque además de que tiene un dominio de contenidos declarativos (saber que), comprende cómo funciona su pensamiento (sabe hacer) y cómo se interrelacionan los conceptos en ese proceso de aprendizaje. En ese momento se puede decir que *ha desarrollado la competencia*, considerando: "la competencia diferencia entre saber lo que hay que hacer en una situación determinada y el ser capaz de enfrentarse a ello en una situación real" (García y Paniagua, 1999).

Mediante la formación de competencias se pretende que el alumno aplique los conocimientos que adquiere. Los planes de estudio intentan que se articule la formación de actitudes y valores con el objetivo de que el estudiante adopte como necesaria la convivencia pacífica apegada a las leyes y al cuidado y respeto del medio ambiente. También, los planes plantean que la educación recibida permita a los alumnos dirigir su propio aprendizaje de modo permanente y con independencia a lo largo de su vida. Esta formación en competencias es afín al concepto de Perrenoud (2004), quien señala que la competencia es "la capacidad de movilizar varios recursos cognitivos para hacer frente a un tipo de situaciones".

Marín Martínez (2014) en el siguiente esquema señala la manera como se produce la acomodación de la competencia en el sujeto ante situaciones o circunstancias novedosas, que aparecen inesperadamente en el escenario práctico donde se da el actuar competente del sujeto.

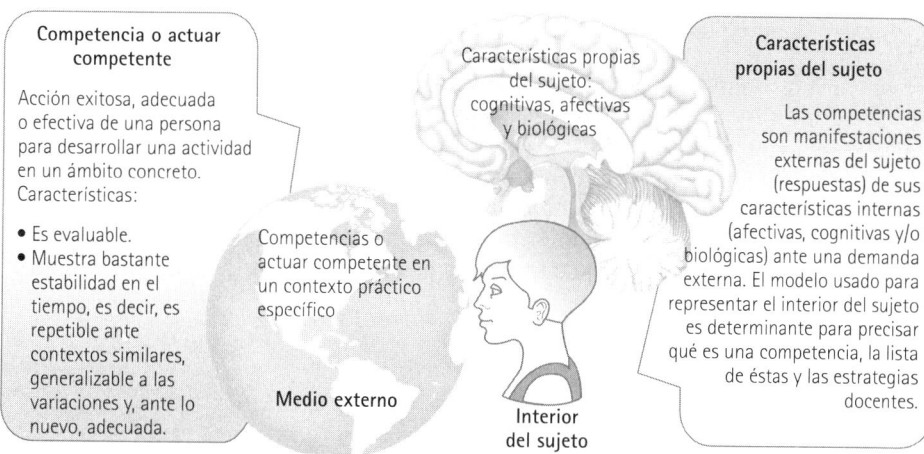

(Marín Martínez, 2014)

El desarrollo de competencias implica un saber hacer (habilidades) con un saber (conocimiento), así como la valoración de las consecuencias del impacto de ese hacer (valores y actitudes). Las competencias contribuirán al logro del perfil de egreso y son reiterativas en todas las asignaturas:

a) Competencias para el aprendizaje permanente. Se refieren a la posibilidad de aprender, asumir y dirigir el propio aprendizaje a lo largo de la vida, de integrarse a la cultura escrita y matemática, así como de movilizar los diversos saberes culturales, científicos y tecnológicos para comprender la realidad.

b) Competencias para el manejo de la información. Se vinculan con la búsqueda, evaluación y sistematización de información. Enfatizan en el pensar, reflexionar, argumentar y expresar juicios críticos; analizar, sintetizar, emplear información y el manejo de distintas lógicas de construcción del conocimiento en diversas disciplinas y en los diferentes ámbitos culturales.

c) Competencias para el manejo de situaciones. Se refieren a la posibilidad de organizar y diseñar proyectos de vida en los que se consideran aspectos sociales, culturales, ambientales, económicos, académicos y afectivos. Se destacan la iniciativa para realizarlos, la administración del tiempo, la oportunidad de asumir cambios, tomar decisiones y considerar sus consecuencias, afrontar los riesgos y la incertidumbre, manejar el fracaso, así como llegar al desarrollo de soluciones a problemas específicos.

d) Competencias para la convivencia. Suponen la relación armónica con los otros y con la naturaleza, así como comunicarse eficazmente, trabajar en equipo, generar consensos y negociaciones; crecer con los otros, vivir asertivamente las relaciones personales y emocionales, desarrollar la identidad y valorar las características de la diversidad étnica, cultural y lingüística.

e) Competencias para la vida en sociedad. Se vinculan con la capacidad para decidir y actuar con juicio crítico respecto a los valores y las normas sociales y culturales; actuar en favor de la democracia, la paz, el respeto a la legalidad y a los derechos humanos; participar en la sociedad, los gobiernos y las empresas, individuales o colectivas; considerar las implicaciones sociales del uso de la tecnología; actuar con respeto ante la diversidad sociocultural; combatir la discriminación y el racismo, y manifestar una conciencia de pertenencia a su cultura, a su país y al mundo.

Alma Herrera (2009) destaca que hay "un aspecto del tema de las competencias que tiene que ver con el desarrollo de la ciudadanía, la cultura y la civilización, y que se refiere a todos los individuos, todas las profesiones y a todos los ciudadanos conscientes de sus responsabilidades sociales".

La misma autora establece tres tipos de competencias que se plantean en el cuadro siguiente:

Competencias instrumentales	Competencias interpersonales	Competencias sistémicas
Capacidad para analizar y sintetizar	Destreza para relaciones interpersonales	Capacidad para aplicar en la práctica conocimientos teóricos
Destreza para organizar y planificar	Capacidad para adquirir un compromiso	Habilidad para la investigación
Conocimiento general básico	Cooperar en el trabajo	Capacidad para aprender
Alcanzar un conocimiento básico de la profesión	Habilidad para trabajar en equipos interdisciplinares	Capacidad para adaptarse a nuevas situaciones
Habilidad para comunicación escrita y oral	Capacidad para comunicarse con expertos en otros campos	Capacidad para generar nuevas ideas (creatividad)
Conocimiento de una segunda lengua	Apreciación de la diversidad y la multiculturalidad	Capacidad de liderazgo
Conocimientos informáticos mínimos	Habilidad para trabajar en un contexto internacional	Comprensión de culturas y costumbres de otros países
Habilidad para obtener y tratar información		Capacidad para trabajar autónomamente
Resolución de problemas	Capacidad de ser autocrítico	Capacidad para diseñar y organizar proyectos
Capacidad de resolución e intervención		Espíritu competitivo
		Interés por la calidad
		Deseos de triunfar

En su noción de competencia, Herrera establece que es "una unidad compleja de aprendizaje que moviliza recursos cognitivos y no cognitivos dirigidos a resolver exitosamente demandas (científicas, sociales y/o profesionales) complejas en una amplia gama de escenarios" (2009).

Para esta autora los componentes de la competencia son los siguientes:

	Componente operacional	Componente académico	Componente mundo de la vida
Epistemología	Saber cómo	Saber qué	Conocimiento reflexivo
Situaciones	Definidas pragmáticamente	Definidas por campo intelectual	Definición abierta
Foco	Resultados	Proposiciones	Diálogo y argumento
Transferabilidad	Metaoperaciones	Metacognición	Metacrítica
Condiciones límite	Normas organizativas	Normas del campo intelectual	Normas prácticas del discurso
Aprendizaje	Experiencial	Proposicional	Metaaprendizaje
Comunicación	Estrategia	Disciplinaria	Dialógica
Evaluación	Económica	De verdad	Por consenso
Valores	Supervivencia económica	Disciplina	El bien común
Crítica	Para la mejor eficacia de las prácticas	Para mejorar la comprensión cognitiva	Para la mejor comprensión práctica

En el componente académico destacan:

- Capacidad de análisis y síntesis.
- Capacidad de organizar y planificar.
- Conocimientos generales básicos.
- Conocimientos básicos de la profesión.
- Comunicación oral y escrita en la propia lengua.
- Conocimiento de una segunda lengua.
- Habilidades básicas de manejo de la computadora.
- Habilidades de gestión de la información (para buscar y analizar información proveniente de fuentes diversas).
- Resolución de problemas.
- Toma de decisiones.

Abarcan competencias multifuncionales y transdisciplinarias:

- Creatividad.
- Pensamiento lógico.

- Habilidad para solucionar problemas.
- Capacidad para obtener logros.
- Habilidades de concentración.
- Habilidades para las lenguas extranjeras.
- Habilidades comunicativas.
- Dominio oral y escrito de la lengua materna.
- Estrategias para el aprendizaje independiente.
- Competencias sociales.
- Competencias clave vinculadas al éxito personal en la sociedad moderna: pensamiento divergente, juicios críticos y autocrítica.

El componente del mundo de la vida abarca competencias multifuncionales y transdisciplinarias:

- Creatividad.
- Pensamiento lógico.
- Habilidades para solucionar problemas.
- Capacidad para obtener logros.
- Habilidades de concentración.
- Habilidades para las lenguas extranjeras.
- Habilidades comunicativas.

CAMBIO DE PARADIGMA EDUCATIVO DE LA ENSEÑANZA AL APRENDIZAJE

Hasta finales del siglo xx en la educación imperó la corriente conductista, la cual tenía una visión empirista y asociacionista del conocimiento y del aprendizaje. De igual manera predominó también una perspectiva epistemológica positivista y neopositivista de hacer la ciencia, hasta que surgen y cobran auge la corrientes constructivistas como una ruptura epistemológica a la visión conductista. Las corrientes constructivistas dan un papel activo al sujeto cognoscente, el conocimiento es altamente dependiente del sujeto, de su actividad y del contexto en donde éste se genera. El constructivismo es el nuevo paradigma que consolida las políticas educativas de nuestro tiempo y que da sustento a la educación basada en competencias.

El conocimiento y las competencias no son una copia de la realidad, sino una construcción que parte de ideas previas sobre la actividad que se lleva a cabo. La perspectiva constructivista se encuentra estrechamente relacionada con las competencias, ya que éstas se logran en la acción y permiten visualizar al aprendizaje como un proceso activo de construcción de significados. En una perspectiva derivada del pensamiento de Vigotsky, en la actividad el objeto es transformado en forma subjetiva o imagen. A la vez, la actividad es convertida en resultado objetivo o producto. Estos aspectos dan marco a la noción de competencia, en particular cuando se habla del trabajo en equipo, del pensamiento orientado a la resolución de problemas, del pensamiento reflexivo y del pensamiento crítico, entre otros de carácter transversal.

Para el desempeño de una zona de desarrollo próximo (ZDP), concepto aportado por Vigotsky, y que de manera relevante se vincula a la educación basada en competencias, Onrubia (1999) caracteriza cómo llevar adecuadamente la interacción docente-alumno para lograr los objetivos del aprendizaje:

- *a*) Insertar, en el máximo grado posible, la actividad puntual que el estudiante realiza en cada momento, en el ámbito de marcos u objetivos más amplios en los cuales esa actividad pueda tomar significado de forma más eficaz.
- *b*) Propiciar la máxima participación de todos los alumnos, en las diversas actividades y tareas, incluso si su nivel de competencia, su interés o sus conocimientos resultan en un primer momento muy escasos y poco adecuados.
- *c*) Establecer un clima relacional, afectivo y emocional basado en la confianza, la seguridad y la aceptación mutua, y en el que tengan cabida la curiosidad, la capacidad de sorprenderse y el interés por el conocimiento.
- *d*) Realizar modificaciones o ajustes tanto en la programación más amplia como en el desarrollo sobre la marcha, de la propia actuación en función de la información obtenida a partir de las actuaciones y productos parciales realizados por los educandos.
- *e*) Desarrollar la capacidad de autonomía en el uso de los conocimientos y en las decisiones de los educandos.
- *f*) Procurar las mayores relaciones explícitas entre los nuevos conocimientos (objeto de aprendizaje y los conocimientos previos de los alumnos).
- *g*) Utilizar el lenguaje de la forma más clara y explícita posible.
- *h*) Emplear el lenguaje para recontextualizar y reconceptuar la experiencia.

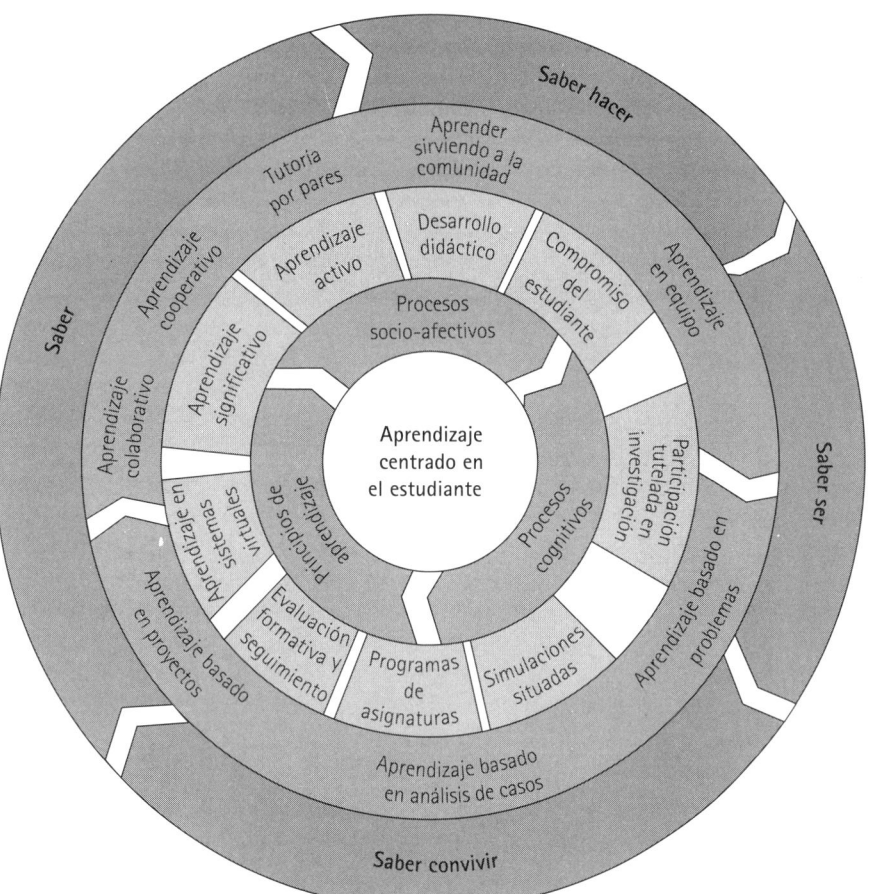

Los constructivismos y las preguntas fundamentales

Construc-tivismos	¿Quién construye?	¿Qué se construye?	¿Cómo se construye?	¿Dónde se construye?
Psicogenético	El sujeto-alumno como constructor de la realidad y de sus esquemas cognitivos	Estructuras cognitivas. Los aprendizajes escolares para los cuales es menester conocer su psicogénesis	Para la aplicación de estructuras y del mecanismo de equilibración	Al interior del sujeto-alumno (en lo individual)
Ausubeliano	El alumno como constructor de significados	Significados a partir de los contenidos curriculares	Por la interrelación de los conocimientos previos con la información por aprender que el currículo proporciona	En el alumno (en lo individual)
Teoría de los esquemas	El alumno como constructor de esquemas	Esquemas que se construyen y modifican por los mecanismos de acumulación, ajuste y reestructuración	Por la interrelación entre los esquemas y la nueva información	En el alumno (en lo individual)
Del aprendizaje estratégico	El aprendiz como constructor de formas personales y estratégicas de aprender	Actividades estratégicas y autorreguladoras para aprender a aprender	Por la aplicación metacognitiva-reflexiva y autorregulada de las estrategias cognitivas	En el aprendiz (en lo individual), gracias al apoyo de los otros

Sociocultural	El aprendiz como constructor de la cultura gracias al apoyo de los otros	Los saberes culturales o educativos y la utilización de los instrumentos, especialmente los de la naturaleza semiótica	Participando en ZDP con los que saben más	Entre el aprendiz, los mediadores y los otros (en lo sociocultural)
Constructivismo radical	El sujeto-alumno como constructor	Interpretaciones viables a partir de las experiencias personales y la reflexión sobre las mismas	Por la aplicación de los mecanismos de construcción endógenos	En el sujeto
Constructivismo social	La comunidad, el grupo como constructor	Formas de discurso, los lenguajes científicos	Por convención intersubjetiva	En lo social

Otras diferencias entre los constructivismos

Construc-tivismos	Foco del análisis	El aprendizaje es un proceso	La realidad	Localización de lo mental
Psicogenético	En los mecanismos y procesos constructivo-estructurantes. En los procesos psicogenéticos	Determinado por las estructuras cognitivas que son producto del desarrollo cognitivo. Sin embargo, puede provocar reestructuraciones cognitivas amplias (que incidan en el ritmo de desarrollo) en ciertas condiciones	No se niega su presencia. Existe pero no se le puede conocer de forma exacta (realismo crítico)	En el sujeto-alumno
Ausubeliano	En los procesos de asimilación y retención de los significados	Influido por las ideas subsunsoras. Provoca reestructuraciones de distinto tipo (subordinado, supraordinado, coordinado)	No se niega su presencia	En el alumno
Teoría de los esquemas	En los procesos de construcción y uso de los esquemas o modelos mentales	Determinado por los esquemas preexistentes. Puede provocar reestructuraciones de distinto nivel (acumulación, ajuste y reestructuración)	No se niega su presencia	En el alumno

Estratégico	En la aplicación autorregulada de las estrategias cognitivas y en el conocimiento metacognitivo	Determinado por el uso de estrategias cognitivas, la reflexión metacognitiva y la autorregulación	No se niega su presencia	En el alumno
Sociocultural	En la interacción del sujeto con los otros, en la mediación social y en los procesos socioculturales	De la aculturación o apropiación de instrumentos y significados culturales que ocurre en situaciones y prácticas culturales (por ejemplo, las educativas)	Realidad material que preexiste al sujeto. No se le puede conocer de forma exacta	En la forma situada y distribuida social y culturalmente no se niega lo mental como individual
Constructivismo radical	En el sujeto constructor	De interpretaciones relativistas, pero viables	Se le niega como posibilidad de conocerla. Se rechaza cualquier postura de realismo	En el sujeto-observador
Constructivismo social	En las formas de discurso que usan las personas en sus encuentros sociales	Saber cómo usar modos de discurso dentro de comunidades discursivas	Se rechaza cualquier postura realista	Se niega la existencia de lo mental

FUENTE: R. G. Hernández, *Los constructivismos y sus implicaciones para la educación*, 2008.

CAPÍTULO 2
Modelo educativo basado en competencias

Ante la tarea y el desafío que significa elaborar un modelo educativo, lo primero que debemos hacer es precisar los conceptos y encontrar una estructura adecuada en la cual queden incorporados todos los elementos que deben intervenir para que el modelo sea viable en su aplicación pedagógica.

QUÉ NO ES Y QUÉ DEBERÍA SER EL MODELO EDUCATIVO

Entre otras cosas no es:	*Entre otras cosas debería ser:*
Un detallado documento en el que se describen la historia, ubicación geográfica, ambiente socioeconómico, familiar y social de la comunidad educativa, el organigrama, la lista de profesores, reglamentos internos, entre otras especificaciones.	Un documento en el que se especifica de manera concisa y clara la filosofía o doctrina que define, caracteriza y diferencia a una institución educativa cuyo modelo se base en competencias.
Una utopía llena de ilusiones no realizables.	Una sucesión de ideas objetivas sustentadas en la realidad factible en el mediano y largo plazos.
Un documento de tal amplitud que podría ser aplicado en cualquier institución educativa semejante.	Un documento dotado de singularidad propia y específica de cada institución, fruto de la creatividad de los miembros de la comunidad educativa.
Un documento elaborado por el equipo directivo de la institución educativa entre cuatro paredes.	El resultado de la participación de los ejes de la comunidad educativa, es decir, alumnos, docentes, dirección y demás miembros de la comunidad.

Una cosa fija e inmutable, sujeta a las limitaciones del propio modelo educativo.	Una doctrina permanente pero flexible a los cambios sociales y educativos que reorienten su acción en un determinado sentido.
Un documento irrelevante e innecesario, porque sin su existencia las instituciones educativas han funcionado igual.	Una orientación dinámica destinada a superar la rutina y evitar las repeticiones que empobrecen la labor educativa, estímulo a la reflexión.
Un documento que dificulta el trabajo, supone aburrimiento y pérdida de tiempo y atenta contra la libertad del docente.	Un documento que contribuye a orientar, establecer prioridades, evitar divagaciones y ajustar la libertad del docente a la del resto de los miembros de la comunidad educativa, y coordina los esfuerzos individuales.
Un documento infalible que no permite su revisión y modificación.	Un propósito de mejoramiento que acepta las innovaciones y los cambios propuestos.
Una serie de objetivos muy bien estructurados formalmente, de amplia e indefinida proyección, que está siempre en la mente de todos los miembros de la comunidad educativa.	Un conjunto de objetivos sujetos a revisión y jerarquización en los planes o proyectos de la actividad docente.
Un reglamento y manual de funciones que especifica las responsabilidades y relaciones entre los miembros de la institución educativa.	Un conjunto de fines u objetivos que deben ser alcanzados por los miembros de la comunidad educativa, según el tipo de institución educativa definida en el propio modelo.
El fruto de un mero trámite burocrático que obliga a los docentes a cumplir con ciertas tareas.	La expresión de la creatividad y aspiraciones de cada docente, que aporte sus ideas, con la finalidad de cambiar la realidad con proyecciones de futuro.
Una respuesta a las exigencias del momento. Todos están haciendo un modelo educativo; por tanto, no podemos quedar atrás.	Un compromiso con la función educativa y una manera de cooperar en el logro de los objetivos educacionales.
Una copia de objetivos extraídos de libros especializados y adaptados a la institución educativa.	Unos objetivos surgidos de la comunidad educativa, que expresen los valores existentes en el entorno, como guías para la formación de los alumnos.

Modelo educativo basado en competencias

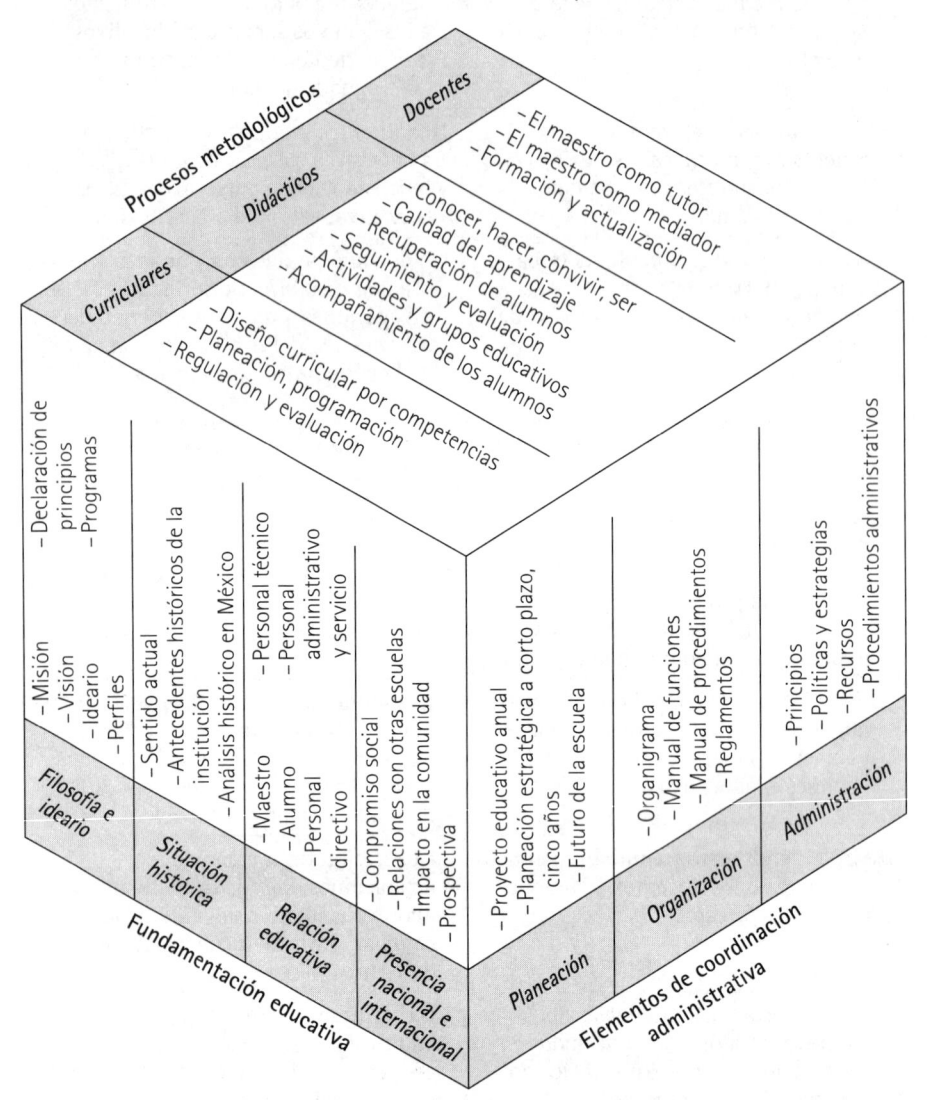

Procesos metodológicos
- Docentes
  - El maestro como tutor
  - El maestro como mediador
  - Formación y actualización
- Didácticos
  - Conocer, hacer, convivir, ser
  - Calidad del aprendizaje
  - Recuperación de alumnos
  - Seguimiento y evaluación
  - Actividades y grupos educativos
  - Acompañamiento de los alumnos
- Curriculares
  - Diseño curricular por competencias
  - Planeación, programación
  - Regulación y evaluación

Fundamentación educativa
- Filosofía e ideario
  - Declaración de principios
  - Programas
  - Misión
  - Visión
  - Ideario
  - Perfiles
- Situación histórica
  - Sentido actual
  - Antecedentes históricos de la institución
  - Análisis histórico en México
- Relación educativa
  - Personal técnico
  - Personal administrativo y servicio
  - Maestro
  - Alumno
  - Personal directivo
- Presencia nacional e internacional
  - Compromiso social
  - Relaciones con otras escuelas
  - Impacto en la comunidad
  - Prospectiva

Elementos de coordinación administrativa
- Planeación
  - Proyecto educativo anual
  - Planeación estratégica a corto plazo, cinco años
  - Futuro de la escuela
- Organización
  - Organigrama
  - Manual de funciones
  - Manual de procedimientos
  - Reglamentos
- Administración
  - Principios
  - Políticas y estrategias
  - Recursos
  - Procedimientos administrativos

CONCEPTOS DEL MODELO EDUCATIVO

Según el *Diccionario de la Lengua Española* (2006) de la Real Academia Española, un modelo es un arquetipo o punto de referencia para imitarlo o reproducirlo. Asimismo, el *Diccionario La Fuente* (1995) lo define como un ejemplar que por su percepción se debe imitar en lo intelectual o moral. Los modelos educativos son visiones sintéticas de teorías o enfoques pedagógicos que orientan a los especialistas y a los profesores en la elaboración y el análisis de los programas de estudio; en la sistematización del proceso de enseñanza-aprendizaje, o bien en la comprensión de alguna parte de un programa de estudio. Se podría decir que son los patrones conceptuales que permiten esquematizar de forma clara y sintética las partes y los elementos de un programa de estudio, o bien, los componentes de una de sus partes.

También los modelos educativos son una representación arquetípica o ejemplar del proceso de enseñanza-aprendizaje, en la que se exhibe la distribución de funciones y la secuencia de operaciones en la forma ideal que resulta de las experiencias recogidas al ejecutar una teoría del aprendizaje. Éstos varían según el periodo histórico en que aparecen y tienen vigencia, en el grado de complejidad, en el tipo y número de partes que presentan, así como en el énfasis que ponen los autores en algunos de los componentes o en las relaciones de sus elementos.

El modelo educativo, en el sentido que aquí interesa, es una descripción o representación esquemática y sistemática de la realidad educativa de una institución. Todo modelo nos proporciona una representación simplificada de un tipo de fenómeno en particular, ello con la finalidad de facilitar su comprensión. Con base en las necesidades detectadas en las demandas de la sociedad, se concibe entonces al modelo educativo como una guía básica de trabajo académico y de las funciones sustantivas que en él se realizan.

El Consejo Nacional Técnico de la Educación (CONALTE) sostiene que un modelo educativo consiste en la representación de la organización dinámica de la educabilidad de los individuos y la sociedad, en función de sus relaciones. Concebir a la educación dentro de un esquema de relaciones lleva a comprender que un modelo educativo se integra por diferentes elementos que, al funcionalizarse, consiguen efectos, los cuales deben estar de acuerdo con los fines y con la idea originaria que lo fundamentan.

TIPOS DE MODELOS EDUCATIVOS

a) Modelo tradicional. Este tipo de modelo educativo se refiere principalmente a la elaboración de un programa de estudio. Los elementos que presentan son mínimos, ya que no se hacen explícitas las necesidades sociales, la intervención de especialistas, las características del educando y tampoco se observan las instancias de evaluación del programa de estudio. Muestra la escasa influencia de los avances científico-tecnológicos en la educación y, en consecuencia, refleja un momento histórico de desarrollo social. No obstante sus limitaciones, este modelo se tomó como base pedagógica para formar diversas generaciones de profesores y de alumnos.

b) Modelo de Ralph Tyler. Este modelo presenta como aportación fundamental el concepto de objetivos, los cuales se convierten en el núcleo de cualquier programa de estudio, ya que determinan de una manera u otra el funcionamiento de las partes del programa. La idea de elaborar un programa o una planeación didáctica teniendo como base los objetivos cambia sustancialmente el esquema tradicional de las funciones del profesor, del método, del alumno y de la información.

Un contenido puede dar lugar a varios objetivos con diversas acciones por realizar; dichos objetivos se relacionan y se estructuran lógicamente formando unidades; éstas, a su vez, presentan un orden lógico y una secuencia de lo simple a lo complejo y forman un programa de estudio. La información así estructurada permite un manejo preciso y homogéneo por el profesorado y elimina, en parte, la subjetividad en la enseñanza de los contenidos, ya que las acciones del docente, las del alumno, la extensión, la profundidad y el tiempo dedicado a cada objetivo están acordados previamente en el programa de estudio.

La planeación didáctica se facilita puesto que el programa de estudio resulta lo suficientemente explícito y el docente sólo necesita hacer un análisis cuidadoso del mismo o, en su defecto, consultar al coordinador de área o de estudios.

c) Modelo de Popham-Baker. Este modelo se refiere particularmente a la sistematización de la enseñanza; hace una comparación entre el trabajo de un científico y el de un profesor. La comparación estriba en que el científico tiene un conjunto de hipótesis como punto de partida, selecciona una serie de instrumentos para comprobar su veracidad, con los instrumentos seleccionados somete las hipótesis a experimentación y evalúa los resultados obtenidos.

De igual manera, el docente parte de un conjunto de objetivos de aprendizaje, selecciona los instrumentos de evaluación más idóneos y los métodos y técnicas de enseñanza acordes con los objetivos, los pone a prueba durante la clase o en el curso, y evalúa los resultados obtenidos. Desde luego que los niveles de rigor, precisión y conceptuación distan mucho entre un científico y un docente; sin embargo, la propuesta de Popham-Baker es que en ambos hay sistematización en el trabajo que se realiza, un conjunto de elementos por probar y la evaluación de resultados, es decir, cada uno de los elementos mencionados ocupa un lugar dentro de una secuencia y forma un sistema que tiene una entrada y una salida de productos o resultados, los cuales se modifican por medio de un proceso.

Este modelo incorpora, a diferencia del modelo de Tyler, una evaluación previa de los objetivos de aprendizaje, la cual permite conocer el estado inicial de los alumnos respecto de los objetivos. Los resultados de la evaluación previa se comparan con los resultados de la evaluación final; de esta manera puede registrarse y compararse el grado de avance en el aprendizaje de los estudiantes. El modelo de estos autores debe motivar a los docentes a realizar planeaciones didácticas rigurosas, bien secuenciadas y apoyadas con los instrumentos de evaluación más idóneos según los objetivos de aprendizaje que se mencionen en los programas de estudio que imparten.

d) Modelo de Roberto Mager. Este modelo permite a los docentes conocer en detalle una parte importante de los programas. Los objetivos pueden ser generales, particulares (también llamados *intermedios*) y específicos (también conocidos con el nombre de *operacionales*). Los objetivos han sido estudiados por diversos autores y por consiguiente han surgido distintas nomenclaturas o terminologías. En este modelo se hace referencia a los objetivos específicos, es decir, con los que comúnmente opera el profesor en el salón de clases y los que están en la base de su planeación didáctica. Habitualmente en un programa de estudios los objetivos específicos se presentan redactados, sin hacer mención a cada una de sus partes, para evitar la pérdida de significado o de sentido en el docente. Es frecuente que los profesores lean rápidamente los objetivos específicos y no tomen en cuenta todas las acciones y partes que se incluyen en ellos, lo que trae como consecuencia que no se distinga con claridad cómo enseñar y evaluar adecuadamente los objetivos. Esta situación impide que se alcancen óptimamente las acciones y los niveles de ejecución que los objetivos demandan.

e) *Modelo de Hilda Taba*. Este modelo sintetiza los elementos más representativos de los otros modelos que ya se han revisado. Uno de sus aportes es la organización de contenido y las actividades de aprendizaje. El contenido de un programa de estudio o de una planeación didáctica debe presentar una organización lógica, cronológica o metodológica. Dicha organización permitirá al docente presentar la información a los alumnos de lo simple a lo complejo, de lo que es antecedente a su respectivo consecuente, de la causa al efecto, de lo general a lo particular, etc., lo cual redundará en un mejor aprovechamiento.

La organización de las actividades también es un factor de mejora en el aprendizaje. Los profesores deben presentar a los alumnos los objetivos mediante una gama de actividades debidamente secuenciadas, considerando cuáles han de ser de manera individual y cuáles de forma grupal, fijando la duración de ambas. Las actividades que los profesores y los alumnos realizan deben estar claramente diferenciadas y equilibradas, de tal modo que el docente tenga previsto cuándo exponer, realimentar, organizar y supervisar y en qué momentos el grupo asume el papel protagónico en el aprendizaje y el profesor coordina las actividades y realimenta a los alumnos individualmente o a cada uno de los equipos.

f) *Modelo basado en competencias*. Según Gutiérrez y Rodríguez (1997), este modelo de educación está alcanzando todos los niveles, incluidas las instituciones de educación superior. Flores (2003) señala que los modelos educativos por competencias están sustentados en tres ejes: *la educación basada en competencias, la flexibilidad curricular* y *los procesos educativos centrados en el aprendizaje*. Esto conduce a que las prácticas educativas estén orientadas hacia la interdisciplinariedad, el trabajo grupal, el conocimiento aplicado a realidades concretas, el papel del docente como coordinador y facilitador del aprendizaje y la participación activa del estudiante en su proceso de formación. Este modelo educativo considera que la realidad por conocer es parte de una gama de relaciones más complejas, la cual no es posible definir a partir de materias o asignaturas aisladas, sino mediante objetos de estudio, que han de entenderse como partes de un espacio problematizado y socialmente definido. Tales objetos de estudio, por el carácter de su relación con la sociedad, se entenderán como competencias, concebidas como la relación estrecha entre los conocimientos, las habilidades y las actitudes. La competencia no se limita a un nivel únicamente cognitivo, sino que además incorpora la visión de los aspectos procedimentales y actitudinales. El modelo busca la vinculación con la sociedad mediante el trabajo por competencias, proporcionando al conocimiento una dimensión histórica y social más relevante, con la idea de que toda acción de transformación necesariamente atraviesa por el proceso de producción en su totalidad (Flores, 2003).

El modelo educativo en el marco de la realidad contemporánea

La OCDE, en 1997, realizó un exhaustivo diagnóstico sobre la educación superior en México. En el documento denominado "Exámenes de las Políticas Nacionales de Educación. México, Educación Superior" se realizó en dos fases. En la primera se reunió el trabajo de expertos mexicanos, en la segunda la valoración fue hecha por especialistas de la OCDE. A partir de ese estudio, el organismo internacional –que subraya la importancia de elaborar exámenes que den cuenta de la consonancia entre los objetivos de las instituciones educativas y el desarrollo económico y el progreso social– plantea, entre otras, las siguientes recomendaciones:

- Apoyar los procesos de desconcentración y descentralización del sistema.
- Promover una planta estable de profesores e investigadores de tiempo completo.
- Favorecer la formación y actualización del personal docente y de investigación.
- Favorecer el impulso a las ciencias básicas, aplicadas y tecnológicas.
- Impulsar el posgrado.
- Diversificar el financiamiento público.
- Apoyar la innovación curricular y la enseñanza abierta y a distancia.

El diagnóstico apunta a que las instituciones de educación media superior y superior tienen un carácter heterogéneo, complejo, frágil, poco articulado y rígido. Se observa el incremento desmesurado de las instituciones educativas privadas, en contraparte con las públicas; la alta concentración de matrícula en ciencias sociales y administrativas, así como el poco peso de la formación científica y tecnológica, lo que disiente de las necesidades de desarrollo económico de México.

Las áreas críticas que según la OCDE demandan reformas se vinculan a la flexibilidad, la pertinencia, la calidad, el perfil del personal académico y los recursos financieros. Entre las recomendaciones hay que destacar:

- Incrementar el número de formaciones profesionales y técnicas en el nivel medio superior, hasta llegar a corto plazo, a la tercera parte de la matrícula total.
- Prever a mediano plazo un aumento de la matrícula del nivel superior. El reto es controlarlo a través de los exámenes de la calidad al ingreso y al egreso.
- Desarrollar prioritariamente los institutos y universidades tecnológicas.
- Promover la vinculación entre la escuela y las empresas.
- Desarrollar significativamente el nivel técnico superior.
- Elaborar referencias nacionales para los conocimientos y las competencias. Evaluar de acuerdo con ellos.
- Respaldar las acciones del Centro Nacional para la Evaluación de la Educación Superior (Ceneval).
- Mantener las políticas de evaluación de las instituciones de educación superior y hacer partícipe a los representantes de los sectores económicos.
- Incrementar el costo de los estudios para los alumnos al tiempo que se amplíe la cantidad de becas.
- Establecer para todos los candidatos a ingresar a la educación superior un procedimiento de admisión selectiva.
- Incorporar académicos con grado doctoral a la planta docente de tiempo completo.

La mayor divergencia entre las recomendaciones de la OCDE y las políticas públicas en México se refiere a la reforma de la Secretaría de Educación Pública. En tanto, las coincidencias se dan en el impulso de programas de mejoramiento del profesorado y de modernización de la educación superior. En ellos se apuntalan la promoción de la calidad y la evaluación institucional. También, hay acuerdo en torno a la creación de universidades tecnológicas en todo el país.

En el documento "Propuestas de Carácter General para el Mejoramiento del Sistema de Educación Superior", de ANUIES, en conjunto con los "núcleos estratégicos que permiten aplicar la acción en la que se consideran aspectos esenciales de un proceso de transformación del sistema de educación superior", se señalan políticas específicas que tendrían que aplicar las instituciones de educación superior. Entre ellas hay que destacar:

- Ampliar la cobertura educativa revitalizar la vida académica de las instituciones (modelo de gestión, dirección y desarrollo institucional, cuyo sustento sea colocar lo académico como eje principal y la actividad académica colegiada como su columna vertebral).
- Programas para mejoramiento, formación, actualización y capacitación del personal académico y administrativo.
- Fortalecer el sistema nacional de educación superior en México a través de la movilidad horizontal de profesores y estudiantes.
- Fortalecer programas de investigación.

- Impulsar estudios de posgrado con el propósito de mejorar la calidad académica.
- Desarrollo de programas para el mejoramiento del bachillerato.
- Reorientar la planeación institucional para el cambio y la superación académicos.

Por su parte, el "Programa Nacional de Educación 2001-2006" en México marca una perspectiva desde inicios de siglo hasta el año 2025. Su aportación al modelo educativo consiste en determinar que la educación deberá proporcionar respuesta a las necesidades de los jóvenes, quienes requerirán de oportunidades de empleo, de integración y de participación social. Se subraya la importancia de lograr un tránsito flexible entre la formación y el trabajo. También, son considerados los aspectos afectivos de los jóvenes, su responsabilidad y sus compromisos sociales.

La educación artística se contempla como fundamental en un proceso de educación integral, ya que motiva la creatividad, la sensibilidad, y las habilidades expresivas; también propicia el desarrollo de la abstracción, la capacidad de análisis y de síntesis. La presencia de lo artístico ha de promoverse desde edades muy tempranas, así como el conocimiento y aprecio del patrimonio cultural.

Lo óptimo es plantear una educación inscrita a un modelo educativo que abarque los aspectos afectivos, la expresión artística, la interacción social y el ejercicio de los diferentes tipos de inteligencias. Dentro del espacio que emerge, mediado por las posibilidades que brindan las TIC, la escuela requiere de una nueva cultura organizativa que se desmarque de la burocracia rígida para dar paso a organizaciones flexibles y capaces de aprender. Por lo que, el pensamiento de ejercer procesos educativos a lo largo de la vida es central, no se puede acceder a un entorno cambiante si no se apuntala esta necesidad; la cual ampliaría el compromiso de la sociedad en su conjunto.

El contexto en el que se sitúan las instituciones educativas ha cambiado drásticamente en pocos años, lo que exige un modelo de formación diferente para resolver problemas recientes. Los métodos de trabajo en las empresas e industrias, su organización y actividades tienen carácter global, en el que se destaca la trascendencia de que los trabajadores accedan a modalidades de formación permanente, ya que por la extrema rapidez en la que el conocimiento cambia resulta esencial asumir que el egresado de una universidad, en un modelo tradicional, no tiene una formación acabada que le permita trabajar en un entorno altamente competitivo. En su nivel superior, la educación desempeña un papel protagónico al cubrir en un porcentaje amplio las necesidades de formación y de desarrollo tecnológico. Así, las instituciones educativas deben adoptar nuevos objetivos y ser receptoras de mecanismos flexibles de adaptación continua a esos objetivos. El reto más destacado es lograr un medio de aprendizaje continuo alrededor de los alumnos que les capacite para aprender a lo largo de toda su vida, y que les proporcione apertura para adoptar cambios conceptuales, científicos y tecnológicos que vayan apareciendo durante su desarrollo laboral.

La globalización económica ha marcado desde la última década del siglo XX un modo particular de producir, comercializar y consumir en todos los ámbitos del desenvolvimiento social. La educación ha sido especialmente impactada por esta nueva dinámica y los tratados de liberalización han impuesto la necesidad de internacionalizar el servicio educativo, aspecto sobre el cual se han centrado las inquietudes de los diversos actores que intervienen en este servicio; básicamente en el nivel superior. Al destacar el carácter universal de la investigación y el aprendizaje, la internacionalización se convierte en un planteamiento de ineludible análisis; su consideración deberá, entonces, ser afín a los requerimientos del desarrollo, de la equidad y de la paz.

En este contexto, el valor agregado que ofrecen la investigación y la innovación determinan la competitividad de una economía. La economía del conocimiento se construye sobre la capacidad que se tenga de incorporar el conocimiento en todos los sectores del aparato productivo.

La cooperación internacional entre universidades es un elemento intrínseco en los procesos de generación del conocimiento científico y del desarrollo humano que apuntan a la innovación. Lo que hoy precisa la universidad es estructurar planes de desarrollo que establezcan prioridades institucionales y académicas que redimensionen el valor de sus atributos primigenios, vinculados a las nuevas representaciones sociales y a lo que exigen nuestras sociedades absolutamente interdependientes. El papel que hoy desempeña básicamente la institución de educación superior consiste en estrechar los vínculos entre los pares de los diversos países, para contrarrestar los particularismos y fomentar la ayuda entre los pueblos; mediante una acción metódica al servicio de la ciencia y de la cultura. Se hace necesario buscar la comunión de los espíritus en un ambiente de cultura característico que busque la unificación del saber.

Los actores que intervienen en los procesos de internacionalización los entenderemos más allá del esquema clásico en donde las universidades producían conocimientos nuevos o formaban personas, las empresas aprovechaban dichos conocimientos y el gobierno era un mediador encargado de facilitar la comunicación entre las universidades y la industria. Actualmente el panorama presenta cambios, por una parte, los tres actores tradicionales han modificado parcialmente sus papeles. De esta manera las empresas invierten en la formación de recursos humanos, en la investigación científica y en el desarrollo tecnológico. El gobierno, por su parte, también demanda el desarrollo de cierto tipo de conocimientos para aplicarlos a la mejor prestación de los servicios públicos. Por otro lado, se han incorporado nuevos actores al proceso de internacionalización.

Los primeros estudios en materia de internacionalización solían considerar tres actores tradicionales: *las universidades y las instituciones de educación superior, el sector productivo* y *los gobiernos.*

El financiamiento de las instituciones de educación superior es un desafío constante y evidente que explica en parte la necesidad de la internacionalización entre aquéllas y el sector productivo. Sin embargo, existen otros motivos que van más allá del aspecto económico. Las limitaciones financieras no deben dejar de lado la permanente actualización de la institución con objeto de mantener la vanguardia intelectual y el desarrollo científico y tecnológico. La universidad debe reinventarse, lo mismo que la empresa, y de esta necesaria nueva etapa no escapa el Estado, el cual debe plantear su papel frente a la universidad y la empresa.

La internacionalización de las universidades con los sectores públicos y privados puede considerarse como una actividad con un alto potencial para generar beneficios para ambas partes. La participación de las instituciones académicas en esta tarea no sólo debe entenderse como un mecanismo adicional para financiar labores de investigación. La colaboración de las universidades debe entenderse como una parte fundamental de su compromiso con la sociedad en su conjunto. Se trata de la obligación de las instituciones de educación superior consistente no sólo en educar a la sociedad, sino en proveerla con los conocimientos necesarios para afrontar los problemas de la vida cotidiana. En otras palabras, uno de sus compromisos principales es colaborar para mejorar las condiciones de vida en la sociedad mediante la producción de conocimiento. De esta manera corresponde a las instituciones de educación superior establecer la forma en que se deberán hacer compatibles con estos objetivos junto con sus otras misiones fundamentales, que son la de educar a las nuevas generaciones y la del fomento y mantenimiento de la ciencia y la cultura.

Por lo que respecta a la internacionalización entre las instituciones de educación superior y el sector privado conviene tener en cuenta que las primeras no sólo deben considerar los beneficios económicos, el desarrollo de la internacionalización de investigación en conjuntos genera muchas otras ventajas. La internacionalización permite a los académicos entablar relaciones con nuevos interlocutores y les brinda la posibilidad de encontrar aplicaciones prácticas para sus investigaciones. Los estudiantes también reciben beneficios toda vez que la internacionalización les da la oportunidad de entrar en contacto con áreas a las que no tenían acceso. Su colaboración en este tipo de internacionalización mejora las perspectivas para su inminente ingreso al mercado de trabajo.

La creciente complejidad de las tareas de internacionalización ha dado lugar a la incorporación de nuevos actores. El papel de asociaciones académicas, profesores y estudiantes es cada vez más activo. De esta manera, se reconoce la importancia de la función de los académicos en el desarrollo de la internacionalización o en la evaluación de éstos; también se observan los efectos de la internacionalización en los alumnos. En el caso de las asociaciones académicas se observa su influencia en el diseño de políticas públicas.

En este marco, el enfoque basado en competencias es consonante con los requerimientos de la internacionalización, la cual demanda el abordaje de problemáticas concretas en el que los esfuerzos colectivos de incrementar la calidad dan lugar a prácticas educativas que permitan a los profesionales integrarse a una dinámica global para solucionar situaciones en la esfera internacional.

TIPOS DE COMPETENCIAS

La formación en competencias es la opción más vanguardista para acceder con eficacia en el ámbito profesional. En una definición planteada por Bunk (1994): "una persona tiene competencia ocupacional si posee los conocimientos, las destrezas y las aptitudes que necesita para desenvolverse en una ocupación, si es capaz de resolver tareas independiente y flexiblemente, y si tiene la voluntad y la capacidad de desarrollar su esfera de trabajo dentro de la estructura organizativa en la que está inmerso". Este autor señala las distintas dimensiones que conforman el concepto de competencia:

Competencias especializadas	*Competencias metodológicas*	*Competencias sociales*	*Competencias participativas*
Competencias Destrezas Habilidades	Flexibilidad	Sociabilidad Modos de conducta	Participación
Interdisciplinarios Específicos Extendidos vertical y horizontalmente	Métodos de trabajo variables Pensamiento independiente Adaptabilidad	Voluntad de flexibilidad y adaptabilidad Actitud positiva hacia el trabajo Voluntad de cooperar, de juego limpio Voluntad de ayudar, de espíritu de equipo	Capacidad coordinadora Organizativa De persuasión De toma de decisiones De asumir responsabilidades De liderazgo

En otra clasificación, Herrera (2009) establece los siguientes tipos de competencias:

a) *Conceptuales*. Fundamentos teóricos e históricos (construcción y organización de las estructuras conceptuales) del campo de estudio del curso.
b) *Filosóficas*. Teorías del conocimiento y concepción del hombre.
c) *Multidisciplinarias*. Conceptos básicos de disciplinas vinculadas al objeto de conocimiento.
d) *Metodológicas*. Comprensión y uso crítico de los fundamentos metodológicos para detectar causas, delimitar el problema, anticipar soluciones e investigar (metodología general, metodología especializada, métodos cuantitativos y cualitativos, organización y análisis de datos).
e) *Técnicas*. Manejo, diseño, adecuación y selección de procedimientos e instrumentos dirigidos a la detección, anticipación e investigación (observación, análisis, diagnóstico, entrevista, inventarios, encuestas,

cuestionarios, integración de datos, procedimientos de intervención, evaluación, autoevaluación, validación).
f) *Planeación.* Evaluación, organización, anticipación, diseño de estrategias y acciones prioritarias, vinculación y gestión.
g) *Personales.* Comprensión de orígenes, desarrollo e impacto del problema de la salud, uso crítico de las teorías, compromiso social, ética, liderazgo, coordinación de equipos de trabajo, comunicación, responsabilidad, juicio crítico, respeto.
h) *Innovación.* Flexibilidad, capacidad para aprender a aprender (búsqueda, selección, organización y uso crítico de la información), uso crítico de la tecnología, adaptación.

Por otra parte, en una encuesta referida por Ginés (2004), profesionales españoles valoraron las competencias que se requerían en sus fuentes de trabajo. Entre las más importantes señalaron:

- Trabajar independientemente.
- Habilidad para resolver problemas.
- Habilidad en comunicación oral.
- Trabajar bajo presión.
- Asumir responsabilidades, tomar decisiones.
- Trabajar en equipo.
- Administración del tiempo.
- Firmeza, resolución, persistencia.
- Planificación, coordinación y organización.
- Iniciativa.
- Adaptabilidad.
- Involucrarse personalmente en el trabajo.
- Lealtad, honestidad.
- Habilidad en comunicación escrita.
- Capacidad de negociación.
- Razonar en términos económicos.
- Liderazgo.
- Amplios conocimientos generales.
- Conocimientos teóricos del campo específico.
- Habilidad para aprender.
- Dominio de lenguas extranjeras.
- Pensamiento crítico.

En un enfoque de competencias es necesario trasmitir los valores generales vinculados con la cultura del trabajo: dar mayor atención al entorno laboral, más énfasis en los nuevos estilos de gestión y más importancia a los aspectos culturales y humanos del proceso productivo (OCDE, 1992).

Para cumplir con los objetivos de un modelo basado en competencias se requiere un método proactivo en el que la formación se base en seminarios, aprendizaje interactivo, técnicas de discusión y de presentaciones, técnicas de toma de decisiones y periodos de prácticas profesionales en empresas, entre otras actividades.

La práctica educativa está centrada en el aprendizaje, así, el papel del estudiante y del docente cobra un nuevo sentido. El estudiante construye el aprendizaje a través de la interacción con la información asumiendo una actitud crítica, creativa y reflexiva que le permite ir aplicando lo que aprende en los problemas cotidianos, por lo que se le considera autogestor de su propio aprendizaje. El docente, por su parte, es el responsable de propiciar los ambientes de aprendizaje que promueven actitudes abiertas, de disposición que lleva al desarrollo de habilidades para que los estudiantes:

- *Aprendan a aprender.* Es decir, a regular sus procesos de aprendizaje, a darse cuenta de lo que aprenden y cómo lo hacen, a contar con elementos y criterios para seleccionar la información pertinente y congruente con los problemas de la sociedad que pretenden solucionar, a mantener una actitud de aprendizaje durante toda la vida.
- *Aprendan a hacer.* Desarrollen habilidades en una integración con el todo, que les permitan aplicar lo que saben en beneficio de su entorno social, atendiendo las contingencias y los cambios continuos del contexto global.
- *Aprendan a convivir.* Es decir, trabajar en equipo respetando al otro, convivir en el pluralismo, incorporar en su formación y desempeño profesional a lo interdisciplinario y a prepararse dentro de una cultura de la legalidad.
- *Aprendan a ser.* Se visualicen como un ser particular orientado a lo universal; una persona que es él por sí mismo, autónomo, responsable y comprometido con su formación profesional y con el desarrollo de la sociedad.

Ámbitos de identidad y competencias

Ámbitos	Indicadores	Competencias
Personal	Madurez, actitudes, dedicación, principios, equilibrio.	*Aprender a ser* Respeto.
Profesional	Psicopedagógica-Didáctica-Relación e interacción mediada.	*Aprender a aprender* Interioridad.
Institucional	Centro educativo-Trabajo en equipo.	*Aprender a convivir* Solidaridad.
Gestión	Animación: Responsabilidad. Innovación proyecto educativo.	*Aprender a hacer* Creatividad.
Formación permanente	Proyectos-Asistencia a seminarios-Apertura.	*Aprender a innovar* RED NNTT.

Las competencias se basan en el interés que los estudiantes manifiestan por aprender, lo cual los lleva a interesarse por los problemas sociales y culturales y por contribuir con soluciones a los mismos. Ello propicia que vayan más allá de lo previsto por el docente y los planes de estudio, ya que aplican lo que aprenden, organizan su plan de estudio, manifiestan iniciativa en las actividades por realizar y desarrollan proyectos de investigación; responden así a las expectativas de los docentes. La práctica educativa por un lado está orientada hacia la generación de necesidades de aprendizaje en los estudiantes y, por otra parte, está enfocada a atender los problemas personales de los alumnos: cuando la práctica educativa se orienta a generar necesidades de aprendizaje en los estudiantes, los motiva para que vayan más allá de lo previsto, propicia que aprendan a aprender, que identifiquen y solucionen problemas, promueve aprendizajes significativos que los conduce al desarrollo de competencias, es decir, al desarrollo de actitudes de apertura y de habilidades.

Asimismo, este tipo de práctica educativa involucra a los estudiantes en la planeación y organización de la clase para que alcancen los niveles que el contenido curricular exige, identifica a los educandos en riesgo de reprobar o desertar y enfatiza en el aprendizaje de los contenidos explorando lo que sabe, y a partir de los conocimientos previos se diseñan las actividades de aprendizaje. Se aplican diferentes técnicas grupales donde se promueve el trabajo colaborativo, se propicia un clima de confianza que permite la interacción entre los estudiantes, el trabajo en equipo y se impulsa la investigación.

La práctica educativa que muestra interés por los problemas personales de los alumnos los orienta en ellos y los acompaña en su trayectoria estudiantil, toma en cuenta sus diferencias individuales, brinda oportunidades educativas a los educandos independientemente de si es mujer u hombre, les desarrolla la afectividad y toma en cuenta la diversidad cultural y étnica de los estudiantes al ser los docentes efectivos, compresivos, sociales y abiertos.

Los alumnos formados en este modelo son innovadores, líderes, emprendedores, originales, científicos, organizados, entusiastas, creativos, perseverantes, autónomos, responsables, participativos, cooperadores, críticos, sociales, respetuosos, agentes de cambio, toman decisiones, muestran iniciativa en las actividades por realizar y participan en eventos culturales y deportivos.

Requiere profesores que promuevan el desarrollo de competencias actualizables, poniendo en juego sus habilidades docentes para diagnosticar, planear, diseñar estrategias y evaluar los aprendizajes, lo cual sólo puede concretarse mediante ambientes de aprendizaje donde él asume el rol de gestor y facilitador de los aprendizajes.

Como se ha señalado, para algunos autores el concepto de competencia empezó a utilizarse en su versión actual como resultado de las investigaciones de David McClelland, las que identificaron las variables que explican el desempeño laboral. Este autor elaboró un marco de referencia cuyas características diferenciaban los distintos niveles de rendimiento de los trabajadores a partir de una serie de entrevistas y observaciones. La descripción se ajustó más a las peculiaridades y los comportamientos de las personas que desempeñaban los empleos que a las tradicionales descripciones de tareas y atributos de los puestos de trabajo.[1] En Estados Unidos, la Secretary´s Comission on Achieving Necessary Skills[2] definió en su Reporte SCANS una serie de competencias requeridas por las empresas para un desempeño adecuado de los que ahí trabajan, las que se refieren a las competencias que los educandos deben construir en su vida estudiantil.

Estas son las siete competencias laborales básicas:

1. Aprender a aprender.
2. En lectura y escritura: expresarse por escrito y con nuevas tecnologías.
3. En comunicación: saber escuchar y expresarse oralmente.
4. En adaptabilidad: resolver problemas y pensar creativamente.
5. En autogestión: autoestima, motivación y proyección de metas, servicio, desarrollo profesional.
6. En trabajo con grupos: habilidades para negociar y trabajar en equipos multidisciplinarios.
7. En autoridad: habilidades para organizar y de liderazgo.

Estas competencias describen la educación como un proceso que requiere acoplarse al logro de dos resultados: la capacitación y la formación. En su dinámica de adaptación social, los alumnos llegarán a ella gracias a la adquisición de una serie de conceptos, procedimientos e informaciones que les permitan desarrollarse en una actividad profesional. También, se vincularán a la normatividad social a través de la adquisición de actitudes, normas, valores y un código ético.

En la búsqueda de elevar la calidad educativa y relacionar su desempeño con los requerimientos del mercado laboral, la estructura global y el avance científico y tecnológico, se ha generado el modelo de educación basada en competencias (EBC). Esta propuesta para educar se ha experimentado en diversos países latinoamericanos y europeos. La EBC permite tener líneas y guías comunes que ofrecen la opción de implantar mecanismos basados en experiencias exitosas, así como diversas herramientas y procedimientos.

Abundando en las numerosas propuestas que definen a las competencias se encuentran los siguientes planteamientos que se transcriben textualmente:[3]

1. Las competencias son repertorios de comportamientos que algunas personas dominan mejor que otras, lo que las hace eficaces en una situación dada.

2. La competencia es un sistema de conocimientos declarativos (el qué), condicionales (el cuándo y el porqué) y procedimentales (el cómo), organiza-

---

[1] Y. Argudín, *Educación basada en competencias*, Trillas, México, 2005, pp. 29 y 30.
[2] *Op. cit.*, p. 317.
[3] Silvia Lizette Ramos de Robles. "El desarrollo de las competencias didácticas: un reto en la formación inicial de los futuros docentes de primaria", en *Educar. Revista de Educación*, *Enseñanza de las Competencias*, Secretaría de Educación, Gobierno del Estado de Jalisco, p. 49.

dos en esquemas operatorios que permiten, en una situación dada, identificar no sólo los problemas sino su solución eficaz.

3. Es un saber que se usa y que designa una totalidad compleja y dinámica, pero estructurada y operativa, es decir, ajustada a la acción y a sus diferentes ocurrencias.

4. Es un saber validado y ejercitado.

5. Las competencias son un conjunto de conocimientos, de capacidades durables y de habilidades adquiridas por la asimilación de conocimientos pertinentes y de experiencias, que se interrelacionan en un determinado campo de acción.

6. La competencia es un saber reconocido por otros.

7. Corresponde a la movilización, en la acción, de un cierto número de saberes que se combinan de manera específica en función de un escenario perceptual de una situación que construye el actor (individual o colectivo).

8. Es la capacidad de seleccionar y agrupar saberes, habilidades y actitudes en un todo, aplicable a una situación.

9. Es "un saber hacer" o conocimiento implícito en un campo del actuar humano, "una acción situada que se define en relación con determinados instrumentos mediadores".

10. Es el conjunto de comportamientos socioafectivos y habilidades cognoscitivas, psicológicas, sensoriales y motrices que permiten llevar a cabo adecuadamente un desempeño, una función, una actividad o una tarea (UNESCO, 1999).

11. Es un conjunto de capacidades que incluye conocimientos, actitudes, habilidades y destrezas que una persona logra mediante procesos de aprendizaje y que se manifiestan en su desempeño en situaciones y contextos diversos (educación preescolar/SEP).

12. Las competencias están formadas por la unión de conocimientos y conceptos, intuiciones y percepciones, saberes y creencias, habilidades y destrezas, estrategias y procedimientos, y de actitudes y valores (educación primaria/SEP).

13. Una competencia implica un saber hacer (habilidades) con saber (conocimiento), así como la valoración de las consecuencias del impacto de ese hacer (valores y actitudes). En otras palabras, la manifestación de una competencia revela la puesta en juego de conocimientos, habilidades, actitudes y valores para el logro de propósitos en un contexto dado (educación secundaria/SEP).

14. Una competencia en la educación es un conjunto de comportamientos sociales, afectivos y habilidades cognoscitivas, psicológicas, sensoriales y motrices que permiten llevar a cabo adecuadamente un papel, un desempeño, una actividad o una tarea. Se describe como un resultado de lo que el alumno está capacitado para desempeñar o producir al finalizar una tarea.

15. Es el desarrollo de una capacidad para el logro de un objetivo o resultado en un contexto dado, lo que se refiere a la capacidad de la persona para dominar tareas específicas que le permitan solucionar los problemas que le plantea la vida cotidiana (Niria Leorit Romero Torres).

16. Cuando hablamos de competencia nos referimos a la capacidad de realizar ciertas tareas, pero de hacerlo desde una concepción global integral, que incluye un desempeño ético y la idoneidad, lo mejor que podemos hacer en ésa y para esa circunstancia (Hagger y Beckett).

17. Las competencias son más amplias que la adquisición de conocimientos relacionados con las materias que comúnmente se enseñan en las escuelas. Se extienden más allá del contexto de la escuela y comprenden la idea de preparación para la vida. No sólo son resultados de aprendizaje ni habilidades necesarias para el trabajo, son conocimientos y habilidades socioculturales en una relación curricular (María Guadalupe Moreno Bayardo).

18. Una competencia es la destreza para demostrar la secuencia de un sistema del comportamiento que funcionalmente está relacionado con el desempeño o con el resultado propuesto para alcanzar una meta, y debe demostrarse en algo observable, algo que una persona dentro del entorno social pueda observar y juzgar (Richard Boyatzis).

19. Es una capacidad laboral, medible, necesaria para realizar un trabajo eficazmente, es decir, para producir los resultados deseados por la organización. Está conformada por conocimientos, habilidades, destrezas y comportamientos que los trabajadores deben demostrar para que la organización alcance sus metas y objetivos. Son capacidades humanas, susceptibles de ser medidas, que se necesitan para satisfacer con eficacia los niveles de rendimiento exigidos en el trabajo (Marelli).

20. Las competencias son la capacidad para actuar con eficiencia, eficacia y satisfacción en relación con sí mismo y con el medio natural y social. Para cuestiones pedagógicas –según este mismo autor– el desarrollo de las competencias es entendido como la conjunción y puesta en práctica de conocimientos, habilidades y actitudes (Roberto Pinto Cueto).

21. Una competencia es el saber en acción, su aprendizaje se basa en la práctica y su resultado es el desempeño. Es decir, las competencias se expresan en la práctica (Yolanda Argudín).

Por su parte, Mendoza (2007) presenta la clasificación siguiente:

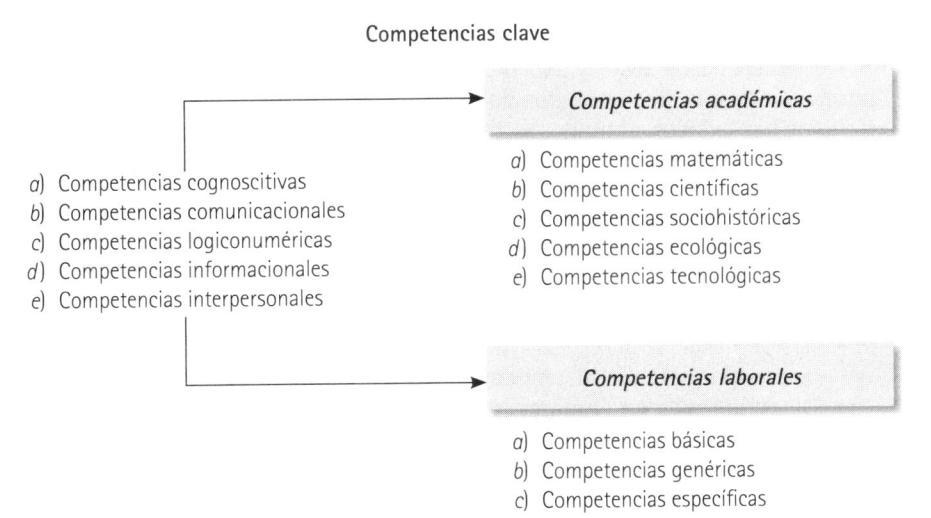

Competencias clave

Competencias académicas

a) Competencias cognoscitivas
b) Competencias comunicacionales
c) Competencias logiconuméricas
d) Competencias informacionales
e) Competencias interpersonales

a) Competencias matemáticas
b) Competencias científicas
c) Competencias sociohistóricas
d) Competencias ecológicas
e) Competencias tecnológicas

Competencias laborales

a) Competencias básicas
b) Competencias genéricas
c) Competencias específicas

Las competencias educativas pretenden que el mejoramiento de la calidad de la educación se demuestre en forma práctica, para que los estudiantes puedan competir exitosamente en el campo laboral, y como resultado indirecto, los productos y servicios compitan con buenos resultados en los mercados internacionales.

Por otra parte, la Unión Europea plantea las siguientes competencias básicas que se deben desarrollar para que las personas logren éxito social a lo largo de la vida:

1. La comunicación como medio de expresión oral y escrita.
2. La formación científica y tecnológica.
3. La educación para el uso de las nuevas tecnologías.
4. La educación para el desarrollo humano personal (emociones y percepciones).
5. La cooperación y la resolución de problemas de manera emprendedora y creadora.
6. La cultura del esfuerzo con el fin de mejorar resultados.

Por lo anterior, es necesario destacar:

a) La capacidad de aplicar los conocimientos y las aptitudes, con lo que se enfatiza la facultad de hacer uso de lo aprendido en situaciones nuevas.
b) Una articulación coherente de conocimientos, aptitudes, valores y actitudes aplicada a situaciones de la vida cotidiana.
c) La capacidad de utilizar los conocimientos y las aptitudes de forma eficaz y original en el marco de situaciones interpersonales, así como en entornos profesionales o relativos a una materia en específico. La competencia es producto tanto de las actitudes y los valores como de las aptitudes y los conocimientos.

De acuerdo con estos conceptos, la EBC se puede entender como una "estrategia educativa que evidencia el aprendizaje de conocimientos, el desarrollo de habilidades, actitudes y comportamientos requeridos para un desempeño, un papel específico; para capacitarse en el estudio de una profesión o realizar una tarea determinada".[4]

Al centrar el saber o el conocimiento en la acción, la EBC se concentra en:

- Los conocimientos.
- Las habilidades.
- Las actitudes inherentes a una competencia (comportamientos éticos que respondan a la disciplina y a los valores).
- Quien aprende en el marco de la EBC desarrolla esta actividad al iden-

[4] *Op. cit.*, p. 38.

tificarse con lo que produce, al reconocer el proceso realizado para construir y al comprender la metodología que rige esta dinámica.
- Al concluir cada etapa del proceso se observa(n) y evalúa(n) la(s) competencia(s) que el alumno ha construido.
- Se describe como un resultado que el educando es capaz de producir al finalizar una tarea.

En 1998, en la Conferencia Mundial sobre la Educación, patrocinada por la UNESCO, se expresó que es necesario propiciar el aprendizaje permanente y la construcción de las competencias adecuadas para contribuir al desarrollo cultural, social y económico de la sociedad de la información.

En el marco del proyecto Tuning América Latina, el cual surgió como una iniciativa de varias universidades durante la IV Reunión de Seguimiento del Espacio Común de Enseñanza Superior de la Unión Europea, América Latina y el Caribe (UEALC), que se realizó en 2004, se establecieron las siguientes competencias para la región:

- Capacidad de abstracción, análisis y síntesis.
- Capacidad de aplicar los conocimientos en la práctica.
- Capacidad para organizar y planificar el tiempo.
- Conocimiento sobre el área de estudio y la profesión.
- Responsabilidad social y compromiso ciudadano.
- Capacidad de comunicación oral y escrita.
- Capacidad de comunicación en un segundo idioma.
- Habilidad en el uso de las tecnologías de la información y la comunicación.
- Capacidad de investigación.
- Capacidad de aprender y actualizarse permanentemente.
- Habilidades para buscar, procesar y analizar información procedente de fuentes diversas.
- Capacidad crítica y autocrítica.
- Capacidad para actuar en nuevas situaciones.
- Capacidad creativa.
- Capacidad para identificar, plantear y resolver problemas.
- Capacidad para tomar decisiones.
- Capacidad de trabajo en equipo.
- Habilidades personales.
- Capacidad de motivar y conducir hacia metas comunes.
- Compromiso con la preservación del medio ambiente.
- Compromiso con su medio sociocultural.
- Valoración y respeto por la diversidad y multiculturalidad.
- Habilidad para trabajar en contextos internacionales.
- Habilidad para trabajar en forma autónoma.
- Capacidad para formular y gestionar proyectos.
- Compromiso ético.

Por su parte, en México, la Asociación Nacional de Universidades e Instituciones a Nivel Superior (ANUIES) explica que con las competencias se busca:

- Un vínculo constante del sector productivo con el sistema educativo, el cual no puede estar separado del contexto regional, nacional e internacional.
- Una educación vinculada a las metas nacionales y al sector productivo.
- Unir, por medio de la educación en competencias, los diferentes niveles de la educación (básico, medio, medio superior y superior) con la educación superior para que exista una coherencia y articulación.
- Identificar las necesidades del sector productivo.

De acuerdo con lo anterior, la ANUIES señala que la educación basada en competencias:

- Se fundamenta en un currículo apoyado en las competencias de manera integral y en la resolución de problemas.
- Utiliza recursos que simulen la vida real: análisis y resolución de problemas que aborda de manera integral trabajo cooperativo o por equipos, favorecido por tutorías.

De acuerdo con la Organización Internacional del Trabajo (OIT, 1996), una competencia es la capacidad real para lograr un objetivo o resultado en un contexto dado. Núñez (1997) define las competencias como el conjunto de conocimientos, habilidades, destrezas y actitudes cuya aplicación en el trabajo se traduce en un desempeño superior, que contribuye al logro de los objetivos clave del negocio. Sousa (2001) señala que la competencia es una característica subyacente en una persona, que está causalmente relacionada con una actuación exitosa en un puesto de trabajo. Hernández *et al.* (2004) sostienen que la competencia constituye la estructura integrada y compleja de conocimientos, habilidades, destrezas, valores y actitudes que son necesarios para el desempeño de una determinada actividad laboral.

Por su parte, Ramírez (2003) destaca que las competencias son repertorios de comportamientos que algunas personas dominan mejor que otras, lo que las hace eficaces en una situación determinada. Son una serie de conductas y procedimientos (razonamientos) que se pueden poner en práctica sin nuevo aprendizaje.

Las competencias se vinculan con el despliegue de aptitudes, rasgos de personalidad y conocimientos adquiridos para cumplir una misión. Se relacionan asimismo con los valores. Su concepto es integrador al considerar todos los elementos del conjunto y la articulación entre ellos. Afecta al proceso, ya que la competencia se evalúa en el desempeño, en la acción y no en la teoría. Se entiende así por competencia al conjunto de comportamientos basados en conocimientos, habilidades y actitudes, por los que se reconoce a un profesional como capaz de desempeñarse con autonomía y compromiso social para mejorar la calidad de vida (Borunda *et al.*, 2002).

Las competencias relacionan el trabajo con la educación formal, la capacitación, la implantación de nuevos valores y normas de comportamiento. La flexibilidad y capacidad de adaptación resultan claves para el nuevo tipo de logro que busca el trabajo y la educación como desarrollo general para que los profesionales pongan en práctica lo que saben. En síntesis, la competencia se define como la medición de lo que una persona puede hacer bien como resultado de la integración de sus conocimientos, habilidades, actitudes y cualidades personales (González *et al.*, 2003). Hernández *et al.* (2004) establecen los componentes esenciales de toda competencia:

- *Conocimiento*: saber datos, estar familiarizado con la terminología asociada al conocimiento, saber cómo funciona, cómo se hace determinada tarea o cuestión.
- *Habilidad para aplicar los conocimientos*: saber aplicar con agilidad las reglas, tanto a problemas rutinarios como a otras situaciones no estándares y saber modificar procedimientos.
- *Destreza para dar soluciones novedosas*: ser experto en la materia con alto dominio en su aplicación y que capacita para crear, contribuyendo con ideas innovadoras, generando así cambios en los paradigmas.
- *Actitud*: disposición hacia las tareas, contextos y personas que intervienen en el quehacer laboral concreto. Se traduce en una capacidad productiva de la persona en un contexto laboral determinado y que va más allá de estas competencias, que por sí mismas no explican la efectividad en el desempeño laboral.

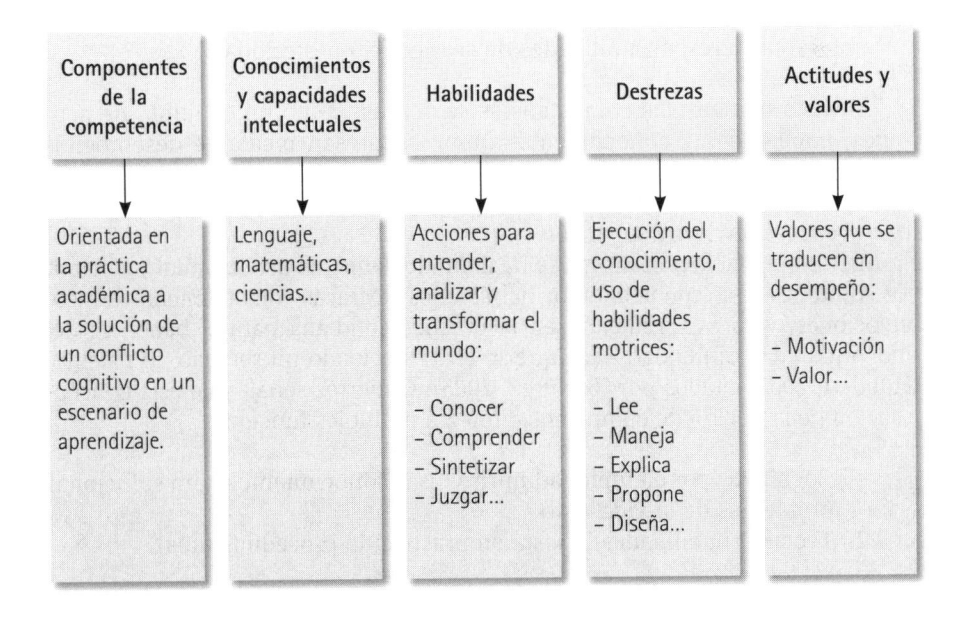

Componentes de la competencia	Conocimientos y capacidades intelectuales	Habilidades	Destrezas	Actitudes y valores
Orientada en la práctica académica a la solución de un conflicto cognitivo en un escenario de aprendizaje.	Lenguaje, matemáticas, ciencias...	Acciones para entender, analizar y transformar el mundo: – Conocer – Comprender – Sintetizar – Juzgar...	Ejecución del conocimiento, uso de habilidades motrices: – Lee – Maneja – Explica – Propone – Diseña...	Valores que se traducen en desempeño: – Motivación – Valor...

Para la OIT las competencias más relevantes son

- *Competencias básicas.* Son aquéllas de requerimientos mínimos necesarios, incluso de simple o normal obtención: lectura y escritura, interpretación de símbolos, diálogo y comunicación, identificar disciplinas y jerarquías, etcétera.
- *Competencias genéricas.* Tienen un mayor grado de transversalidad. Son las competencias comunes a distintas familias ocupacionales.
- *Competencias específicas.* Se refieren al conocimiento con más contenido concreto hacia una determinada función u ocupación tendente a la especialización.
- *Competencias sociales.* Son inseparables de las otras para un trabajador y hablan de su vínculo con el entorno social. La competencia social identifica a un trabajador activo, críticamente analítico de los cambios en el mercado de trabajo y su incidencia en la sociedad, en su contexto, en la cultura, en los hábitos de consumo, medio ambiente, etc. (OIT, 1996). Según González *et al.* (2003), para saber si alguien es competente es indispensable observarlo en acción: se es competente no sólo cuando se sabe cómo se hace, sino cuando se hace en efecto y de un modo adecuado. Según esta caracterización pueden establecerse de forma general tres grupos de competencias:

  – *Competencias básicas.* Con éstas las personas fundamentan las bases de su aprendizaje (interpretar y comunicar información, razonar creativamente y solucionar problemas, entre otras).
  – *Competencias personales.* Permiten a la persona realizar con éxito las diferentes funciones en la vida (actuar responsablemente, mostrar deseo de superación y aceptar el cambio, entre otras).
  – *Competencias profesionales.* Son las que garantizan cumplir con las tareas y responsabilidades de su ejercicio profesional.

De esta manera, las competencias se definen como un conjunto de actitudes, habilidades y conocimientos que se expresan mediante desempeños relevantes para dar solución a un problema social, así como para generar necesidades de cambio y de transformación. Implican un saber conocer, saber hacer, saber convivir y saber ser.

La competencia profesional se ha definido como "el uso habitual y juicioso de comunicación, conocimiento, habilidades, técnicas, razonamiento crítico, emociones, valores y reflexión en la práctica cotidiana para el beneficio del individuo y la comunidad a los que se está ofreciendo un servicio" (Epstein y Hundert, 2002, citados por Gutiérrez, 2005). Gutiérrez señala que esta conceptuación de la noción de competencia integra múltiples funciones:

1. Cognitiva (por ejemplo, adquirir y usar conocimientos para solucionar problemas de la vida real).
2. Técnica (habilidades, puesta en práctica de procedimientos).

3. Integradora (integración de conocimientos básico y aplicado).
4. Relacional (comunicación efectiva).
5. Afectivo-moral (por ejemplo, profundo respeto ante una persona o situación).

La autora refiere que la adopción de una aproximación multidimensional a la competencia ofrece un uso más amplio de este concepto, ya que hace posible tanto las exigencias mínimas como los esfuerzos necesarios para aspirar a la excelencia.

La identificación de las competencias entendidas como aspiración ha permitido diseñar programas para el logro de niveles expertos en el desempeño profesional y han resultado de particular utilidad en la acreditación de las especialidades.

En un contexto de educación superior, Zabalza retoma dos conceptos de competencia, la primera como:

> ...la capacidad individual para emprender actividades que requieren una planificación, ejecución y control autónomos [y] la capacidad de usar el conocimiento y destrezas relacionadas con productos y procesos y, por consiguiente, de actuar eficazmente para alcanzar un objetivo (Rial, citado en Zabalza, 2003:71).

En las dos definiciones el desempeño de un profesional no está orientado sólo por las instrucciones de otro y su desenvolvimiento se basa en un conocimiento especializado. Además, se destaca la vinculación de los aspectos teóricos y los derivados de la práctica.

En conclusión, respecto a la vasta caracterización de los conceptos en torno a las competencias, Richard Wittoroski expresa: "La definición de competencia está en camino de elaboración. No existe un discurso teórico estable que permita definir con precisión sus atributos." Sin embargo, siguiendo una descripción conceptual interesante, descrita por autores como Gelman, Meck, Greeno y Riley, referidos por Hernández y Rodríguez (2008), se establecen tres componentes asociados a las competencias: el conceptual, el de procedimiento y el de desempeño. Los dos últimos se refieren a una lógica de planeación, y en particular, la competencia de acción implica todos los requisitos cognitivos, de motivación y sociales necesarios o existentes para lograr un aprendizaje y acciones exitosos (Hernández y Rodríguez, 2008:755).

Las siguientes precisiones ofrecidas por Franz E. Weinert y retomadas textualmente por Hernández y Rodríguez (2008) indican los aspectos que deben considerarse para elaborar una definición amplia de competencias:

1. Incluir todas las habilidades intelectuales, el conocimiento de contenido específico, capacidades, estrategias, metacogniciones y rutinas que contribuyen a aprender, solucionar problemas y obtener logros.
2. Presentar una descripción prototípica, característica y específica de las clases de necesidades de desempeño, criterios de desempeño e indicadores de competencias.

3. Restringir el concepto al aprendizaje, las habilidades, el conocimiento y las estrategias en terrenos específicos de los campos del saber.
4. Considerar los contextos ecológico y social de la tarea en medio de los cuales ocurre el desempeño.
5. Ampliar la tarea o necesidad particular a competencias específicas funcionales (competencias de memoria, de solución de problemas y de aprendizaje).
6. Reducir el aprendizaje si el individuo posee el conocimiento, las habilidades o estrategias adecuadas para organizar y reorganizar las competencias de maneras adaptables y flexibles; y si tiene competencias que pueden aplicarse con éxito en un número máximo de tareas distintas.
7. Contar o construir escalas adecuadas para medir las competencias cognitivas relevantes y las actitudes de motivación relacionadas con ellas.

En un ámbito que reconoce que la definición de competencias no es ideológicamente neutral, ya que se refiere a una perspectiva de la humanidad como sociedad que necesita vincularse a la defensa de los recursos, los derechos, los límites y los requerimientos, Pierre Bourdieu señala algunas de las competencias necesarias para el desarrollo (citadas por Hernández y Rodríguez, 2008). Éstas son

- Poder, de manera individual o grupal, formar y llevar a cabo proyectos, así como desarrollar estrategias.
- Analizar situaciones, relaciones y campos de fuerza de manera integral.
- Cooperar, actuar en sinergia y participar en un liderazgo colectivo y compartido.
- Construir y operar organizaciones democráticas y sistema de acción colectiva.
- Manejar y resolver conflictos.
- Jugar siguiendo las reglas, usarlas y desempeñarse con base en ellas.
- Poder construir órdenes negociados por encima de las diferencias culturales.

Marín Martínez (2014) señala que un modelo cognitivo del sujeto fomenta competencias si considera los siguientes constructos y procesos cognitivos:

1. Las estructuras estables de la cognición son los esquemas que se generan por abstracción empírica desde las interacciones sensomotrices y semióticas. Son de naturaleza procedimental.
2. El material semiótico aporta recursos para representar y hacer declarativa la estructura cognitiva. Son significantes sin capacidad transformadora, a diferencia de los esquemas que sí poseen capacidad para asignar significados y permitir inferencias.
3. Constructos cognitivos generales que dan cuenta de capacidades, tales como clasificar, seriar, inferir, controlar variables, procesar informa-

ción o ejecutar un plan. Surgen por abstracción reflexiva al emplear los contenidos cognitivos de naturaleza explícita o desde las mismas mecánicas de autorregulación que experimentan los esquemas específicos.
4. Estructuras cognitivas de carácter procedimental e implícito, así como procesos de explicitación y toma de conciencia para hacerlas explícitas mediante procesos constructivos y asociaciones con el material semiótico.

En esta aproximación a un modelo cognitivo para entender el actuar competente, la estructura cognitiva con contenidos de largo plazo estaría formada por esquemas específicos y generales, pero todos con capacidad para procesar información, dar significado, realizar inferencias con los datos externos, reflexionar internamente, etcétera.

Asociados con los esquemas, pero sin la capacidad transformadora de éstos, están las herramientas del pensamiento figurativo que permiten hacer representativos y explícitos los distintos contenidos de la estructura cognitiva. La versión declarativa del conocimiento serían las construcciones temporales que asocian herramientas figurativas que serían los significantes con los esquemas más adecuados para aportar el significado.

Con el modelo cognitivo así configurado es posible imaginar que el actuar competente ante una demanda específica externa supone una combinación de varios esquemas, eventualmente herramientas del pensamiento figurativo si se requiere una respuesta declarativa y una representación interna de la demanda. A la vez, se podría trazar un conjunto de orientaciones didácticas para desarrollar una enseñanza dirigida a fomentar competencias:

Una enseñanza centrada exclusivamente en los contenidos declarativos es insuficiente; sería necesario "llenar" los conceptos de contenido procedimental, es decir, de actividad práctica asociada a dichos contenidos, lo que requiere una selección de contenidos que busquen la aplicación de su componente útil (Perrenoud, 2012).

La adquisición de contenidos procedimentales requiere tiempo, pues se trata de generar estructuras cognitivas estables que formen parte de los recursos cognitivos del alumno.

Crear conocimiento útil, es decir, que sea aplicable a diferentes contextos de la vida cotidiana a partir de los contenidos de enseñanza, no es nada fácil, pues ya no se trata de memorizar o comprender, sino de integrar dichos contenidos al conocimiento previo. Esto supone la inclusión afectiva del alumno en su aprendizaje y, por tanto, el saber actuar integralmente en cada circunstancia concreta.

La interrelación de contenidos declarativos y procedimentales de enseñanza es la clave para fomentar competencias en un ámbito práctico concreto.

COMPETENCIAS DOCENTES

En el marco de la Reforma Integral de la Educación Media Superior para la creación del Sistema Nacional de Bachillerato (SNB), en donde se adopta un enfoque basado en competencias, se propone un perfil docente:

> ...Constituido por un conjunto de competencias que integran conocimientos, habilidades y actitudes que el docente pone en juego para generar ambientes de aprendizaje para que los estudiantes desplieguen las competencias genéricas. Dicho de otra manera, estas competencias formulan las cualidades individuales, de carácter ético, académico, profesional y social que debe reunir el docente (SEMS, 2008).

Las competencias docentes siguen la misma estructura que el perfil del egresado, aunque no se comprenden de forma idéntica. Son ocho las que expresan el perfil docente de la SEMS:

1. Organiza su formación continua a lo largo de su trayectoria profesional.
2. Domina y estructura los saberes para facilitar experiencias de aprendizaje significativo.
3. Planifica los procesos de enseñanza-aprendizaje atendiendo al enfoque por competencias, y los ubica en contextos disciplinares, curriculares y sociales amplios.
4. Lleva a la práctica procesos de enseñanza-aprendizaje de manera efectiva, creativa e innovadora a su contexto institucional.
5. Evalúa los procesos de enseñanza-aprendizaje con un enfoque formativo.
6. Construye ambientes para el aprendizaje autónomo y colaborativo.
7. Contribuye a la generación de un ambiente que facilite el desarrollo sano e integral de los estudiantes.
8. Participa en los proyectos de mejora continua de su escuela y apoya la gestión institucional (SEMS, 2008:9).

Barrón (2008) señala que el rol del profesor necesita transformarse para convertirse en tutor o asesor del alumno. La tutoría, indica la autora, como modalidad de la práctica docente, no suple a la docencia frente al grupo, sino que la complementa y enriquece. El nuevo rol puede ser visto "como un instrumento de cambio, que podría reforzar los programas de apoyo integral de los estudiantes en el campo académico, cultural y de desarrollo humano, en la búsqueda del ideal de la atención individualizada de aquéllos en su proceso formativo" (Barrón, 2008:2).

Asimismo, agrega que la convivencia, una competencia fundamental, se construye cultural, histórica e ideológicamente en el ámbito de las relaciones de poder, por lo que enseñar a convivir es enseñar que las relaciones sociales deben sustentarse en la equidad y en la solidaridad. En este sentido, el papel del docente que se despliega en una realidad dinámica, cambiante y contradictoria, debe orientarse al manejo de las incertidumbres y hacia la preparación para el riesgo, el azar, lo inesperado y lo imprevisto, circunstancias que dejan atrás una visión estática y estable del mundo.

Barrón (2008) retoma los conceptos de Zabalza y destaca las siguientes competencias didácticas del docente:

- *Competencia planificadora.* Es la capacidad de planificar el diseño del programa, la organización de los contenidos, la selección y organización de las estrategias de enseñanza, de aprendizaje y de evaluación.
- *Competencia didáctica del tratamiento de los contenidos.* Refiere tres unidades de competencia: seleccionar, secuenciar y estructurar didácticamente los contenidos disciplinarios. La selección de los contenidos se realiza a partir de los indicadores de vigencia, suficiencia/cobertura y relevancia. Respecto a la vigencia la pregunta sería: ¿los programas reflejan apropiadamente los avances y los enfoques actuales de la disciplina? En cuanto a la suficiencia/cobertura, el cuestionamiento sería: ¿los programas reflejan una visión amplia y plural de la disciplina? En lo que concierne a la relevancia se considera si los contenidos elegidos son importantes para la formación. En lo tocante a la segunda unidad de competencia, la secuenciación, se consideraría el orden en el que se organizan los contenidos con el propósito de generar aprendizajes significativos. Por su parte, la estructura didáctica tiene que ver con la forma de comunicar los contenidos, de explicarlos, de relacionarlos con la realidad y de cuestionarlos.
- *Competencia comunicativa.* Es la capacidad para trasmitir un mensaje con pasión e interesar a los alumnos por el conocimiento general y el de la disciplina en particular. Para ello, el docente debe manejar las TIC, comunicarse presencial y virtualmente, por lo que su práctica se basará más en ayudar y orientar al alumno en la selección y organización de la información y para la adquisición de habilidades que permitan el intercambio de información y de experiencias con sus pares.
- *Competencia metodológica.* Implica la organización de los espacios de aprendizaje que hagan posible que el estudiante se desenvuelva en ambientes propicios para un aprendizaje autónomo y significativo en escenarios reales de trabajo.
- *Competencia relacional.* A través de una eficaz relación interpersonal entre docente y alumno se dará un clima propicio para la participación, la discusión y el análisis en el aula.
- *Competencia tutorial.* El papel tradicional del profesor se transforma para ser un consejero que haga posible un ambiente más amigable y en el que la atención dirigida al alumno sea más personalizada y eficiente. Es necesario reconocer el entramado de relaciones desde las cuales se construyen las prácticas de los docentes tutores, y en el que se destacan los saberes. Los saberes son existenciales, sociales y pragmáticos. Son existenciales porque involucran los anhelos, los deseos, las emociones, la relación del docente consigo mismo y con los otros; son sociales porque provienen de distintos núcleos y tiempos de formación escolar

y de vida cotidiana. Finalmente, son pragmáticos porque se refieren a las experiencias y prácticas de las instituciones educativas, y a las prácticas profesionales de éste.

La labor del profesional del mañana ha de contemplar la asunción de tareas complejas, inciertas, muchas veces realizadas en grupos, y que implicarán un acercamiento a lo inédito en una postura que necesita ser flexible, comprometida con la innovación, la autonomía y la responsabilidad en la creación y utilización del saber. En ese tenor, el desarrollo de competencias tendrá un desempeño protagónico. Respecto a éstas, Claude Lessard (2008) señala que son prolijas las orientaciones críticas que citan al neoliberalismo como el paradigma del que han emergido tales competencias. Sin embargo, Chomsky, Piaget, Levi-Strauss y otros especialistas en lingüística y sociolingüística ya hablaban de nociones análogas al fundamentar la importancia de los aspectos adaptativos, la multiculturalidad, la práctica hecha acción, la ejecución sobre las situaciones y su sentido en lo cotidiano, etcétera.

Al ubicar las competencias en el ámbito del posmodernismo, las filosofías del sujeto y la racionalidad, es viable entender que los saberes siempre están contextualizados, "se aprende en una situación concreta, al insertarse en un grupo, en una comunidad, donde se desarrolla la identidad, que es a la vez personal y social" (Lessard, 2008:4). La concepción más firme sobre la relevancia de las competencias se asocia a que ellas conducen a la construcción de situaciones reales e ideales. Si no hay situaciones no hay competencias, las cuales de ningún modo tienen un desarrollo neutro. En el caso de la formación profesional se formula la necesidad de ejecutar una situación particular, y que involucra una visión ética, responsable y comprometida, la que idealmente ha de realizarse.

Uno de los retos de la lógica académica basada a partir de las competencias es entender que si bien una contextualización específica es válida como escenario para lograr un aprendizaje, también es fundamental que el alumno no se quede con esa contextualización, lo que precisa otorgar poder al pensamiento abstracto, el que permitirá hacer inferencias en diversas realidades.

En el campo profesional, la eficacia que se deriva de un actuar competente tiene múltiples aristas, sobre todo en el ámbito humanístico. Un aspecto esencial es saber leer y comprender una situación, hacerla inteligible. Al comprender una situación en su integridad se desarrolla una competencia conceptual. Otro factor de la eficacia es la movilización de recursos cognitivos, afectivos, sociales, entre otros para adaptarse a una condición de manera inteligente, para solucionar un conflicto, realizar una tarea, producir saberes y crear situaciones benevolentes para un grupo o comunidad.

Ya en la dinámica que caracteriza a un docente competente, Lessard (2008:10) menciona que el profesor además de conocer su disciplina y ser sensible con su cultura, debe ser "capaz de reflexionar sobre su práctica, (tener) una reflexividad basada en las teorías del aprendizaje, en las corrientes pedagógicas explícitas, en las perspectivas del currículum, con un discurso filosófico que va más allá de las evidencias, de lo basado en aspectos cotidianos y en el sentido común, en definitiva, todo lo que constituye el *Profesorado*".

En la formación profesional, el docente debe tener conciencia de que su reflexión toca a la acción, la cual sigue un camino determinado por el especialista a partir de un trabajo de justificación y previsión que derive en una serie de consecuencias que él ha de asumir. Lessard (2008:11) lo refiere como "Voy a ajustarme a la realidad, a releer mis acciones, a modificar el curso de la acción, o, también, por el contario, voy a mantener ese esfuerzo a lo largo de su desarrollo porque pretendo conseguir tales efectos".

Pensar en competencias también implica modificar, en el docente, representaciones sobre desempeño académico, pero la ruptura con modelos tradicionales de enseñanza no debe ser drástica. Es conveniente, como parte de un proceso asertivo, trabajar sobre modelo híbridos que permitan continuidad y evolución.

En suma, en esta descripción de competencias docentes, conviene señalar que la práctica del profesor no puede "concebirse exclusivamente como una especialización o una práctica profesional en el ámbito educativo, requiere retomar su sentido político e incidir en el desarrollo de estrategias que permitan respetar y salvaguardar la vida humana, la diversidad cultural e ideológica, con la esperanza de construir una sociedad más humana" (Barrón, 2008:2).

Las transformaciones de la función docente se han dado a propósito de la aparición de nuevas competencias, por la heterogeneidad de los actores educativos y por la evolución de los programas. Perrenoud (2004), de acuerdo con lo señalado, establece un listado de 10 competencias que son congruentes con el nuevo rol del profesor, el desarrollo de la formación continua, los cambios de los aspectos formativos y los más recientes planteamientos de las políticas y gestión educativas. Se da una concordancia con la dinámica renovadora que implica: individualizar y diversificar los programas formativos, incorporar ciclos de aprendizaje, orientarse hacia una evaluación más formativa, dirigir proyectos institucionales, promover el trabajo en equipo de los profesores; situar a los educandos en el centro del trabajo pedagógico, la referencia a métodos activos, la gestión de proyectos, la labor educativa centrada en los problemas, la transferencia del conocimiento, así como educar para la ciudadanía. Estos grandes ejes de competencias son (Perrenoud, 2004):

1. Organizar y animar situaciones de aprendizaje.
2. Gestionar la progresión de los aprendizajes.
3. Elaborar y hacer evolucionar dispositivos de diferenciación.
4. Incluir a los alumnos en sus aprendizajes y en su trabajo.
5. Trabajar en equipo.
6. Participar en la gestión de la escuela.
7. Informar e incluir a los padres.
8. Utilizar las nuevas tecnologías.
9. Afrontar los deberes y los dilemas éticos de la profesión.
10. Organizar la propia formación continua.

Para este autor, la competencia representa una "capacidad de movilizar varios recursos cognitivos para hacer frente a un tipo de situaciones". Esta definición implica establecer que: *a)* Las competencias no son conocimientos, habilidades o actitudes, si bien movilizan, integran y dirigen esos recursos; *b)* La movilización es apropiada en el ámbito de una situación que es única; *c)* El desempeño de la competencia comprende operaciones mentales complejas, las que permiten definir y realizar una acción adaptada a la situación; *d)* Las competencias profesionales se generan en el tiempo formativo, pero son susceptibles de modificarse a partir de los cambios laborales a los que se sujeta el practicante (Perrenoud, 2004).

En el terreno de la metacognición, las competencias refieren aspectos diversos y complejos que atienden, entre otros, el trabajo a partir de las representaciones de los alumnos; el trabajo desde los errores y los obstáculos en el proceso de aprender; el enfrentamiento a situaciones problema ajustadas a las posibilidades de los alumnos; la observación y evaluación de los alumnos en situaciones de aprendizaje desde el enfoque formativo; el trabajo con los alumnos con problemas de aprendizaje; la definición de un proyecto de vida del alumno. Así, se observa que el caudal de conocimientos en su esquema tradicional se relaciona con perspectivas teóricas, en tanto las competencias se vinculan con condiciones prácticas que exigen la solución de problemas.

Los dominios de competencias relacionadas con la formación continua del profesorado, en el nivel de la educación primaria, son referidos textualmente a continuación (Perrenoud, 2004):

Competencias de referencia	*Competencias específicas para trabajar en educación continua (ejemplos)*
Organizar y animar situaciones de aprendizaje	• Conocer a través de una disciplina determinada los contenidos que hay que enseñar y su traducción en objetivos de aprendizaje. • Trabajar a partir de las representaciones de los alumnos. • Trabajar a partir de los errores y los obstáculos en el aprendizaje. • Construir y planificar dispositivos y secuencias didácticas. • Incluir a los alumnos en actividades de investigación y en proyectos de conocimiento.
Gestionar la progresión de los aprendizajes	• Concebir y hacer frente a situaciones problema ajustadas al nivel y a las posibilidades de los alumnos. • Adquirir una visión longitudinal de los objetivos de la enseñanza. • Establecer vínculos con las teorías que sostienen las actividades de aprendizaje. • Observar y evaluar a los alumnos en situaciones de aprendizaje, según un enfoque formativo. • Establecer controles periódicos de competencias y tomar decisiones de progresión.
Elaborar y hacer evolucionar dispositivos de diferenciación	• Hacer frente a la heterogeneidad en el mismo grupo-clase. • Compartir y extender la gestión de clase a un espacio más amplio. • Practicar un apoyo integrado, trabajar con los alumnos que tienen grandes dificultades. • Desarrollar la cooperación entre alumnos y ciertas formas simples de enseñanza mutua.

Incluir a los alumnos en su aprendizaje y en su trabajo	• Fomentar el deseo de aprender, explicitar la relación con el conocimiento, el sentido del trabajo escolar y desarrollar la capacidad de autoevaluación en el niño. • Instituir y hacer funcionar un consejo de alumnos (consejo de clase o de escuela) y negociar con ellos varios tipos de reglas y de acuerdos. • Ofrecer actividades de formación opcionales "a la carta". • Favorecer la definición de un proyecto personal del alumno.
Trabajar en equipo	• Elaborar un proyecto de equipo de representaciones comunes. • Impulsar un grupo de trabajo y dirigir reuniones. • Formar y renovar un equipo pedagógico. • Afrontar y analizar conjuntamente situaciones complejas, prácticas y problemas profesionales. • Hacer frente a crisis o conflictos entre personas.
Participar en la gestión de la escuela	• Elaborar y negociar un proyecto institucional. • Administrar los recursos de la escuela. • Coordinar y fomentar una escuela con todos los componentes (extraescolares, del barrio, asociaciones de padres, profesores de lengua y cultura de origen). • Organizar y hacer evolucionar, en la misma escuela, la participación de los alumnos.
Informar e incluir a los padres	• Favorecer reuniones informativas y de debate. • Dirigir las reuniones. • Incluir a los padres en la valorización de la construcción de los conocimientos.
Utilizar las nuevas tecnologías	• Utilizar los programas de edición de documentos. Explotar los potenciales didácticos de programas en relación con los objetivos de los dominios de enseñanza. • Comunicar a distancia a través de la telemática. • Utilizar los instrumentos multimedia en su enseñanza.
Afrontar los deberes y los dilemas éticos de la profesión	• Prevenir la violencia en la escuela o la ciudad. • Luchar contra los prejuicios y las discriminaciones sexuales, étnicas y sociales. • Participar en la creación de reglas de vida común referentes a la disciplina en la escuela, las sanciones y la apreciación de la conducta. • Analizar la relación pedagógica, la autoridad y la comunicación en clase. • Desarrollar el sentido de la responsabilidad, la solidaridad y el sentimiento de justicia.
Organizar la propia formación continua	• Saber explicitar sus prácticas. • Establecer un control de competencias y un programa personal de formación continua propios. • Negociar un proyecto de formación común con los compañeros (equipo, escuela, red). • Incluirse en las tareas a nivel general de la enseñanza o del sistema educativo. • Aceptar y participar en la formación de los compañeros.

FUENTE: Archivo *Formation continue. Programme des tours 1996-97*. Enseñanza primaria, Ginebra. Servicio del perfeccionamiento, 1996. Este referencial ha sido adoptado por la institución bajo propuesta de la comisión paritaria de la formación.

Competencias laborales

El DACUM (Developing A Curriculum)

Método de análisis ocupacional que se utiliza para determinar en forma rápida las competencias y unidades de competencias (funciones y tareas) que deben realizar los o las trabajadoras en un puesto de trabajo determinado.

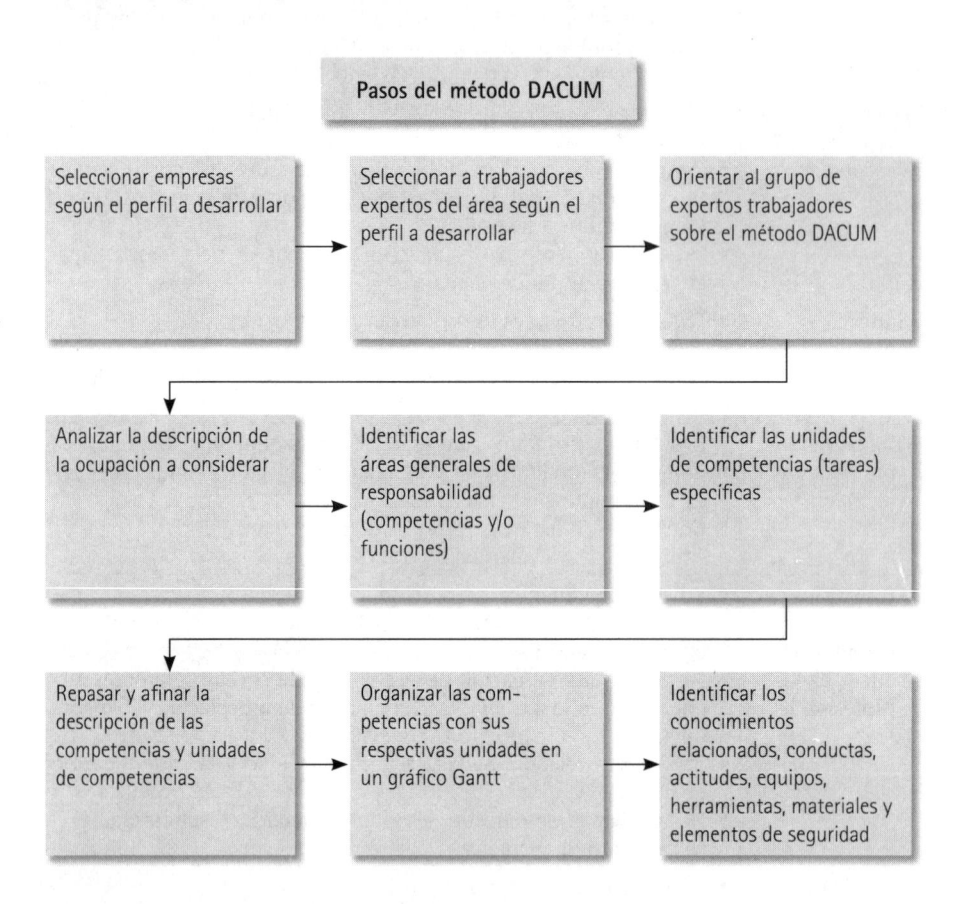

Pasos del método DACUM

- Seleccionar empresas según el perfil a desarrollar
- Seleccionar a trabajadores expertos del área según el perfil a desarrollar
- Orientar al grupo de expertos trabajadores sobre el método DACUM
- Analizar la descripción de la ocupación a considerar
- Identificar las áreas generales de responsabilidad (competencias y/o funciones)
- Identificar las unidades de competencias (tareas) específicas
- Repasar y afinar la descripción de las competencias y unidades de competencias
- Organizar las competencias con sus respectivas unidades en un gráfico Gantt
- Identificar los conocimientos relacionados, conductas, actitudes, equipos, herramientas, materiales y elementos de seguridad

DESCRIPCIÓN DE COMPETENCIAS

Una concepción básica que sustenta la OCDE respecto a la competencia (2001:373), la señala como la capacidad para responder a expectativas externas. La mayor parte de los países que han asumido el enfoque de competencias ya sea en el ámbito laboral, educativo o en ambos, distinguen entre competencias laborales y profesionales. La adquisición de competencias laborales permite a un egresado ejercer la profesión haciendo uso de las técnicas y métodos aprendidos.

Las competencias profesionales pueden ser definidas como la serie identificable y evaluable de capacidades (conocimientos, habilidades y actitudes) que permiten desempeños satisfactorios en situaciones reales de la práctica profesional, de acuerdo con los estándares vigentes. Tanto en las competencias profesionales como en las laborales se distinguen las genéricas (generales o "transversales"), que son las comunes a todas las profesiones u ocupaciones y constituyen en su conjunto el perfil profesional de un egresado. Por su parte, las competencias específicas o particulares son las que distinguen del resto a cada una de las profesiones u ocupaciones.

Las competencias genéricas o profesionales se requieren para enfrentar una(s) problemática(s), atendibles por la profesión, construidas a partir del análisis de las necesidades sociales prioritarias y del marco de referencia teórico-disciplinar. Su desempeño se traduce, por ejemplo, en diagnosticar, planear procesos y acciones, proyectos, planes y programas, intervenir en función de las necesidades de los diferentes contextos y niveles, con fundamentos teorico-metodológicos, con el propósito de atender esas necesidades y racionalizar los recursos institucionales. Al ser posible la aplicación de estas competencias a una gran variedad de profesiones, aumenta el empleo de las personas y les permite cambiar de trabajo con mayor facilidad; favorecen la capacidad de emprender, el autoempleo y proporcionan a los sujetos mayor capacidad para afrontar las crisis económicas y el desempleo (Rial Sánchez).

López (2007) realiza una exhaustiva descripción de las competencias genéricas en los términos siguientes:

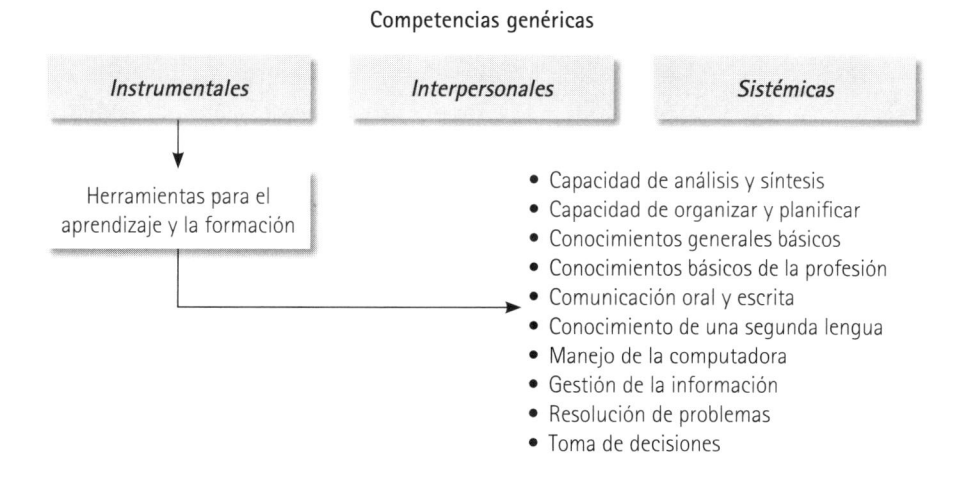

Competencias genéricas

Instrumentales
Herramientas para el aprendizaje y la formación

Interpersonales

Sistémicas
- Capacidad de análisis y síntesis
- Capacidad de organizar y planificar
- Conocimientos generales básicos
- Conocimientos básicos de la profesión
- Comunicación oral y escrita
- Conocimiento de una segunda lengua
- Manejo de la computadora
- Gestión de la información
- Resolución de problemas
- Toma de decisiones

Instrumentales	Interpersonales	Sistémicas

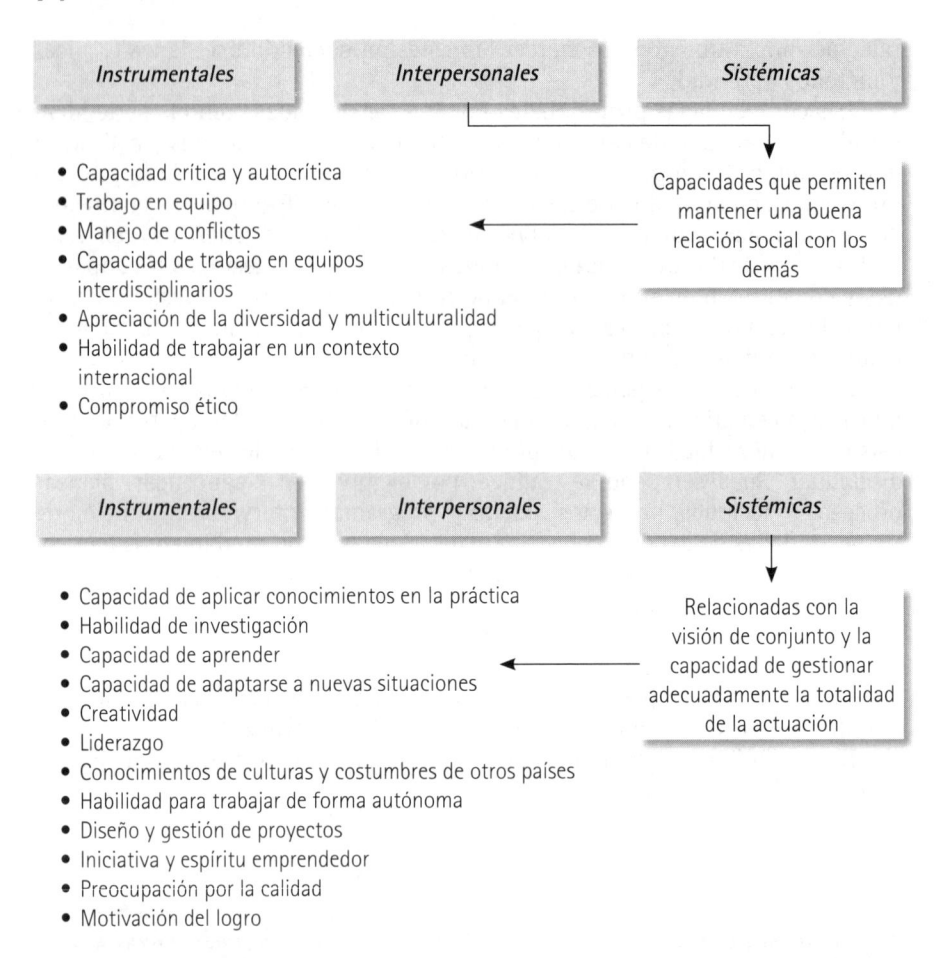

- Capacidad crítica y autocrítica
- Trabajo en equipo
- Manejo de conflictos
- Capacidad de trabajo en equipos interdisciplinarios
- Apreciación de la diversidad y multiculturalidad
- Habilidad de trabajar en un contexto internacional
- Compromiso ético

Capacidades que permiten mantener una buena relación social con los demás

Instrumentales	Interpersonales	Sistémicas

- Capacidad de aplicar conocimientos en la práctica
- Habilidad de investigación
- Capacidad de aprender
- Capacidad de adaptarse a nuevas situaciones
- Creatividad
- Liderazgo
- Conocimientos de culturas y costumbres de otros países
- Habilidad para trabajar de forma autónoma
- Diseño y gestión de proyectos
- Iniciativa y espíritu emprendedor
- Preocupación por la calidad
- Motivación del logro

Relacionadas con la visión de conjunto y la capacidad de gestionar adecuadamente la totalidad de la actuación

En otra aportación que incorpora más elementos, Garagorri (2007) establece las diferencias entre las competencias generales, transversales o generativas, las específicas o particulares, y las básicas o esenciales. La competencia específica se refiere al saber hacer en un contexto determinado, en tanto que una competencia transversal es susceptible de generar una gran cantidad de conductas respecto a un amplio número de situaciones nuevas. La competencia transversal tiene la capacidad de engendrar ilimitadas actuaciones, mientras que la competencia específica se constriñe a comportamientos muy concretos. Por otra parte, las competencias generales o transversales son nucleares y comunes a todas las áreas disciplinares (por ejemplo, interpretar o evaluar la información); y las competencias específicas se vinculan con ciertas áreas temáticas (por ejemplo, diseñar soluciones para un problema técnico).

Para describir las competencias esenciales, Garagorri refiere la propuesta de la Comisión de las Comunidades Europeas (2005), la que señala que tales competencias son "aquellas que todas las personas precisan para su realización y desarrollo personales, así como para la ciudadanía activa, la inclusión social y el empleo. Al término de la educación y formación iniciales, los jóvenes deben haber desarrollado las competencias clave en la medida necesaria para prepararlos para la vida adulta y deben seguir desarrollándolas, manteniéndolas y poniéndolas al día en el contexto del aprendizaje permanente". Ejemplos de estas competencias son la competencia comunicativa, la competencia matemática, la competencia de autogestión del proyecto ético de vida, el manejo de nuevas tecnologías de la información y la comunicación, la competencia de liderazgo y la de adaptación al cambio.

Este mismo autor señala que el camino más adecuado para desarrollar una propuesta curricular eficiente consiste en identificar inicialmente los grandes ejes que dan sentido a la educación, considerando para ello las competencias transversales comunes a todas las áreas curriculares. Al ser incorporadas estas competencias a las áreas disciplinares, se debe hacer la valoración de cuáles son las que pueden ser esenciales o imprescindibles. El procedimiento inverso (definir primero las competencias básicas sin haber definido antes las transversales) no parece, de acuerdo con Garagorri, el camino más coherente.

Por su parte, Villa y Poblete (2007) han identificado una serie de características que idealmente describirían a las competencias:

1. Son multifuncionales, es decir, se requieren para desarrollar una amplia gama de metas y resolver múltiples problemas en diferentes contextos.
2. Son complejas, debido a que favorecen el desarrollo de niveles de pensamiento superior, como el crítico, el analítico y el desarrollo de actitudes y valores elevados. Asumen una autonomía mental que supone una aproximación activa y reflexiva ante la vida.
3. Las competencias genéricas son multidimensionales, porque permiten reconocer y analizar patrones, percibir situaciones, seleccionar significados, desarrollar una orientación social y adquirir una sensibilidad hacia sí mismo y los demás.

Las competencias específicas o laborales son el sustento particular del ejercicio profesional, relacionadas con condiciones específicas de ejecución y dirigidas a la solución de problemas concretos a partir de la aplicación de métodos y técnicas propios del ejercicio laboral al incorporar los saberes conceptuales, procedimentales y actitudinales.

De acuerdo con Catalano, Avolio y Sladogna (2004), el conjunto de acciones profesionales agrupadas dentro de una gran función con sentido de empleo y formación se denomina *unidad de competencia*. Cada conjunto de subfunciones agrupadas que contribuyan a dar sentido a la unidad de competencia se llama *elemento de competencia*. Los resultados del análisis funcional se expresan en un mapa de competencias; es posible obtener un mapa funcional por empresa, institución u organización y las funciones expresadas en competencias.

El mapa funcional referido al rol profesional, cuando se expresa en términos de competencia, posibilita transparentar la naturaleza de las actividades involucradas en el desempeño, los estándares de desempeño de ese rol y el tipo de capacidades que se requieren de la persona que lo ejerce.

Barrón (2008) refiere las descripciones de Aubran y Orifiamma, quienes clasifican las competencias en cuatro grupos:

1. *Competencias referidas a comportamientos profesionales y sociales*, que se vinculan a las actuaciones técnicas o de producción, así como las de gestión, toma de decisiones, trabajo compartido y asunción de responsabilidades, entre otras.
2. *Competencias referidas a actitudes.* Se relacionan con la manera de interactuar con los otros, con las cosas y las situaciones. Se consideran entre ellas la motivación personal, el compromiso, el trato que se da a los demás, la capacidad de adaptación, etcétera.
3. *Competencias referidas a capacidades creativas.* Tienen que ver con el modo en que las personas abordan las situaciones de trabajo, como el hecho de buscar nuevas soluciones, asumir riesgos y ser originales.
4. *Competencias de actitudes existencialistas y éticas.* Se refieren a las capacidades de mirar las consecuencias de las acciones, de analizar críticamente el propio trabajo, si se desarrolla un proyecto personal, y la fuerza para hacerlo realidad; si se posee un conjunto de valores humanísticos y de compromiso social y ético.

Desde hace más de dos décadas la noción de competencia ha ocupado un papel destacado en la educación, el entrenamiento y la acreditación de programas, particularmente en el ámbito psicológico (Gutiérrez, 2005). En México, García Cabrero (2008) describe el impacto que esta noción ha tenido en el diseño de políticas educativas vinculadas con el diseño curricular de programas educativos en los niveles inicial, preescolar y secundaria (CONAFE, 2004; SEP, 2004). En los otros niveles educativos, media o superior, la adopción de este enfoque está cada vez más presente y la expectativa es que el diseño curricular por competencias se generalice ampliamente en los próximos años. Las competencias establecidas por el Programa de Renovación Curricular y Pedagógica de la Educación Preescolar (SEP, 2002) son:

- Desarrollo personal y social.
- Lenguaje y comunicación.
- Pensamiento matemático.
- Exploración y conocimiento del mundo.
- Expresión y apreciación artísticas.
- Desarrollo físico y salud.

Así, será necesario que los alumnos:

- Desarrollen un sentido positivo de sí mismos; expresen sus sentimientos; empiecen a actuar con iniciativa y autonomía, a regular sus emociones; muestren disposición para aprender y se den cuenta de sus logros al realizar actividades individuales o en colaboración.

- Sean capaces de asumir roles distintos en el juego y en otras actividades; de trabajar en colaboración; de apoyarse entre compañeras y compañeros; de resolver conflictos a través del diálogo, y de reconocer y respetar las reglas de convivencia en el aula, en la escuela y fuera de ella.
- Adquieran confianza para expresarse, dialogar y conversar en su lengua materna; mejoren su capacidad de escucha; amplíen su vocabulario, y enriquezcan su lenguaje oral al comunicarse en situaciones variadas. Comprendan las principales funciones del lenguaje escrito y reconozcan algunas propiedades del sistema de escritura.
- Reconozcan que las personas tenemos rasgos culturales distintos (lenguas, tradiciones, formas de ser y de vivir); compartan experiencias de su vida familiar y se aproximen al conocimiento de la cultura propia y de otras mediante distintas fuentes de información (otras personas, medios de comunicación masiva a su alcance: impresos, electrónicos).
- Construyan nociones matemáticas a partir de situaciones que demanden el uso de sus conocimientos y sus capacidades para establecer relaciones de correspondencia, cantidad y ubicación entre objetos; para estimar y contar, para reconocer atributos y comparar.
- Desarrollen la capacidad para resolver problemas de manera creativa, mediante situaciones de juego que impliquen la reflexión, la explicación y la búsqueda de soluciones a través de estrategias o procedimientos propios, y su comparación con los utilizados por otros.
- Se interesen en la observación de fenómenos naturales y participen en situaciones de experimentación que abran oportunidades para preguntar, predecir, comparar, registrar, elaborar explicaciones e intercambiar opiniones sobre procesos de transformación del mundo natural y social inmediato, y adquieran actitudes favorables hacia el cuidado y la preservación del medio ambiente.
- Se apropien de los valores y principios necesarios para la vida en comunidad, actuando con base en el respeto a los derechos de los demás; el ejercicio de responsabilidades; la justicia y la tolerancia; el reconocimiento y aprecio a las diversidades de género, lingüística, cultural y étnica.
- Desarrollen la sensibilidad, la iniciativa, la imaginación y la creatividad para expresarse a través de los lenguajes artísticos (música, literatura, plástica, danza, teatro) y para apreciar manifestaciones artísticas y culturales de su entorno y otros contextos.
- Conozcan mejor su cuerpo, actúen y se comuniquen mediante la expresión corporal, y mejoren sus habilidades de coordinación, control, manipulación y desplazamiento en actividades de juego libre, organizado y de ejercicio físico.
- Comprendan que su cuerpo experimenta cambios cuando está en actividad y durante el crecimiento; practiquen medidas de salud individual y colectiva para preservar y promover una vida saludable, así como para prevenir riesgos y accidentes.

Desde las asignaturas que se desarrollan a lo largo de la educación básica y media básica se plantean las siguientes competencias que conformarán un óptimo perfil de egreso (educación básica, SEP, 2009):

Competencias para el aprendizaje permanente. Se refieren a la posibilidad de aprender, asumir y dirigir el propio aprendizaje a lo largo de la vida, de integrarse a la cultura escrita; así como de movilizar los saberes culturales, lingüísticos, sociales, científicos y tecnológicos para comprender la realidad.

Competencias para el manejo de la información. Se vinculan a la búsqueda, identificación, evaluación, selección y sistematización de información; pensar, reflexionar, argumentar y expresar juicios críticos, analizar, sintetizar, utilizar y compartir información; el conocimiento y manejo de distintas lógicas de construcción del conocimiento en diversas disciplinas y en los distintos ámbitos culturales.

Competencias para el manejo de las situaciones. Posibilidad de organizar y diseñar proyectos de vida, considerando diversos aspectos, como los históricos, sociales, políticos, culturales, geográficos, ambientales, económicos, académicos y afectivos; tener iniciativa para realizarlos, administrar el tiempo, generar cambios y afrontar los que se presenten; tomar decisiones y asumir sus consecuencias, enfrentar el riesgo y la incertidumbre, plantear y llevar a buen término procedimientos para la resolución de problemas, y manejar el fracaso y la desilusión.

Competencias para la convivencia. Implican relacionarse armónicamente con otros y con la naturaleza; comunicarse con eficacia; trabajar en equipo; tomar acuerdos y negociar con otros; crecer con los demás; manejar con equilibrio las relaciones personales y emocionales; desarrollar la identidad personal y social; reconocer y valorar los elementos de la diversidad étnica, cultural y lingüística del país, para reconocer las tradiciones comunitarias, sus cambios personales y del mundo.

Competencias para la vida en sociedad. Se vinculan a la capacidad de decidir y actuar con juicio crítico frente a los valores y las normas sociales y culturales; proceder a favor de la democracia, la libertad, la paz, el respeto a la legalidad y a los derechos humanos; considerar las implicaciones sociales del uso de la tecnología; participar, gestionar y desarrollar acciones que promuevan el desarrollo de las localidades, regiones, del país y del mundo; actuar con respeto ante la diversidad sociocultural; combatir la discriminación y el racismo, así como manifestar una conciencia de pertenencia al país y al mundo.

En el acuerdo 444 referido al marco curricular común del Sistema Nacional del Bachillerato se establecen las competencias genéricas que son las que todos los bachilleres deben estar en capacidad de desempeñar; las que les permiten comprender el mundo e influir en él; les capacitan para continuar aprendiendo de forma autónoma a lo largo de sus vidas, y para desarrollar relaciones armónicas con quienes les rodean, así como participar eficazmente en los ámbitos social, profesional y político. Dada su importancia, dichas competencias se identifican también como competencias clave y constituyen el perfil del egresado del Sistema Nacional de Bachillerato. Éstas son:

Las competencias, como componentes del marco curricular común (MCC) del Sistema Nacional Básico, propuestas por la Secretaría de Educación Pública, son de tres tipos: *genéricas*, *disciplinares* y *profesionales*. Las dos últimas se clasifican, a su vez, en básicas y extendidas.

Según el planteamiento de la SEP, las competencias genéricas, clave o esenciales son transversales y transferibles. Se consideran transversales por ser indispensables para la formación total de la persona. Su transferibilidad se refiere a su capacidad de ser aplicables a todas las asignaturas. Ejemplos de este tipo de competencias se dan cuando el educando:

- Se autodetermina y cuida de sí.
- Se expresa y comunica.
- Piensa crítica y reflexivamente.
- Aprende en forma autónoma.
- Trabaja de manera colaborativa.
- Participa con una conciencia cívica y ética.

Las competencias disciplinares integran conocimientos, habilidades y actitudes que se manifiestan en la aplicación de la competencia y se enfocan en la formación por asignaturas en campos de conocimiento específicos. Estas competencias deben ser desarrolladas por todos los estudiantes del nivel medio superior. Asimismo, las competencias disciplinares extendidas son dirigidas a los bachilleratos generales de tipo propedéutico. Abarcan saberes mucho más específicos y su objetivo es formar al alumno para la continuación de sus estudios universitarios. Estas competencias le dan identidad a los diferentes subsistemas de la educación media superior.

Las competencias profesionales son las requeridas para la formación laboral. Estas competencias en su modalidad básica son las mínimas necesarias para que, a su egreso, el alumno tenga posibilidades de desempeñarse en un trabajo, en tanto que las competencias profesionales extendidas requieren un mayor compromiso en la formación laboral del estudiante, quien egresará con una calificación de nivel técnico.

Un modelo educativo por *competencias profesionales integradas* que articule conocimientos globales, conocimientos profesionales y experiencias laborales propone reconocer las necesidades y problemas de la realidad. Estas necesidades se definen mediante el diagnóstico de las experiencias de la realidad social, de la práctica de las profesiones, del desarrollo de la disciplina y del mercado laboral. Esta combinación de elementos permite identificar las necesidades hacia las cuales se orientará la formación profesional, y de allí partirá también la definición de las competencias profesionales integrales o genéricas, indispensables para el establecimiento del perfil de egreso del futuro profesional.

Competencias del SNB

Competencias genéricas

Son generales, las que debe lograr todo egresado de bachillerato y que le permiten desarrollarse como persona, desenvolverse exitosamente en la sociedad y en el mundo que le tocó vivir, es decir, ser un buen ciudadano. Se agrupan en seis categorías y son 11 competencias que conforman 45 atributos.

Ejemplo de competencia genérica

Participa con una conciencia cívica y ética en la vida de su comunidad, región, México y el mundo. Atributo: 9.1. Privilegia el diálogo como mecanismo para la solución de conflictos.

Competencias disciplinares

Se desarrollan en cada área de conocimiento y por asignatura. Son procesos mentales complejos que permiten a los estudiantes enfrentar situaciones diversas a lo largo de la vida. Se agrupan en cuatro disciplinas que desarrollan 44 competencias en total.

Básicas.
Se desarrollan y despliegan a partir de distintos contenidos, enfoques educativos, estructuras circulares y métodos de enseñanza y aprendizaje. Son competencias que todos los alumnos, independientemente de su futura trayectoria académica o profesional, tendrán que desempeñar.

Extendidas.
Implican niveles de complejidad deseables para quienes optarán por una determinada trayectoria académica. Son propedéuticas, ya que se preparan para la EMS.

Ejemplo de competencia disciplinaria básica del área de matemáticas

Sitúa la interrelación entre la ciencia, la sociedad y el ambiente en contextos históricos y sociales específicos.

Ejemplo de competencia interdisciplinaria extendida

Elige un enfoque determinista o uno aleatorio para el estudio de un proceso o fenómeno y argumenta su pertinencia, es relevante para un estudiante de matemáticas o estadística y para una persona que se desempeñe laboralmente en las áreas afines a estas disciplinas. Para alguien que se desempeñe en un área relacionada con la comunicación, esta competencia puede no ser relevante a lo largo de la vida.

Competencias profesionales

Preparan a los estudiantes para desempeñarse en su vida laboral con mayores probabilidades de éxito, al tiempo que dan sustento a las competencias genéricas. En estas competencias no se han formulado orientaciones de forma que deban ser seguidas para su elaboración, ya que existen diferentes normas nacionales, internacionales e institucionales para este propósito, las cuales cuentan con un aval, como las organizaciones laborales, gremios y empleadores en distintos contextos.

Básicas.
Se sustentan de igual forma que las competencias disciplinares básicas.

Extendidas.
Se sustentan de igual forma que las competencias disciplinares extendidas.

Una competencia profesional podría ser: "Elabora y ejecuta proyectos de instalación o mantenimiento de las redes eléctricas domésticas, de acuerdo con el diseño y normas vigentes en la materia."

Niveles en donde se aplican las competencias

Nivel	Competencias
Preescolar, primaria	Competencias clave o elementales, comunicación oral y escrita, observar, analizar, razonar, aprender, socializar.
Secundaria, bachillerato	Competencias básicas y genéricas. Participación social y desarrollo personal.
Bachillerato tecnológico	Competencias básicas, propedéuticas y laborales.
Superior y posgrado, capacitación	Competencias profesionales y laborales reconocidas en el mercado de trabajo.

La propuesta de la educación profesional por competencias integrales implica replantear la relación entre la teoría y la práctica. Sin embargo, para fines analíticos deben identificarse los saberes implicados en saberes prácticos, teóricos y valorativos. Los *saberes prácticos* incluyen atributos (de la competencia), como los *saberes técnicos*, que consisten en conocimientos disciplinares aplicados al desarrollo de una habilidad, y los *saberes metodológicos*, entendidos como la capacidad o aptitud para llevar a cabo procedimientos y operaciones en prácticas diversas. Por su lado, los *saberes teóricos* definen los conocimientos teóricos que se adquieren en torno a una o varias disciplinas. Finalmente, los *saberes valorativos* incluyen el *querer hacer*, es decir, las actitudes que se relacionan con la predisposición y motivación para el autoaprendizaje, y el saber *convivir*, esto es, los valores asociados a la capacidad para establecer y desarrollar relaciones sociales (J. J. Huerta, I. S. Pérez y A. R. Castellanos, 2000).

Un aspecto problemático de la relación escuela-sociedad se refiere al señalamiento de que existe un desfase entre las necesidades sociales reales y la formación de los estudiantes en las escuelas. Los modelos por competencias intentan vincular estos dos ámbitos. La *multirreferencialidad* es un rasgo de las competencias, que se refieren a la posibilidad de orientar las acciones educativas intencionales en función de las características de diferentes contextos profesionales. Se parte de que las competencias profesionales desarrolladas durante la formación deben permitir al profesional resolver problemas semejantes en distintos contextos. Si en el diseño de las competencias no se consideran los diversos contextos y culturas no se alcanzarán la *transferencia* y la *multirreferencialidad*, ya que ambos atributos están muy vinculados. Por ello, es importante que la práctica educativa también tome en cuenta la diversidad de contextos y culturas de donde provienen los alumnos (J. J. Huerta, I. S. Pérez y A. R. Castellanos, 2000).

A diferencia de los modelos tradicionales, el modelo por competencias profesionales integradas intenta formar profesionales que conciban el aprendizaje como un proceso abierto, flexible y permanente, no limitado al periodo de formación escolar. En consecuencia, esta perspectiva promueve la combinación de momentos de aprendizaje académico con situaciones de la realidad profesional. La *formación en alternancia* implica integrar la capacitación en ámbitos reales con la formación en las aulas. Esta perspectiva pretende ser permanente, por lo que el estudiante debe adquirir la competencia para estudiar y trabajar en continua alternancia entre los dos escenarios. Asimismo, el cambio constante de los contextos y necesidades requiere que los profesionales sean capaces de aprender nuevas competencias y de "desaprender" las que, a la larga, sean obsoletas. Así, los alumnos deben ser capaces de identificar y manejar la emergencia de nuevas competencias (J. J. Huerta, I. S. Pérez y A. R. Castellanos, 2000).

Otro factor relacionado con la formación por competencias profesionales integradas se refiere a la capacidad del estudiante para que reflexione y actúe sobre situaciones imprevistas o disfuncionales, las cuales pueden presentarse tanto en ambientes educativos como en la vida. El principio de *aprendizaje por disfunciones* demanda poner en juego las capacidades de pensamiento y reflexión, lo que hace posible el desarrollo de la creatividad, la iniciativa y la capacidad para la toma de decisiones en situaciones problemáticas no contempladas durante la formación.

Vale la pena mencionar que el enfoque por competencias no ha estado exento de controversias. Kerka (1998) señala que una corriente crítica se ha desarrollado en contra de la adopción del enfoque de competencias, sustentada en diversos aspectos, por ejemplo, por lo confuso de su conceptuación, las dificultades empíricas que representa su adopción como eje articulador de las acciones de intervención y evaluación educativas, y su falta de adecuación para responder a las necesidades crecientes de una sociedad que promueve el aprendizaje basado en la información y el conocimiento a lo largo de la vida. Lo más incisivo de estas críticas apunta que ha prevalecido un enfoque reduccionista en la definición de competencias, según los objetivos conductuales, por lo que muchas veces se confunde con éstos, al reducir la competencia a la ejecución de tareas simples relacionadas con los diversos roles que se desarrollan en un trabajo determinado. Asimismo, Garagorri (2007) destaca que al derivarse la organización de la enseñanza por competencias desde el mundo empresarial al educativo formal, puede pensarse que la educación se supedita básicamente a los intereses productivos empresariales y que el desarrollo académico puede centrarse demasiado en los resultados y en los estándares de evaluación. En otro planteamiento, se cuestionan las razones que imponen en los diversos modelos el desarrollo de una serie de competencias y que sesgan otras, de tal suerte que parecería que las elegidas conducen a un camino de mayor competitividad dentro de un marco individualista, de orden productivo empresarial, lo que desdeña un grupo de conocimientos que si bien no son significativos en un ámbito de desenvolvimiento práctico, resultan indispensables para crear en el individuo conciencia de sí mismo, de su naturaleza y entorno. Este es el caso de los saberes filosóficos, sociológicos, antropológicos, de la ética social y económica, entre otros. Algunas de estas asignaturas, en la formación inicial y media superior, incluso, han sido excluidas de los planes de estudio en países donde se ha implantado el modelo de educación por competencias.

Otros aspectos problemáticos señalados son la pretendida expectativa de "uniformar" a través de las competencias a los grupos humanos, cuando es claro que cada sociedad tiene particularidades étnicas, culturales y sociales, y otras se encuentran polarizadas en extremo, como es el caso de países de economías emergentes. Asimismo, no se apuesta explícitamente por la igualdad social; no se potencian el trabajo global ni la transversalidad; no hay un tratamiento inclusivo en un mundo de exclusión; resulta ficticio incluir las competencias en un sistema academicista y clasista; existe una tesitura individualista en todo el planteamiento de competencias. Por su parte, para un sector de investigadores educativos en nuestro país, el diseño de modelos educativos por competencias es sumamente cuestionable, ya que aún está sujeto a un intenso debate internacional e implica desafíos pedagógicos y didácticos para los que parece haber previsiones. En un documento firmado por académicos del Centro de Investigaciones Avanzadas (CINVESTAV), del Instituto Politécnico Nacional, se afirma que la interpretación del concepto de competencias ha sido distinta entre las áreas y a menudo se ha reducido a indicaciones dirigidas hacia la obtención de calificaciones. Mencionan que aunque el enfoque pretende reforzar aspectos formativos, ha colocado a los profesores ante la falsa disyuntiva de desarrollar competencias o promover la apropiación significativa de contenidos.

En respuesta a estas críticas se han planteado enfoques integrales en el ámbito de la educación basada en competencias, holísticos o relacionales, en los que se le considera como una compleja combinación de conocimientos, actitudes, destrezas y valores que se manifiestan en el contexto de la ejecución de una tarea (Gonczi y Athanasou, 1996, en Gutiérrez, 2005). Este abordaje reconoce la existencia de diversos niveles de competencia en el desempeño mostrado frente a una demanda específica de acción-interacción proveniente del entorno (García-Cabrero *et al.*, 2002; Hernández y Sánchez Sosa, 2005; Gutiérrez, 2005): novato-principiante, experimentado y especialista. Esto se contrapone con la definición de un perfil único de competencia respecto a los diferentes tipos de demanda. De este modo, cuando se interpreta de forma más amplia, la competencia no es la conducta entrenada, sino la capacidad reflexiva que se da a lo largo de un proceso de desarrollo. Se considera, entonces, algo más que una respuesta aceptable; alguien competente debe ser capaz de demostrar un desempeño eficaz y eficiente, que sea susceptible de ser mostrado y defendido en múltiples contextos.

Por su parte, la visión relacional acerca de las competencias reconoce que el contexto cultural y las prácticas sociales de un grupo social están involucrados en el desempeño de las competencias y, por ello, deben reflejar los atributos personales que se requiere utilizar para interactuar eficientemente y tener éxito en el desempeño de una tarea en un contexto social determinado.

La visión constructivista sobre el aprendizaje y la enseñanza ha promovido la generación de estudios acerca de la ejecución de expertos en diferentes áreas, con lo que queda claro que alguien competente (un experto en un determinado dominio) no solamente realiza tareas en una situación específica, sino que para poder hacerlo requiere tener juicios, reflexionar, analizar y adaptar su desempeño de acuerdo con las características del contexto en que desarrolla su acción. La competencia, por tanto, se evidencia situacionalmente, en íntima vinculación con un contexto, y generalmente se evalúa por algún agente social del entorno; una persona puede tener en su repertorio habilidades diversas; sin embargo, para que su actuación sea competente ha de ponerlas en juego en la situación específica. Para esto se debe contar con una gama amplia de conocimientos, habilidades y actitudes, organizada y estructurada que pueda estar disponible al momento de una demanda específica de acción e interacción (García-Cabrero *et al.*, 2002).

Un modelo educativo basado en competencias se rige por un enfoque holístico que enfatiza el desarrollo constructivo de habilidades, conocimientos y actitudes que permitan a los estudiantes insertarse adecuadamente en la estructura laboral y adaptarse a los cambios y reclamos sociales (Marín, 2003).

Se requiere que las competencias no sólo sean forjadas para propiciar la movilidad o una adecuada inserción al trabajo, sino motivar el ejercicio ciudadano, contribuir a la conservación del patrimonio natural y cultural, manejar críticamente la información recibida, aprender de manera autodidacta, relacionarse adecuadamente con los otros, y obtener un bienestar físico, afectivo y personal.

Esta tarea debe partir de una gestión educativa que habrá de incidir en la administración de la institución educativa y que se realizarán los distintos estamentos que la integran. La reflexión y adecuación curricular que corresponda será fundamental en el desempeño docente, quienes asumirán el currículo propuesto por la administración y lo enriquecerán con las necesidades particulares de sus alumnos.

Un modelo educativo afín a las necesidades del entorno centrará sus expectativas en el aprendizaje que cada alumno habrá de realizar a partir de una serie de situaciones y procesos que lo motiven. También se precisa que sean considerados los aspectos afectivos y emocionales; valorar a los alumnos, creer en ellos, y estimular sus capacidades. Esto repercutirá en un incremento de la autoestima y se favorecerán los mecanismos del aprendizaje. La cooperación y la creación de canales de comunicación y participación será también una tarea que han de realizar los alumnos. De igual modo, los canales de aprendizaje deberán abrirse a la comunidad. Una escuela abierta y con un clima de trabajo sano contribuirá a que se aminoren problemáticas graves como la violencia y la cadena de venta y consumo de drogas.

El éxito en el logro de los aprendizajes depende del buen clima en el aula, de la motivación que reciban los alumnos, y de que la actitud del profesor genere confianza, apertura, calidez, seguridad y compromiso. Los factores de tipo afectivo y emocional son cruciales, y en todo planteamiento educativo deben enfatizarse. En un trabajo sinérgico, los alumnos, sus familias y otros actores sociales habrán de promover una perspectiva educativa que abarque a la sociedad en su conjunto. Por su parte, los docentes tendrán que revisar sus prácticas bajo la óptica de una formación y capacitación que hagan factible su inserción de tiempo completo en la institución escolar. Para esto, los profesores deben elaborar proyectos educativos que impliquen una transformación cualitativa de su desempeño.

La institución educativa se inviste de un carácter eminentemente humanístico sobre el destino y la razón de ser de la educación, más su trascendencia como hecho colectivo que conmina a los sujetos a elaborar su propio cuadro de valores y saberes. Es el escenario en el que se ejercen las libertades que le otorgan su esencia universal. El orden y el respeto han de identificar los propósitos institucionales, así como el espíritu de los destinatarios del servicio educativo.

En el documento elaborado a partir de la Séptima Reunión del Comité Intergubernamental del Proyecto Principal de Educación, convocada por la UNESCO en el 2001, se establecieron de manera central los siguientes puntos:

- La educación debe asegurar que todas las personas sean capaces de construir su proyecto personal a lo largo de la vida. La educación no sólo puede ser vista como el proceso que permite la movilidad social o la inserción al mercado laboral, sino que desarrollará competencias para ejercer la ciudadanía, como contribuir a la conservación y crecimiento del patrimonio natural y cultural; manejar críticamente la información; y aprender por sí mismo y vincularse funcionalmente con los otros para lograr un bienestar físico, afectivo y personal. Estas necesidades imponen cambios estratégicos en el ámbito de la gestión académica y administrativa.
- La institución educativa, además de promover la asunción de contenidos culturales, ha de favorecer la inserción crítica en la sociedad de los alumnos. Ayudará a estructurar la información que se ofrece fuera de la escuela, propiciará las relaciones interpersonales así como el bienestar de toda la comunidad.
- La confianza, la seguridad y el compromiso que proporcionan los docentes se ubican en la lógica de la inteligencia emocional, enfoque que da cuenta del arraigo de los afectos y las emociones en toda actividad educativa; en contracorriente a la tradicional visión racionalista.
- El avance tecnológico es avasallador, por lo que la capacitación del docente en torno a esas tecnologías tendrá que ser crítica y creativa. La creación de redes de comunicación es un aspecto central para intercambiar experiencias y conocimientos.

Más allá de la competencia (Ronald Barnett)

	Competencia operacional	Competencia académica	Mundo de la vida
Epistemología	Saber cómo	Saber qué	Conocimiento reflexivo
Situaciones	Definidas pragmáticamente	Definidas por campo intelectual	Definición abierta
Foco	Resultados	Proposiciones	Diálogo y argumento
Transferabilidad	Metaoperaciones	Metacognición	Metacrítica
Condiciones límite	Normas organizativas	Normas del campo intelectual	Normas prácticas del discurso
Aprendizaje	Experiencial	Proposicional	Meta aprendizaje
Comunicación	Estratégica	Disciplinaria	Dialógica
Evaluación	Económica	De verdad	Por consenso
Valores	Supervivencia económica	Disciplina	El bien común
Crítica	Para la mejor eficacia de las prácticas	Para mejorar comprensión cognitiva	Para mejorar comprensión práctica

CAPÍTULO 3
Fases y guía para la elaboración del modelo educativo

Un rasgo esencial en los modelos por competencias es la relación entre teoría y práctica, de manera que permite la aplicación teórica a situaciones reales. Al articular conocimientos teóricos y experiencias se están reconociendo las necesidades y los problemas del contexto social, lo que posibilita cumplir con la función de proyección social inherente a las instituciones educativas.

Un modelo educativo basado en competencias es capaz de permitir una formación de larga duración que no se limita a los conocimientos recibidos a lo largo del proceso escolarizado. Por ello, una dinámica primordial es la formación continua que se da en diversos contextos de actualización de acuerdo con la evolución de la sociedad en la que se desenvuelve el individuo.

La proyección de un modelo educativo debe considerar el análisis de competencias por campos del saber, la identificación de núcleos problemáticos y de núcleos temáticos, las estrategias didácticas y los escenarios de aprendizaje, la asignación horaria; la interacción entre investigación, docencia y proyección social, la internacionalización, el establecimiento de créditos, la evaluación de competencias y un perfil muy definido del personal docente.

Fases

Motivación / Justificación / Sensibilización → Planificación → Construcción de los acuerdos → Aprobación → Difusión

Guía

Propósito general

Reforzar e intensificar los procesos de información entre el profesorado y los demás miembros de la comunidad educativa.

Objetivos

- Que el profesorado conozca en qué consiste un modelo educativo y las razones que lo justifican.
- Que comprenda los porqués de la elaboración y la aplicación del modelo educativo.
- Que encuentre una respuesta convincente y clara a las preguntas: ¿qué se espera de mí en este proceso? y ¿qué puedo esperar yo de las personas que me proponen participar en él?
- Que acepte su implicación desde una postura de compromiso con el grupo y la institución.

Posibles acciones

- Discusión respecto a la necesidad de diseñar el modelo educativo en las reuniones de los equipos a partir de pautas, ejemplos o documentos concretos.
- Discusión en torno a la necesidad de elaborar el modelo educativo en las reuniones de claustro después de haber hecho breves lecturas personales bien seleccionadas en relación con el tema.
- Conocimiento y análisis de modelos educativos elaborados en otras instituciones educativas de tipología similar.
- Asistencia a actividades de formación permanente en las que se trate el tema.
- Realización de visitas a otros centros que tienen y aplican su modelo educativo.
- Realización de sesiones de trabajo en el propio centro orientadas por una persona especialista.
- Realización de sesiones de trabajo en el propio centro apoyadas por profesores de otros centros donde tienen y aplican el modelo educativo.
- Acciones de apoyo y aliento por parte de los servicios de la administración educativa.
- Comunicación e informaciones específicas a los alumnos y alumnas, en su caso (junta de asociación de alumnos).

QUÉ ENTENDEMOS POR MODELO EDUCATIVO

Ante la tarea y el desafío que significa elaborar un modelo educativo, lo primero que debemos hacer es precisar los conceptos y encontrar una estructura adecuada en la cual queden incorporados todos los elementos que deben intervenir para que el modelo sea viable en su aplicación pedagógica.

El concepto de modelo proviene de las ciencias exactas, en las que la experimentación y aplicación de los modelos científicos llevan a resultados similares en condiciones físicas y químicas parecidas. En las ciencias sociales se necesita de modelos no sólo para entender y comprender la realidad social, sino para modificarla y direccionarla para obtener los resultados esperados.

Para estructurar un modelo educativo hay que tomar en cuenta una diversidad de criterios que parten del concepto concreto de hombre que se quiere formar y del tipo de sociedad que se desea construir. Estos criterios son del orden psicológico, sociológico, filosófico, antropológico, pedagógico, didáctico y axiológico. En síntesis, el modelo educativo es una reflexión y concreción antropológica y social. El modelo educativo contiene elementos de perfección en su construcción, que están articulados de manera coherente para la solución de problemas educativos, por ello debe seguirse para lograr cumplir los objetivos y fines de las instituciones educativas.

El modelo contiene los elementos conceptuales de todos los aspectos que orientan la práctica educativa en la sociedad del conocimiento. Da respuesta a las funciones sustantivas que aparecen desde la Edad Media y que son inherentes a las instituciones educativas: la docencia, la investigación, el servicio a la comunidad y la internacionalización. Desde esas funciones se estructuran los componentes curriculares esenciales para el proceso formativo, se incorporan los conocimientos, las habilidades y las actitudes que responden a las exigencias de la sociedad como comunidad humana.

En el modelo se filtran pensamientos internacionales de la educación, así como nacionales y regionales; se tiene en cuenta la necesidad de la internacionalización educativa, de la innovación educativa, del aseguramiento de la calidad en todos los procesos educativos. Se asimila toda la tradición propia cultural, pedagógica, política y económica del lugar donde se encuentra la institución educativa. El modelo centra su atención en los estudiantes, y asume sus realidades y potencialidades, se consideran sus necesidades y expectativas de formación, las que les permitan una integración a la sociedad del conocimiento, y, desde ahí, al mundo laboral para dar respuesta a las necesidades regionales, nacionales e internacionales. El estudiante ha de tener acceso al manejo de las tecnologías de la información, lo que conlleva nuevas formas de aprender y relacionarse con el mundo.

El modelo debe estar centrado en el alumno y el aprendizaje.

a) *Modelo.* Es el conjunto orgánico de elementos programados que sirven como esquema y guía para llevar a cabo una acción. Es una representación, una visualización prefigurada conceptualmente o elaborada a partir de la realidad.

b) *Educativo.* El modelo tiene como finalidad que los destinatarios de la educación alcancen el desarrollo integral y la maduración de su personalidad en todos los aspectos. Ofrece la unidad e identidad de todo el sistema y se convierte en una guía para los planificadores, directivos, docentes y alumnos.

Concepto del modelo educativo

Conjunto orgánico de elementos programados que sirven de

- Esquema
- Guía

para la acción educativa

Su finalidad: que los educandos alcancen

- El crecimiento
- El desarrollo
- La maduración

integral ⟶ de su personalidad

En todos sus aspectos

La educación que se proyecta está

Inspirada en competencias
- Aprendizaje completo
- Habilidades
- Conocimientos
- Actitudes
- Valores

¿Cuáles deberían ser los elementos de un modelo educativo?

En la búsqueda de los elementos del modelo, de acuerdo con el método fenomenológico, es decir, investigar y descubrir el hecho y el quehacer educativo, tal como se presentan, trataremos de encontrar los factores fundamentales que intervienen en el proceso educativo.

Identidad de los educadores

Como en toda empresa humana, hay que ser conscientes, antetodo, de quiénes son los que pretenden realizarla. Cabe entonces preguntarse: ¿quiénes somos los que queremos educar? Ante esta primera pregunta surge una respuesta: la identidad de los educadores, concebida como la finalidad de una institución, educativa en el cumplimiento de una vocación y misión específica (finalidad de la institución) en función de unos destinatarios a los cuales se dirigen preferencialmente los servicios, las actividades y las obras de dicha institución. En este contexto la

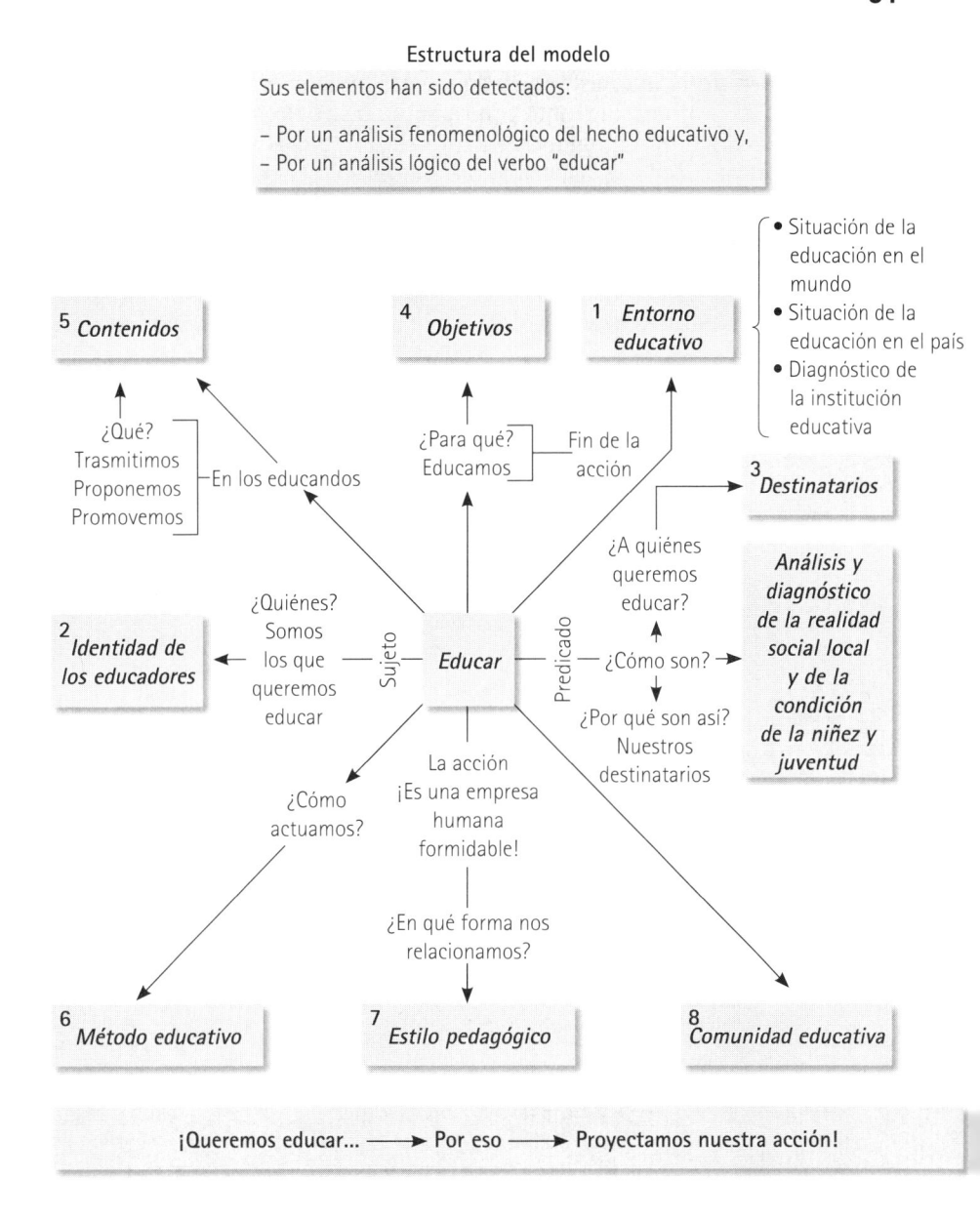

Estructura del modelo

Sus elementos han sido detectados:
- Por un análisis fenomenológico del hecho educativo y,
- Por un análisis lógico del verbo "educar"

1 Entorno educativo
- Situación de la educación en el mundo
- Situación de la educación en el país
- Diagnóstico de la institución educativa

2 Identidad de los educadores
¿Quiénes? Somos los que queremos educar — Sujeto

Educar
La acción ¡Es una empresa humana formidable!

3 Destinatarios
¿A quiénes queremos educar?
¿Cómo son?
¿Por qué son así? Nuestros destinatarios

Análisis y diagnóstico de la realidad social local y de la condición de la niñez y juventud

4 Objetivos
¿Para qué? Educamos — Fin de la acción

5 Contenidos
¿Qué? Trasmitimos, Proponemos, Promovemos — En los educandos

6 Método educativo
¿Cómo actuamos?

7 Estilo pedagógico
¿En qué forma nos relacionamos?

8 Comunidad educativa

¡Queremos educar... → Por eso → Proyectamos nuestra acción!

---

identidad de los educadores se expresa claramente en los convicciones, principios, criterios y valores que inspiran y orientan su acción educativa.

La tarea de trasmitir conocimientos en el nivel de información da paso a un maestro distinto, a un maestro que estimula y motiva para esa búsqueda de información, a un agente que se hace partícipe del hallazgo y del análisis, que facilita la evolución y los juicios críticos del estudiante para que los conocimientos que se aprenden tengan significado. El docente que trazaba paradigmas en un mundo estructurado y cerrado en el plano informativo ha dado paso a un profesor que junto con su alumno se enfrenta a un mundo con exceso informativo. Si en algún momento se trataba de abarcar la información existente acerca de un aspecto, en el actual se está en el otro extremo: el exceso de información implica una selección y un trabajo continuo.

La variabilidad de los conocimientos hace que las profesiones y lo aprendido cambien diariamente. Nadie se puede enfrentar a las nuevas situaciones sin considerar las transformaciones científicas y tecnológicas. El educador debe estar consciente de los procesos adaptativos de capacitación y transformación.

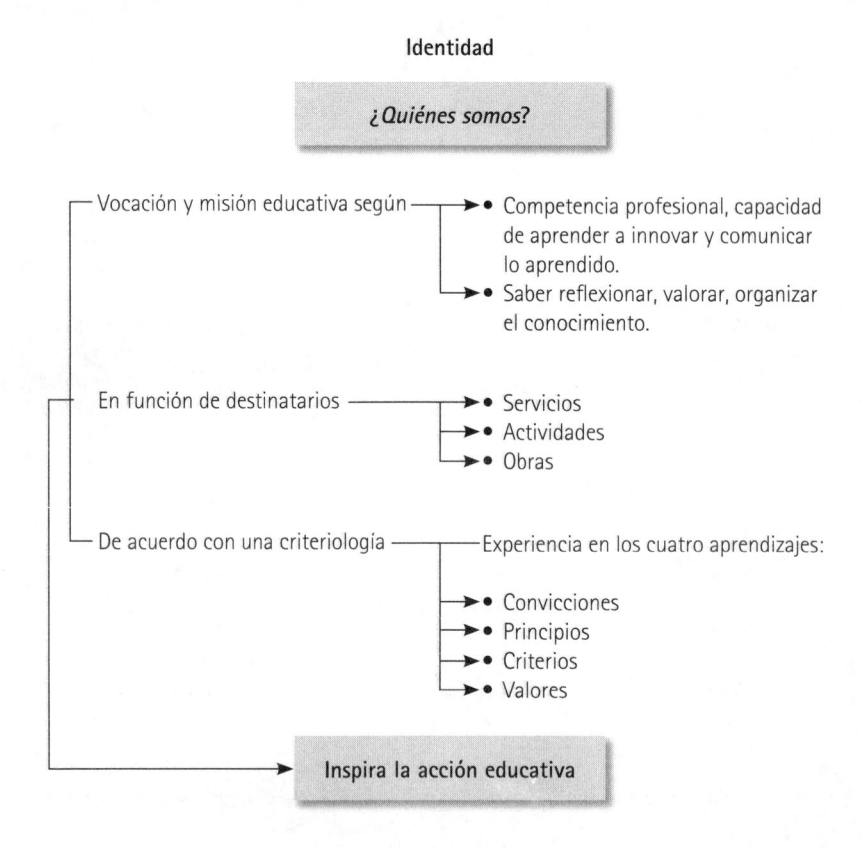

Identidad

¿Quiénes somos?

- Vocación y misión educativa según
  - Competencia profesional, capacidad de aprender a innovar y comunicar lo aprendido.
  - Saber reflexionar, valorar, organizar el conocimiento.

- En función de destinatarios
  - Servicios
  - Actividades
  - Obras

- De acuerdo con una criteriología — Experiencia en los cuatro aprendizajes:
  - Convicciones
  - Principios
  - Criterios
  - Valores

Inspira la acción educativa

El docente tiene que estar en capacidad de suscitar la motivación, la capacidad de asombro, el cuestionamiento, la intercomunicación, el deseo de mejorar y de perfeccionar; ha de estar atento a las situaciones biopsicológicas de los individuos y de los grupos, y debe estimular la interacción grupal. En una palabra, complementar lo que plantean los adelantos tecnológicos. No se trata de pedir las tareas, sino de trabajar en su elaboración. El docente debe proponer diversas maneras para promover el desarrollo integral del alumno.

Antes el profesor significaba un sistema de reproducción del conocimiento y de legitimación del mismo. En el nuevo contexto, sigue siendo un pilar, pero con unas condiciones específicas: no lo sabe todo y no tiene todas las respuestas. El docente que actuaba y se enfrentaba a un grupo, hoy tiene que trabajar en equipo de manera interdisciplinaria con las diversas profesiones. La interdisciplinariedad potencia la función de comunicación, animación y evaluación del maestro.

El docente asume un nuevo rol en el que se desempeña como generador del conocimiento, productor académico de materiales, acompañante del proceso de autoaprendizaje de sus estudiantes y facilitador de los aspectos teóricos y prácticos de sus asignaturas, bloques o núcleos temáticos.

Asimismo, en una nueva modalidad que demanda la conversión del profesor en docente tutor, se crea una figura de educador que, además de proporcionar contención académica y profesional, establece un vínculo afectivo con el alumno para conocer sus necesidades personales y lograr con ello, de manera óptima, ser un factor de resiliencia por su carácter de sustento emocional para sus educandos; sobre todo para los que en su contexto social o familiar viven algún tipo de vulnerabilidad. Las raíces históricas de la función de mentor/tutor se hunden en el mito griego de Ulises, quien al preparar sus largos viajes marítimos confió su hijo al cuidado de su antiguo amigo Méntor. Desde entonces el nombre se ha identificado con una persona más experta que establece una relación con otro con menos experiencia, con el fin de darles consejo, apoyo y estímulo (Collin, 1988). La función del mentor en las instituciones educativas está vinculada al éxito de los estudiantes, considerándose como una contribución necesaria para que los alumnos logren un desarrollo más eficaz en sus aprendizajes y en la modelación de su personalidad (Kram, 1988).

El mentor tiene dos funciones primordiales, la primera de ellas tiene relación con el progreso en los aprendizajes de sus tutelados, y la segunda con las funciones psicosociales, que incluyen la amistad, el consenso, el modelado de la personalidad del alumno, reforzar el sentido de las competencias, la identidad de los tutelados, el potencial transformador de su personalidad y el desarrollo personal de ambas partes (Baum, 1992).

Las funciones de relación se basan en la calidad de la correspondencia interpersonal entre mentor y tutelados y en estipulaciones contractuales explícitas y conscientemente acordadas entre ellos. Cuando se producen esas relaciones de desarrollo se deriva un aprendizaje en el que el alumno toma parte activa en su propio aprendizaje (Clankron y Shaw, 1992).

Las relaciones entre mentor y tutelados se distinguen de las del profesor tradicional porque hacen hincapié en el diálogo reflexivo. Esto nos lleva a las técnicas que necesitan los tutores para favorecer la relación, es decir, las condiciones para facilitar el diálogo reflexivo:

- Escucha activa y precisa.
- Observación y reflexión retrospectiva.
- Empatía.

- Comunicación de información.
- Preguntas.

Desafíos realizados mediante:

- Empatía avanzada.
- Proximidad.
- Confrontación.
- Retroinformación y resumen.

La acción que realiza el docente tutor a partir de un enfoque basado en competencias tiene el propósito de desarrollar en el alumno la capacidad de aprender, investigar, construir e innovar de acuerdo con los cambios que de modo continuo se dan en las sociedades. Otros propósitos se refieren a propiciar el trabajo en equipo que permita la autonomía intelectual y la responsabilidad personal y grupal. En este mismo tenor, el ejercicio que destaque las competencias comunicativas, socioafectivas y profesionales será un factor que realce la autoestima, la confianza en la expresión verbal y escrita, la argumentación sólida, la práctica de vincular teoría y práctica, el aprendizaje de idiomas y la búsqueda eficaz de información que desmitifique como fuentes únicas del saber lo expuesto por el profesor y lo señalado en el libro de texto (Moncada y Gómez, 2011)

Un docente tutor consciente de la importancia de su tarea de orientación deberá ser: profundo en sus concepciones, estudioso, competente, comprometido, experto en su disciplina y con amplios conocimientos pedagógicos. Debe ser particularmente sensible a las trasformaciones sociales, institucionales y a las innovaciones pedagógico-curriculares que favorezcan una asesoría significativa para el alumno dentro de su contexto de vida y como miembro de una sociedad compleja, altamente competitiva y plena de situaciones confrontadoras.

El docente tutor necesita facilitar una asesoría que permita vislumbrar, establecer y experimentar un proyecto de vida que, si bien es susceptible de modificarse ante situaciones imprevistas o ante el cambio de intereses de los alumnos, destaque en él su carácter realista y sistemático. La pauta inicial del proceso se refiere a una *intencionalidad* (hacer explícitos los anhelos), a un *desarrollo* (expresar el deseo de trabajar en torno a la realización), a una *actividad* (realizar acciones para lograr los objetivos), y a una *toma de conciencia e interiorización* (reflexión del alumno sobre sí mismo y sus motivaciones).

En referencia a ese orden que derivará en un proyecto de vida el alumno deberá asumirse como protagonista con la capacidad de anticipar, de reflexionar, y de tomar decisiones. Su unicidad es esencial y la consideración de su ser integral debe llevar al tutor a mirar al alumno en su globalidad con todas las potencialidades que hagan posible su crecimiento armónico. La dinámica encaminada a un proyecto de vida debe contemplar una visión a largo plazo, justo en el tiempo decisivo para que el alumno defina su carrera y las condiciones en las que ésta se desenvuelva. De este modo, el acompañamiento tutorial debe pugnar para que el alumno crezca en sus intenciones y en su trabajo de generar el poder y la autoconfianza de salir avante en una proyección de vida que le dé esperanza, expectativas favorables y la percepción de que su tarea personal, a fin de cuentas, impactará en un bienestar propio y en el de su entorno.

Quién es el tutor y cuáles son sus ámbitos de acción

En la actualidad, el ejercicio tutorial puede ser considerado como una competencia del perfil profesional de todo docente, y se ha descrito a la tutoría como una actividad de carácter formativo que se ocupa de la formación personal, social y profesional de los estudiantes. La tutoría tiene que entenderse como un elemento dinamizador para que todos los subsistemas de la organización educativa apoyen al estudiante para conseguir que éste sea el agente activo de su aprendizaje (Hernández y Torres, 2005).

Las tres dimensiones o ámbitos de la tutoría podrían identificarse del siguiente modo:

- Tutoría personal (*counseling*): orientación personal y académico curricular.
- Tutoría docente (*tutoring/mentoring*): orientación del aprendizaje.
- Tutoría para la transición profesional: orientación vocacional, profesional y laboral.

Tutoría personal

Es indispensable ante la incorporación del alumno a otro nivel educativo, ya que le facilita la información básica que sustente una adecuada integración a ese nivel. Una tutoría eficaz puede evitar la deserción escolar o la repetición de cursos. Abarca los ámbitos extracurriculares que tocan las situaciones de la vida personal del alumno, proporciona información sobre el plan de estudios, sobre los aspectos por considerar al tomar decisiones académicas; es mediador entre las necesidades de los alumnos y las oportunidades y recursos institucionales; atiende y ayuda a resolver asertivamente las problemáticas de alumnos irregulares, entre otras acciones.

Tutoría docente

Se encarga de acompañar a los alumnos en su proceso de aprendizaje. El tutor docente como facilitador del logro de capacidades "...será quien estimule y proponga aprendizajes autónomos, mientras que asesorará en la selección de materiales y fuentes y organizará la temporalización de la variedad de experiencias de aprendizaje que permita que el estudiante alcance las competencias previstas en el programa... [y que] comprenda la lógica de la asignatura, el sentido de [ésta], los procedimientos básicos, los sistemas de evaluación y vaya desarrollando un método personal de trabajo" (Hernández y Torres, 2005:21). El tutor docente debe desenvolverse de modo proactivo, no reactivo, y en ese sentido debe ayudar al alumno a plantear sus métodos y hábitos de estudio, orientarlo respecto al trabajo colaborativo y hacerle reconocer sus limitaciones y su responsabilidad frente a su aprendizaje. La tutoría docente ha de convertirse, entonces, en un lugar de diálogo y colaboración para construir las redes de procesos interpersonales en los que se implican el profesor y el alumno.

La tutoría docente se concibe como un ejercicio fundamental, no secundario, por lo que su práctica debe realizarse en momentos preestablecidos dentro del currículo y necesita ser una tarea que privilegie la orientación hacia el aprendizaje autónomo. El tutor debe apoyarse en los recursos que ofrecen las TIC; aunque la interacción es básica.

También debe señalarse que el tutor de manera implícita o explícita necesita introyectar en el alumno valores esenciales para su vida personal y profesional: espíritu crítico, constancia, rigor, esfuerzo para concluir lo emprendido, compromiso, eficiencia y ética. Naturalmente, por congruencia, el tutor debe poseer esos valores y su ejemplo de vida es para el alumno el parámetro para seguirlo por su calidad humana y profesional.

Tutoría para la transición profesional

La inserción en la dinámica laboral es la culminación de todas las etapas formativas precedentes. Desde la educación media superior, el alumno con el respaldo del tutor debe forjar un anteproyecto profesional susceptible a modificarse de acuerdo con las circunstancias académicas, contextuales o personales. En lo que concierne al compromiso institucional de formar profesionales de alto nivel es preciso que los planes de estudio respondan al desarrollo de competencias viables y necesarias que permitan que el estudiante sea empleado. Para ello, la condición de la escuela es enfatizar en las asignaturas la funcionalidad y significatividad de los aprendizajes para responder a las demandas reales del mundo del trabajo.

Actividades tutoriales de grupo

Respecto a las actividades tutoriales dirigidas al grupo, Hernández y Torres (2005) señalan, entre otras, las siguientes:

- Organizar actividades de bienvenida al principio del curso.
- Hablar inicialmente sobre los derechos y deberes del alumnado, así como de las normas internas de disciplina y acerca del funcionamiento cotidiano de la institución.

- Explicarles las tareas y funciones que él tiene como tutor del grupo, además de darles la oportunidad de participar en la planeación de actividades grupales.
- Promover y coordinar acciones que fomenten la convivencia y la integración de los alumnos a la vida de la escuela, tales como la elección de representantes, fiestas, excursiones, campamentos y otras de carácter cultural o deportivo.
- Enseñar a estudiar: organización de los tiempos de estudio, lugar apropiado, necesidades de tiempo libre y descanso, etcétera.
- Informar sobre opciones académicas y profesionales.
- Celebrar reuniones con los alumnos para preparar las sesiones de evaluación y tomar decisiones tras sus resultados.
- Organizar sesiones de reflexión sobre asuntos que tengan que ver con actividades académicas o profesionales.
- Aplicar cuestionarios de identificación de competencias.
- Orientar el desarrollo del proyecto de vida y profesional del alumno.

Actividades de tutoría individual

En la entrevista individual se miran, entre otros, los siguientes aspectos (Hernández y Torres, 2005):

- Entrevista inicial de bienvenida y presentación.
- Seguimiento a lo largo del curso.
- Valoración de cada curso.
- Valoración final.
- Orientación sobre materias obligatorias y optativas.
- Orientación personalizada sobre contenidos trabajados en grupo.
- Respuesta a una dificultad personal del alumno.
- Seguimiento del proyecto profesional.

Para el eficaz funcionamiento del sistema tutorial es clave una adecuada selección y formación de tutores. Sin duda, una característica esencial del tutor es su capacidad de comunicarse con empatía, así como tener una alta inteligencia emocional y social que le permita interactuar asertivamente con los alumnos.

Hernández y Torres (2005) establecen algunas condiciones que necesita cubrir quien sea asignado como tutor:

- Un perfil de cualidades humanas: madurez, empatía, sociabilidad y responsabilidad.
- Un conocimiento amplio de los planes de estudio.
- Un conocimiento amplio de la institución escolar y del ámbito profesional para el que prepara a los alumnos.
- Facilidad de acceso a la información institucional.

- La voluntad y los recursos para orientar los procesos de desarrollo de los estudiantes en los aspectos curriculares, profesionales y personales.
- La voluntad y los recursos para estimular actitudes académicas en los alumnos: estrategias de estudios y complementos formativos.
- La voluntad y los recursos para motivar la mejora de los estudiantes de excelencia.
- La disponibilidad y la dedicación para la atención de alumnos, para la propia formación permanente y para las tareas de coordinación de la tutoría.
- Una actividad positiva hacia la función tutorial. Voluntad de desarrollar esta función y compromiso de permanencia durante un periodo de tiempo.
- Facilidad para la relación personal con alumnos y profesores.
- Una capacidad crítica y voluntad constructiva en las relaciones con el alumnado y la institución.
- Credibilidad y prestigio en su área de conocimiento.

Moreno (2011) establece como resumen un decálogo de las competencias profesionales del tutor:

1. Capacidad para adaptarse al cambio constante, *cambiar o morir*. Aprendizaje permanente; aprender, desaprender y reaprender.
2. Admitir el sentido de educabilidad del sujeto que aprende.
3. Reconocer y respetar la diversidad del alumnado.
4. La colegialidad docente.
5. Hacer frente a crisis o conflictos entre personas. El conflicto no se puede evitar pero sí se puede aprovechar de forma constructiva.
6. Informar e implicar a los padres. Las familias como aliadas de la escuela en la formación de sus hijos.
7. Construir una cultura escolar democrática. Educación para la ciudadanía democrática o compleja.
8. Actuar éticamente en las relaciones interpersonales.
9. Mostrar un interés genuino por el otro.
10. Espíritu de investigación y actitud crítica ante la realidad.

La comunidad de educadores tiene la responsabilidad de interpretar, reconstruir y transformar continuamente el acumulado de conocimiento producido en el campo de la educación, en general y en su propio campo de conocimiento, para incorporarlo de manera práctica a su quehacer docente y a su investigación; ello para buscar alternativas para el mejoramiento de la calidad de la educación y el aprendizaje de los estudiantes. Cárdenas (2011) señala factores que exigen en la actualidad cambios profundos en las formas de relación del hombre con el conocimiento. Desde esa perspectiva las distintas comunidades académicas y profesionales han generado espacios de reflexión desde las cuales se produce conocimiento en relación con la didáctica como elemento fundamental para buscar estrategias más eficientes que permitan, por una parte, a los docentes un mejor desempeño de sus funciones en el aula y, por otra, a los estudiantes alcanzar niveles de aprendizaje cada vez más altos. La función del docente es necesaria en la transformación didáctica y la coherencia constructiva como marco de referencia para lograrla; para ello debe emplear estrategias en el aula que mejoren los niveles de calidad educativa; utilizar el potencial didáctico y formativo que tienen actividades como la investigación, la resolución de problemas y los programas guía de actividades, entre otras, para así apoyar a los estudiantes en los procesos de superación de un aprendizaje de conocimientos declarativos y llegar al aprendizaje del conocimiento útil y con aplicación social. Cárdenas (2011) expresa que las intervenciones docentes son fundamentales para la calidad de la educación y los aprendizajes. En este sentido, señala en la siguiente ilustración la gestión docente en lo referente a lo que un profesor debe saber y saber hacer.

Qué debemos saber y saber hacer los profesores para lograr una docencia de calidad

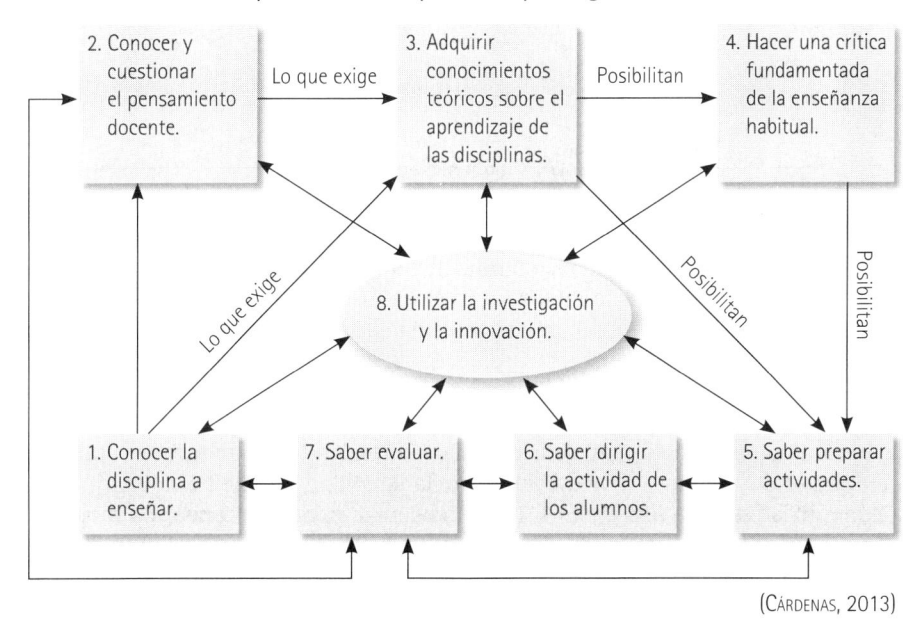

(Cárdenas, 2013)

Destinatarios

La siguiente pregunta que aflora en la mente de los educadores que buscan el diseño de su modelo educativo es: ¿a quiénes queremos educar?, pregunta que invita a precisar los destinatarios de nuestros servicios educativos: ¿niños?, ¿adolescentes?, ¿jóvenes?, ¿adultos?, ¿o de todas las edades?; ¿sólo hombres?, ¿sólo mujeres?, ¿o de uno y otro sexos?; ¿de qué condición social?; ¿en qué contexto geográfico? La definición de los destinatarios obedecerá a la vocación y misión específica que se hayan propuesto los educadores.

Destinatarios

¿A quiénes queremos educar?

¿Niños?   ¿Adolescentes?   ¿Jóvenes?   ¿Adultos?

¿Hombres?   ¿Mujeres?   ¿Ambos sexos?

¿De qué condición socioeconómica?

¿En qué ambiente geográfico?

¿En qué situación se encuentran?

Según la vocación y misión institucional

Se trata ahora de describir cómo son nuestros destinatarios, por qué son así. Ante esta exigencia de conocer con criterios objetivos y realistas la situación de nuestros educandos, surge la necesidad imperiosa de partir de un análisis (cómo son) y de un diagnóstico (por qué son así) de la realidad social y de la condición de los destinatarios. El diagnóstico de la realidad social como contexto global de la situación que viven en ella los alumnos implica el conocimiento y el estudio, mediante un análisis causal de la realidad sociocultural y educativa en que están inmersos los educandos de la localidad en que trabaja la institución educativa, a la luz y visión de la pedagogía contemporánea. La finalidad de este diagnóstico pretende en primer lugar cuestionar a la comunidad de educadores, para que vean en qué medida está satisfaciendo los intereses auténticos y las necesidades reales de los niños, jóvenes y adultos; y en segundo lugar, ofrecer elementos para que la institución educativa responda mejor a la realidad y a los problemas actuales de los alumnos en la medida de sus posibilidades. De este modo, los servicios educativos de la institución podrán tener eficacia en la promoción humana en una dimensión integral.

El tipo de estudiante que aprende con el enfoque basado en competencias necesita realizar continuamente una reflexión en cuanto a su *deber ser*, el que supone analizar los alcances de su proyección académica, y profesional cuando se den las condiciones de afrontar el campo laboral. La base para integrarse a las acciones de servicio hacia la comunidad en pos de un progreso

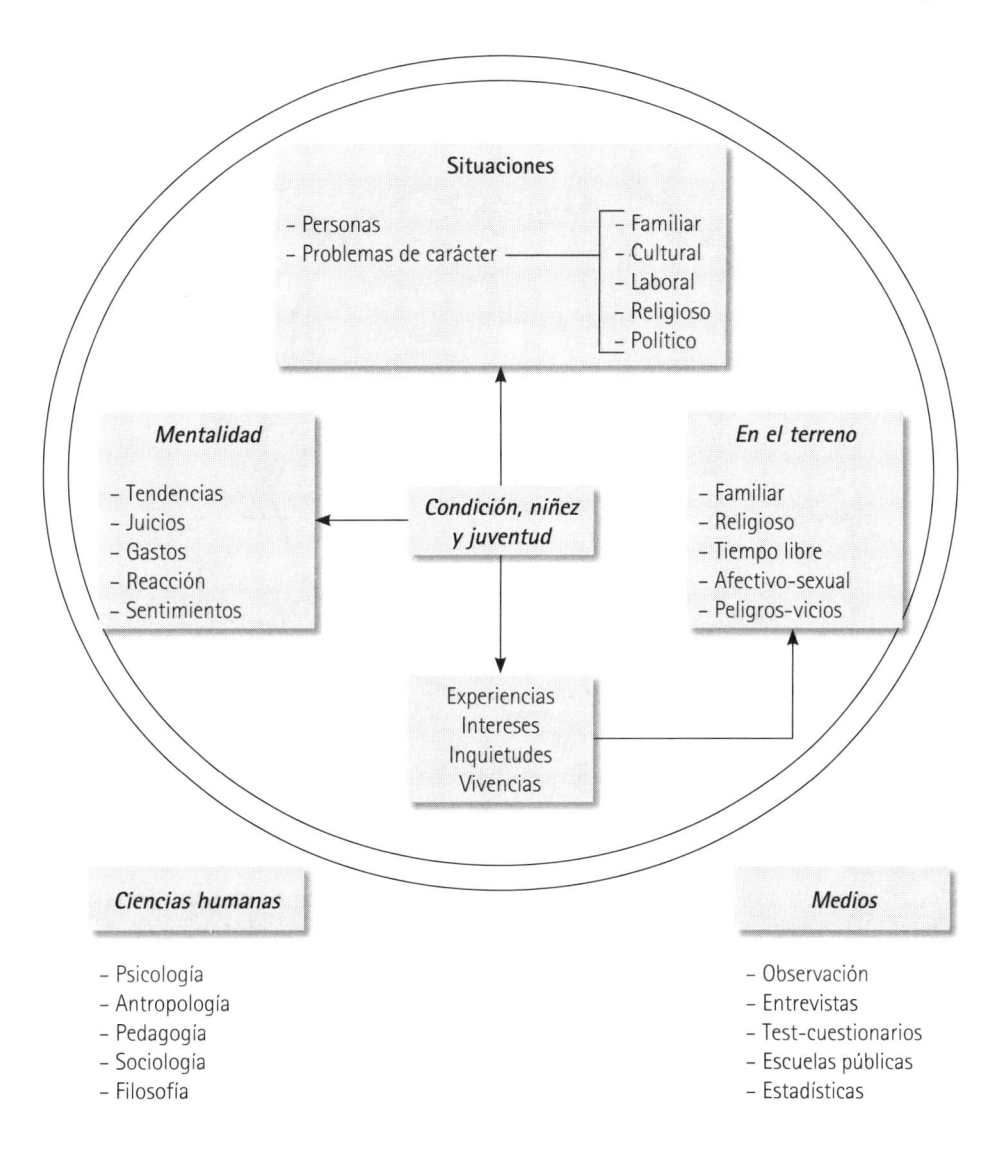

```
                    Situaciones

              – Personas         ┌ – Familiar
              – Problemas de carácter ─┤ – Cultural
                                 │ – Laboral
                                 │ – Religioso
                                 └ – Político


   Mentalidad                              En el terreno

  – Tendencias      Condición, niñez      – Familiar
  – Juicios           y juventud          – Religioso
  – Gastos                                – Tiempo libre
  – Reacción                              – Afectivo-sexual
  – Sentimientos                          – Peligros-vicios


                    Experiencias
                    Intereses
                    Inquietudes
                    Vivencias


   Ciencias humanas                         Medios

  – Psicología                             – Observación
  – Antropología                           – Entrevistas
  – Pedagogía                              – Test-cuestionarios
  – Sociología                             – Escuelas públicas
  – Filosofía                              – Estadísticas
```

real, son una formación que privilegie la disciplina, la voluntad, el espíritu crítico –pero constructivo– la interdisciplina y el compromiso social.

Es importante reiterar acerca de la importancia de que el alumno se conciba a sí mismo como el protagonista de su propia formación con la expectativa de que la etapa escolarizada es crucial en cuanto a la adquisición de los recursos que le permitan incorporarse al mundo profesional, pero el aprendizaje deberá ser asumido como una práctica permanente. El aprendizaje no tiene caducidad, se desarrolla a lo largo de la vida para constituir una de las competencias esenciales que toda persona necesita asimilar. Una actitud fun-

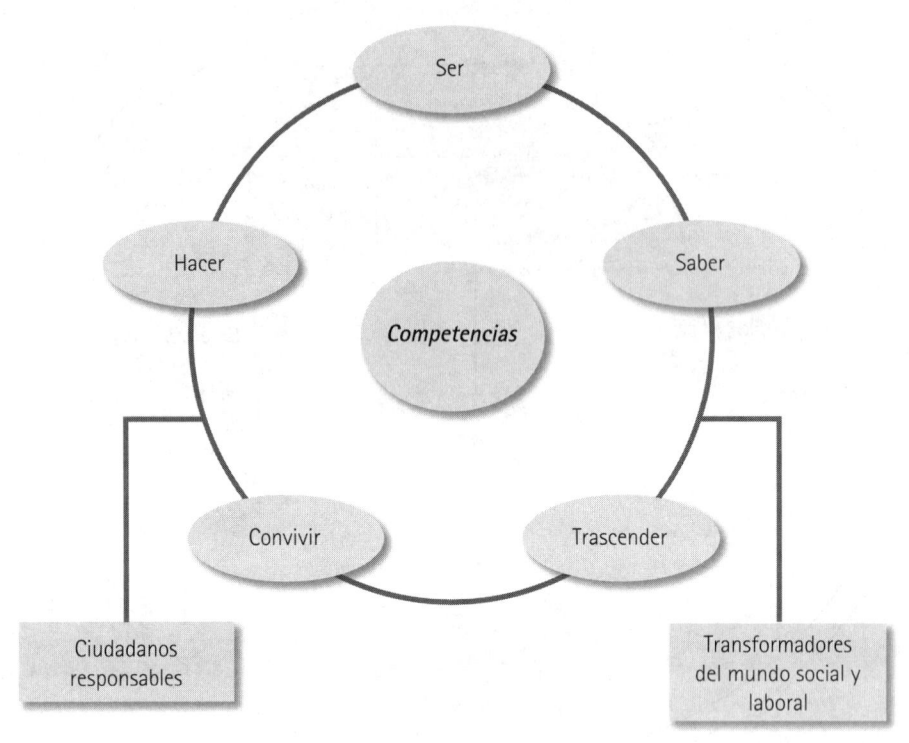

Redacción del objetivo general
Promover que los educandos lleguen a

- Ser
- Saber
- Hacer
- Competencias
- Convivir
- Trascender

Ciudadanos responsables

Transformadores del mundo social y laboral

cional respecto a este dinamismo favorecerá el espíritu de superación frente a cualquier adversidad y preparará para el autoaprendizaje y el trabajo continuo y organizado (Moncada y Gómez, 2012).

Necesitamos entender que la perspectiva tradicional que situaba una etapa para la formación y estudio, y otra para el trabajo, ya no existe. "Nunca como ahora la inestabilidad, el caos y la incertidumbre, como elementos de transformación y creación, son tan importantes para el aprendizaje y, en consecuencia, tendremos que saber desenvolvernos en ellos" (Cabero, 2006:139). "Educarse hoy exige adaptarse cultural, social, laboral, profesional y personalmente al ritmo de cambio y su velocidad, cifrando las claves de nuevas concepciones culturales, de producción, de relaciones sociales, económicas e industriales, etcétera" (Tejada, citado por Cabero, 2003).

En la dinámica formativa, como se ha señalado, se necesita privilegiar el modelo centrado en el alumno que gire en torno al aprendizaje de habilidades, contenidos y competencias que ellos han de adquirir. Las nuevas capacidades y competencias no se dirigen únicamente al dominio cognitivo, sino también a la necesidad del alumno para capacitarse en el aprender, desaprender y reaprender, para adaptarse a las nuevas exigencias sociales. La educación del futuro tendrá características esenciales como ser: realizada en cualquier momento, ejecutada en cualquier lugar, personalizada, y respetando los ritmos, estilos de aprendizajes e inteligencias múltiples de las personas (Cabero, 2006). Asimismo, este autor señala que las nuevas realidades demandan una serie de competencias que deben forjarse desde las más tempranas etapas formativas. Destaca que la persona deberá

- Adaptarse a un ambiente que se modifica rápidamente.
- Trabajar en equipo de forma colaborativa.
- Aplicar la creatividad a la resolución de problemas.
- Aprender nuevos conocimientos y asimilar nuevas ideas de manera más rápida.
- Tomar nuevas iniciativas y ser independiente.
- Identificar problemas y desarrollar soluciones.
- Reunir y organizar hechos.
- Realizar comparaciones sistemáticas.
- Identificar y desarrollar soluciones alternativas.
- Resolver problemas de forma independiente (Cabero, 2006).

En una educación de cara al futuro es insoslayable el empleo de las TIC como instrumentos fundamentales en el ámbito educativo formal y no formal. Si bien ahora en ciertos ámbitos su introducción se convierte en un problema económico, tecnológico e instrumental, los conflictos reales son metodológicos, culturales, organizativos y estructurales. El reto es afrontar la problemática con la perspectiva de que las TIC continuarán su diversificación y su uso será generalizado. Estos medios tecnológicos son, de hecho, instrumentos que pueden apoyar sólidamente el desarrollo de una cultura del aprendizaje, pues es claro que la mejor manera de aprender no es reproducir los conocimientos, sino construyéndolos en una sociedad tan cambiante como la del conocimiento. Entre las ventajas que ofrecen las TIC, Cabero (2003) apunta las siguientes:

- Ampliación de la oferta informativa.
- Creación de entornos más flexibles para el aprendizaje.
- Eliminación de las barreras espacio-temporales entre el profesor y los estudiantes.
- Incremento de las modalidades comunicativas.
- Potenciación de los escenarios y entornos interactivos.
- Favorecer tanto el aprendizaje independiente y el autoaprendizaje como el colaborativo y en grupo.
- Romper los clásicos escenarios formativos, limitados a las instituciones escolares.
- Ofrecer nuevas posibilidades para la orientación y la tutoría de los estudiantes.
- Facilitar una formación permanente.

Objetivos

Siguiendo nuestra descripción fenomenológica, nos preguntamos ahora: ¿para qué queremos educar? ¿Cuáles son nuestras intenciones, fines y metas educativas? ¿Hacia dónde pretendemos orientar nuestro quehacer educativo? ¿Qué resultados nos proponemos alcanzar con nuestra labor?

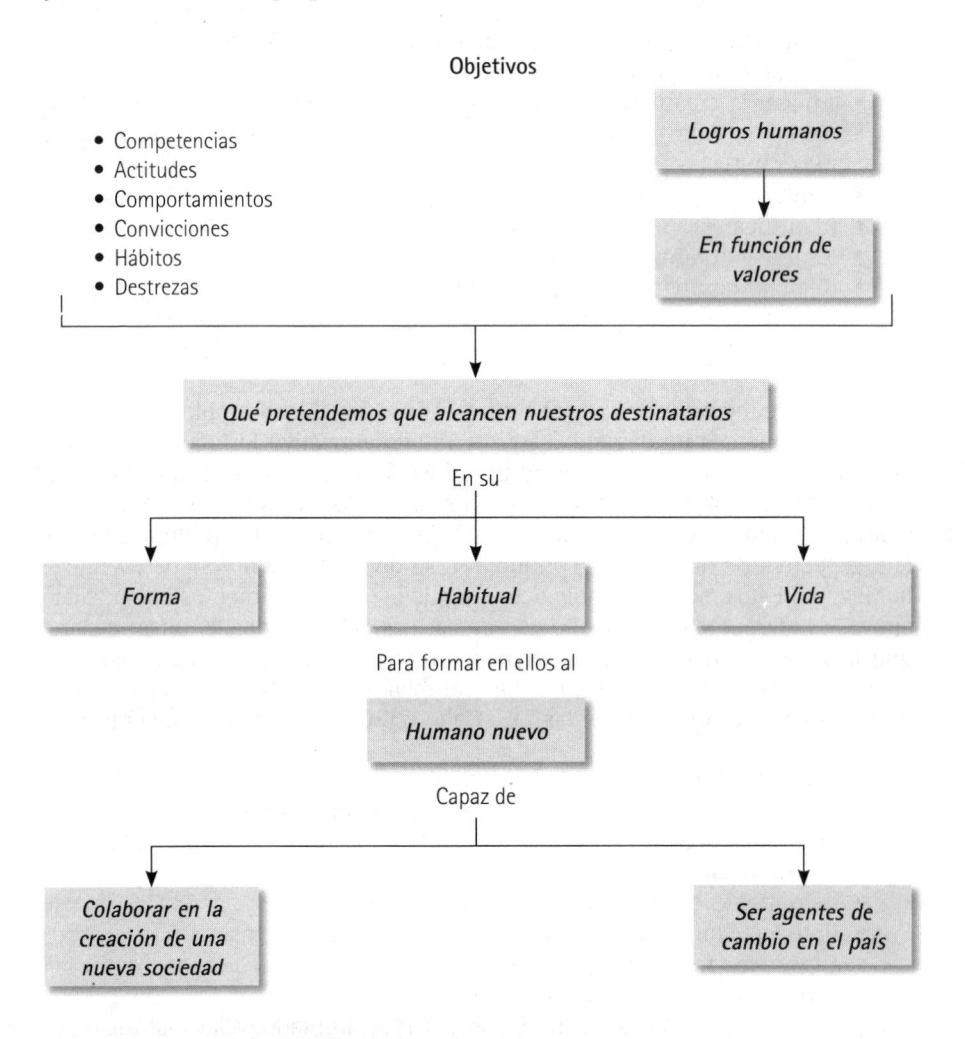

Objetivos

- Competencias
- Actitudes
- Comportamientos
- Convicciones
- Hábitos
- Destrezas

Logros humanos

En función de valores

Qué pretendemos que alcancen nuestros destinatarios

En su

Forma   *Habitual*   *Vida*

Para formar en ellos al

Humano nuevo

Capaz de

Colaborar en la creación de una nueva sociedad

Ser agentes de cambio en el país

La respuesta se vislumbra en el panorama del ser humano del futuro que se pretende formar al diseñar su perfil por medio de los "objetivos", que se les proponen para que puedan alcanzarlos. Por *objetivos* entendemos los logros de actitudes, comportamientos, convicciones y hábitos que se busca que alcancen los destinatarios en su conducta habitual y en su vida, para formar en ellos el tipo de ser humano, capaz de colaborar en la creación de una nueva sociedad y de ser agente de cambio en el país. El diseño de los objetivos, en un modelo educativo, es tan importante que allí se juega el futuro o producto de nuestros esfuerzos educativos.

Conviene destacar que en la labor de redactar los objetivos se requiere una técnica adecuada propia de la planeación educativa. Por tanto, recomendamos que todos los educadores se capaciten y adiestren en esta técnica.

La gestión curricular ha de considerar, ante los nuevos requerimientos sociales, que es imperativo integrar novedosos componentes formativos que respondan a los más recientes conocimientos, habilidades y actitudes que se derivan del contexto local, nacional y mundial como son la internacionalización, la necesidad de ser competitivos a partir de la innovación y la capacidad de emprender; el impulso hacia una sociedad del conocimiento y las garantías de calidad educativa. El nuevo estudiante, por su parte, en el ámbito de las habilidades y actitudes, posee en general un mayor acceso y manejo de las tecnologías de la información, lo que supone la modificación de esquemas de aprendizaje, de comunicación y de relación con su entorno próximo e internacional. Esta clase de alumno precisa perfeccionar sus capacidades para hacer posible su crecimiento humano que se refleje en mayores habilidades comunicativas, reflexivas y en la asunción de responsabilidad personal y social. En este proceso, la escuela tiene un papel esencial, sobre todo al fortalecer la formación disciplinaria para incorporar al alumno con asertividad a su medio contextual; y en el caso del estudiante universitario al sector laboral.

Retomamos los ejes temáticos de la Universidad del Bío Bío (2008) para comprender que todo modelo educativo de vanguardia debe *promover la responsabilidad y el compromiso social* vinculados a los deberes y obligaciones que toda persona debe ofrecer para construir mejores condiciones de vida para su región y su país. *El pluralismo y la vocación democrática* han de conducir a la libre manifestación de las ideas, que enriquezca la diversidad política, científica, profesional y religiosa. Por su lado, *la excelencia* se asocia al desempeño de competencias que sustente la formación educativa con el objetivo de generar en el alumno una actitud rigurosa proyectada a la búsqueda de la calidad, en tanto que la libertad del conocimiento para encontrar la verdad fundamenta la libre expresión del pensamiento, del aprendizaje y la trasmisión del conocimiento.

El entorno configurado a través de la sociedad del conocimiento se fortalece gracias a la difusión, aplicación y estructuración de conocimientos vanguardistas que demandan las comunidades, las organizaciones sociales y laborales, y que son obtenidos a través de procesos propios o emanados del exterior. En este sentido, la formación que conduce al aprendizaje se sirve de redes, empresas, mecanismos de comunicación inter e intrainstitucional, entre regiones próximas y otros países. Ese carácter deriva necesariamente en la construcción de conocimientos más vastos, profundos, diversos, y óptimamente, de mejor calidad.

En afinidad a lo expresado en el modelo educativo de la Universidad del Bío Bío (2008), se sostiene como centro "al sujeto que aprende y define las principales acciones para el desarrollo de un proceso educacional de excelencia... [quien asume] sus potencialidades, a partir de las cuales proyecta su formación profesional y personal, para lograr un desarrollo integral que le permita insertarse en la sociedad como un profesional de excelencia, dando respuesta, así, a las necesidades regionales, nacionales e internacionales" (p.16).

En resumen, *el compromiso* se relaciona con el cumplimiento de obligaciones del estudiante para desplegar habilidades, capacidades y valores que lo integren funcionalmente a su medio social y profesional. El compromiso también se establece con el conocimiento, la crítica y la intervención que modifique la realidad local y nacional dentro de un entorno globalizado y dominado por las TIC. La visión integradora auspicia la comprensión de las características de los problemas que aquejan a la sociedad para incidir sobre ella mediante acciones solidarias, inclusivas, sustentables, democráticas y participativas. En una amplia noción, *la diversidad* se refiere al favorecimiento de la inclusión y la sana convivencia que hagan posible atender las necesidades de las personas con capacidades diferentes, así como asimilar que el aprendizaje dentro de su complejidad supone la formación de personas que incorporen las ciencias, la tecnología, las humanidades y las artes a su pensamiento que deberá ser holístico. Dentro del espectro de la convivencia la diversidad ha de fortalecerse para entender que las personas son distintas, con percepciones, opiniones, estilos de vida y valores diferentes. El respeto a esa amplia pluralidad podrá favorecer la sensibilización sobre lo diverso y la riqueza que puede obtenerse a partir de la interacción social desde una perspectiva que dignifique a las personas y enaltezca su libertad.

La excelencia está relacionada con un desempeño competente en los ámbitos intelectuales, sociales y profesionales. Mira los basamentos del entendimiento humano, dado que la excelencia no puede ser ajena a la reflexión; al desempeño de los valores sociales y éticos que dirigen una acción eficaz y benevolente. Además, la excelencia sólo será viable si es afín a los parámetros de una alta exigencia académica, profesional y de calidad humana.

Ejes temáticos*	Dimensiones del aprendizaje		
	Conocimientos	*Habilidades*	*Actitudes*
Compromiso	Conocimiento contextual. Pertinencia del conocimiento.	Habilidades de diagnóstico desde una visión sistémica.	Actitud crítica frente a los hechos y el conocimiento.
Diversidad	Diversidad de fuentes y enfoques para comprender un mismo principio o hecho. Conocimientos previos del estudiante.	Capacidad de diálogo, discusión y trabajo colaborativo.	Convicción democrática. Libertad del conocimiento y expresión de ideas.

| Excelencia | Formación y desarrollo del conocimiento en las ciencias, las tecnologías, las humanidades y las artes. Búsqueda de la verdad y calidad en la construcción del saber. | Capacidad superior de análisis, síntesis y creación. | Reflexión crítica. Libertad del conocimiento. |

*Ejes temáticos y dimensiones del aprendizaje. Modelo educativo de la Universidad del Bío Bío, Chile, 2008.

Contenidos

Para facilitar el logro de los objetivos es necesario plantearnos: ¿qué pensamos trasmitir o promover en los educandos? Esta inquietud hace referencia a los contenidos del modelo educativo, que no debemos concebir sólo en un plano teórico-doctrinal, sino también en una dimensión práctica. Por tanto, los contenidos comprenden, por una parte, el mensaje, las ideas y los conocimientos doctrinales de carácter científico, técnico y humanista y, por otra, los valores, las motivaciones y las normas de conducta que se propone trasmitir o promover en los educandos.

El planteamiento de contenidos supone el desplazamiento de las dinámicas tradicionales de enseñanza para asumir actividades en las que el alumno sea partícipe y el más importante protagonista en su proceso de aprender.

En la formulación de tareas tendientes a acceder a un determinado conocimiento, el docente tutor necesita promover todo tipo de trabajos que estimulen la imaginación, la creatividad, la puesta en práctica de lo aprendido, etcétera.

"Al estudiante deben ofrecérsele técnicas de reflexión, técnicas de solución de problemas y medios de consecución de información integrados en un nuevo concepto de formación. La trasmisión unilateral y repetitiva de información y de conocimientos adquiridos por el profesor ha de ser sustituida por la creación de un nuevo ambiente de aprendizaje que empuje a los estudiantes hacia el camino de su autoformación, poniendo a su disposición los instrumentos adecuados" (Informe Bricall, 2000:193, citado por Domene, 2004).

Esta clase de formación implica apuntalar la clase de contenidos que se vinculan al desarrollo de competencias que otorguen aptitudes y actitudes orientadas a la adaptación del alumno a las situaciones cambiantes que demandan soluciones originales y vanguardistas a problemas específicos pero dinámicos. Para favorecer esa tónica centrada en el aprendizaje, una estrategia toral es la introducción del trabajo autónomo y del colaborativo. El proceso de aprender será más significativo si se acopla a los ritmos e intereses particulares del educando, en tanto que éste, como ser social, en la tarea colaborativa replicará estrictamente lo que acontece y ha de acontecer en el medio profesional, dado que la acción consensuada será vital para afrontar problemáticas concretas. La relevancia del trabajo docente, además de fundamentarse en la motivación que genere, deberá enfatizarse en su capacidad para planear junto con sus alumnos el camino que conducirá toda la actividad hasta llegar a su conclusión. Se ha de conformar una estructura que permita el desenvolvimiento de "capacidades en los alumnos como el pensamiento crítico, análisis, síntesis y evaluación, con el conocimiento de la teoría de la resolución de problemas y el desarrollo de proyectos" (Noguerol y Tomás, 1999, citados por Domene, 2004).

EL CURRÍCULO EDUCATIVO. NECESIDAD DEL CURRÍCULO

El modelo educativo debe transformarse en acción educativa, y en vivencias y experiencias para los educandos a lo largo de su proceso educativo. Ese proceso, esa acción y esas experiencias vividas deben ser programadas para que podamos realizar con los alumnos la programación educativa. A esta programación educativa se le llama en general *programación del currículo*.

El currículo no es un simple plan de estudios

Se entiende por *currículo* al conjunto de experiencias que viven los sujetos de la educación mediante un proceso integral que abarca las acciones realizadas tanto en los centros educativos como en la familia y en la comunidad. El documento básico del currículo no es pues un simple plan de estudios, o conjunto de asignaturas que ponen énfasis en la trasmisión de conocimientos.

Conceptos fundamentales en torno al currículo educativo

La educación se ubica en un sistema global de relaciones humanas, cuya función es promover los procesos de aprendizaje necesarios para una vida cada vez más humana. La educación debe "estructurarse" en las relaciones educativas. Los elementos principales que constituyen la relación educativa son los siguientes:

- El educador que promueve el aprendizaje, entendido éste no sólo como el simple facilitador del conocimiento, sino sobre todo como el trasmisor de valores, actitudes, comportamientos, y normas de conducta humana adecuadas en un determinado contexto y culturas.

- El alumno que aprende, es decir, que va a ser educado.
- Los objetivos educativos que se pretende que logrará el educando.
- El contenido educativo con el cual se promueve el proceso educativo para lograr los objetivos propuestos.
- La tecnología educativa utilizada para facilitar el proceso educativo.

Estos elementos requieren, además, armarse en una "estructura" relacional educativa, dentro de un proceso que se concreta en una serie de experiencias vividas por el sujeto de la educación.

Concepto de currículo

Es el conjunto de experiencias que los sujetos de la educación viven al participar en las acciones programadas al interior del sistema educativo, previstas y generadas cooperativamente por la comunidad educativa para contribuir al desarrollo personal y social en un momento histórico concreto.

Este enfoque de lo que significa un currículo se encarna en la acción educativa que el educador realiza en el aula (o en otros ambientes no escolarizados como el hogar y la comunidad local), al traducir su enseñanza en contenidos y actividades, mediante una metodología que se adapte a las condiciones naturales e históricas en que se desenvuelve la vida de los individuos y los grupos.

En este nivel se habla de un *currículo flexible y diversificado* que se diseña sin perder de vista las peculiaridades y los requerimientos del educando como individuo y como miembro de un grupo social, y de acuerdo con las variantes sociales, económicas, culturales y geográficas de las diferentes zonas.

La pluralidad de posibles currículos en los diversos ambientes, zonas y obras no descarta la existencia de una "estructura curricular básica" (o "documento básico del currículo") que norme y oriente la elaboración del currículo para un aula, grupo o ambiente determinado. Esto último se llama *programación del currículo* o *planeación del trabajo educativo*, mientras que el "conjunto de experiencias que viven los educandos" es el currículo mismo.

La referencia al currículo ha sido, en su conceptualización teórica, una noción poco específica que se ha empleado para caracterizar tanto planes de estudio o contenidos, como el proceso mismo de enseñanza-aprendizaje. De allí surge la importancia de su resignificación, la que debe partir de mirar en retrospectiva las propuestas curriculares existentes que deriven en un planteamiento que explore y explote las riquezas y la utilización asertiva del concepto en un marco actual que concatene teoría y práctica.

Ralph Tyler, padre de la teoría curricular, fundamenta la relevancia del término en torno a los fines que desea alcanzar la escuela y los procedimientos para llegar a ellos, por lo que afirma que "donde hay objetivos, hay currículo". Para Tyler, las actividades de aprendizaje que desarrollen el pensamiento que permitan la adquisición de actitudes sociales y que susciten intereses, se estructuran desde la perspectiva de los objetivos. Respecto a su operación, menciona como indispensable la organización en unidades, cursos y programas, en condiciones de continuidad, secuencia e integración. Asimismo, destaca como acción prioritaria una evaluación que busque determinar si el currículo y la enseñanza satisfacen los objetivos de la educación. Por ello, la evaluación comienza con los objetivos.

En general, en el planteamiento de Tyler subyace una concepción limitada de la naturaleza del conocimiento y la educación. Las instituciones educativas se perciben en su papel reproductor, y el currículo se ve reducido a un diseño instruccional cuyo principio y fin son los objetivos conductuales.

Por su parte Joseph Schwab, en una crítica al enfoque teórico-técnico de Tyler, asume una orientación práctica al reconocer la existencia de realidades sociales diversas y cambiantes que se consituyen alrededor de la acción educativa. Reivindica la práctica como el campo real de la educación que ofrece visiones particulares de sociedad y en la que se privilegia la gran responsabilidad del docente frente a la actividad educativa. Otro de sus fundamentos se dirige a la concepción de una escuela que en sus procesos busque alternativas frente a problemas concretos.

A diferencia de Tyler, Schwab concibe al conocimiento como provisional y cambiante, lo que abre paso a la interdisciplina y a la flexibilidad curricular.

Lawrence Stenhouse concibe, por su lado, al currículo como un proyecto en ejecución que se verifica en la acción del aula. Ello implica identificar al currículo como un constructo basado en la realidad educativa que se inscribe en un ámbito de conocimiento que es por naturaleza muy complejo y cuyos resultados de aprendizaje no pueden predeterminarse. Establece, entonces, una relación dialéctica entre programador, profesor y estudiante, en la que el desarrollo curricular se ocupa básicamente en cómo se produce el conocimiento. El currículo, señala Stenhouse, es una estructura que se transforma y que se concibe como proyecto educativo, como proceso en construcción permanente y como campo de investigación.

Así, el currículo es abordado no como un modelo vertical de objetivos, sino que se exalta en él su profunda flexibilidad, en la que se privilegia la acción colaborativa y abre un amplio espacio a la participación de los docentes. Stenhouse propone una nueva dimensión de la enseñanza, diferente de la trasmisionista y repetitiva, para sustentar una dinámica que procede de la preocupación docente de indagar los problemas, necesidades y los procesos de aprendizaje de los estudiantes en relación dialéctica con el conocimiento científico.

Con una orientación que apuntala la importancia de entender cuál es la función social de las instituciones educativas, el enfoque crítico social cuestiona qué tan dependientes pueden ser estas instituciones de un orden establecido, o qué tanto pueden promover la emancipación y la democracia. Wilfred Carr y Stephen Kemmis son los principales exponentes de este enfoque y profundizan sobre las interacciones entre sociedad y educación, así como sobre el papel dominante y restrictivo que ejerce el Estado a través de la escuela y el currículo.

Asimismo, este modelo proporciona estrategias para el trabajo cooperativo de los docentes con el propósito de generar una transformación en la teoría y práctica educativa desde una óptica crítica, la que comienza con la articulación de ambas. Su fundamento es la dialéctica que aborda los problemas sociales a partir de las múltiples y complejas interacciones que se dan en todo el entramado social. En el ámbito estrictamente educativo, el razonamiento dialéctico se guía por la contextualización del sujeto y destaca la relevancia de acudir a sus referentes sociales para comprender los procesos de evolución personal e histórica que le ofrecen identidad. Según esta perspectiva, el Estado y la escolaridad se determinan recíprocamente. El impulso hacia el crecimiento que sostiene la búsqueda de la autonomía y la emancipación se orienta de manera óptima a la construcción de un currículo que modifique, a través de la acción educativa de sus diferentes actores, los desequilibrios y las desigualdades sociales. De este modo, un currículo crítico se vincula a procesos de carácter participativo, cooperativo y autorreflexivo.

A pesar de la lucidez e interés de sus planteamientos, lo cierto es que este enfoque se confronta con realidades educativas tradicionales en las que son muy persistentes la sumisión, el individualismo, el conformismo, la lucha de intereses y el autoritarismo, entre otros factores.

En conclusión, los enfoques de Schawb (currículo práctico), de Stenhouse (currículo interpretativo) y de Kemmis (currículo crítico), son los que en particular han inspirado las variadas propuestas que hasta el día de hoy han dominado para la articulación de un concepto de currículo que ha pretendido desmarcarse de modelos fundamentalmente técnicos que no miran la importancia de ubicar lo educativo dentro del ámbito de lo macrosocial.

Urgencia de un currículo educativo

Para aplicar el modelo educativo es urgente que se elabore una "estructura curricular básica", diseñando los objetivos específicos, los contenidos y las actividades que nos ayudarán a aplicarlos con nuestros destinatarios. Esto garantizará la unidad de la acción educativa y orientará los currículos ("programación del currículo") para los grupos de alumnos a quienes se educa en diversos ambientes y obras, sirviéndole de norma y base para su adaptación e implantación.

Características del currículo

1. **Flexible.** El currículo es flexible cuando se adapta a las diferentes situaciones del educando y le permite optar entre diversas actividades educativas de acuerdo con su preferencia y vocación.
2. **Diversificado.** El currículo es diversificado cuando tiene variación de contenidos programáticos; métodos, materiales, recursos didácticos y equipamiento así como formas de acción educativa, en función de las variadas circunstancias regionales, ambientales y personales de los educandos.
3. **Actualizado.** El currículo es actualizado cuando se adecua a los avances de la ciencia, y la tecnología, así como a la realidad socioeconómica de la comunidad, al mundo del trabajo y al grado de madurez del educando.

4. **Integral.** El currículo es integral cuando no es exclusivamente cognoscitivo (orientado sólo a adquirir conocimientos), sino que se orienta a la educación completa y auténtica del alumno, promoviendo y cultivando cuanto atañe a su esfera personal y social, a lo académico, a lo vocacional, a lo espiritual, a lo físico y a su corporeidad.

En este sentido, tiene en cuenta:

- El desarrollo de la conciencia crítica, la realización de los diversos valores, la adquisición de destrezas de trabajo, la acción responsable y solidaria, la comprensión estimulante de la ciencia y la promoción de la dimensión moral.
- Se trata de una educación plena, integral, que requiere, por lo mismo, no un currículo exclusivamente cognoscitivo, sino un currículo integral.
- El currículo integral busca que los educandos, por medio de las diversas experiencias que ofrece, alcancen el saber científico, comprendan y vivan la actitud moral; perciban el arte y, si es posible, participen en la creación artística; tengan percepción de los principios éticos y los apliquen, valoren el trabajo y logren destrezas en algún campo laboral; tomen conciencia de la realidad del país y se sientan comprometidos en su desarrollo y en la defensa de su integridad.

DISEÑO CURRICULAR POR COMPETENCIAS

En el diseño de programas debe tomarse en cuenta lo siguiente (Chan Núñez, 2003):

- El punto de inicio es la consideración de un problema que el alumno deberá abordar a partir del desarrollo de sus capacidades de respuesta. El perfil definido por las competencias que se recrearán es fundamental para la estructuración del programa. A lo largo del curso no todo girará en torno a la obtención de un producto, aunque éste sin duda debe ser útil y significativo para el estudiante, pues lo esencial es el logro de un perfil, y en ese sentido, el producto es una de las variadas manifestaciones del mismo.
- Para alcanzar un perfil de competencias, las unidades que conforman un programa de estudio son de carácter "problémico", es decir, se crean objetos que el alumno trabajará. No revisará estrictamente materias.
- Para articular las unidades constitutivas de un programa se consideran las dimensiones del aprendizaje en la ejecución de procesos frente a problemas socioprofesionales concretos.

Pensar en la estructuración de programas a partir de su capacidad para resolver problemas que se viven en la práctica real es un modo de acercarse asertivamente al planteamiento de un sistema formativo eficaz.

Los problemas socioprofesionales deben ser detectados por medio de investigaciones diagnósticas y prospectivas, y elegirse desde la visión sustentada por la institución educativa que responde a intereses y valores. Los criterios de elección deben ser muy claros al iniciar el proceso de diseño.

Como se ha señalado, el primer factor por considerar para la elaboración de un diseño es el perfil que se pretende lograr, y esto se obtiene al definir las competencias que el alumno desarrollará mediante su inserción en el sistema formativo.

Al ubicar los problemas, definen las competencias, y éstas se manifiestan en el despliegue de una serie de tareas o actividades. Desde esta perspectiva práctica de diseño, la competencia es "la capacidad de un sujeto para desarrollar una actividad profesional o laboral, con base en la conjunción de conocimientos, habilidades, actitudes y valores requeridos para esa tarea" (Chan Núñez, 2003).

Así, una competencia se integra por:

1. Una tarea.
2. Conocimientos, habilidades, actitudes y valores.

Para avanzar en la formulación del diseño curricular es fundamental introducir el concepto de *programa instruccional* (unidad curricular), parte operativa del proceso curricular. Entre las definiciones de programa instruccional que refieren Canquiz e Inciarte (2006) destacan las siguientes:

- El programa instruccional es "una carta descriptiva" que expresa el porqué del curso, lo que se requiere lograr, la manera como se llevará a la práctica, los criterios, los medios y la forma en que será revisada su efectividad.
- Es la relación y representación formal de las múltiples consideraciones que deben hacerse cuando se requiere que la enseñanza y el aprendizaje sean fenómenos relacionados entre sí e integrados a otros componentes en su contexto.
- Es la expresión operativa del currículo, el instrumento más concreto del currículo.

El programa instruccional es importante para el estudiante como un recurso de aprendizaje que le informa y orienta sobre las experiencias de formación que vivirá en cada asignatura. Para el docente, el programa facilita y orienta su función, ya que le proporciona datos sobre los logros, contenidos, estrategias, recursos y evaluación que constituirán la experiencia formativa que conducirá. Asimismo, es un modelo normativo que ofrece información institucional para equivalencias, convalidaciones y otros trámites institucionales.

"El enfoque del currículo por competencias, en sus dimensiones orientadoras para el diseño de los perfiles, cobrará sentido práctico y realizador en la acción didáctica, cuando se integre esa nueva visión en los programas de las unidades curriculares, puesto que será producto de la asunción de los docentes hacia la construcción de significados de la formación en y para el desempeño, la transversalidad y la integración a la realidad" (Canquiz e Inciarte, 2006).

El programa de cada unidad curricular es más que nada un plan de acción para el estudiante que debe generar en él autonomía y autodeterminación. Este programa le informará sobre:

- Logros que deberán alcanzarse mediante la experiencia que le brindará la unidad curricular, y su relación con las competencias expresadas en el perfil académico-profesional.
- Responsabilidades del docente y el alumno.
- Recursos básicos para alcanzar los objetivos y acercarse al perfil.
- Exigencias de la evaluación para disminuir con ello la incertidumbre.
- Abrir espacio para el diseño de estrategias y respuestas divergentes.

El diseño del programa debe dar cabida a la reflexión sobre la práctica, por lo que al principio del ciclo escolar el programa tendrá que ser discutido ampliamente con los estudiantes, con la posibilidad de instrumentar cambios, de forma que los acuerdos alcanzados propicien entusiasmo y compromiso personal y grupal.

Los elementos que debe contener el programa de la unidad curricular son los siguientes (Canquiz e Inciarte, 2006):

Datos de identificación:

- Institución: logo institucional.
- Dependencia: facultad, escuela, departamento.
- Nombre de la unidad curricular.
- Código.
- Ubicación en el plan de estudios: área, semestre.
- Nombre del profesor(es).
- Ubicación: oficina.
- Horario de la unidad curricular.
- Número de horas: semanales y totales.
- Distribución de las horas de clase: teóricas y prácticas.
- Periodo académico.
- Otros.

En la justificación de la asignatura podrán anotarse aspectos obligatorios y optativos del diseño curricular como los que a continuación se mencionan (Canquiz e Inciarte, 2006):

- Concepción de la asignatura en relación con la concepción educativa.
- Modelo curricular.
- Problemas sociales que atenderá el egresado.
- Definición del objeto de trabajo.
- Sustento legal de la profesión.

- Fundamentación científica.
- Perfil del estudiante.
- Perfil del egresado, enunciado en competencias profesionales.
- Objetivos educativos o generales de la carrera.
- Ubicación de la asignatura: área, semestre.
- Relación con otras asignaturas.
- Requisitos de la asignatura.
- Características de la asignatura: instrumental, especializada, teórica, práctica.

En esta propuesta de enfoque curricular se considera la formulación de objetivos, ya que se supone que éstos son el punto de partida para el diseño del sistema de objetivos instruccionales, los cuales tomarán en cuenta:

- Objetivos generales, intermedios (opcionales) y específicos.
- Claridad del enunciado.
- Relación con los objetivos educativos o generales de la carrera y con el perfil del egresado: competencias y sus indicaciones de logro.
- Interdependencia de los objetivos.
- Procesos del pensamiento.
- Factibilidad de logro.

De acuerdo con Canquiz e Inciarte, se enuncian las siguientes competencias declaradas en el perfil académico-profesional:

Competencias /Perfil	Indicadores de logro
• Son aprendizajes o logros complejos que integran aspectos cognoscitivos, procedimentales y actitudinales. • Se trabajan de manera transversal en el currículo, a lo largo de todo el plan. Cada área, asignatura o experiencia de formación deben contribuir a su desarrollo. • Una misma competencia con sus respectivos indicadores de logro deben ser trabajados en más de una unidad curricular. • En su redacción quedan implícitos o explícitos los conocimientos, los procedimientos y las actitudes. • Se recomienda redactarlas en tercera persona del presente. • El profesor selecciona del perfil académico-profesional aquellas competencias que deben trabajarse en su unidad curricular; para ello debe tener en cuenta las características de esa unidad.	• Enunciado evaluativo de la calidad del resultado. Refiere a los aspectos esenciales de la competencia. • Se conectan y orientan la formulación de los objetivos específicos de las unidades curriculares. • Refieren lo esencial de la competencia. • Deben reflejarse en las diferentes estrategias e instrumentos de evaluación instruccional. • Son logros específicos que dan operatividad a las competencias. • Pueden ser redactados en tercera persona del presente de indicativo o en infinitivo.

Para identificar los conocimientos teóricos, el diseñador de la competencia debe preguntarse qué se tiene que saber; para identificar los conocimientos prácticos la pregunta sería en el sentido de qué se debe *hacer*, y para identificar actitudes y valores el cuestionamiento será sobre cómo debe *ser, actuar* y *estar*.

La propuesta de Canquiz e Inciarte para la elaboración de la competencia sigue este proceso metodológico:

- Identificar conocimientos (el saber, lo conceptual), actitudes (disposición) y las conductas observables (el hacer).
- Redactar las competencias tomando en cuenta que los elementos esenciales de una competencia son: *verbo de acción* (conjugado en presente, por ejemplo: realiza, escribe, ejecuta, elabora); objeto (referido al conocimiento demostrable); *aspectos por considerar en el logro* (recursos, contextos, herramientas).
- La redacción debe ser sencilla, comunicable y contener la esencia del desempeño académico.
- No presentar un número excesivo de competencias, ya que esto puede disgregar el proceso de formación.

La planificación del proceso de acción didáctica en el aula que implica el desarrollo de la secuencia instruccional por unidad contempla:

Unidad	Sólo si el programa está organizado en unidades
Objetivos específicos	Logros específicos de la unidad o tema Develan las intenciones educativas
Contenidos	Apoyo conceptual Pueden ser organizados en las diferentes dimensiones del saber: Cognoscitivos: *Saber* Procedimentales: *Hacer* Actitudinales: SER
Estrategias instruccionales	Diversas acciones que orientan el desarrollo del proceso Reflejan la concepción educativa que se materializa en el curso
Recursos instruccionales	Todo medio que va a ser utilizado en la acción didáctica
Tiempo	Distribución del tiempo del proceso instruccional

Al diseñar la secuencia instruccional se abordará:

- Concepción educativa. Formación humana integral.
- Perfil del egresado. Competencias e indicadores de logro.
- Relación con los objetivos, contenidos, estrategias y recursos.

- Procesos del pensamiento.
- Factibilidad y acceso.
- Relación teoría-práctica en las actividades planificadas.
- Transversalidad en el logro de las competencias.
- Tiempo instruccional.

En la elaboración del plan de evaluación de los objetivos del programa y del proceso se apuntarán los *indicadores de logro*, los *objetivos específicos*, los contenidos, las *estrategias/recursos de evaluación* y la *ponderación*.

Asimismo, la evaluación de las competencias debe ser planificada como un proceso de recolección de evidencias y formulación de juicios respecto al desempeño del alumno, y no como una comparación en torno al rendimiento. Se enfatiza en el logro de resultados con una tendencia a lo cualitativo y, finalmente, se da prioridad al aprender haciendo y aprender a aprender. Debe tenerse presente que se busca evaluar para mejorar e innovar.

También ha de darse información sobre bibliografía y aspectos organizacionales, como escenarios, convenios, instalaciones, etcétera.

Contenidos

¿Qué → Se pretende → Trasmitir / Proponer / Promover → en los educandos?

Contenidos:
- *Teóricos*: Ser, Saber, Ideas, Conocimientos
- *Prácticos*: Hacer, Convivir, Valores, Motivaciones, Normas de conducta

MÉTODO EDUCATIVO

Cuando se piensa en el modo práctico de ejecutar la acción educativa nos planteamos cómo realizar nuestra labor. De aquí surge la reflexión sobre el método con que se pretende educar. Por *método educativo* entendemos las intervenciones, los procedimientos, los estímulos, los medios e instrumentos adecuados y particulares con los cuales se realiza la tarea educativa tratando de integrar en unidad todas las acciones del proceso educativo, según los postulados, principios y criterios que conforman el propio sistema pedagógico.

El método educativo debe fundamentarse en la óptima formación profesional de carácter pedagógico que pueda tener el docente, pues no basta con que éste cuente con méritos académicos, sino que en esencia debe asumir que el proceso de generar aprendizajes en el alumno es una tarea que lo ha de involucrar en comprender cuáles son las prácticas didácticas y la perspectiva pedagógica más eficaces. Su quehacer requiere un dominio metodológico amplio que posibilite una gestión del aprendizaje que cumpla con los propósitos educativos. Al profesor "no sólo le incumbe garantizar actitudes favorables hacia la materia o campo de conocimiento, sino que, además, debe enseñar los motivos por los que se debe aprender una materia, desarrollar destrezas de gestión de aprendizaje, así como despertar intereses y valores para que el alumnado por sí solo genere acciones que permitan nuevos aprendizajes, estimulando la actividad espontánea, la toma de decisiones y la acción" (Pérez, 2004).

Método educativo

¿Cómo?

Se ejerce la acción de educar

Intervenciones ← **Método** → Medios-instrumentos

Estímulos ↙　　　↘ Procedimientos

Mediaciones

En unidad de acción

Según

Los postulados　　Los criterios

Los principios

Del sistema educativo

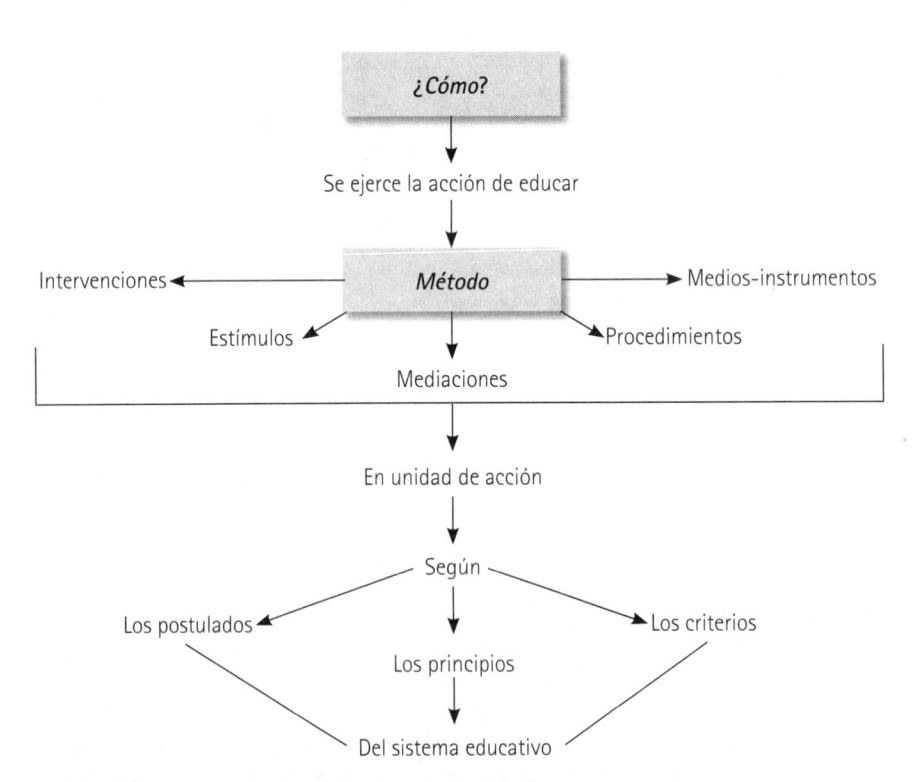

La interacción en el ámbito del aula ha de realizarse a partir de una acción consciente y reflexiva que se constituya en fundamental para incentivar la creatividad y el interés del alumno por su formación escolar. La meticulosa elaboración de un plan de gestión permitirá al docente seleccionar y programar métodos y recursos, así como plantear tareas y realizar evaluaciones de su trabajo para modificar su práctica al reconocer cuál es la que suscita logros. En una dinámica en la que el profesor se compromete con amplitud en su tarea educativa, su papel de contención académica debe propiciar la adquisición de habilidades y destrezas al desarrollar "actividades y procedimientos metodológicos como la discusión metacognitiva, la participación guiada, los trabajos de grupo, o el aprendizaje cooperativo, que pongan al alumno en situación de entrenamiento. Un profesor ha de favorecer la autonomía y la autogestión del aprendizaje del alumno, y preocuparse de cómo aprende más que de qué aprende" (Pérez, 2004:345).

En su proceso de gestión educativa el profesor requiere considerar una serie de dominios que apunta Shulman (citado por Pérez, 2004) para favorecer el desenvolvimiento de un método eficaz encaminado al aprendizaje asertivo.

- *a)* Conocimiento previo. Integra las experiencias y los sucesos que motivan la reflexión y la adquisición de un nuevo conocimiento.
- *b)* Planificación metodológica. Incluye la decisión sobre las características de las actividades realizadas en el aula y el ritmo que el docente ha de imprimirles con el compromiso de asumir su responsabilidad en el logro académico, así como propiciar un ambiente adecuado para permitir aprendizajes de calidad.
- *c)* Desarrollo de contenidos. Comprende la praxis del trabajo previo de planificación y reflexión. La actitud del docente ha de ser versátil y flexible con el propósito de encauzar un trabajo que amplíe las habilidades cognitivas y metacognitivas, tales como la creación de aprendizajes activos y cooperativos, el reconocimiento de emociones, el desarrollo intelectual, y la asunción de valores.
- *d)* Evaluación de destrezas. Aquí cabe la reflexión retrospectiva sobre el proceso para que con un ánimo crítico y consciente de las modificaciones que debe emprender fomente una evaluación abierta, reflexiva, dúctil y sustentada en los resultados.

La habilidad gestora del docente debe conducirlo, de modo óptimo, a la construcción de un conocimiento útil, motivante, formativo y satisfactorio para el alumno.

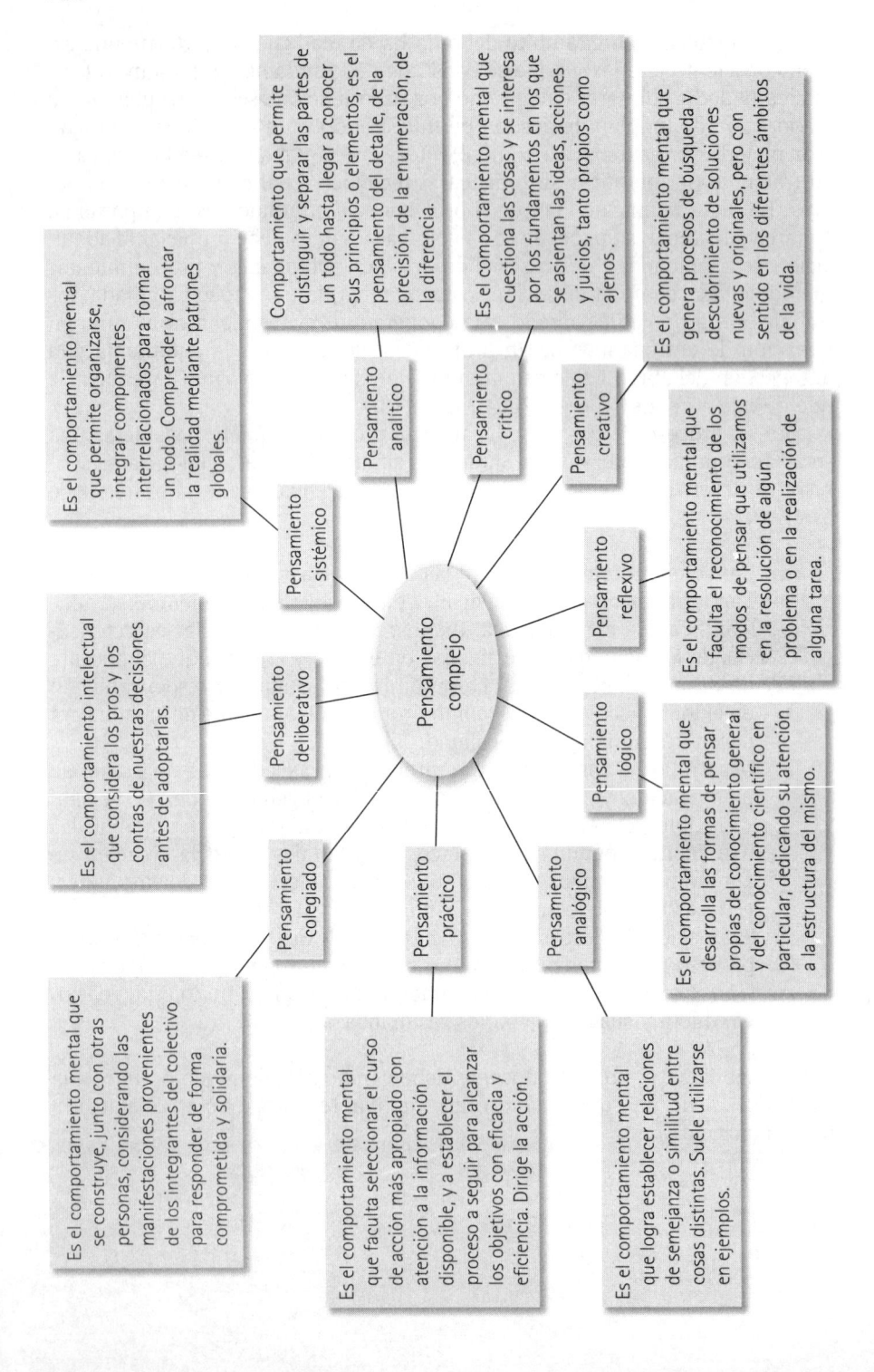

Pensamiento complejo

- **Pensamiento sistémico**: Es el comportamiento mental que permite organizarse, integrar componentes interrelacionados para formar un todo. Comprender y afrontar la realidad mediante patrones globales.

- **Pensamiento analítico**: Comportamiento que permite distinguir y separar las partes de un todo hasta llegar a conocer sus principios o elementos, es el pensamiento del detalle, de la precisión, de la enumeración, de la diferencia.

- **Pensamiento crítico**: Es el comportamiento mental que cuestiona las cosas y se interesa por los fundamentos en los que se asientan las ideas, acciones y juicios, tanto propios como ajenos.

- **Pensamiento creativo**: Es el comportamiento mental que genera procesos de búsqueda y descubrimiento de soluciones nuevas y originales, pero con sentido en los diferentes ámbitos de la vida.

- **Pensamiento reflexivo**: Es el comportamiento mental que faculta el reconocimiento de los modos de pensar que utilizamos en la resolución de algún problema o en la realización de alguna tarea.

- **Pensamiento lógico**: Es el comportamiento mental que desarrolla las formas de pensar propias del conocimiento general y del conocimiento científico en particular, dedicando su atención a la estructura del mismo.

- **Pensamiento analógico**: Es el comportamiento mental que logra establecer relaciones de semejanza o similitud entre cosas distintas. Suele utilizarse en ejemplos.

- **Pensamiento práctico**: Es el comportamiento mental que faculta seleccionar el curso de acción más apropiado con atención a la información disponible, y a establecer el proceso a seguir para alcanzar los objetivos con eficacia y eficiencia. Dirige la acción.

- **Pensamiento colegiado**: Es el comportamiento mental que se construye, junto con otras personas, considerando las manifestaciones provenientes de los integrantes del colectivo para responder de forma comprometida y solidaria.

- **Pensamiento deliberativo**: Es el comportamiento intelectual que considera los pros y los contras de nuestras decisiones antes de adoptarlas.

ESTILO PEDAGÓGICO

Al mismo tiempo surge otra pregunta que complementa al método educativo: ¿en qué forma queremos conducirnos con los educandos? Esto nos lleva a descubrir el "estilo" educativo que caracteriza a una institución y que se expresa mediante actitudes, formas y modalidades de convivencia y comunión, que constituyen en su conjunto un modo original (personal y comunitario) de ser, de vivir y de actuar, que crean un peculiar clima y ambiente educativo.

Estilo pedagógico

¿En qué forma se viven las relaciones educativas?

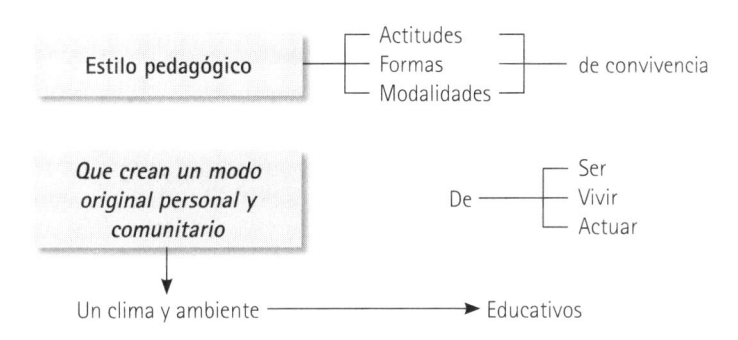

```
Estilo pedagógico ─┬─ Actitudes  ─┐
                   ├─ Formas      ├─ de convivencia
                   └─ Modalidades ─┘

Que crean un modo                    ┌─ Ser
original personal y        De ───────┼─ Vivir
    comunitario                      └─ Actuar
         │
         ▼
Un clima y ambiente  ──────────────► Educativos
```

En el desarrollo discursivo y práctico de las competencias, cabe introducir de qué forma este enfoque ha de impactar en la gestión curricular. En este sentido, Tobón (2013) incorpora la noción socioformativa, la cual, a diferencia de otras perspectivas, pone énfasis en el carácter axiológico y en la proyección a futuro que han de orientar el propósito de las competencias. El autor señala la importancia de diseñar la gestión desde una óptica holística, cuyo aspecto central es el señalamiento del proyecto ético de vida. En él se incluyen las competencias relacionadas con el desempeño de acciones ciudadanas enmarcadas en la democracia, una misión de vida erigida desde la ética, a partir de un pensamiento complejo. Asimismo, apuntala la capacidad de emprender considerando el contexto social, histórico, político, recreativo, disciplinar y científico (Tobón, 2013). El autor destaca que el objetivo de este enfoque particular pretende formar personas que sean capaces de gestionar su autorrealización personal con un compromiso social, ambiental, profesional y organizacional. El espíritu emprendedor es, de acuerdo con el autor, aquel que fortalece "actitudes, valores, conocimientos, habilidades y destrezas para resolver problemas con eficacia, eficiencia y efectividad".

En su perspectiva, las competencias se vinculan al pensamiento complejo, a la sociedad del conocimiento y a la gestión de la calidad.

Pensamiento complejo

Al parafrasear a Edgar Morin, Tobón (2013) establece que el pensamiento complejo "como epistemología es un método para la construcción del conocimiento de cualquier fenómeno, con base en la forma y dinámica en que está tejido dicho fenómeno en sí y con respecto a otros fenómenos, con el fin de comprenderlo y explicarlo en sus procesos de orden-desorden-reorganización, mediante análisis disciplinario, multidisciplinario, interdisciplinario y transdisciplinario. De aquí que, en el pensamiento complejo, el conocimiento y el saber siempre sean multidimensionales, transversales, cambiantes y evolutivos". El pensamiento complejo permite construir un conocimiento pertinente y significativo que alienta el bienestar dentro de la dinámica del desarrollo sostenible.

La descripción del pensamiento complejo como señalamiento esencial de la postura socioformativa se refiere al desenvolvimiento de habilidades de autoorganización, metacognición, hologramática, recursividad organizacional y dialógica (Tobón, 2013).

En la *autoorganización*, el currículo se convierte en un proceso de mejora continua para impactar en la formación integral; toma en cuenta la filosofía institucional de la entidad gestora y la identidad del programa educativo institucional con base en las relaciones sistémicas que han de abordar los desafíos institucionales, sociales, profesionales y de investigación. Así, desde los principios filosóficos del modelo educativo e institucional se pretende renovar el perfil, el mapa curricular, los proyectos formativos y las políticas de formación y evaluación.

En la *metacognición* gestora el currículo debe entenderse como un proceso que permita tomar conciencia de lo que se hace, se otorgue sentido a la gestión y se regule su actuación bajo la óptica de la mejora continua.

En el pensamiento complejo, la *hologramática* alude al dinamismo de los fenómenos que considera cómo el todo está presente en cada una de las partes. En la gestión curricular, Tobón (2013) establece que se han de "aplicar los proyectos formativos (partes) teniendo en cuenta el modelo educativo institucional (todo), y buscar que los estudiantes alcancen el perfil de egreso (parte) tomando como base el modelo educativo institucional (todo)".

La *recursividad organizacional* refiere a la necesidad de plantear mecanismos para que el currículo se retroalimente de forma continua de las evaluaciones de los docentes y de los alumnos, para permitir mayor flexibilidad y pertinencia.

La *dialógica* responde a una realidad de situaciones contrastantes. Tobón (2013) indica, por ejemplo, que en la gestión curricular se observan principios como dirección y flexibilidad, u orientación profesional y orientación científica. La clave para entender a cabalidad estos principios es sustentarlos como complementarios para el abordaje complejo del currículo. En este caso, la complementación de la orientación profesional y científica podría lograrse al promoverse la formación investigativa de modo transversal en el currículo, para trabajar con base en problemas, proyectos que apuntalen la creatividad y la innovación.

De este modo, el enfoque socioformativo no sólo contempla estructurar competencias capaces de resolver situaciones del entorno, sino impulsar la innovación para transformar el contexto.

METODOLOGÍA SOCIOFORMATIVA EN LA FORMULACIÓN DE COMPETENCIAS

A diferencia de las metodologías tradicionales para formular competencias, la visión socioformativa pugna por un abordaje integral, a partir de problemas contextualizados, con un alto nivel de flexibilidad. La metodología socioformativa es más sencilla que otras opciones. Se fundamenta en la consideración de los problemas del contexto, los criterios y las evidencias. Relega, por tanto, otros elementos que complican la labor educativa, tales como las unidades de competencia, los contenidos por dimensiones y los elementos de competencia. Asimismo, su carácter es aplicativo y práctico. Ya no se trata de llenar formularios ni de realizar sesudas planeaciones. En la socioformación se pasa del plan de estudios a la práctica, pues se parte del supuesto de que los proyectos han de ser acordados y construidos con los estudiantes en el proceso académico.

En un proyecto socioformativo se acuerdan las siguientes actividades clave:

- Competencias por formar.
- Problema del contexto por resolver.
- Criterios clave por lograr.
- Las evidencias que los alumnos entregarán.
- Los niveles de desempeño por verificar.
- Las acciones que se realizarán para resolver el problema.
- Cumplir con los criterios.
- Entregar las evidencias.

En esta óptica se trasciende la relevancia del contenido, y la atención se centra en la solución de problemas del contexto; se impulsa a los alumnos a que aprendan estrategias para buscar, procesar, analizar, crear, adaptar, innovar y aplicar los contenidos (Tobón, 2 013). El enfoque curricular socioformativo no sólo pretende trabajar para buscar la solución de los problemas del contexto, sino que avanza hacia la creación e innovación que transformen ese contexto.

La gestión curricular por competencias, desde el enfoque socioformativo, se describe del siguiente modo (Tobón, 2013):

Metas

- Enfatiza formar las competencias a partir del proyecto ético de vida, al considerar las habilidades de pensamiento complejo.

- Promueve el desarrollo del espíritu emprendedor, al considerar el contexto social, histórico, político, recreativo, disciplinar y científico.

Estructura

- Proyectos formativos en los cuales se pretende que los estudiantes aprendan y refuercen las competencias desde la formación de una mente compleja, el trabajo en el proyecto ético de vida y la resolución de problemas del contexto.

Énfasis de la metodología de gestión curricular

- Partir del estudio de los procesos formativos de la institución, y buscar la innovación desde el análisis sistémico, mediante la comprensión de los retos del contexto y el desarrollo de las habilidades de pensamiento complejo en toda la comunidad educativa.
- Construir procesos dinámicos en el entorno y determinar las competencias a partir de éstos.
- Empleo de la investigación-acción educativa como dinamizadora de la gestión curricular por competencias.

El currículo por competencias desde el pensamiento complejo tiene, de acuerdo con Tobón (2013), las siguientes dimensiones: Es un **proyecto formativo** que se estructura en el presente y en el futuro, no tiene término y también busca generar experiencias significativas de aprendizaje y evaluación con la expectativa de potenciar las capacidades de todo sujeto involucrado en el proceso. Apunta al **proyecto ético de vida** para formar personas que gestionen su autorrealización personal con compromiso social, ambiental, profesional y organizacional; también, ellas construyen, reflexionan, se apropian y aplican valores universales. Busca formar el **espíritu emprendedor** para solucionar problemáticas personales, familiares, sociales, laborales y organizacionales, con eficacia, eficiencia y efectividad, en un escenario que alienta el autoempleo. *El currículo se concreta en competencias genéricas y específicas* para poner en acción a las personas para analizar, comprender y resolver problemas con idoneidad, creatividad, flexibilidad, metacognición y ética, con una postura asertiva para enfrentar la incertidumbre.

Enfoque curricular por competencias y socioformación

En el requerimiento específico de construir un currículo por competencias, Tobón (2013) opta por el método *Taller reflexivo constructivo*, basado en los métodos tradicionales de diseño curricular por competencias, aunado a aquellos que consideran el pensamiento complejo, la reflexión sobre la práctica, la investigación–acción y la gestión de la calidad educativa. Este método implica desarrollar un trabajo continuo que se construye a lo largo del periodo de aplicación del modelo de gestión. Tobón (2013) lo describe del modo siguiente:

Elementos centrales del Taller reflexivo constructivo

Aspecto	Taller reflexivo constructivo
Orientación	Construir el proyecto del programa con su perfil de egreso, perfil de ingreso y mapa curricular a partir del análisis de problemas.
Currículo	Determinar los componentes de las competencias de acuerdo con el enfoque socioformativo, al emplear la investigación-acción educativa.
Método	Taller grupal altamente participativo, presencial o virtual, con expertos y representantes de diversos sectores. Participan estudiantes, docentes, egresados, expertos del área, etcétera.
Duración	Doce sesiones en promedio, de dos a cuatro horas cada una, hasta tener listo el estudio de los referentes del programa, el perfil de egreso, el mapa curricular y la estructura esencial de los módulos o proyectos formativos. Esto se reparte a lo largo de un semestre o año.
Mecánica de trabajo	• Establecimiento del líder del proyecto. • Identificación y convocatoria de los participantes. • Construcción de un plan de acción. • Acuerdo de las normas de trabajo. • Asignación de roles para favorecer la dinámica grupal, como el rol de gestión de la calidad, el rol del gestor del conocimiento y el rol de sistematización de los logros del taller. • En las sesiones se abordan cada uno de los componentes del proyecto educativo del programa y las contribuciones de los asistentes se organizan en un pizarrón o pantalla para que todos las visualicen. • Se trabaja con la lluvia de ideas, la coevaluación y la revisión continua de los productos durante todo el proceso. Constantemente se publica lo que se hace y se somete a la revisión de todos. • Antes de cada sesión deben realizarse, de forma individual o por grupos, algunas actividades básicas de acuerdo con el plan de acción.

S. Tobón, "Elementos centrales del Taller reflexivo constructivo (TRC)", en *Metodología de gestión curricular. Una perspectiva socioformativa*, Trillas, México, 2013.

Gestión curricular desde la formación

Tobón (2013) describe una metodología con nueve ejes que determinan cómo innovar los procesos formativos:

Eje	Aspectos esenciales
Investigación-acción educativa	• Observación • Deconstrucción • Reconstrucción • Aplicación-evaluación
Autorreflexión	• Autoexamen • Autocrítica • Metanoia
Deconstrucción	• Análisis crítico del currículo de la institución • Análisis de los vacíos • Determinación de fortalezas • Análisis con base en los siete saberes del pensamiento complejo • Conciencia de modelos mentales negativos en el diseño curricular
Investigación del contexto	• Requerimientos laborales-empresariales • Requerimientos sociales • Requerimientos personales
Afrontamiento de la incertidumbre	• Conciencia de la incertidumbre en el currículo • Planteamiento de estrategias para afrontar la incertidumbre en la formación de las competencias
Identificación de competencias	• Identificación de las competencias globales, de las unidades de competencia y de los elementos de competencia • Criterios de desempeño • Saberes esenciales • Rango de aplicación • Evidencias requeridas • Problemas • Detección de incertidumbres relacionadas con el desempeño competencial
Nodos problematizadores	• Competencia global • Problemas generales • Saberes académicos • Saberes no académicos • Transdisciplinariedad • Dirigidos por equipos docentes
Equipo docente	• Dirige un nodo problematizador específico • Tiene objetivos comunes • Visión compartida • Líneas de investigación
Proyectos formativos	• Ruta formativa • Diseño de proyecto • Contenidos de referencia • Articulación de las TIC

S. Tobón, "Ejes del enfoque socioformativo", en *Metodología de gestión curricular. Una perspectiva socioformativa*, Trillas, México, 2013.

Gestión del modelo educativo desde lo socioformativo

El modelo educativo refiere a un conjunto de lineamientos educativos que precisan saber qué tipo de persona se pretende formar, para qué sociedad, en qué espacios educativos, con qué directrices didácticas y de evaluación, con qué filosofía institucional y con qué modelo de gestión de la calidad (Tobón, 2013).

En la determinación de sus fases se requiere:

Direccionar

Producto. Documento que desarrolle el modelo educativo adoptado.
Criterios:

1. Construcción, revisión y, en su caso, mejora del modelo educativo institucional en tanto se apegue a la filosofía institucional y a los retos propuestos.
2. Planeación estratégica periódica.
3. Incorporación de los lineamientos de la formación basada en competencias conforme a los desafíos del contexto y a las políticas educativas vigentes.
4. Socialización del modelo educativo vigente.

Planear

1. Considerar aspectos como tipo de persona que se ha de formar, lineamientos de docencia, aprendizaje y evaluación, estructura curricular de los programas, metodología por competencias, etcétera.
2. Establecer qué elementos del pensamiento complejo se han de tomar en cuenta.
3. Señalar roles para realizar el trabajo de construir y revisar el modelo.
4. Si es el caso, gestionar la formación complementaria de los actores educativos para desarrollar su tarea de modo eficaz.

Actuar

1. Precisar el desenvolvimiento del modelo respecto a la filosofía institucional, la docencia, la investigación, la extensión, etc. Identificar inconsistencias o debilidades y subsanarlas.
2. Establecer si el modelo educativo es afín a lo planteado en la filosofía institucional y lo esperado por la sociedad. Si corresponde, hacer las modificaciones para eliminar la disonancia.
3. Identificar cómo se han abordado en el modelo las directrices del pensamiento complejo.
4. Revisar los aspectos del modelo con base en la asignación de roles.

5. Abordar los conflictos que se presenten durante la tarea con proactividad y con pensamiento positivo.
6. Afianzar un modelo sencillo que proporcione líneas claras sobre la organización, formación y valoración del aprendizaje.

Evaluar-comunicar

1. Determinar si el modelo se fundamenta en las aportaciones de la comunidad educativa.
2. Definir si el modelo corresponde con la filosofía institucional y la normatividad educativa vigente.
3. Precisar si el modelo ha sido evaluado por pares externos.
4. Revisar si el modelo educativo describe las competencias que la institución se ha planteado de acuerdo con ciertos referentes educativos.
5. Establecer si el modelo describe con precisión el tipo de persona que ha de formar, las políticas de aprendizaje, docencia y evaluación, así como la estructura del currículo de los programas.
6. Dar cuenta de la construcción y mejora del modelo educativo.
7. Socializar el documento final del modelo con la comunidad a través de diversos medios y dar apertura a contribuciones y sugerencias.

Educar para la vida*

Al profundizar sobre las características del estilo pedagógico es insoslayable referirse a los aspectos axiológicos que entran en juego en la dinámica educativa y su impacto en el entorno. La escuela contemporánea se enfrenta a dos requerimientos que se vuelven paradójicos: educar en valores (justicia, libertad, respeto, equidad...) y educar para la vida. La confrontación se observa cuando la vida real es pletórica en antivalores: corrupción, impunidad, consumismo, individualismo, falta de respeto a la dignidad humana, etc. En muchos casos, el éxito profesional o personal se basa en el ejercicio del egoísmo, del arribismo, de acciones antiéticas y corruptas que se imponen como necesarias para obtener anhelos mundanos. Evidentemente el papel enculturizador de la escuela es fundamental, pero sus aspectos formativos se enfrentan a la seducción que ejercen otros medios, básicamente los de comunicación masiva, para generar en las personas una profunda escisión respecto a lo que es y lo que debería ser.

Los medios cosifican tanto acciones como seres humanos. Lo relevante en un medio informativo es, por ejemplo, cuantificar el número de muertos por la violencia terrorista, las cifras que arroja la trata de personas, los datos bursátiles. En los ámbitos publicitarios lo "exitoso" refleja al que tiene más dinero, al que es más atractivo, a la más bella, a quien tiene más

*Información obtenida de J. S., Moncada y Gómez, B. *Tutoría en competencias para el aprendizaje autónomo*, Trillas, México, 2012.

poder, a la película que rompe récord de taquilla, al superventas, a quien gana en un medio competitivo, etc. Hay un culto a la juventud, a la belleza, y a la perfección estética que, a pesar de no representar la realidad general de las personas, se convierten en anhelos aspiracionales de muchos hombres y mujeres capaces de dañar su salud en pos de un aspecto que desea ser perfecto.

En tal contexto, que desestima los valores que aún pueden dar viabilidad a una vida sana, la escuela en su mejor versión va a contracorriente de las desafortunadas representaciones; la pregunta sería: ¿Cómo lograr un desarrollo que toque las bondades del humanismo en un medio en el que dominan los antivalores?

En primer término tendría que establecerse que el profesor, además de ser el facilitador de los aprendizajes académicos, necesita desempeñar un papel tutorial cimentado en un amplio bagaje que haga posible un óptimo acompañamiento personal. Un tutor sensible a las contradicciones del entorno puede ser capaz de reflexionar junto con sus alumnos sobre las profundas inquietudes gestadas de un medio adverso. Reconocer desde la escuela las inequidades, las desigualdades, las injusticias y los enconos propios de la sociedad globalizada es acción obligada para desterrar los mitos contemporáneos del presente, de la vida frívola, de la competitividad destructiva, del consumismo a ultranza, de las percepciones desesperanzadoras impulsadas por la violencia, y de la indiferencia hacia el dolor en que viven los grupos vulnerables y hacia el daño ecológico.

Aun cuando la escuela tiene factores limitantes en su faceta formativa tiene consigo la enorme posibilidad de propiciar, desde su ámbito de acción, actitudes críticas que confronten los diversos órdenes de vida con el propósito de desarrollar orientaciones constructivas que sustenten auténticos compromisos sociales. La formación para la vida que desempeña la escuela debe asumirse con la plena conciencia de que el medio social no es el más favorable, no obstante, el alumno necesita realizar una reflexión que lo confronte y que le indique cómo vivir su faceta social con base en valores que enaltezcan el amor, la solidaridad, el humanismo, la justicia y la igualdad.

La escuela, en esos términos, trasciende su ejercicio reproductor del conocimiento para convertirse en formadora de intelectuales que comprendan la importancia de transformar su entorno. Comprender en plenitud las debilidades que aquejan la realidad y afrontarlas con espíritu crítico es uno de los ejes torales que deben caracterizar la tarea de la escuela contemporánea. La institución educativa no puede plantear un criterio neutral frente a los acontecimientos, por lo que ha de proveer a los alumnos las herramientas necesarias para que ellos conozcan fielmente los desafíos y adversidades generadas a partir de los antivalores que priman en la cultura de nuestros días. Se reitera, así, el papel transformador de la escuela, su capacidad de estructurar nuevas realidades cimentadas en una versión alternativa del desarrollo que sea acorde con un orden axiológico que haga viable un mejor futuro.

"El mismo conocimiento que selecciona, organiza y presenta la escuela tiene un eje axiológico estructurador. Facilitar las herramientas para hacer inteligible el mundo en el que viven ha de ser un objetivo prioritario. Ayudar a comprender las causas y las consecuencias de la acción, tanto individual como colectiva es una prioridad insoslayable. Ayudar a conocer las claves por las que se rige el mundo del trabajo en esta sociedad en crisis es un deber de la institución escolar, que no puede situarse de espaldas a la realidad. Pasar de una mentalidad ingenua a una mentalidad crítica es, como proponía incesantemente Paulo Freire, una exigencia fundamental de la educación" (Santos, 2010:30).

De este modo, el estilo pedagógico que prima la interacción entre el docente tutor y el alumno trasciende el espacio áulico para proyectarse hacia la necesidad de ejercer una labor formativa mancomunada que forje en el entorno social una educación para ser, vivir y actuar, en consonancia con los requerimientos prácticos, en pos de construir una mejor realidad.

COMUNIDAD EDUCATIVA

Finalmente, y casi en convergencia con la pregunta inicial: ¿quiénes somos los educadores? ("identidad"), surge otra interrogante esencial para describir el modelo educativo en su totalidad: ¿cuántos somos los que queremos educar? ¿Cómo nos integramos grupalmente en equipos de trabajo? ¿A quiénes se les invita a participar en la labor educativa? A esta fundamental inquietud corresponde la ubicación de la comunidad educativa, como el verdadero agente de la educación, en la que los educandos están en el centro como protagonistas principales de todo el quehacer educativo. La comunidad está conformada por el conjunto de personas o agentes comprometidos en la acción y en el proceso educativo, es decir: los educandos, los animadores o directivos de la institución educativa, los maestros y colaboradores, los padres de familia, el personal administrativo y de servicio, los ex alumnos de la institución y los representantes de las organizaciones de la comunidad local.

Todos los miembros de la comunidad educativa, con sentido de corresponsabilidad, deben ser conscientes de que con su presencia y su trabajo en común están llamados a crear un ambiente formativo de familia para lograr la maduración humana de todos sus miembros, promoviendo los valores de comunión y participación mediante la colaboración, la solidaridad y la subsidiariedad.

Los elementos que hemos descrito constituyen, en su conjunto, la armadura de todo el modelo educativo, que a su vez define la doctrina o filosofía educativa de una institución determinada. El modelo comprende así el "ideario" y las líneas de acción educadora.

El ideario indica los principios inspiradores del modelo. En él están presentes los postulados fundamentales, los principios, los criterios educativos, la orientación y los fines educativos.

En las líneas de acción están los objetivos y contenidos, las intervenciones, los procedimientos, los estímulos y los recursos pedagógicos. Todo esto define el "ser" y el "deber ser" de la educación.

ELEMENTOS DEL MODELO EDUCATIVO

Un modelo educativo, en principio, debe contener los elementos siguientes:

- Entorno educativo que haga referencia al ambiente social en el que se da la educación.
- Componente filosófico que exprese sus fines últimos.
- Componente académico, referido a su ordenamiento curricular.
- Componente organizacional que señale su orientación práctica.

Entorno educativo

En su análisis se consideran:

- Situación de la educación en el mundo.
- Situación de la educación en el país.
- Situación de la educación en el lugar donde está enclavada la institución educativa.
- Diagnóstico de la institución (ubicación, población, características).

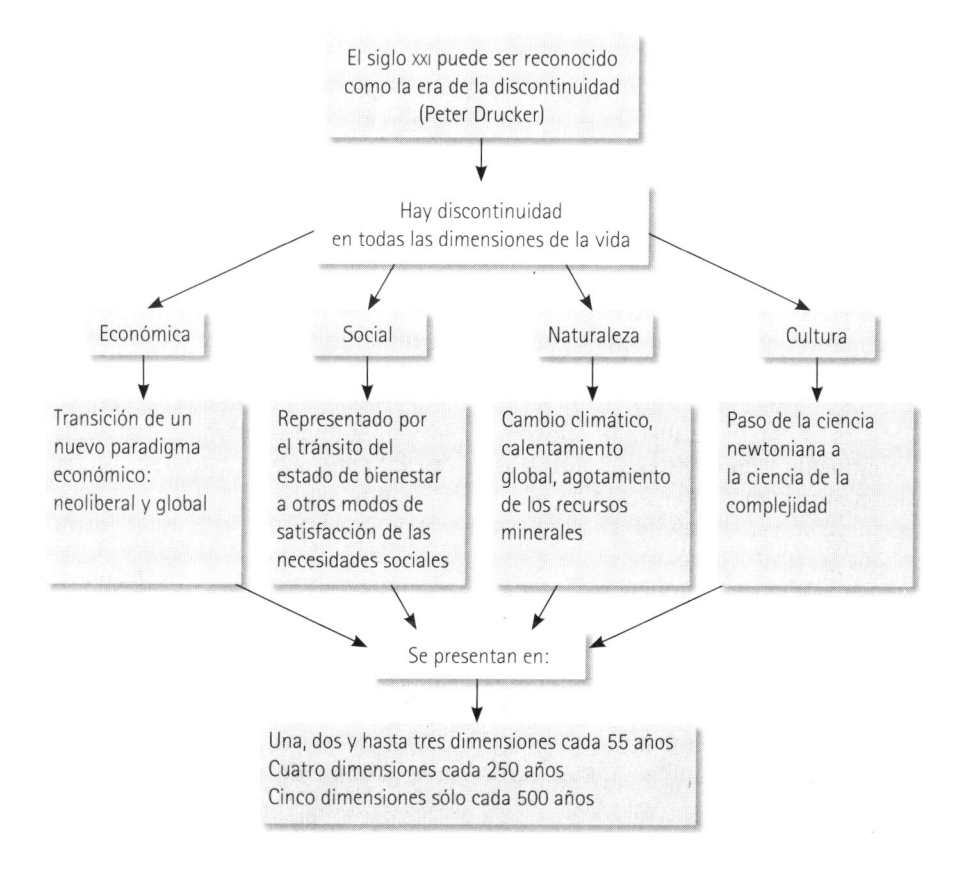

```
El siglo XXI puede ser reconocido
como la era de la discontinuidad
(Peter Drucker)
            ↓
Hay discontinuidad
en todas las dimensiones de la vida
```

Económica	Social	Naturaleza	Cultura
Transición de un nuevo paradigma económico: neoliberal y global	Representado por el tránsito del estado de bienestar a otros modos de satisfacción de las necesidades sociales	Cambio climático, calentamiento global, agotamiento de los recursos minerales	Paso de la ciencia newtoniana a la ciencia de la complejidad

Se presentan en:

Una, dos y hasta tres dimensiones cada 55 años
Cuatro dimensiones cada 250 años
Cinco dimensiones sólo cada 500 años

> *Los desafíos globales*
>
> - Lograr el desarrollo sostenible para todos.
> - Suministrar agua potable para todos.
> - Balancear el crecimiento de la población y los recursos del planeta.
> - Promover el surgimiento de democracias auténticas.
> - Formar diseñadores de políticas sensibles con las perspectivas globales de largo plazo.
> - Lograr que la convergencia global de las tecnologías de información funcione para todos.
> - Reducir la brecha entre ricos y pobres.
> - Reducir la amenaza de nuevas enfermedades.
> - Mejorar la capacidad para enfrentar el cambio en la naturaleza del trabajo y de las instituciones.
> - Promover valores compartidos y nuevas estrategias de seguridad que reduzcan los conflictos étnicos, el terrorismo y el uso de armas de destrucción masiva.
> - Cambiar la situación de las mujeres para ayudar a mejorar la condición humana.
> - Detener las redes del crimen organizado trasnacional en empresas globales.
> - Satisfacer de manera segura y eficiente la creciente demanda de energía.
> - Acelerar los descubrimientos científicos y tecnológicos para mejorar la condición humana.
> - Incorporar las consideraciones éticas en las decisiones globales.

En las sociedades actuales, un factor relevante de desarrollo económico y social es la capacidad de generar conocimiento científico y tecnológico, el cual constituye una fuente de riqueza acorde a los requerimientos de lo que se ha denominado *sociedad del conocimiento* y *economía del conocimiento*. El acceso a una nueva forma de concebir el entorno es un proceso insoslayable para toda sociedad que se encamine al crecimiento. En esa dinámica, el conocimiento es un valor que se incorpora a los productos y a los servicios para hacerlos más eficientes y prósperos. Una adecuada gestión del cambio tecnológico y su aplicación a las prácticas cotidianas del quehacer productivo, académico, alimentario, el enfocado a la salud y la explotación sustentable de los recursos naturales, son claves para acceder a un verdadero desarrollo.

En el escenario iberoamericano resulta imperativo explorar su capacidad científica y tecnológica con objetivos de crecimiento, y para afrontar las crisis económicas presentes en la realidad global de nuestros días. La perspectiva debe definirse a largo plazo y en esa óptica se precisa fortalecer a las instituciones educativas para formar especialistas del más alto nivel, así como poseer modalidades de información científica y tecnológica, vincular la academia con la industria, apoyar la innovación en los jóvenes emprendedores y favorecer las libertades, la creatividad, la racionalidad y el compromiso social.

El impulso innovador es un baluarte al orientar políticas públicas en ciencia y tecnología. Esa dinámica también se asocia con la tarea de modificar aspectos organizacionales, financieros y comerciales que impacten, junto con lo científico y tecnológico, en el desempeño exitoso del proceso productivo.

En esencia, la innovación es "la base de la economía del conocimiento y es también uno de los motores de la globalización" (OEI, 2012). El reto en Iberoamérica es realizar políticas tendientes a la innovación, así como producir conocimiento científico y tecnológico de calidad que pueda incorporarse a entidades sociales. Para encontrar un cauce de crecimiento se requiere el concurso de investigadores, tecnólogos, gestores, empresarios, gobierno, instituciones educativas y otros actores implicados en el proceso de desarrollo. Esto supone transformar mentalidades anquilosadas para dar paso a la flexibilidad y a la adaptación, ante el ritmo vertiginoso de los cambios.

No obstante su pertinencia y las oportunidades que representa la innovación, desde una visión crítica se podría considerar que la revolución tecnológica es arriesgada, y cabe apuntar hasta qué punto su apología y desempeño han motivado la exclusión y el deterioro ambiental. Llama la atención que la emergencia de un nuevo modelo de desarrollo, impulsado por las TIC, coincida con el daño a la calidad de vida de las personas, como son el calentamiento global, la violencia, la inseguridad, el desempleo, los conflictos étnicos y entre naciones. En nuestros países toca mirar el aspecto crítico de la nueva realidad, y en consonancia con las necesidades sociales, cabe formular un esquema acorde con la exigencia de la innovación, pero comprometida con el bienestar de la región. Las claves se sintetizan en la articulación de alianzas internacionales, alentar la solidaridad, el desarrollo sustentable y la preservación de la identidad cultural.

Desde la profundidad del pensamiento latinoamericano de los años 60 y 70 del siglo xx, que buscaba la reivindicación del potencial de la región, se consideró que la ciencia y la tecnología tendrían un papel protagónico en el avance social, a pesar de provenir del llamado Primer Mundo. Aunque con una perspectiva crítica, se vislumbró el acceso a la ciencia como un proceso que habría de transformar a las sociedades denominadas tercermundistas, al constituirse un esquema de vida más equitativo.

Sin embargo, después de un periodo en el que se impulsaron modelos de desarrollo basados en la sustitución de importaciones, los países de América Latina, a la luz de reiteradas crisis económicas y políticas, tuvieron que cuestionar sus estrategias económicas, y se avanzó en la creación de alternativas basadas en la desincorporación gubernamental de entidades paraestatales. Esto afectó sectores estratégicos, como el académico, el científico y el tecnológico. En los albores del siglo xxi, a causa del dinamismo global, la región ha optado por generar políticas que apuntalen la ciencia y la tecnología. La inversión en esos rubros y en la educación superior se ha incrementado en casi todos los países iberoamericanos. Muchos de ellos empiezan a formular y aplicar políticas que estimulan la innovación. También la ciencia y la tecnología son motivo de cooperación internacional, la cual ha fortalecido las relaciones entre los países de la región, y de ellos con el resto del mundo. Hoy se impulsan la creación de espacios comunes que tengan como propósito estimular la educación superior, la investigación, el desarrollo tecnológico y la innovación (OEI, 2012).

COOPERACIÓN Y CONSTRUCCIÓN DE ESPACIOS INTERNACIONALES

La tarea de generar desarrollo y equidad debe establecer su base en la construcción de espacios internacionales para la cooperación que incida en esa tarea No es una labor simple, pero sí prioritaria. Si bien la región cuenta en el plano industrial con empresas de clase mundial, en sectores como la biotecnología, el petróleo, la aeronáutica y la agroindustria, el problema es que son empresas que no proyectan su caudal de conocimiento e innovación al resto del entramado productivo (OEI, 2012). Otro gran problema es la enorme heterogeneidad en cuanto a las características de los países de la región. Ella no actúa como un complejo sólido, sino dispar, lo cual constituye una limitación para el desarrollo y la cohesión social en la región. Sin embargo, la cooperación iberoamericana en el campo de la ciencia y la tecnología debe generar un proceso horizontal para involucrar a los países de la región con mayor pobreza y menos oportunidades. El reto es necesario, pues en América Latina, por geografía, compartimos problemas comunes, como el estudio de algunas enfermedades, el crimen organizado, la migración, la delincuencia juvenil, los niños de la calle, el transporte y el uso de energía. Es clara la necesidad de impulsar un programa iberoamericano de ciencia y tecnología integrador de los sistemas nacionales y de la cooperación iberoamericana en su globalidad para crear, difundir y aplicar los conocimientos con la meta específica de lograr cohesión social y desenvolvimiento ciudadano.

MADUREZ CIENTÍFICA Y TECNOLÓGICA

Es preciso destacar que ningún país es autosuficiente en ciencia y tecnología, por ello emerge la importancia de plantear una sólida red de cooperación internacional. Se parte de identificar necesidades locales. Esto supone hacer uso de los conocimientos que resuelvan esa necesidad. La dinámica consiste en diseñar una política científica que estimule los centros de innovación y desarrollo con el propósito de abordar los retos estratégicos de cada país, tanto en el rubro económico como en el social. El rol de las instituciones educativas, en particular las universidades, es crucial para avanzar en el trayecto de apuntalar la importancia de la ciencia y la tecnología. "Una sociedad innovadora es aquella en la cual la búsqueda de nuevas soluciones más eficientes comienza en la base misma de la organización social" (OEI, 2012).

Si bien es una práctica común identificar el concepto de innovación con tecnología, no son sinónimos. La innovación implica una transformación cultural en la forma de gestionar y construir el conocimiento. En el rubro educativo, la incorporación de elementos innovadores implica un cambio en las estrategias de enseñanza bajo nuevos formatos institucionales que impacten en los roles de profesores y alumnos, así como en la manera de visualizar la educación, la institución educativa y la tecnología.

La innovación emerge como una respuesta a una necesidad específica. Identificar y asumir la existencia de problemáticas abre el cauce a la conciencia innovadora, la cual es precursora del acto de solucionar dificultades. Para abordar los problemas han de considerarse caminos sistemáticos de diagnóstico y planificación. El carácter innovador lleva implícita una dinámica de creatividad al producirse ideas, que adaptan y recrean planteamientos originales para motivar nuevas ideas y experiencias.

Las demandas del siglo XXI articulan una vinculación entre el crecimiento económico, la equidad y la integración cultural. En ese sentido, la innovación reclama el desarrollo de competencias como el trabajo en equipo, la autonomía, el compromiso, la responsabilidad, el respeto por lo diverso, el valor de la ciudadanía y la versatilidad en la solución de problemáticas. En el caso específico de la innovación educativa se puede identificar como:

> Un conjunto de ideas, procesos y estrategias, más o menos sistematizados, mediante los cuales se trata de introducir y provocar cambios en las prácticas educativas vigentes. La innovación no es una actividad puntual, sino un proceso... Su propósito es alterar la realidad vigente, modificando concepciones y actitudes, alternando métodos e intervenciones y mejorando o transformando, según los casos, los procesos de enseñanza y aprendizaje (Carbonell, 2011).

En la definición de Lugo (2010), la innovación educativa "es una transformación cultural en la manera de gestionar y producir conocimiento, en las estrategias de enseñanza, en las configuraciones institucionales, en los roles de los profesores y los alumnos e incluso en la manera creativa de pensar la educación, la tecnología y las escuelas".

La OECD (2009) establece que "una innovación es la puesta en operación de un producto (bien o servicio) o de un proceso nuevo o sensiblemente mejorado, de un nuevo método de comercialización o un nuevo método organizacional en las prácticas de la empresa, la organización del sitio de trabajo o las relaciones exteriores".

CONCEPTO DE INNOVACIÓN EDUCATIVA CON USO DE LAS TIC

La innovación educativa ha de concebirse como un proceso multidimensional en el que intervienen factores políticos, económicos, ideológicos, culturales, sociales y psicológicos, entre otros. Toca además todos los niveles educativos y su éxito depende de la manera en que los actores educativos interpretan, definen, filtran y dan forma a los cambios (Salinas, 2008). La multidimensionalidad también se observa en un proceso que supone un cambio de representaciones individuales y colectivas de una práctica intencional, deliberada e impulsada por la voluntad, la que compromete la acción consciente y asumida por los sujetos involucrados, tanto en su gestación como en su implementación.

La innovación educativa con el uso de las TIC apela a la capacidad de cambiar y desarrollar nuevas modalidades para aprender y adaptarse. Refiere cambios estructurales que impactan en la cultura de las aulas y escuelas. Cuando se relacionan formación con innovación y TIC se habla de coherencia, conectividad, alineamiento y capacidad para la mejora continua. La innovación se proyecta en acciones que producen cambios en las prácticas educativas para un mejor logro de los objetivos. La innovación se basa en la investigación, pero no todo proceso investigativo conduce a la innovación educativa. Así, no sólo es resultado de la investigación, sino también de la asimilación por parte de las organizaciones de una tecnología desarrollada, dominada y aplicada (Salinas, 2008).

Para Fullan y Stiegelbauer (citados por Salinas, 2008), los procesos de innovación implican cambios vinculados con la incorporación de nuevos materiales, comportamientos y prácticas de enseñanza, así como nuevas creencias y concepciones. Los principales retos se ubican en la parte de los docentes, quienes precisan de nuevas destrezas, comportamientos y prácticas asociados con la adopción de nuevas creencias sobre su desempeño académico.

La aplicación de las TIC en los procesos de innovación bajo el concepto de una enseñanza flexible detona:

- Cambios en las concepciones (cómo funcionan en el aula, redefinición de los procesos didácticos, identidad del docente, etc.).
- Cambios en los recursos: contenidos (materiales), infraestructura (acceso a redes, conectividad, etc.), uso abierto de estos recursos.
- Cambios en las prácticas de los profesores y de los alumnos.

Para lograr lo anterior deben entrar en juego las tecnologías de la comunicación al proporcionar la flexibilidad necesaria para cubrir necesidades individuales y sociales y lograr entornos de aprendizaje efectivos. La viabilidad de formular desde aquí la innovación se basa en criterios económicos y tecnológicos, pero también didácticos, al centrarse en la calidad de los materiales y en sus potencialidades comunicativas. Toda innovación requiere de mecanismos de sistematización, formalización, seguimiento y evaluación.

La innovación produce cambios en los sujetos y en el contexto, es decir, cambios subjetivos y objetivos. En el subjetivo implica el cambio de representaciones y teorías de los actores, desde las cuales interpretan y adaptan las innovaciones. En el ámbito objetivo hay cambios en las prácticas: intencionalidades, contenidos de enseñanza, estrategias metodológicas, materiales curriculares, evaluación. La incorporación de las TIC demanda este tipo de transformaciones. No sirven las nuevas tecnologías si no se realizan cambios en el modo de concebir la educación formal.

El planteamiento de una política educativa nacional sustentada en la calidad genera una amplia reflexión en torno a los aspectos que dan sentido a tal postura. Uno de ellos es el concepto de *desarrollo*. El desarrollo ha sido interpretado de diferentes modos, de acuerdo con las circunstancias contextuales. En una versión reciente se ha referido a la capacidad de generar un crecimiento que al derivarse del desenvolvimiento económico habría de impactar sobre todos los ámbitos del quehacer humano. Desde la perspectiva neoliberal que imperó en los años 80 y 90 del siglo pasado, la apertura comercial y la movilización de los mercados fueron concebidas como las acciones que propiciarían el desarrollo. Lo cierto es que la corriente neoliberal amplió la polarización social, el enriquecimiento desmesurado de monopolios, desastres financieros, más pobreza en naciones emergentes y una sobreexplotación de recursos naturales que han afectado la relación de los grupos humanos con la naturaleza.

Desde una óptica que ha intentado virar a contracorriente de esa versión del desarrollo, en los últimos años se ha impuesto la necesidad de conceptualizarlo en la órbita del humanismo, desde la mirada socioformativa. De este modo, y con la visión de recuperar una filosofía más centrada en el bienestar de las personas y de los pueblos, el desarrollo es referenciado como un dinamismo impulsor de libertades individuales, de oportunidades para todos, de equidad, de garantía y respeto a los derechos humanos. Supone además una acción que contribuya a mejorar la relación con la naturaleza, a proteger a los grupos vulnerables y darles voz; a considerar a las personas en su individualidad como seres que pueden lograr una vinculación sana consigo mismos y con los demás. En esta acepción de desarrollo se incluyen los derechos ciudadanos, la calidad de vida, el bienestar individual que genere un bienestar integral y universal. También, en el orden cultural, específicamente en el educativo, el desarrollo ha de definir todo quehacer que contribuya a una formación que comprometa a los educandos con la responsabilidad de construir un mejor futuro para sus comunidades, así como resolver problemas acuciantes en torno a la pobreza y la desigualdad.

En el rubro educativo, el desarrollo que se pretende recrear interactúa con los diversos actores que han de favorecer el logro en la institución escolar. De los miembros de la comunidad educativa destaca el papel de la *gestión*, cuyo objeto, según Botero (2007), es el "estudio de la organización del trabajo en el campo de la educación, por tanto, está influenciada por teorías de la administración, pero además, existen otras disciplinas que han permitido enriquecer el análisis, como son la administración, la filosofía, las ciencias sociales, la psicología, la sociología y la antropología". La gestión educativa se define también como el conjunto de procesos, de toma de decisiones y desempeño de acciones que hagan posible la realización de las prácticas pedagógicas, su ejecución y evaluación.

Un aspecto sobresaliente que apuntala el nivel de eficacia de la gestión para favorecer un verdadero desarrollo de la institución escolar que, en consecuencia, tenga una repercusión en su entorno, es el de *calidad*.

La caracterización de un nuevo orden económico afín a los procesos de modernización propicia exigencias particulares para quienes han de incorporarse al quehacer productivo, y en esa dinámica se torna esencial la formación cualitativa del talento humano. El nivel de ese talento marca una brecha entre los grupos humanos desarrollados y los que no lo son. En los años más recientes se ha considerado el potencial científico y tecnológico como factor central para acceder a un proceso productivo en el que el conocimiento sea la mayor fuerza dentro del engranaje del desarrollo y la innovación. Al entender que el conocimiento se genera, crece y transforma se establece una proyección sustentada en la competitividad internacional que, a su vez, requiere de una formación de calidad. Por tanto, la gestión educativa abierta al mejoramiento de la calidad necesita desenvolverse de acuerdo con las demandas de la ciencia y la tecnología.

En la formación de calidad tienen un rol central los docentes. Por esa razón, la institución educativa, y en general las políticas educativas, han de formular programas de capacitación acordes con las demandas de calidad. El propósito es que a partir del desempeño docente se puedan formar alumnos capaces de entender su realidad en forma racional, crítica y autónoma (Botero, 2007).

Para este autor, la "gestión educativa del siglo XXI deberá: trazar políticas de acción que cualifique a los trabajadores... reconvertir a aquellos preparados que desempeñen funciones ya obsoletas o saturadas de personal; y afrontar el problema de los egresados del sistema educativo que no encuentran empleo, que ocupan puestos de nivel inferior a sus capacidades o que emigran a países más desarrollados".

La gestión educativa además ha de contribuir a la preservación de la calidad educativa a través de un eficiente sistema de evaluación. Otro aspecto relevante es proporcionar un papel prioritario a la investigación en las entidades de educación superior. De allí han de surgir los cuadros profesionales que asuman su tarea con un alto estándar de calidad para beneficiar el medio laboral y el entorno social.

De acuerdo con lo señalado por la UNESCO, la calidad de la educación, en tanto derecho fundamental, ha de reunir las siguientes dimensiones: respeto de los derechos, relevancia, pertinencia, equidad, eficacia y eficiencia.

La extensión universitaria ha de definirse en el panorama de la calidad para así contribuir al fortalecimiento de los vínculos empresa-universidad-Estado, una combinación necesaria para lograr el desarrollo. La extensión tendrá que ser "un canal de comunicación que permita conocer las innovaciones producidas en los países más avanzados, establecer redes para realizar las mejores prácticas, transferir conocimientos, retroalimentar el proceso docente educativo, dinamizar la movilidad académica, fortalecer las prácticas empresariales, acercar a los graduados con la academia, constituyéndose en carta de presentación ante el ámbito donde operan sus procesos educativos" (Botero, 2007).

Los procesos de desarrollo profesional docente encaminados a la innovación educativa se han de guiar a partir de los siguientes principios:

1. *Pertinente*

   Es necesario atender los intereses y demandas de los docentes al considerar su rol, su área de formación, el nivel educativo en el que se desempeñan, sus saberes previos, así como los recursos que tienen y el entorno cultural que los rodea. Entender lo anterior es vital para construir una mentalidad proyectada hacia la mejora del aprendizaje de los estudiantes.

2. *Práctico*

Mediante el uso directo de las TIC los docentes aprenden, exploran sus riquezas y aplican el conocimiento generado para asumir la solución de problemáticas particulares de su ejercicio profesional.

3. *Situado*

Los docentes, al reconocer los requerimientos y estilos de aprendizaje de sus alumnos serán capaces de transformar su práctica profesional a partir de la conformación de una amplia variedad de currículos, la evaluación de aprendizajes, así como de una autovaloración.

4. *Colaborativo*

Los trayectos del desarrollo profesional son los caminos del aprendizaje conjunto, la creación colectiva, el intercambio y la participación en redes y comunidades.

5. *Inspirador*

Por medio de los procesos de desarrollo profesional se incentivan la imaginación, la reflexión, el pensamiento crítico, el talento, la creatividad y la metacognición.

Las competencias que han de desarrollar los docentes en el ámbito de la innovación educativa con el empleo de las TIC son:

a) *Tecnológica*. Las herramientas tecnológicas son múltiples, algunas son específicamente educativas y otras, como el software de diseño y la cámara digital, se han adaptado para usos pedagógicos.
b) *Comunicativa*. Con las TIC es factible conectarse con datos, recursos, redes y experiencias de aprendizaje, en tiempo real o diferido. La competencia tecnológica es la "capacidad para expresarse, establecer contacto y relacionarse en espacios virtuales y audiovisuales a través de diversos medios y con el manejo de múltiples lenguajes de manera sincrónica y asincrónica" (MEN, 2013).
c) *Pedagógica*. El uso de las TIC ha modificado prácticas educativas tradicionales y ha promovido nuevas modalidades del trabajo docente. La competencia docente, vinculada a la comunicativa y tecnológica, permite identificarla como la "capacidad de utilizar las TIC para fortalecer los procesos de enseñanza y aprendizaje, reconociendo alcances y limitaciones de la incorporación de estas tecnologías en la for-

mación integral de los estudiantes y en su propio desarrollo profesional" (MEN, 2013).
d) *De gestión.* Implican los procesos de planear, hacer, evaluar y decidir. Se describe como la "capacidad para utilizar las TIC en la planeación, organización, administración y evaluación de manera efectiva los procesos educativos; tanto a nivel de prácticas pedagógicas como de desarrollo institucional" (MEN, 2013).
e) *Investigativa.* Esta competencia gira en torno a la gestión del conocimiento, y de manera óptima, del nuevo conocimiento. Propicia el desarrollo de la genómica, de la astrofísica, de las supercomputadoras, de los simuladores, y de otras áreas del desarrollo científico y tecnológico. Se describe como "la capacidad de aprovechar las posibilidades que brindan las TIC para la gestión del conocimiento" (MEN, 2013).

Por otra parte, es necesario advertir que las competencias se despliegan en diferentes niveles. El primer nivel o momento es la exploración, que supone el acercamiento a un conocimiento específico que permitirá, en el segundo momento, la integración. En este nivel se plantea el uso del conocimiento para la resolución de problemas, en tanto que en el tercer nivel se generan ejercicios de creación. De acuerdo con el documento *Competencias TIC para el desarrollo profesional docente,* del Ministerio de Educación Nacional (2013), en el momento de *exploración* los docentes:

- Se familiarizarán con el espectro de posibilidades, desde las básicas hasta las más avanzadas, que ofrecen las TIC en educación.
- Empiezan a introducir las TIC en ciertas labores y procesos de enseñanza y aprendizaje.
- Reflexionan sobre las opciones que las TIC les ofrecen para responder a sus necesidades y las de su contexto.

En el momento de *integración* los docentes:

- Saben emplear las TIC para aprender de modo no presencial, lo que hará posible que aprovechen los recursos disponibles en línea, participen en cursos virtuales, aprendan con tutores a distancia y se integren a redes y comunidades de práctica.
- Incorporan las TIC en el diseño curricular, el PEI y la gestión institucional de forma pertinente.
- Comprenden las implicaciones sociales de la incorporación de las TIC en los procesos educativos.

En el momento de *innovación* los docentes:

- Se adaptan y combinan una gran variedad de lenguajes y de herramientas tecnológicas para diseñar ambientes de aprendizaje o de ges-

tión institucional que sean afines a los requerimientos específicos del entorno.
- Tienen la disponibilidad de adoptar y adaptar nuevas ideas y modelos.
- Comparten las actividades desarrolladas con sus compañeros y reciben retroalimentación para introducir ajustes en su práctica educativa.
- Asumen criterios para argumentar la manera en que la integración de las TIC cualifica los procesos de enseñanza y aprendizaje y mejora la gestión institucional.

En esta guía se considera que cada docente y directivo tienen la posibilidad de personalizar su desarrollo profesional de acuerdo con sus características e intereses particulares. El momento óptimo de la innovación es la meta que habría de ser alcanzada; sin embargo, la consolidación de los procesos anteriores, así como las necesidades de los docentes marcan el éxito en el uso generalizado de las TIC para el avance de la tarea educativa.

Una política para la innovación educativa con uso de TIC ha de atender:

- Aprovechar las TIC para desarrollar las capacidades y competencias para que los ciudadanos acuerden y hagan uso de las TIC en el desarrollo de sus procesos educativos y formativos.
- Aprovechar el uso de las TIC para mejorar las condiciones y capacidades de la educación en aspectos como: enseñanza, aprendizaje, didáctica, pedagogía e innovación.
- Contribuir al mejoramiento, fortalecimiento y desempeño de las capacidades del sistema educativo en aspectos como: eficiencia, cobertura, calidad, modernización, pertinencia e inclusión.
- Aprovechar las posibilidades, oportunidades y ventajas que ofrecen las TIC para fortalecer la capacidad de innovación educativa en todos los niveles del sector educativo.

Desde la perspectiva de García-Varcárcel y Tejedor (2010), las estrategias que detallan pueden significar una guía orientadora para ser consideradas por una iniciativa nacional de innovación:

- Dotaciones de recursos tecnológicos e infraestructuras que puedan llegar a todos los centros.
- Optimizar la distribución de espacios en los centros presenciales para favorecer un mejor uso de los recursos disponibles.
- Establecimiento de una franja horaria semanal para la dedicación de parte del profesorado al desarrollo de proyectos de innovación.
- Favorecer la estabilidad del profesorado en los centros en los que se lleven a cabo experiencias integrales de incorporación de las TIC.
- Integrar en las plantillas docentes la figura del "coordinador de TIC".
- Implicar a un número elevado de profesores del centro en los proyectos de innovación.

- Potenciar la formación del profesorado en el centro para establecer procesos de mejora y analizar el papel de las TIC en los mismos.
- Avanzar en el diseño y desarrollo de unidades didácticas con TIC para estructurar las actividades y recursos que se emplean en la práctica educativa.
- Reconocimiento académico del trabajo realizado en los proyectos de innovación a todo el profesorado participante.
- Elaborar un plan de uso de las TIC en el centro que favorezca la continuidad de las iniciativas.
- Información periódica a los padres sobre los procesos de enseñanza-aprendizaje que se realizan mediante el empleo de las TIC para conseguir su implicación en el proyecto.
- Esforzarse colectivamente por analizar la repercusión que el uso de las TIC puede suponer en la mejora del rendimiento.
- Facilitar el trabajo colaborativo del profesorado del centro con otros centros para profundizar en los proyectos de innovación emprendidos.
- Asumir la integración de las TIC como una oportunidad y estímulo para replantearse la práctica docente, analizarla y buscar cauces para establecer un trabajo escolar más activo, constructivo y creativo, en la búsqueda de una enseñanza más acorde con los nuevos tiempos.

Otras estrategias son:

- Desarrollar una política que incremente el monto del PIB destinado al desarrollo científico y tecnológico.
- Otorgar beneficios fiscales a quienes generen productos y servicios relacionados con la ciencia y la tecnología.
- Actuar como región para facilitar la homologación de grados académicos.
- Impulsar la movilidad de académicos e investigadores a otros países. Recoger esas experiencias externas, compartirlas y aplicarlas.
- Trabajar fuertemente en la capacitación de profesores en el uso de las TIC. Crear al respecto programas específicos e incentivar académica y económicamente a los docentes que tengan estas experiencias de capacitación y las apliquen.
- Incentivar el trabajo entre pares, el trabajo en equipo y las fórmulas de virtualidad con el fin de reducir brechas geográficas y sociales.
- Impulsar la elaboración de artículos científicos y otras publicaciones académicas que den cuenta de nuevos planteamientos en torno a la innovación.
- Generar una cultura de aprecio por las ciencias básicas y experimentales. Capacitar al profesor de esas áreas para crear en el alumno un conocimiento que le resulte significativo y práctico.
- Incrementar el número de centros de educación superior en los que se realicen actividades científicas y tecnológicas vinculadas a los nuevos nichos de oportunidad (biotecnología, energías limpias, genómica, ecología, agronegocios, etcétera).

- Impulsar, desde la educación superior, a estudiantes emprendedores, en áreas científicas y tecnológicas. Dar incentivos académicos a quienes realicen proyectos de desarrollo.
- Fortalecer la figura del docente investigador. Privilegiar la contratación de profesores que a la vez desarrollen investigación.

LA EDUCACIÓN VIRTUAL

La educación a distancia, cuya descripción se precisa para abordar la educación virtual, se caracteriza por ser atemporal; se genera en espacios diversos, es transfronteriza y global. Su apoyo fundamental es el andamiaje tecnológico, el que da cabida a la posibilidad de optimizar procesos que apuntalen la inclusión, la movilidad social, así como el aprendizaje autónomo y la autogestión. Esta modalidad se genera al servicio de una formación integral para preparar a estudiantes de toda condición social, género, raza, religión, nacionalidad, adscripción política, edad y situación económica. Su apuesta es por el desarrollo de un alto rango de calidad académica de un rigor análogo al de la educación escolarizada (Salazar y Melo, 2013).

Con la educación virtual, las pedagogías informáticas que se generan motivan transformaciones en los materiales instruccionales, en los objetos y procesos de aprendizaje, así como un cambio drástico en el rol tradicional de los docentes, quienes se han de convertir en facilitadores de los autoaprendizajes a partir del uso de plataformas virtuales y aplicaciones digitales complejas. El empleo de las tecnologías se da en un marco que demanda, de esta nueva modalidad, una apropiación de conocimientos y la formación de capacidades y habilidades en consonancia con las exigencias globales.

Con la expansión de los saberes por mediación de las TIC se formulan novedosas industrias culturales que impactan y enriquecen la tradicional educación a distancia, y con ello favorecen una educación virtual en red. Esta modalidad supone una reingeniería de las primigenias fórmulas de educación a distancia, para crear nuevas industrias educativas digitales que hagan posible la educación sin fronteras que revolucione todos los ámbitos del desempeño académico y de la organización y gestión educativa. Es claro que la incorporación de medios tecnológicos de avanzada significa una posibilidad invaluable de hacer más eficiente y eficaz la dinámica educativa al auspiciar el autoaprendizaje, la conexión con una información derivada de innumerables fuentes y la democratización del conocimiento. Todo lo anterior, a partir de plataformas, videos, software, hipertexto e internet.

La educación virtual se acopla a los más recientes paradigmas del aprendizaje sustentado en el enfoque de competencias, la valoración de la calidad educativa, la habilidad autogestora para aprender y la capacidad de aprovechar la amplia variedad de recursos informáticos en un modelo articulado a partir del uso de las TIC. Respecto a las formas tradicionales de evaluación, que si bien se han modificado a lo largo de los años, la educación virtual expone la importancia de evaluar los aprendizajes, y, en ese tenor, se acerca más a las exigencias de carácter social y del ámbito productivo. Hoy día, las experiencias 100% virtuales son lideradas, en nuestra región, por México, Venezuela y Colombia. El continuo proceso de virtualización motiva cambios estructurales en las prácticas pedagógicas, en las estructuras curriculares, en la matrícula, y en todo orden gestor y organizativo de la institución educativa. La experiencia virtual ofrece una perspectiva revolucionaria que en los años sucesivos habrá de modificar a profundidad la manera de entender la educación.

Resulta pertinente destacar la experiencia colombiana, donde con la ley 1188 de 2008, y el Decreto Reglamentario 1295 del 20 de abril de 2010 se aborda la educación virtual y puntualizan las condiciones de calidad que se exigen a los programas virtuales para obtener su registro calificado. Para ello se consideran cuatro dimensiones que se constituyen en pilares: la pedagógica, la comunicativa, la tecnológica y la organizacional.

Dimensión pedagógica

- Un programa virtual ha de tomar en cuenta el proyecto educativo de la institución.
- El desarrollo de los programas puede ser sincrónico o asincrónico. Sin embargo, lo sincrónico no debe pasar de 20 % del total de créditos, ya que en ese caso no se consideraría el programa como virtual.
- Los créditos académicos deben ser precisos tomando en cuenta el tiempo real que demandan las actividades.
- El estudiante ha de ser autónomo, libre para maniobrar y tomar decisiones sobre qué aprenderá, cuándo lo hará, qué fuentes usará, a quién preguntará, qué aprenderá después.
- La enseñanza ha de ser flexible y el papel del docente es muy importante. Lo virtual no supone la eliminación del cuerpo profesoral.
- La educación ha de centrarse en el desarrollo de competencias con la creación de ambientes en el ciberespacio que exalten la imaginación y la innovación.
- La evaluación ha de permitir verificar si se han logrado las competencias prestablecidas.
- Para evitar la deserción se necesita desarrollar un proceso de inducción a lo virtual de un modo acertado y amplio, para conocer las responsabilidades que deben ser asumidas. También, los tutores deberán comprometerse a recibir la capacitación que exige el programa virtual.
- El programa virtual debe especificar el número de alumnos que pueden ser atendidos por el docente tutor, en el entendido de que no debe sobrepasar la capacidad real de atención eficaz que puede demandársele.

Dimensión comunicativa

- Se han de diseñar diversas actividades que motiven el intercambio argumental y que utilicen las herramientas de comunicación que están disponibles en plataformas o en el ciberespacio.

- Se ha de establecer en qué momentos del proceso se han de emplear una u otra herramienta.
- La utilización de multimedia debe ser versátil. Se han de utilizar materiales gráficos, sonoros, simuladores de sensaciones, y todos aquellos que se deriven del avance tecnológico.
- No demorará más de 24 horas la respuesta que ha de recibir el estudiante en el proceso de retroalimentación. Esto garantiza la comunicación y la función tutorial permanente.
- La creación de redes o comunidades virtuales se constituye en una gran riqueza, ya que en ella entran en contacto y colaboran personas de diversas regiones, comunidades académicas y disciplinas.

Dimensión tecnológica

- Las instituciones que ofrezcan educación virtual deben garantizar la suficiencia y calidad en su infraestructura tecnológica, tanto de hardware, software y conectividad.
- El andamiaje tecnológico ha de tener el potencial suficiente para atender las demandas de la comunidad educativa y con ello garantizar la competitividad de la institución respecto a otras entidades educativas nacionales e internacionales.
- El uso de las TIC en el ámbito académico administrativo ha de conformar sistemas eficientes de admisiones, registros, financiación, bienestar, portales, plataformas de aulas virtuales, sistemas de evaluación, soporte en línea, acceso a bibliotecas, bases de datos, etcétera.
- La institución ha de invertir en sistemas de seguridad al desarrollar estrategias, procesos y dispositivos que protejan la información.
- La institución con programas virtuales ha de elaborar un plan estratégico de desarrollo de TIC para dimensionar sus requerimientos con proyección futura.

Dimensión organizacional

- La institución, con sus programas de educación virtual ha de establecer un compromiso con la calidad para sustentar sus fines institucionales.
- Los reglamentos que normen la vida institucional han de abarcar, además, sus programas de educación virtual.
- La dependencia encargada de los programas virtuales ha de hacerlos claramente visibles en la estructura organizativa de la institución.
- La institución ha de crear "celdas de producción" en las que intervengan de manera interdisciplinaria profesores, asesores pedagógicos, diseñadores gráficos y especialistas de internet, con el propósito de diseñar programas adecuados, eficientes y asertivos.
- La educación virtual demanda inversiones económicas importantes, por lo que cada institución que ofrezca programas en esta modalidad ha de realizar estudios de viabilidad financiera.

El futuro de la educación virtual es alentador, y se observa un camino hacia la virtualización de programas concebidos inicialmente en la modalidad tradicional a distancia. Los procesos educativos más vanguardistas favorecen el crecimiento de la educación *e-learning* y *b-learning*, así como *Mobile-learning* (*m-learning*), esta última basada en el uso de los dispositivos móviles. Los retos se centran en reconocer que la tecnología ha de estar al servicio de la academia con la perspectiva de lograr altos estándares de calidad educativa. Al respecto, ha de primar la versatilidad, el trabajo colaborativo, la capacidad de adaptarse a los cambios incesantes y un uso responsable y crítico, que hermana la tecnología con el conocimiento y la formación.

De acuerdo con Leal (2013), el nuevo ambiente generado por la formación *e-learning* se coloca en las interrelaciones entre pedagogía (formación), tecnología (ámbito digital) y responsabilidad social (calidad). Esta modalidad es relevante por su potencial democratizador y de inclusión social. La liberación de la información se da en un marco en el que crecen las redes sociales como entramados de interacción que modifican escenarios, espacios y la perspectiva temporal.

> Un nuevo concepto de comunidad ha surgido y, con ello y de manera simultánea, la revalorización de los individuos como sujetos que cuentan tanto en la apropiación, producción y reproducción de información como en la base de las redes o comunidades sociales que lo agencian, cultivan y legitiman. Se trata de redes móviles, dinámicas, focalizadas y, al mismo tiempo, con el poder permanente del desplazamiento, que no cesan de movilizar a su vez sus propios objetos y de movilizarse a sí mismas (Leal, 2013).

A nivel comunicativo y social, por mediación de la tecnología se han desmembrado las fronteras entre lo "público" y lo "privado", en un medio en el que los sujetos ya no son pasivos, sino actores de comunicación que emiten opiniones en un ámbito ampliamente participativo.

En este contexto, la formación *e-learning*, aunque se basa en el uso de la computadora, no se reduce a una dimensión de artefactos y equipos; es la "generación más actual de la modalidad de educación a distancia y su reciente desarrollo la ha puesto en el camino de una nueva revolución educativa, después de casi ocho siglos de existencia del sistema educativo convencional, que aún mantiene la hegemonía de los flujos de la formación" (Leal, 2013).

La formación *e-learning* se genera en un medio que responde a las nuevas demandas de la sociedad del conocimiento y amplifica las opciones formativas de los sistemas educativos. Promueve, de manera fundamental, el aprendizaje autónomo que se desarrolla como un proceso de apropiación crítica de la realidad, el que deriva en su mejor conocimiento y en la intervención que puede hacerse sobre ella para modificarla. Asimismo, este aprendizaje se encamina al pensamiento complejo y significativo. "Se trata del fomento de una inteligencia personal y social, de carácter colaborativo y reticular, que enriquece la formulación de hipótesis, análisis y búsqueda innovadora de alternativas, orientadas al diseño de cambios significativos en los procesos de aprendizaje al más alto nivel" (Leal, 2013).

El estudiante *e-learning*, lejos de ser un solitario autodidacta, se ha de inscribir a las redes académicas, pedagógicas y sociales, por lo que su papel es interactivo, en un ámbito de cooperación, debate y construcción colectiva. Según Leal (2013), el alumno "articula los vínculos entre libertad y autocontrol, autonomía y reticulación, investigación y recepción, soledad y sociabilidad, individualidad y comunidad".

De acuerdo con Cabero (citado por Galvis y Pedraza, 2013), algunas de las ventajas del *e-learning* son:

- Pone a disposición de los alumnos un amplio volumen de información.
- Facilita la actualización de la información y de los contenidos.
- Permite la deslocalización del conocimiento.
- Flexibiliza la interacción, independientemente del espacio y el tiempo en el cual se encuentren el profesor y el estudiante.
- Ahorra costos y desplazamiento.
- Favorece la autonomía del estudiante y el trabajo colaborativo.
- Propicia una formación justo a tiempo y a la medida de cada quien.
- Ofrece herramientas automáticas de seguimiento al profesor.
- Estimula la utilización de diversas tecnologías.
- Favorece la indagación por parte del estudiante.
- Brinda la posibilidad de hacer diferentes tipos de evaluaciones.

En el esquema *b-learning* se combina el aprendizaje presencial con el aprendizaje a distancia y virtual, lo que permite el acceso del alumno a clases tradicionales y virtuales, presenciales y no presenciales, a recursos analógicos y digitales. Los roles de profesor y alumno se modifican, así como los modelos de enseñanza-aprendizaje y los modelos organizativos.

En términos estrictamente académicos, la formación a distancia y virtual exige del alumno disciplina, convicción y autonomía. Para coadyuvar en el desarrollo de esas características, no usuales en nuestro marco cultural, se precisa de profesores tutores que den contención académica y psicosocial al estudiante. Estos aspectos son fundamentales para que esta modalidad fructifique y sea una verdadera fuente de inclusión. Al respecto, cabe apuntar que la incorporación a esta modalidad es democrática en la medida en que participan jóvenes, adultos jóvenes, adultos y adultos mayores, así como minorías étnicas. La educación a distancia y virtual también tiene el potencial de incluir a personas en riesgo social, migrantes, analfabetas, población carcelaria, entre otros.

Esta modalidad educativa tiene hacia delante la gran posibilidad de generar investigaciones que valoren su viabilidad y que contribuyan a la comprensión de los fenómenos sociales y educativos que se dan a partir de la virtualización. Las temáticas son variadas. Las expresadas por Salazar y Melo (2013) son: la pertinencia de nuevos enfoques pedagógicos y didácticos, el acompañamiento de tutores y su impacto en los aprendizajes, la participación de los alumnos en las redes sociales y grupos colaborativos, los estilos de aprendizaje, el desarrollo de competencias, la inter y transdisciplina, etcétera.

Por su carácter ubicuo, la educación virtual se apuntala como parte del fenómeno de la internacionalización al ser transtemporo-espacial, transfronteriza y global. Sería de esperar que las políticas públicas se planteen cómo introducir a sus ciudadanos que viven en el extranjero en el dinamismo de la virtualidad para afianzar los vínculos con el país y hacerlos partícipes de una formación continua, permanente y significativa. Como sucede con la educación escolarizada, la virtual ha de estimular el intercambio, la cooperación, la movilidad, las titulaciones conjuntas, la investigación interdisciplinaria y transcultural y la creación de soluciones a problemas sociales ingentes.

EVALUACIÓN EN LA MODALIDAD EDUCATIVA A DISTANCIA Y VIRTUAL

La evaluación constituye un tema central que ha de considerarse al desarrollar una modalidad a distancia y virtual. Los conceptos sobre evaluación tienen sus referentes en contextos históricos, propósitos y pensamiento filosófico tanto de los teóricos como de los evaluadores. En la era del conocimiento, una evaluación de los procesos educativos virtuales habrá de tener las siguientes condiciones (Downes, citado por Leal, 2013):

- *Autonomía*. El alumno tiene el poder y la responsabilidad de decidir sobre el desarrollo, énfasis y objetivos específicos de aprendizaje. Su interés es individual y refleja una posición personal sobre qué necesita saber. Se motiva la asunción de un criterio propio a través de visualizar las relaciones entre los conceptos y el entorno del educando.
- *Interacción*. Esta se produce en la interacción personal, la de medios y recursos, la que permite la ampliación del ambiente individual de aprendizaje y la vinculación a comunidades de interés común.
- *Diversidad*. Esta representa la multiplicidad de enfoques, fuentes y modelos provenientes del pensamiento diverso de cada alumno. La riqueza fundamental se sustenta en la participación de personas originarias de distintos lugares, entornos, y con diferentes puntos de vista.
- *Apertura*. No basta la diversidad, sino una dinámica que haga posible la inclusión de todo alumno en la red con el objetivo de enriquecer, dentro de un entorno de flexibilidad, la perspectiva de los participantes.

Lo que propone Leal (2013) en una evaluación de modalidad virtual es llevar a cabo estrategias tanto formativas como sumativas para caracterizar el proceso de los alumnos, con un énfasis en los procesos personales de automonitoreo y autoevaluación, las que considera esenciales no sólo por su carácter metacognitivo, sino por tomar en cuenta la diversidad de puntos de partida, ritmos y estilos de aprendizaje.

En el planteamiento de Leal (2013) se definen rúbricas en dos grandes áreas de evaluación: 1) El aprovechamiento del curso, evidenciado en la frecuencia de participación, evolución de pensamiento observable en un soporte como un blog personal y en los productos del curso. 2) La contribución al aprendizaje de los otros alumnos, que será evidente en el blog personal y en los comentarios realizados en otros blogs. También se considera la recomendación de recursos y la revisión de los productos del curso. Las premisas apuntan al automonitoreo y a la percepción de qué tanto se aporta a los otros (co-evaluación). La rúbrica no ha de hacer referencia directa al contenido de cada curso, sino a habilidades y actitudes obtenidas. Los cursos han de generar un nivel de apropiación del conocimiento que se hace evidente en la reflexión realizada durante el proceso, el cual, a su término, alimentará los productos finales. En este sentido, "la capacidad de aprender es más importante que lo que se sabe en un momento dado. Por eso el énfasis de los cursos no está en consumir información, sino en desarrollar la capacidad de aprender y reflexionar frente a una comunidad más amplia. La tecnología es sólo el vehículo que posibilita el contacto con esa comunidad" (Siemens, citado por Leal, 2013).

Componente filosófico

El aspecto filosófico está integrado por misión, visión, objetivo general, objetivos específicos, declaración de principios, código de ética y valores.

Para llevar a cabo la tarea educativa, al hombre se le considera un ser singular, autónomo, relacional y trascendente, con la capacidad para construirse como persona consciente y libre en comunión y participación. Se trata de una propuesta derivada de la consideración de un ser humano "...no inmediato... más modelo que cosa... en incesante movimiento temporal en el tiempo biográfico y también histórico..." (Fullat, 1991).

La implantación de los procesos educativos formales desde la comprensión del quehacer antropológico-filosófico se pregunta acerca del hombre en construcción, es decir, como potencialidad en realización a partir del incesante movimiento en el tiempo biográfico e histórico. A partir de esta concepción del tiempo antropológico, educar implica reconocer que el ser humano, además de ser una unidad psicosomática ubicada en un contexto social, cuenta con voluntad que le permite dirigirse y tomar una trayectoria. Este proceso da cuenta de un hombre capaz de proyectar, es decir, un individuo que vive expectante su humanidad.

El fenómeno educativo incorpora en una totalidad[1] los movimientos temporales del hombre y los asume como complementarios para favorecer el proceso de hominización.[2] Como ser singular, el hombre es único e irrepetible, tiene valor en sí mismo, es decir, es persona digna de ser reconocida, valorada, respetada y promovida. Como persona también es consciente de su ser y su misión, está abierta a la verdad y al bien y busca promoverlos.

---

[1] La totalidad incluye los puntos de vista epistemológico y ontológico que marcan los límites de la potencialidad del hombre; es decir, desde donde se comprende la posibilidad de su desarrollo.

[2] Fullat se refiere al proceso de hominización para hacer hincapié en la "hechura educacional del hombre" (Fullat, *Reflexiones universitarias*, La Salle, 1991).

Como ser autónomo, el hombre es libre y responsable. Es libre para servir y responsable de su propio proceso de desarrollo y de su contribución para propiciar el de la humanidad. Martín Buber (Díaz, 2003) se refiere a la existencia de un instinto autónomo o instinto creador que no se deriva de otros y que es el encargado de que la criatura humana quiera hacer al ir más allá de su curiosidad. Se relaciona con su deseo y voluntad de desear participar en el llegar a ser de las cosas, es decir, el humano quiere ser el sujeto del proceso de producción.

Desde el punto de vista educativo es importante reconocer que el instinto creador es autónomo e inderivable, y como tal, habrá que darle un lugar propio, como una de las dimensiones que constituyen la individualidad del ser humano en tanto pluridimensional originaria de su interioridad.

Al considerar la fuerza de irradiación que tiene la vida creativa en la existencia del ser humano, la institución educativa tendrá especial cuidado en no dejarla a merced del libre instinto, sino que deberá ser llevada por fuerzas educativas íntegras, profundas, amorosas y discretas que incorporen a los educandos en la realización de un trabajo con sentido y al establecimiento de relaciones de reciprocidad con los otros.[3]

Como ser relacional, el hombre interactúa consigo mismo, con las demás personas y con la naturaleza. El estilo de relación con sus semejantes tiene que ser fraterno, mediante la búsqueda de la integración de todos para promover el progreso del bien común en la justicia y la paz. El ser relacional pone en evidencia el ser social y político de la persona y su responsabilidad en la construcción de una sociedad más humana.

El ser humano que al seguir su fuerza creadora no integra a los otros como parte de su subjetividad actúa unilateralmente en la realización del trabajo individual que lo deja solo en tanto creador respecto al mundo; por tanto, es indispensable que este ser creativo experimente la reciprocidad humana siendo reconocido por otro ser humano que lo acepta como cocreatura y no únicamente como "trabajador", y lo incorpora como compañero, como amigo, como ser amado. Esta vinculación recíproca será la que haga pasar a los seres humanos del instinto creador al instinto de unión.

Como ser trascendente, el hombre está abierto a los valores de la belleza, la verdad y el bien, entre otros; se supera a sí mismo y colabora en el crecimiento de los demás. Acoge la vida en todas sus formas y descubre que, en medio de las limitaciones, la vida lo trasciende y pone, incluso en su corazón, el deseo de expresión continua y de vivir para siempre.

Solamente a partir de la comprensión de las dimensiones del ser antes descritas es posible identificar el sentido y el carácter de los procesos educativos como la formación integral humana de la persona. Ésta incorpora las dimensiones antropológica, axiológica, académica, profesional y moral de cada uno de los integrantes de la comunidad educativa.

La dimensión antropológica del modelo educativo comprende a la persona humana desde la cualidad superior de su dignidad, con la capacidad de

---

[3] "...el ser humano actuante entra en la construcción de una obra en la que descubre y ejercita con otras personas el trabajo común, ya no sigue en solitario al instinto creador" (Buber, 2003).

desarrollar equilibradamente sus potencialidades biológicas, afectivas, volitivas e intelectuales; en armonía consigo mismo y con su medio social y físico (geográfico).

A partir del reconocimiento de sus propósitos educativo-formativos, la institución debe orientar todas sus acciones educativas intencionales desde un modelo pedagógico que:

- Favorezca la formación del ser desde una perspectiva humanista, como tarea de todos y cada uno de los miembros de la comunidad educativa, sin importar el nivel académico ni el ámbito del conocimiento desde donde se dirijan dichas acciones.
- Reconozca la diferencia de los educandos en cuanto a sus necesidades, pero brinde a todos igualdad de oportunidades para incorporarse a la comunidad educativa.
- Se identifique la institución como un espacio de formación, suavidad y exigencia, donde las relaciones interpersonales se fundamenten en el trato respetuoso.
- Para lograr que la práctica académica responda adecuadamente a las necesidades de hoy, innove en cuanto a tecnología, medios y recursos tecnológicos.
- Convoque a padres de familia, alumnos, ex alumnos, docentes y demás trabajadores a formar una comunidad y a realizar acciones que favorezcan el fortalecimiento de la identidad con la perspectiva humanista.

La institución educativa entenderá su misión como una vocación encaminada a contribuir al desarrollo de la persona humana y la construcción de la comunidad;[4] convencida de que la persona se construye, desarrolla y vitaliza al interior de comunidades, con las que se comprometen en actitud de servicio a los otros y que es a partir de las interacciones sociales como logra su realización personal y la de los demás, lo que fundamenta sus acciones en los valores universales.

La consideración de la persona humana situada en su tiempo y espacio sociohistórico plantea el primer criterio a partir del cual se articulen las experiencias de aprendizaje, que se diseñarán a partir de situaciones contextualizadas en la vida de los sujetos participantes, que los lleven al análisis y reflexión en un contexto de realidad e interés, donde la toma de conciencia acerca de la responsabilidad derivada de la capacidad que cada uno tiene para transformarla favorezca el aprendizaje significativo.

La construcción de ambientes y aprendizajes significativos es factible cuando se toma en cuenta la jerarquía de valores, a partir de la cual los sujetos se vinculan las situaciones de aprendizaje planteadas y a la manera en que éstas influyen y transforman las estructuras cognitivas y afectivas (actitudinales) individuales y sociales de los participantes.

[4] Se considera a la comunidad educativa como el grupo formado por todos los actores educativos que interactúan y coadyuvan al logro de los objetivos educativo-formativos de la institución, de manera directa y en vinculaciones de corresponsabilidad.

CAP. 3. ELABORACIÓN DEL MODELO EDUCATIVO

Asimismo, resulta imprescindible la consideración del papel activo del sujeto del aprendizaje, ya que tanto la vinculación de corresponsabilidad de las interacciones educativas como la responsabilidad por la propia capacidad de transformación están relacionadas con la jerarquización de valores a partir de los cuales actúan los individuos. Es decir, un sujeto pasivo no se transforma y mucho menos es capaz de transformar su realidad. Por tanto, si una de las funciones de la institución educativa es favorecer la capacidad de los sujetos para optar por los otros, primero atenderá su capacidad para pensar y actuar de manera libre y responsable.

La función humanizante de la educación nos remite al criterio de comunidad, es decir, las prácticas educativas propician procesos colaborativos, donde los participantes interactúen en situaciones de grupalidad que favorezcan su desarrollo individual, a la vez que los sensibilicen hacia las necesidades de los otros y la importancia de las propias acciones libremente realizadas para coadyuvar al crecimiento de los demás.

Así, las actividades cooperativas[5] planteadas para el logro de los objetivos educativo-formativos promoverán el establecimiento de metas individuales y colectivas[6] que coadyuven al desarrollo en las áreas intelectual y socioafectiva de los participantes.

A partir de lo antes planteado, es necesario destacar la importancia de la responsabilidad permanente del educador durante el proceso de planeación, implantación y evaluación de las prácticas educativas, que comienza cuando éste determina los objetivos y propósitos de la intervención pedagógica en el aula.

El reconocimiento del contexto social e institucional es un elemento primordial para que las experiencias de aprendizaje promovidas por la institución educativa cumplan con el criterio de congruencia entre el decir y el actuar pedagógico en el salón de clases.

La institución educativa provee a los actores educativos de una perspectiva teórica que refleja su forma particular de concebir al hombre, la sociedad y el conocimiento, determinando así sus funciones socializantes.

Por otra parte, y en una dimensión mayor, estarán las tendencias y políticas educativas trasmitidas y difundidas por instituciones como el Estado (SEP) y las surgidas del fenómeno de la globalidad (UNESCO y Banco Mundial).

A partir de su propia cultura institucional se ha de observar la realidad para identificar las necesidades educativas de los estudiantes, generar opcio-

---

[5] En una situación cooperativa los objetivos de los participantes están estrechamente vinculados de tal manera que cada uno pueda alcanzar sus objetivos si y sólo si los otros alcanzan los suyos; los resultados que persigue cada miembro del grupo son, pues, benéficos para los restantes miembros con los que está interactuando cooperativamente. La recompensa que recibe cada participante es directamente proporcional a los resultados del grupo. Las experiencias de aprendizaje cooperativo favorecen el establecimiento de relaciones entre los alumnos mucho más positivas, caracterizadas por la simpatía, la atención, la cortesía y el respeto mutuo, así como sentimientos recíprocos de obligación y de ayuda. Estas actitudes positivas se extienden, además, a los profesores y al conjunto de la institución educativa (Coll, 1998).

[6] Es importante considerar la decisiva influencia que tiene la naturaleza de la interacción social que se favorece en la escuela y que es determinante en la calidad de los procesos de socialización, la adquisición de competencias y destrezas, el control de los impulsos agresivos, el grado de adaptación a las normas establecidas, superación del egocentrismo, nivel de aspiración y el reconocimiento escolar (Coll, 1998).

nes pedagógicas y seleccionar contenidos educativos que coadyuven al logro de sus objetivos.[7]

Para la institución educativa la función socializante derivada de la escolarización favorecerá el desarrollo integral de la persona humana, comprendido como el equilibrio entre aquellos aprendizajes que incluyen contenidos, herramientas (capacidades, destrezas y habilidades), y tonalidades afectivas (valores y actitudes).

La función transformadora de la institución se plantea desde el compromiso que asume cada miembro de la comunidad educativa, cuando a partir de su formación humana y profesional se inserta activa y responsablemente en la sociedad para promover y conservar la cultura; así como propiciar el bienestar común a partir del desarrollo económico.

De acuerdo con las consideraciones anteriores, la planeación didáctica será una herramienta de reflexión sistemática que permita a los educadores orientar su actuación docente desde el reconocimiento de las intencionalidades de la institución, y recuperar sus propósitos educativo-formativos desde la selección pertinente de los contenidos (formas de saber) y los métodos (formas de hacer) al plantear su desarrollo y consecución.

Al reflexionar y analizar su práctica, al cuestionar los niveles cotidianos desde los que el propio docente realiza las acciones educativas, es estimulado para buscar la fundamentación teórica que describa y explique las opciones educativas más adecuadas en los ámbitos de la pedagogía, psicología, didáctica y sociología.

Componente académico

Para lograr una respuesta educativa pertinente en relación con el fenómeno educativo actual, entendido como una realidad compleja, abordada desde los niveles social, institucional y de aula, la institución educativa estará atenta para incorporar las innovaciones pedagógicas necesarias, comprendiendo el criterio de pertinencia[8] como la capacidad de la educación escolarizada para dar respuesta a las demandas sociales.

Lograr lo anteriormente planteado exige la participación comprometida, crítica, activa y propositiva de los docentes, quienes articulados como investigadores sensibles son capaces de detectar las necesidades específicas de sus alumnos, al reconocerlos y reconocerse como sujetos ubicados en las diferentes dimensiones del contexto de realidad.

---

[7] "Para hacer un análisis de la educación habrá que tomar en cuenta las dos funciones básicas, conservación y transformación, en el juego dialéctico permanente" (Pansza y Coll, 1998).

[8] El Programa Nacional de Educación 2007-2012 plantea que la educación deberá contribuir a la construcción de una nación plenamente democrática, con alta calidad de vida, dinámica, orgullosamente fiel a sus raíces, pluriétnica, multicultural y con un profundo sentido de la unidad nacional; donde se reduzcan las desigualdades sociales extremas y se ofrezcan a toda la población oportunidades de desarrollo y convivencia, desde el respeto por la legalidad y el ejercicio real de los derechos humanos y el cuidado del medio ambiente. En consideración de las demandas antes planteadas, la educación será pertinente si logra desarrollar en los actores educativos las competencias necesarias que le permitan responder con efectividad y flexibilidad a las condiciones cambiantes de la realidad.

En relación con la individualidad del alumno desde una perspectiva psicogenética (Santoz, 2004) se consideran sus potencialidades y niveles de desarrollo en las áreas cognitiva, física, fisiológica, afectiva y espiritual, para que las experiencias educativas generadas en el aula respondan a sus necesidades e intereses de aprendizaje.

Se busca proponer intencionalmente experiencias educativas en las que los alumnos interactúen con un ambiente social (Santoz, 2004) y físico, que responda a sus necesidades, tome en cuenta sus áreas de interés y les permita establecer vínculos sociales fundamentados en principios éticos (humanos) y morales (sociales) donde desarrollen sus capacidades y decidan ponerlas al servicio de los grupos sociales a los que pertenecen (familia, institución educativa y sociedad).

En esencia se trata de que los profesores lleven a cabo su práctica docente a partir del diseño, ejecución y evaluación de ambientes y experiencias de aprendizajes positivos que recuperen los valores culturales y humanos; que sean capaces de desarrollar subjetividades sensibles hacia los otros, generadoras de actitudes más humanas que favorezcan la transformación de las condiciones sociales de pobreza hacia otras donde pueda haber mayores niveles de dignidad humana.

A partir de los planteamientos previos, relacionados con la intencionalidad de la institución educativa, es indispensable hacer explícita la idea de que dicha institución y los educadores son mediadores responsables de trasmitir y transformar la cultura social e institucional.

Como tales, serán conscientes de atender a las expectativas que la sociedad deposita en ellos para incorporar a los educandos en ella, brindándoles la posibilidad de desarrollar las competencias determinadas por la estructura económica, así como la capacidad de aprender a aprender como desarrollo de capacidades (procesos cognitivos) y valores (procesos afectivos) que partan del reconocimiento de sí mismos y de los otros.

El modelo educativo considera la dimensión de actuación en la que los integrantes de la comunidad educativa se acercan a los objetivos y propósitos educativo-formativos culturalmente compartidos.

Considera asimismo una pedagogía del umbral, cuyo objetivo se centra en hacer pasar a los participantes de una situación previa de pasividad a una situación crítica y activa. Este paradigma de actuación propone un individuo que aprende a leer el mundo, a descubrir su significado y a vivir en él según los valores.

Algunas de sus características específicas son el reconocimiento del valor de la persona en referencia con los otros, que pone al educando en el camino y desarrolla su capacidad de superación, la posibilidad que cada uno tiene de optar por configurar su vida y el favorecimiento de la educación.

El logro de este objetivo implica la revisión cuidadosa del currículo, que tendrá como finalidad el establecimiento de congruencia entre los objetivos de aprendizaje propuestos, los contenidos, el estilo de intervención pedagógica y los criterios y métodos de evaluación de los aprendizajes, a partir del reconocimiento de los símbolos culturales.

Otra área de competencia necesaria por ser incorporada en el modelo educativo es la científico-tecnológica, que además del desarrollo del pensamiento lógico que favorece procedimientos científicos para conocer el mundo, incluye su eficaz inserción la era de comunicación universal (Delors, 1996).

Al eliminar las distancias, la información más precisa y actual se pone a disposición de cualquier persona del mundo, en tiempo real y alcanzando las regiones más apartadas. Asimismo, la interactividad lograda mediante el uso de los medios permite dialogar y trasmitir información y conocimientos sin límite de distancia ni de tiempo de operación. Sin embargo, la incorporación humanista a la era de la comunicación universal implica tomar en cuenta los factores económicos, políticos y culturales que mantienen marginados de los recursos tecnológicos de comunicación a amplios sectores sociales.

Será, por tanto, indispensable favorecer procesos educativo-formativos que desarrollen de manera paralela las competencias cognitivas y técnicas para el uso de tecnología de comunicación, criterios axiológicos que regulen las relaciones entre las grandes potencias y los intereses privados que detentan un poder cultural y político por poseer los medios y el conocimiento para su uso, y las poblaciones que carecen de educación apropiada para clasificar, interpretar y criticar la información recibida; de manera tal que ellos no desarrollen el sentimiento de desposeimiento y pérdida de identidad.

Las dimensiones de aprendizaje comprendidas como responsabilidad de la institución educativa se clasifican en conocimientos de contenidos (fácticos) a los que se identifican como "del saber", de procesos intelectuales y de desenvolvimiento de habilidades, capacidades y destrezas físicas y técnicas ("saber hacer"); así como de valores-actitudes que nos permiten interactuar socialmente: "saber ser" y "saber convivir".

La atención que se busca dar a todas las dimensiones que integran a la persona se encamina a colaborar con la construcción de una personalidad equilibrada que permita a cada individuo integrarse positivamente en los diversos ambientes sociales de los que forma parte, considerados desde la familia hasta la macrocomunidad global.

La puesta en operación del modelo teórico, a partir del modelo educativo sólidamente sustentado en su correspondiente paradigma psicopedagógico, constituye una de sus fases de desdoblamiento, es decir, el momento en el que la teoría se enfrenta a la realidad.

Como fase lógica, derivada de la ejecución del modelo, se plantea el momento de evaluación del programa educativo integral. Su finalidad será establecer condiciones de posibilidad, para que el propio modelo se flexibilice para mejorar de manera dinámica y responder y modificar la realidad hacia condiciones de mayor dignidad para todos.

Las estructuras organizativas, los procesos, las actuaciones individuales y colectivas y los resultados objetivos percibidos y vivenciados por los mismos actores educativos serán así elementos que emanen del modelo.

La dinámica de transformación derivada de los procesos de evaluación representa el esfuerzo de programación, planeación, ejecución y autoobservación que realiza la institución educativa, buscando acercar la propuesta teórica para responder eficazmente de forma institucional y abarcar al máximo necesidades educativas.

El diseño de implantación del modelo educativo se inicia con la intención[9] de dar respuesta a las necesidades educativas planteadas por la realidad. El método específico por el cual se decide hacer realidad la intención incorpora la articulación de los protagonistas en relaciones democrático-participativas y el diálogo, establecido a partir de actitudes de inclusión complementaria, igualdad de oportunidades y respeto por la dignidad de la persona humana, como criterios fundamentales de actuación.

Al revisar la dimensión curricular habrá que analizar los contenidos de aprendizaje para que cumplan con los criterios de calidad, integridad e integración. La primera, comprendida desde un paradigma incluyente que incorpora la visión de calidad que se tiene en el nivel global, es decir, lo que en general y de manera contextualizada se comparte en torno a este criterio. La integridad se refiere al objeto de aprendizaje, es decir, los contenidos de los programas educativos que incorporan aspectos relacionados con los saberes, valores-actitudes, habilidades-capacidades y destrezas.

Finalmente, el criterio de integración responde a la necesidad de que la institución educativa, independientemente del nivel educativo que atiende, sea capaz de proponer contenidos de aprendizaje consistentes y estructurados de manera interna y externa, y lógicamente relacionados con contenidos previos y subsecuentes, así como con contenidos de las diferentes áreas de conocimiento que se aborden simultáneamente.

Este criterio también se cumplirá cuando la organización de los contenidos de aprendizaje tome en cuenta el perfil de los estudiantes, de acuerdo con su nivel de desarrollo, para tratar de garantizar la presencia real de las capacidades cognitivas y psicológicas previas, que les permita vincularse significativamente con los objetos y los sujetos del aprendizaje.

La propuesta realizada en el Programa Nacional de Educación 2007-2012 plantea que para coadyuvar al desarrollo sustentable de nuestro país, es decir, para que la institución educativa imparta un tipo de educación que sea formadora,[10] las acciones educativas estarán articuladas a criterios de calidad, pertinencia, integración y equidad, lo cual implica que los actores educativos asuman actitudes de compromiso personal y social, articuladas a principios éticos [...] darse cuenta, tomar conciencia, es el inicio de un proceso de cambio (Senlle, 1988).

---

[9] Salvador Moncada señala en su texto *Estrategias para la elaboración del proyecto educativo* (2004), que existe una idea originaria que anima la estructuración del proyecto y que ésta comienza por la intención que surge en los actores educativos por llevar a cabo procesos de innovación que permitan a las instituciones educativas dar respuestas pertinentes a las demandas, en vez de estructurar ofertas educativas desarticuladas de las necesidades planteadas por el contexto de la realidad social circundante o global.

[10] Se trata de una intervención educativa que favorece experiencias que verdaderamente educan, no detienen ni distorsionan la experiencia posterior, favorecen actitudes de trabajo y esmero que dan cimiento a las experiencias de aprendizaje posteriores, establecen conexiones hacia atrás y hacia delante entre las acciones que se realizan para aprender y las consecuencias derivadas de esas acciones, ya sean de gozo o de sufrimiento (Flores-Ochoa, 1998).

Se trata de ámbitos específicos que deben ser desarrollados por cada uno de los alumnos, considerados como personas integrales,[11] de modo más o menos uniforme y comprobable, para insertarse eficaz y eficientemente en la vida productiva de nuestro país (SEP, 2007).

De lo anterior se deriva la importancia de comprender los criterios fundamentales que desde el enfoque humanista permiten llevar a cabo las prácticas formales para dar respuesta a las demandas de educación y formación de los estudiantes, al mismo tiempo que favorecen el desarrollo de las dimensiones: individual, social y trascendente de la persona humana, colaborando así con la finalidad de su vida.[12]

El primer criterio será la contextualización de las acciones pedagógicas; es decir, deberán reconocerse las características generales y específicas de la realidad de los protagonistas del acto educativo, para articular los procesos de planeación, instrumentación, ejecución y evaluación educativa desde paradigmas científicos adecuados para responder a las necesidades de hoy, incluida la proyección de las acciones presentes hacia el futuro, de forma tal que la educación a cargo de la institución educativa permita el desarrollo de una sociedad más humana y, por tanto, la transformación de la realidad hacia condiciones de vida más digna para todos.

El reconocimiento del contexto sociohistórico donde se realiza formalmente el acto educativo conlleva la interpretación compartida de la idea de progreso (incluido el técnico-científico desde el cual las sociedades e individuos desean acceder a la era del conocimiento), que en ningún caso es continuo, lineal y homogéneo.

El desarrollo que buscamos, entendido como progreso humano, estará articulado a un modelo pedagógico que favorezca el desarrollo máximo y multifacético de las actividades y los intereses de los actores educativos y no se reducirá al aspecto técnico-científico, cuya finalidad es la acumulación de bienes y la concentración de poder, generadores de desarrollo social y económico, así como de destrucción y muerte.

Desde el punto de vista de la evolución biológica y antropogénica, el progreso humano se asocia a la categoría de diferenciación de los organismos y de las culturas, que da a la especie humana la posibilidad de potenciación individual y participación en el patrimonio cultural, así como la de desarrollar atributos como la autonomía y la inteligencia.

Un criterio indispensable para desarrollar la idea de progreso humano, como resultado de las acciones educativas, es reconocer la propia conciencia, voluntad y responsabilidad de la persona que aprende, interactuando con su objeto de aprendizaje al realizar acciones que provocan respuestas en ella misma, en el objeto y en su ambiente social y físico.

---

[11] Esta categoría hace referencia a la corporalidad, afectividad e intelecto, como parte consustancial de la persona humana, donde se identifican necesidades como relacionarse, intimar, convivir en pareja, tener hijos y educarlos, cooperar en el trabajo, vivir en paz y armonía, tener salud, desarrollar el equilibrio personal y ejercer el derecho de sentirse bien, entre otras (Senlle, 1988).

[12] Se trata del "...pleno desarrollo de las facultades humanas, especialmente las de razón y libertad, la superación de la mezquindad del propio ego y el desarrollo de la capacidad de entrega; la plena afirmación de la vida y de todo lo viviente" (Fromm, 1998).

En este momento en que se incorpora la idea de identificación de las personas con su grupo de pertenencia, es necesario aclarar que lo que se plantea es una identificación incluyente; es decir, la construcción de una cultura universal no excluyente sólo es posible a partir de valores humanos universales,[13] que unifican las formas de interpretar la realidad y de interactuar con ella.[14]

Sin embargo, tal como señala Delors, la globalización plantea una diversidad de situaciones que coloca a los seres humanos como nunca en la historia ante graves tensiones que habrán de enfrentarse y superarse, con la clara finalidad de ser participantes activos y corresponsables en la construcción de "...un mundo mejor, capaz de respetar los derechos humanos, participar en el entendimiento mutuo y hacer del progreso del conocimiento un instrumento de promoción del género humano" (Delors, 1996).

Una de las tensiones generadas por la realidad multicompleja en la que vivimos se relaciona directamente con los procesos mediante los cuales establecemos vínculos de identidad con los grupos sociales. Se trata de la relación entre lo mundial y lo local.

Lo anterior nos hace cuestionar acerca de los mecanismos necesarios para que los individuos se conviertan poco a poco en ciudadanos del mundo, reconociendo sus raíces al tiempo que participan activamente en la vida de la nación y de sus comunidades de base. Sin embargo, la consideración de ser capaz de reconocerse como ciudadano del mundo a la vez que activo y participante de una nación, plantea el peligro de construir personalidades tribales que se identifiquen con un grupo pero no con la comunidad universal constituida por todo el género humano.[15]

Así, el hombre que desenvuelve plenamente su individualidad experimenta su propia humanidad que es la humanidad de todos, es decir, se siente uno con todos cuando ha llegado a ser plenamente él mismo.

Si la institución educativa asume, como señala Buber (Díaz, 2003), que el desarrollo de las fuerzas creadoras en el niño es su tarea fundamental, deberá tomar en cuenta dos consideraciones: la primera se desarrolla con el hecho de que cada ser humano nace en una situación creada a partir de alguna acumulación de antecedentes históricos, y la segunda se refiere al acontecimiento de la creación que garantiza que cada nuevo ser es único, realidad irrepetible e inagotable, o sea, una potencia dispuesta a ser.

Participar en el desarrollo de cada individuo implica asumir que el género humano comience a cada instante, y con cada uno de los seres humanos, la posibilidad de volver a empezar siempre. De ahí se deriva la preocupación

---

[13] Se trata de "...las normas y estimaciones de la religión judeo-cristiana: reverencia por la vida física y espiritualmente, amor y simpatía, aun al extraño y al enemigo, razón y objetividad, sentido de hermandad de todos los hombres y fe en que el hombre es un ser inacabado, capaz de elevarse a cumbres aún desconocidas" (Fromm, 1998).

[14] El marco referencial como lo plantea el fin de la vida es el pleno desarrollo de las facultades humanas, especialmente las de la razón y amor, la superación de la mezquindad del propio ego y el desarrollo de la capacidad de entrega; la plena afirmación de la vida y de todo lo viviente; se trata del síndrome de pensamiento, conocimiento, imaginación y esperanza (Fromm, 1998).

[15] "...el hombre puede lograr la unión... desarrollando sus facultades específicamente humanas de razón y amor en tal medida que el mundo llegue a ser su hogar, que haciéndose plenamente humano viva en nueva armonía consigo mismo, con sus semejantes e incluso con la naturaleza" (Fromm, 1998:84-85).

de la institución educativa por colaborar para que la potencia primordial de cada persona no se desperdicie, sino que perfeccione las fuerzas creadoras de cada uno en sí mismo y hacia el entorno social y físico.

Si en la actualidad las instituciones educativas se consideran las instancias formalmente responsables de llevar a cabo la tarea socializante que consiste en favorecer el desarrollo de personas que integren una sociedad humana capaz de sobrevivir, convivir y proyectarse al futuro, la institución retoma la idea del humanismo de donde se derivan los criterios de dignidad e igualdad entre los hombres y el respeto a la vida. Asimismo, se trasmite la idea de que quien elimina una sola vida, en ella elimina a toda la humanidad.

A partir de la idea derivada del pensamiento griego se establece el concepto de derecho natural, fundado en la naturaleza del hombre, con precedencia de las demás leyes hechas por él mismo; incluimos la comprensión de la grupalidad como una instancia social de todos los hombres y no una sociedad de naciones. En ésta, cada integrante debe su lealtad a toda la humanidad. "Las personas conviven y trabajan en grupos. Por tanto, la educación humanista se basa en el aprendizaje de grupo" (Senlle, 1988).

El paradigma humanista observa la función educativa como un entendimiento para que el individuo se conozca a sí mismo y de manera paralela tome conciencia social, de tal modo que ésta no pueda ser reducida a la mera trasmisión de conocimientos técnico-científicos, sino que favorezca una formación activa de cambio que permita a las personas ser sensibles a los problemas de la vida y enfrentarlos incorporadas a grupos sociales desde los cuales conocen, comprenden, integran y resuelven las situaciones grupales.[16] A partir del horizonte de significatividad, las acciones educativas formales en términos de formación humanista buscan desarrollar los aspectos técnico, psicológico y social, para que los sujetos de la educación adquieran conocimientos y crezcan como personas al conocer sus emociones, percepciones y personalidad, al mismo tiempo que aprenden a manejar con eficacia sistemas de cooperación en el interior de sus grupos de pertenencia.

Todo ello nos exige destacar los elementos que, independientemente del reconocimiento de las diferencias individuales de los sujetos, les permiten participar en la conservación y el fortalecimiento de la cultura, constituida por todo el material simbólico que comparten y preservan los grupos sociales.

El reto de la identificación[17] en los términos antes señalados se comprende desde una visión sistemática al abordarse como un proceso en espiral, es decir, desde el interior del sistema y en contacto permanente con el medio que lo circunda mediante procesos espacial y temporalmente complementarios.

---

[16] "...el individuo no puede entablar estrecha relación con su humanidad en tanto no se disponga a trascender su sociedad y a reconocer cómo ésta fomenta o estorba sus potencialidades humanas. Si le resultan 'naturales' las prohibiciones, las restricciones y la adulteración de los valores, es señal de que no tiene un conocimiento de la naturaleza humana" (Fromm, 1998:7).

[17] Nos identificamos con un grupo social y pertenecemos de manera auténtica cuando conocemos y reconocemos sus expectativas, valores, creencias y participamos en condiciones de corresponsabilidad en las actividades propuestas por él mismo, para favorecer el logro de las finalidades compartidas.

En la dimensión interna, los integrantes de la comunidad educativa se identifican cuando asumen como propios los elementos culturales: principios axiológicos, símbolos, tradiciones, etc., que los ubican como pertenecientes al mismo grupo.

La dimensión externa está representada por la relación permanente de la institución educativa con su medio garantizando el vínculo formal más fuerte de ésta con la realidad. Se trata de la función socializante donde se busca llevar a cabo acciones pedagógicas que garanticen la incorporación de los individuos a la sociedad, favoreciendo la trasmisión de los valores culturales y la transformación de las interacciones sociales, en las que todos participen en la generación de condiciones en las que se observen indicadores de mayor dignidad humana.[18]

Componente organizacional

Las instituciones educativas tienen la difícil tarea de buscar la observancia de su misión y gestionarla con arreglo a un conjunto complejo de propósitos, en un contexto caracterizado por la disponibilidad de recursos y en horizontes temporales de diferente alcance. Esta tarea requiere ser atendida en la institución educativa por medio de una actividad subordinada a su esencia institucional, regulada y sistematizada en términos de una cultura organizacional propia, que identificamos con el concepto genérico de planeación institucional.

En la institución educativa, planear se relaciona estrechamente con la toma de decisiones en el ahora que afectan hacia adelante su organización y su desarrollo. Esto contribuye a que el ejercicio de planear busque ser una práctica que desea integrar elementos de distinta naturaleza, que al tiempo que los ordena intenta potenciarlos en una interacción jerarquizada y focalizada.

Así, tenemos tres órdenes de elementos atingentes a la tarea de planear. En primer término están los propósitos que nos indican el rumbo a donde, por nuestra naturaleza, es imperativo que nos orientemos como institución y que pueden tener expresiones de mayor o menor trascendencia y, consecuentemente, horizontes de largo, mediano y corto plazos. En segundo lugar, contamos con indicadores de carácter cualitativo y cuantitativo, interno y externo, que nos ayudan a determinar cómo y dónde queremos estar, cómo y dónde estamos; qué fortalezas y oportunidades nos acompañan y qué debilidades y amenazas habremos de sortear; qué de nuestro actuar cotidiano es necesario corregir o mejorar. Finalmente, disponemos de instrumentos de diversa utilidad, amplitud e impacto como los programas, presupuestos y políticas, que no sólo nos ayudan a determinar el camino más racional para cumplir nuestros propósitos institucionales sino, lo que es más importante quizá, a consolidar el estilo propio con el que habremos de hacerlo.

[18] La integración de los conceptos sociales desde una visión humanista no sólo implica adaptarse a las situaciones vigentes; significa detectar si esas situaciones favorecen el desarrollo de la vida en condiciones de dignidad humana, pero si por el contrario, la degradan, la persona será capaz de percatarse de ello y llevar a cabo acciones transformadoras de esa realidad deshumanizante.

Estructura y planeación del modelo educativo

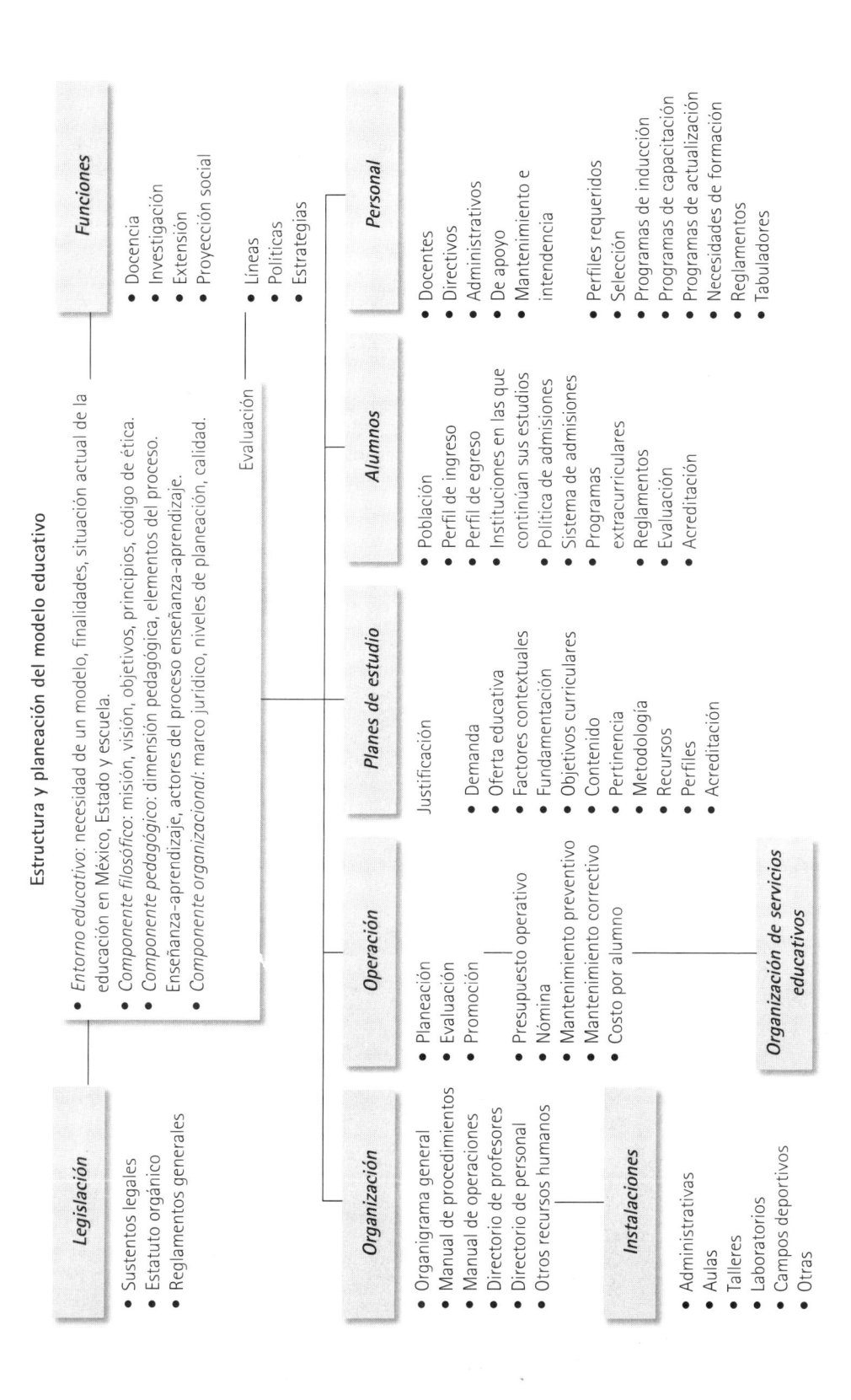

- *Entorno educativo*: necesidad de un modelo, finalidades, situación actual de la educación en México, Estado y escuela.
- *Componente filosófico*: misión, visión, objetivos, principios, código de ética.
- *Componente pedagógico*: dimensión pedagógica, elementos del proceso. Enseñanza-aprendizaje, actores del proceso enseñanza-aprendizaje.
- *Componente organizacional*: marco jurídico, niveles de planeación, calidad.

Evaluación

Funciones
- Docencia
- Investigación
- Extensión
- Proyección social

- Líneas
- Políticas
- Estrategias

Legislación
- Sustentos legales
- Estatuto orgánico
- Reglamentos generales

Organización
- Organigrama general
- Manual de procedimientos
- Manual de operaciones
- Directorio de profesores
- Directorio de personal
- Otros recursos humanos

Instalaciones
- Administrativas
- Aulas
- Talleres
- Laboratorios
- Campos deportivos
- Otras

Operación
- Planeación
- Evaluación
- Promoción

- Presupuesto operativo
- Nómina
- Mantenimiento preventivo
- Mantenimiento correctivo
- Costo por alumno

Organización de servicios educativos

Planes de estudio
Justificación

- Demanda
- Oferta educativa
- Factores contextuales
- Fundamentación
- Objetivos curriculares
- Contenido
- Pertinencia
- Metodología
- Recursos
- Perfiles
- Acreditación

Alumnos
- Población
- Perfil de ingreso
- Perfil de egreso
- Instituciones en las que continúan sus estudios
- Política de admisiones
- Sistema de admisiones
- Programas extracurriculares
- Reglamentos
- Evaluación
- Acreditación

Personal
- Docentes
- Directivos
- Administrativos
- De apoyo
- Mantenimiento e intendencia

- Perfiles requeridos
- Selección
- Programas de inducción
- Programas de capacitación
- Programas de actualización
- Necesidades de formación
- Reglamentos
- Tabuladores

Esta integración de elementos no elimina riesgos al momento de la toma de decisiones, pero permite evaluarlos y construir escenarios alternativos, así como elegir de manera informada aquel que razonablemente resulte más favorable a la institución en una situación específica y atienda a una búsqueda de equilibrio entre costos y beneficios directos e indirectos.

A partir de la naturaleza de sus propósitos y del horizonte temporal en el que habrá de visualizarse su impacto es factible identificar cuatro tipos de planeación atendibles en una institución: a saber, la planeación prospectiva, la planeación estratégica, la planeación operativa y la planeación táctica. Cada una de ellas permite encadenar o alinear una concepción del entorno, un conjunto de estrategias para responder a él, una estructura organizacional y una cultura institucional. Paralelamente, cada tipo de planeación recurre a un grupo especializado de agentes responsables de su integración y de su puesta en práctica y a una amalgama de herramientas que nos indican cómo hemos avanzado y qué debemos corregir.

LA PLANEACIÓN DE LA INSTITUCIÓN EDUCATIVA

La planeación corresponde a los esquemas que se presentan a continuación:

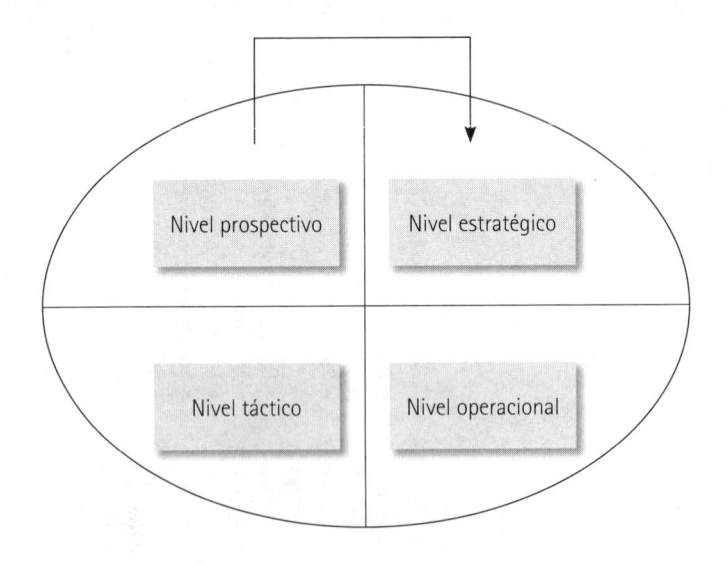

Modelo de planeación (esquema gráfico)

Nivel prospectivo	Visión prospectiva de la institución educativa (1)	– La institución que queremos (criterios y orientaciones para la acción)
Nivel estratégico	Planeación institucional de la institución educativa (2)	– Estrategias generales – Organización programática – Presupuestos
Nivel operacional	Estrategias y programas de las unidades administrativas de la institución educativa (3)	– Alineación de integración de las unidades administrativas
Nivel táctico	Dirección y control de la institución educativa (4)	– Realización de la visión – Despliegue exitoso de estrategias – Desarrollo organizacional

Nivel prospectivo

Este tipo de ejercicio permite a la institución construir una respuesta adaptativa eficiente en un horizonte de largo plazo para mantener la viabilidad de sus fines institucionales. Por ello, centra la atención en el porvenir y es un ejercicio racional a partir de suponer, en el futuro, aquellos escenarios posibles en los que habrá de desenvolverse la vida institucional y los diferentes órdenes de prioridad que habrán de considerarse con el fin de fortalecer la capacidad institucional, ya sea en escenarios adversos o bien en escenarios favorables en diferentes grados.

En la institución educativa este tipo de planeación corresponde realizarla a su máximo órgano directivo y a aquellos organismos que la alimentan en su quehacer regular. El consejo directivo, a la luz de un análisis de las tendencias prevalecientes en la vida social, económica, política, internacional y educativa, entre otras, establece los fines institucionales que se considerarán para orientar el proceso de transformación al que habrá de someterse la institución. A esa instancia concierne hacer la traducción de la misión institucional, nuestro referente más inmediato, y delinear sus características más específicas.

El ejercicio prospectivo explora la posición que desea mantener la institución frente a temas emergentes que se considera habrán de mantenerse en el largo plazo y que tienen que ver con la forma en que la institución educativa aportará, desde su misión, a los problemas de la equidad; a la sustentabilidad de los modelos económicos, políticos y sociales; a la proactividad en materia de los derechos de los grupos más vulnerables, al compromiso ambiental; a la interdisciplinariedad de las ciencias y sus aplicaciones, y a la globalidad y su entrelazamiento con lo local; a la flexibilidad en los procesos económicos, entre otros.

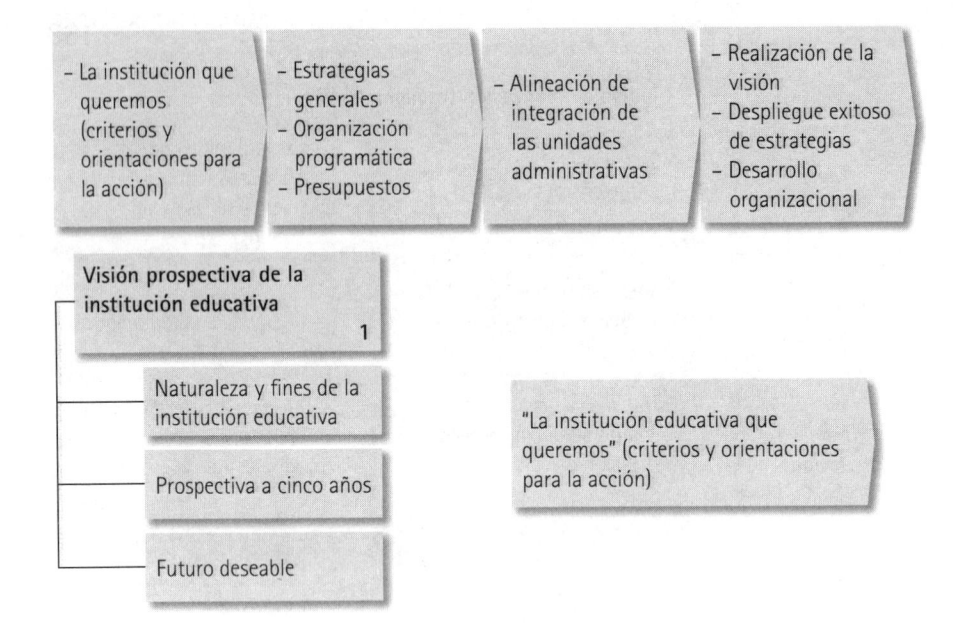

- La institución que queremos (criterios y orientaciones para la acción)
- Estrategias generales
- Organización programática
- Presupuestos
- Alineación de integración de las unidades administrativas
- Realización de la visión
- Despliegue exitoso de estrategias
- Desarrollo organizacional

Visión prospectiva de la institución educativa 1

Naturaleza y fines de la institución educativa

Prospectiva a cinco años

Futuro deseable

"La institución educativa que queremos" (criterios y orientaciones para la acción)

Nivel estratégico

La planeación estratégica permite, a partir de la construcción de una visión común, identificar aquellas metas cuyo logro contribuya mejor a la consecución de los valores institucionales del centro educativo en el mediano plazo. La esencia de la planeación estratégica es la identificación sistemática de las fortalezas, oportunidades, debilidades y amenazas que existen en el entorno de la institución y que deben considerarse para el mejor desarrollo de la misma.

Como tal, este tipo de planeación implica definir y dar prioridad a problemas que debemos resolver, identificar sus causas y soluciones, definir quiénes serán responsables de atender estas últimas y de aplicar los recursos necesarios, así como establecer los indicadores del avance alcanzado. En este tipo de planeación frecuentemente debemos preguntar en qué medida nos hemos desviado del camino más razonable y, en consecuencia, qué acciones hemos de emprender para reducir la distancia entre lo logrado y lo deseado.

Es un proceso que se inicia con el establecimiento del rumbo que la institución educativa quiere seguir, posteriormente deriva en la elaboración de las estrategias para conseguir que la institución se dirija acompasadamente por ese derrotero y, por último, en la integración de los programas detallados, sus recursos humanos y financieros, así como de las políticas y proyectos que integran las iniciativas formales de la institución. Este tipo de plan apunta a la innovación y a la apertura de nuevos espacios a la acción institucional. Paralelamente, el ejercicio de planeación estratégica permite alinear algunos tramos de la operación normal de la institución educativa, particularmente por medio del desarrollo organizacional.

En los ejercicios de planeación estratégica, y según diversos esquemas metodológicos, han de participar quienes tengan la responsabilidad de encabezar alguna de las distintas dependencias de la institución, así como personas del exterior en quienes el centro educativo ha depositado la confianza para que aporten una opinión calificada sobre algún asunto de interés en nuestra realidad. El resultado más inmediato debe ser la constitución y la integración cada cinco años de un plan de desarrollo institucional y de un presupuesto de inversión que le dé soporte económico.

Nivel operacional

La planeación operativa ha de contribuir a ordenar la actividad cotidiana de todas las dependencias que integran la institución educativa. Por ello, se alimenta del establecimiento de objetivos de desempeño, de acuerdo con las funciones y responsabilidades señaladas en los instrumentos de organización institucional, así como de lo que aportan los distintos instrumentos de evaluación de la gestión. Se refiere básicamente a la asignación previa de las tareas operativas específicas que deben realizar las personas y de los recursos que estarán involucrados.

| – La institución que queremos (criterios y orientaciones para la acción) | – Estrategias generales
– Organización programática
– Presupuestos | – Alineación de integración de las unidades administrativas | – Realización de la visión
– Despliegue exitoso de estrategias
– Desarrollo organizacional |

Planeación institucional de la institución educativa
2

Objetivos y estrategias
– Autoestudio
– Programas de desarrollo
– Políticas institucionales
– Proyectos de crecimiento

– Estrategias generales
– Organización programática
– Presupuestos de operación, inversión y flujos

Capacidades organizacionales
– Estructura organizacional
– Sistemas de trabajo
– Factor humano (perfiles)

Recursos disponibles
– Escenarios
– Proyecciones

Perspectiva temporal a cinco años

Independientemente de su nivel de complejidad, dichos planes indican con gran detalle lo que tiene que suceder en fechas determinadas, a manera de indicadores de control. Es, en ese sentido, una forma de planeación donde la eficacia y la eficiencia pueden apreciarse más rápidamente.

La planeación operativa auxilia a quienes participan en su diseño y ejecución a conocer con claridad qué actividades regulares deben realizar y el tiempo de que disponen para complementarlas, así como los resultados que se espera obtener. En general, este tipo de planeación busca contestar preguntas referidas al corto plazo. Dichas preguntas pueden ser del orden siguiente: en este resultado específico, ¿qué estuvo bien y qué estuvo mal?, ¿por qué?, ¿cuáles fueron los costos y dónde y cómo se pueden hacer ahorros?, ¿qué procedimientos pueden simplificarse?, ¿qué acciones de corto plazo pueden emprenderse para mejorar el desempeño del indicador específico?

Los planes operativos pueden incluir, desde cronogramas bastante simples hasta planes complejos que identifican eventos importantes en un proceso o un conjunto de ellos. No es necesario tener un plan complicado, sino uno que asegure que todos los involucrados conozcan las labores, los lapsos en que se deben realizar y los objetivos mensurables a los que contribuyen. Asimismo, este tipo de plan busca identificar una secuencia de actividades críticas (aquellas que deben estar terminadas antes de que pueda comenzar la siguiente), con lo que resulta más sencillo determinar dónde están los principales problemas y revisarlos en cada etapa, para asegurarse de que se cumplan los plazos establecidos.

El proceso de revisión que se realiza al final de cada actividad demuestra si el plan operativo está siendo o no exitoso y, por ello, resulta de mucha utilidad que contenga una guía clara sobre qué hacer en caso de emergencias o planes contingentes.

En su integración participa prácticamente todo el personal de la institución, aunque los responsables clave de los procesos en cada unidad administrativa son quienes la establecen, y su periodicidad recomendada es la anual, aunque se tenga una visión a cinco años.

- La institución que queremos (criterios y orientaciones para la acción)
- Estrategias generales
- Organización programática
- Presupuestos
- Alineación de integración de las unidades administrativas
- Realización de la visión
- Despliegue exitoso de estrategias
- Desarrollo organizacional

Estrategias y programas de las unidades administrativas de la institución educativa
3

Estrategias
- Objetivos y metas de la unidad administrativa
- Estrategias de la unidad administrativa

Programas
- Programación de actividades regulares
- Programación de acciones estratégicas
- Proyectos de crecimiento

Gestión de recursos
- Recursos de operación
- Apoyos a la estrategia
- Desarrollo de infraestructura
- Proyectos de crecimiento

- Alineación de integración de las unidades de la institución educativa
- Cronogramas de actividades
- Aprobación de recursos

Perspectiva temporal a cinco años

Nivel táctico

La planeación táctica tiene el ámbito de ejecución más restringido y se relaciona con la eliminación de obstáculos o la atención de áreas de oportunidad en el muy corto plazo y en campos muy específicos. Como la planeación operativa, se refiere a cuestiones concernientes a cada una de las principales áreas de actividad de las dependencias de la institución educativa y al empleo más efectivo de los recursos que se han aplicado para el logro de los objetivos específicos.

Está orientada preponderantemente hacia la coordinación de recursos y sus criterios inmediatos le vienen dados por parámetros de efectividad y eficiencia. Como hemos señalado, normalmente cubre periodos reducidos. Al igual que la planeación operativa puede y debe alimentarse de las guías que le proporcionan los instrumentos de planeación de mayor nivel: el plan operativo, el plan de desarrollo y el plan prospectivo.

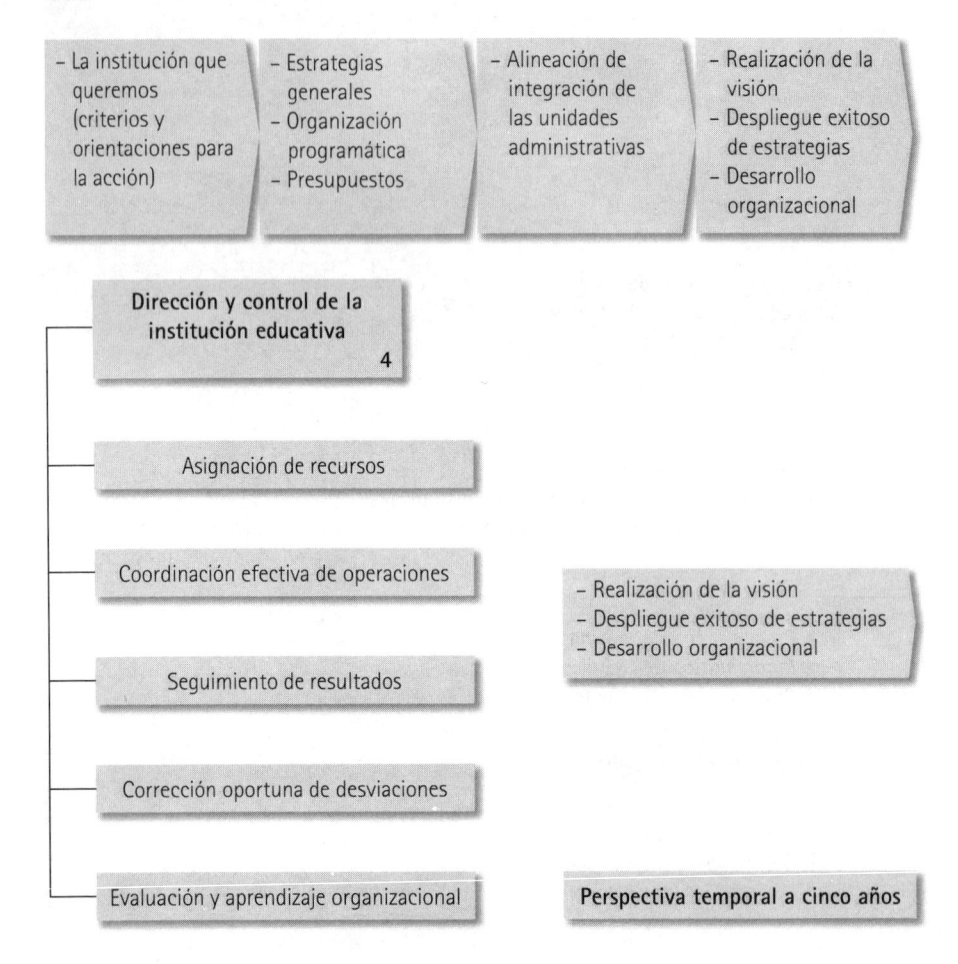

- La institución que queremos (criterios y orientaciones para la acción)
- Estrategias generales
- Organización programática
- Presupuestos
- Alineación de integración de las unidades administrativas
- Realización de la visión
- Despliegue exitoso de estrategias
- Desarrollo organizacional

Dirección y control de la institución educativa
4

Asignación de recursos

Coordinación efectiva de operaciones

- Realización de la visión
- Despliegue exitoso de estrategias
- Desarrollo organizacional

Seguimiento de resultados

Corrección oportuna de desviaciones

Evaluación y aprendizaje organizacional

Perspectiva temporal a cinco años

Planificación y complejidad

Al aproximarse a los nuevos requerimientos de la planificación no pueden obviarse las aportaciones del positivismo y de la dialéctica, pero dentro de un enfoque actual se asume que la postura de "la complejidad" supone la trascendencia del ideal clásico de racionalidad, que apuntala la objetividad del saber, el método y la concepción de servir para lograr el bienestar a través del conocimiento. Desde esta óptica, las interacciones entre los elementos del sistema y su entorno resultan tan vitales como el análisis de sus componentes.

"Con relación a la cosmovisión en su conjunto, las ideas de la complejidad están produciendo un cambio profundo: una nueva comprensión de la relación parte-todo; un nuevo planteo del problema de la correlación determinismo-indeterminismo, ahora como determinismo caótico, caos determinista, confluencia de las tendencias al orden y al desorden implícitas en los sistemas, del 'caos' y el 'anticaos'. Un audaz cuestionamiento de la singularidad de la ciencia, el papel de las matemáticas y las ciencias formales; y, por último, una fuerte tendencia hacia la superación de los paradigmas positivistas en filosofía de la ciencia, así como en nuestro modo de concebir la interacción del hombre con el mundo" (Sotolongo y Delgado, citados por Aguerrondo, 2007:13).

El cuestionamiento en torno a esta nueva noción del "caos" abre una fuerte interrogante sobre cuáles serían las condiciones de una planificación efectiva en el ámbito global y en el educativo, en lo particular. En principio para gestionar la incertidumbre, el planificador debe ser consciente de la vasta multiplicidad de determinaciones. Un amplio crisol de futuros establece posibilidades, hay escenarios claros y otros se van formando. No es factible pensar a largo plazo, dado que las decisiones se toman de acuerdo con un contexto cambiante. Éste sería el caso de la planificación estratégica situacional, pero en la dominada por la complejidad se desdibujan las certezas y la previsión es casi imposible, de acuerdo con el avance de las situaciones se pueden empezar a configurar escenarios más previsibles.

Frente a la complejidad aún está pendiente un análisis que forje algún tipo de eje estructural. Sin embargo, para los requerimientos de la planificación se impone involucrar no sólo al gestor del proceso, sino a quienes ejercen alguna clase de acción a lo largo de éste. Debe subrayarse la iniciativa de impulsar decisiones informadas que incluyen el desarrollo académico, la consideración de experiencias internacionales, acudir a fuentes históricas nacionales, hacer análisis de opinión pública, concertar con actores de campos diversos, diseñar, y operar instrumentos organizativos, entre otros aspectos. La mirada hacia la complejidad es un reto que merece ser observado en su particularidad, la que compromete una serie de factores imprevistos que, no obstante, implica plazos, la acción, la academia, la opinión y el concurso de todos los que hacen operativa una planificación. Ante la ambigüedad de los nuevos paradigmas se pueden introducir procesos de transición que exploren la riqueza de posturas que hasta hace poco eran funcionales y que, con un amplio criterio, aún pueden ser útiles y diversificados para integrar procesos más ricos, holísticos y participativos.

EL MODELO EDUCATIVO: SU NECESIDAD E IMPORTANCIA EN LA LABOR PEDAGÓGICA

Para los educadores

La educación de la persona, si quiere ser eficaz, integral y en competencias no puede quedar en manos de la improvisación o a las veleidades subjetivas de los posibles educadores que se encuentran comprometidos con un grupo de educandos. El "modelo" ayuda a planear y a programar la tarea educativa, basada en diagnósticos objetivos de las necesidades, así como en el inventario y la evaluación de sus propios recursos, y para ello, se utilizan métodos participativos. Todo esto requiere la suficiente capacitación en los agentes educativos.

Para la comunidad y para las familias

Durante las últimas décadas se ha conceptuado cada vez con mayor claridad a la educación como "tarea de todos", que compromete a una comunidad y no sólo a los maestros o a la institución educativa. El quehacer educativo se hace así "comunitario" y compromete ante todo al hogar, a partir de los padres de familia, que son los primeros responsables de la educación de sus hijos.

La acción educativa, para poder ser asumida por la comunidad, requiere ser coordinada en vista de ideales y finalidades; de objetivos y metas; de criterios de acción; de corresponsabilidad y subsidiariedad de funciones. Esto se logra sólo mediante un "modelo" que armonice, prevenga, oriente y coordine toda la labor educativa.

Para los educandos

Los alumnos tienen el derecho y el deber de conocer y ser conscientes de la finalidad que se busca en su educación, de los objetivos y de las metas a las que puedan orientar sus vidas en un futuro no lejano, para ser también ellos colaboradores responsables del proceso educativo. A esto contribuye el modelo que se les propone para ser alcanzado por ellos mismos como "agentes de su destino", de modo que sean capaces también de formular conscientemente su "propio modelo de vida", al menos en la etapa terminal de su escolaridad.

Para las instituciones educativas

Toda institución educativa debe profundizar adecuadamente en el sentido de su misión y reflexionar en el plano operativo sobre el sistema educativo que pretende aplicar. La elaboración de su modelo educativo, adaptado a la realidad local y a la condición de los educandos, le permitirá esa reflexión y profundización, a la vez que le servirá de base de programación y de control para toda su gestión educativa.

ORIENTACIÓN DEL IDEARIO PEDAGÓGICO Y DEL MODELO EDUCATIVO HACIA EL DESARROLLO Y EL CAMBIO SOCIAL DEL PAÍS

Concepto de ideario pedagógico

La palabra *ideario* indica los principios inspiradores de un modelo educativo. Es en cierto modo la "filosofía educativa", la "memoria doctrinal" o el "marco teórico" en que se inspira la labor educativa, y las orientaciones generales que actualizan dicha teoría para llevarla a la práctica. El ideario define la identidad pedagógica de la institución educativa y de los educadores que ejercen la labor pedagógica. El ideario pedagógico es más un espíritu para ser vivido (principios, valores, ideales, ser, convivir y trascender) que un texto escrito para ser leído.

Contenido del ideario pedagógico

La filosofía educativa contenida en el ideario pedagógico debería estructurarse por lo menos en tres capítulos con una introducción y una conclusión.

1. En la introducción se expresan algunos presupuestos pedagógicos fundamentales y la orientación pedagógica general de la institución educativa.
2. En el capítulo 1 se describe la identidad educativa de la institución, y se declara su concepción filosófica del ser humano y de la sociedad. Se precisa la visión propia que se tiene de la niñez y de la juventud, su concepto de la educación y del servicio que se quiere dar a la cultura nacional. Finalmente, se señalan las características institucionales y pedagógicas del centro educativo.
3. En el capítulo 2 se describe la criteriología educativa de la institución. Se declara el fin que se promueve con la educación que se pretende impartir, y se consignan los postulados educativos fundamentales que orientan la acción pedagógica. Se describen también los procedimientos educativos que se utilizarán en la labor diaria. Finalmente se propone la última meta de la pedagogía que será propuesta a los educandos y a los padres de familia.
4. En la conclusión se plantea que el ideario pedagógico de la institución debe servir de guía y de inspiración en toda la labor educativa que se realizará diariamente con los alumnos. Por eso el ideario pedagógico pide a la comunidad de la institución educativa la comprensión de sus características y las razones de las mismas, para que todos procuren identificarse con ellas con el fin de que los rasgos propios de la institución se realicen por medio del trabajo personal y comunitario.

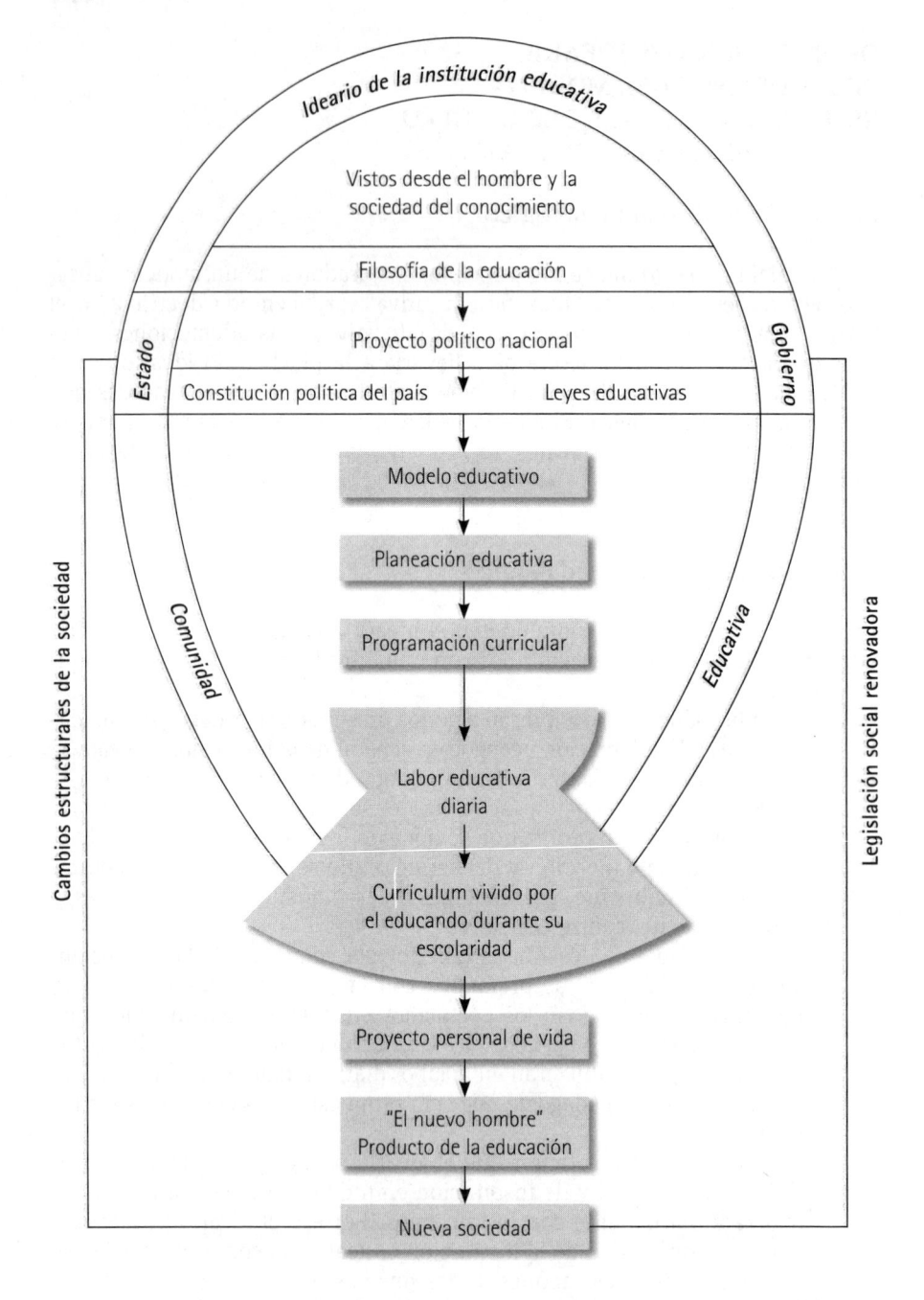

```
                    Ideario de la institución educativa

                    ┌─────────────────────────────┐
                    │  Vistos desde el hombre y la │
                    │  sociedad del conocimiento   │
                    ├─────────────────────────────┤
                    │   Filosofía de la educación  │
                    │              ↓               │
      Estado        │   Proyecto político nacional │        Gobierno
                    ├──────────────┬──────────────┤
                    │ Constitución │ Leyes        │
                    │ política del │ educativas   │
                    │ país         │              │
                    └──────────────┴──────────────┘
                                   ↓
                         ┌──────────────────┐
                         │ Modelo educativo │
                         └──────────────────┘
                                   ↓
                         ┌──────────────────┐
                         │Planeación educativa│
                         └──────────────────┘
                                   ↓
                         ┌──────────────────┐
                         │Programación curricular│
                         └──────────────────┘
                                   ↓
                         ┌──────────────────┐
                         │  Labor educativa │
                         │      diaria      │
                         └──────────────────┘
                                   ↓
                         ┌──────────────────┐
                         │ Currículum vivido por│
                         │ el educando durante su│
                         │    escolaridad   │
                         └──────────────────┘
                                   ↓
                         ┌──────────────────┐
                         │Proyecto personal de vida│
                         └──────────────────┘
                                   ↓
                         ┌──────────────────┐
                         │ "El nuevo hombre"│
                         │Producto de la educación│
                         └──────────────────┘
                                   ↓
                         ┌──────────────────┐
                         │  Nueva sociedad  │
                         └──────────────────┘
```

Cambios estructurales de la sociedad — Comunidad — Educativa — Legislación social renovadora

SIGLO XXI: ÉPOCA DE CAMBIOS

Todos nosotros tenemos la suerte apasionante de haber vivido una parte del siglo XX y estar viviendo en el nuevo siglo caracterizado por cambios profundos, rasgo fundamental de nuestra época, que es el signo más evidente de estos tiempos. Esos cambios cubren las más amplias ramas de las realidades: la ciencia, la técnica, la economía, la política, la cultura, la educación, la sociedad entera.

En el contexto mundial constatamos que son los pueblos jóvenes y las sociedades nacientes las que más rápidamente evolucionan y están sujetas al cambio, debido a su misma inestabilidad. Entre ellos están nuestros países de América Latina. Pero la gestación dolorosa de tales cambios que se orienta hacia un nuevo orden social, no se produce sin sacrificio. Al contrario, son también signo de nuestra época la violencia, la represión, la violación de los derechos humanos, el armamentismo, el terrorismo, las revoluciones, el desorden social, las crisis económicas, etc. Todo ello implica un alto costo social y humano frente a los cambios que nos toca vivir.

LA EDUCACIÓN EN EL CONTEXTO DE LOS CAMBIOS SOCIALES EN AMÉRICA LATINA

La labor educativa se desenvuelve entre nosotros en una situación de cambio sociocultural, caracterizada por la globalización, influida por los medios masivos de comunicación y marcada por el desarrollo económico cuantitativo que, si bien ha representado algún progreso, no ha suscitado los cambios requeridos para una sociedad más justa y equilibrada. La situación de pobreza de gran parte de nuestros pueblos está significativamente correlacionada con los procesos educativos. Los sectores oprimidos muestran las mayores tasas de analfabetismo y deserción escolar y las menores posibilidades de obtener empleo.

El crecimiento demográfico ha acelerado la demanda de educación en todos los niveles: elemental, medio y superior, a la cual ha correspondido un considerable aumento de oferta, por parte de organismos gubernamentales y no gubernamentales.

Se detectan influencias ideológicas en la manera de concebir la educación. Una, de corte utilitaria-individualista, la considera un simple medio para asegurarse un porvenir; una inversión a plazo. Otra busca instrumentalizar la educación, no con fines individualistas, sino al servicio de un determinado proyecto sociopolítico, ya sea de tipo estatista, ya colectivista.

Los educadores, en las instituciones educativas, están al servicio del desarrollo social en el mundo contemporáneo. Se sienten íntimamente solidarios con la historia del género humano, con sus esperanzas y sus angustias, para que las necesidades de los jóvenes muevan la acción concreta para el advenimiento de un mundo justo, libre y fraterno.

- En las instituciones educativas debemos promover en el joven la comunión fraterna con todas las personas, para que adquiera una visión de la realidad y una conciencia social que lo comprometan en la transformación de la sociedad con sentido crítico, creativo, cooperador y comunitario hacia una que sea justa, libre, fraterna y solidaria.
- En las comunidades educativas escolares ayudamos a los alumnos para que en forma gradual desarrollen su personalidad hasta que se hagan responsables de su propia educación.
- Con el ideario pedagógico y el modelo educativo de las instituciones educativas cultivamos el sentido social de los deberes y derechos. Tratamos de liberar al joven, haciéndolo consciente de sus propios derechos y deberes, partícipe y conocedor de las vicisitudes de su época, capaz de autodeterminación y colaboración.
- Los estudiantes deben ser ayudados por la comunidad, a lo largo de su proceso educativo, a entenderse, a realizarse, a encontrar su propio lugar en la sociedad.

La acción educativa en las instituciones debe estar comprometida con la promoción humana y social. Como educadores, colaboramos con los alumnos en el desarrollo de todas sus posibilidades hasta su plena madurez. Les ofrecemos formación intelectual y competencia profesional para el mundo del trabajo. Los ayudamos a abrirse a la verdad y a construir su libertad. Les comunicamos el gusto por los valores auténticos que los orienten al diálogo y al servicio a los demás.

A esos educandos queremos ofrecerles oportunidades educativas en la medida que podamos para que desarrollen su personalidad, cultiven sus propios talentos y se integren a la sociedad con participación social, económica, política y cultural. Queremos hacer de ellos agentes de desarrollo y de cambio social, y que sean fermento en la familia, en el mundo del trabajo y en la sociedad.

EL MODELO EDUCATIVO: INSTRUMENTO EFICAZ PARA PRODUCIR AGENTES DE CAMBIO SOCIAL

El modelo educativo, como instrumento de programación de todo el proceso educativo, puede transformarse en un recurso sumamente eficaz para colaborar con el desarrollo y el cambio social, formando a los futuros agentes comprometidos con la transformación social del país. Para lograr esta gran finalidad de la educación, los modelos educativos de las instituciones deberían incorporar en sus principios, criterios, objetivos y contenidos las grandes orientaciones que señalamos a continuación:

1. El objetivo de toda educación es humanizar y personalizar al ser humano. Este objetivo se alcanza cuando logra que el individuo desarrolle plenamente su pensamiento y su libertad, haciéndolos fructificar

en hábitos de comprensión y de comunión con la totalidad del orden real, por los cuales el mismo ser humaniza su mundo, transforma la sociedad y construye la historia.

- La educación en competencias debe contribuir a la conversión educativa del ser total no sólo en su yo profundo e individual, sino también en su yo periférico y social, orientándolo a la genuina liberación humana y a la comunión fraterna con todas las personas.
- Una de las características de la educación en competencias es la de integrarse al proceso social, que trasmite una cultura radicalmente humana en la cual, sin embargo, coexisten valores y antivalores, luces y sombras y, por tanto, necesita ser constantemente purificada.
- Igualmente es signo de competencias la educación para la justicia. La verdadera educación promueve el ejercicio de la función crítica procurando regenerar de manera permanente las pautas culturales y las normas de interacción social que posibiliten la creación de una nueva sociedad, verdaderamente participativa y fraterna.
- Asimismo, la educación para el servicio debe convertir al educando en sujeto no sólo de su propio desarrollo, sino también al servicio del desarrollo de la comunidad.
- La educación ha de producir los agentes para el cambio permanente y orgánico que requiere la sociedad mediante una formación cívica y política. Por ende, es prioritaria la educación de líderes y agentes de cambio.
- Todo ser tiene derecho inalienable a una educación adaptada a la cultura y a las tradiciones nacionales.

La familia es la primera responsable de la educación. Toda tarea educadora debe capacitarla para permitirle ejercer esa función.

Al reafirmar eficazmente la importancia de la institución educativa en todos sus niveles hay que favorecer su democratización y dar prioridad a los numerosos sectores pobres de nuestra población, marginados material y culturalmente, orientando sobre todo hacia ellos los servicios y recursos educativos.

- Estimular a la comunidad civil en todos sus sectores con el fin de que asuma sus responsabilidades educativas y logre transformarse junto con sus instituciones y recursos en una auténtica "ciudad educativa".
- La institución educativa debe formar verdaderos líderes, constructores de una nueva sociedad. Para ello hay que inspirar su función creativa, hacerse presente en la educación política y social de sus miembros y estimular la investigación científica.
- De allí la atención que todos debemos prestar al ambiente intelectual. Se trata de una opción clave y funcional de la cultura para no perder un lugar decisivo, para iluminar los cambios de estructuras.

- La institución educativa procurará sobresalir por la seriedad científica, el compromiso con la verdad, la preparación de profesionales competentes para el mundo del trabajo y por la búsqueda de soluciones a los más acuciantes problemas de América Latina.
- Su primordial misión educadora será promover una cultura integral capaz de formar personas que sobresalgan por sus profundos conocimientos científicos y humanísticos; por su sincera práctica de la moral y por su compromiso en la creación de una nueva América Latina más justa y fraterna. Contribuirá así activa y eficazmente a la creación y renovación de nuestra cultura, en que lo racional y lo humano logren la mejor armonización.
- En esta misión de servicio, la institución educativa deberá vivir en constante autoanálisis y hacer flexible su estructura operacional para responder al reto de su región o nación, mediante el ofrecimiento de carreras cortas especializadas, educación continuada para adultos, extensión universitaria con oferta de oportunidades y servicios para grupos marginados y pobres.

La institución educativa frente al desarrollo y al cambio social

- La institución educativa debe constituirse en comunidad que tienda a la trasmisión de valores de vida y convertirse en lugar de encuentro de aquellos que quieren testimoniar al mundo los valores ético-sociales en toda la educación.
- Debe ser particularmente sensible al grito que se lanza en todas partes por un mundo más justo, y esforzarse por responder a él contribuyendo a la instauración de la justicia. No se limita, pues, a enseñar valientemente cuáles son las exigencias de la justicia, aun cuando eso implique una oposición a la mentalidad local, sino que trata de hacer operativas tales exigencias en la propia comunidad, en especial en la vida escolar de cada día. La institución ha de ofrecer su servicio educativo en primer lugar a aquellos que están desprovistos de bienes de fortuna, a los que se ven privados de la ayuda y del afecto de la familia. Porque debido a que la educación es un medio eficaz de promoción social y económica para el individuo, si cualquier institución educativa la impartiera exclusiva o preferentemente a elementos de una clase social ya privilegiada, contribuiría a robustecerla en una posición de ventaja sobre la otra, fomentando así un orden social injusto.
- De esta manera, la comunidad escolar presta un insustituible servicio no sólo a la persona de los alumnos y de cuantos por diverso título la integran, sino también a la sociedad que hoy, particularmente dividida entre aspiraciones a la solidaridad y el surgir de formas siempre nuevas de individualismo, puede por lo menos hacerse consciente de la posibilidad de dar vida a

auténticas comunidades, que llegan a serlo gracias a la convergente tensión hacia el bien común.
- La fidelidad al modelo educativo de las instituciones requiere también una continua autocrítica y un constante retorno a los principios y a los motivos inspiradores. No es que se vaya a deducir de ellos una respuesta automática a los problemas de hoy, sino una orientación que permita resolverlos en diálogo con los nuevos avances de la pedagogía y en colaboración con cuantos, honradamente, trabajan por el verdadero progreso del ser humano.

ORIENTACIONES Y ESTRATEGIAS PARA ELABORAR EL MODELO CON LAS COMUNIDADES EDUCATIVAS

Orientaciones

Elaborar un modelo educativo no es hacer sólo "algo más" o dedicarse a cosas distintas que en épocas anteriores, sino percatarse de la oportunidad nueva que ofrece la situación actual para reorientar toda nuestra labor educativa y poner manos a la obra con esperanza y con actitud creativa.

Aquí se juega la nueva educación de las nuevas generaciones formadas en nuestras instituciones para cumplir su misión educadora y colaborar en el desarrollo y en el cambio social del país. Por eso se habla de un modelo que convierta en realidad, en cada lugar, los postulados básicos de la educación. El modelo educativo presupone una comunidad que lo elabora. Esa comunidad, para llevar a la práctica el modelo, necesita una animación.

1. En torno a estos tres centros de interés, modelo-comunidad-animación, giran el nuevo estilo de presencia educativa, las orientaciones y la posible estrategia para elaborar el modelo.
2. Esta perspectiva asegura el camino por seguir; si se le acoge con voluntad de llevarla a la práctica, se tiene garantizado el éxito; si se le deja a un lado, pierden sentido las iniciativas particulares.

Comunidad

a) El modelo educativo no debe ser una "elaboración técnica" preparada por unos pocos; ha de ser el resultado de la participación de todos los responsables de la educación: habrá que tener en cuenta la experiencia y las aportaciones de todos y así se promoverá un verdadero camino de crecimiento en común de todos los que participan en la misma misión.
b) Hoy es indispensable que compartan la responsabilidad del trabajo educativo en la institución escolar, directivos, maestros, padres, niños y jóvenes.

c) Cuando en una comunidad educativa todos se sienten corresponsables en una tarea única y solidaria, brotan espontáneamente muchos temas de reflexión:

- Entre los primeros surge el deseo de estudiar las nuevas líneas inspiradoras fundamentales de la educación.
- Después se presenta la necesidad de comprender mejor la condición juvenil y las aportaciones más significativas de las ciencias pedagógicas y sociales.
- Esta reflexión común llevará, como consecuencia natural, a profundizar en nuestra acción educativa.

d) A la formulación del modelo se habrá de llegar progresivamente y por un intercambio paciente de experiencias comunitarias y de puntos de vista. El modelo pide la libre adhesión de todos los que participan en él.
e) Para recorrer este camino es indispensable el cultivo de relaciones nuevas entre los componentes de la comunidad escolar.
f) Es preciso que exista la confianza, la cual surge cuando se descubra una vocación; todos en efecto han sido llamados a trabajar en una misma labor de educación y con el mismo espíritu, aunque las vocaciones no tengan las mismas características.
g) Hay que prestar atención preferencial a la formación personal y comunitaria, en un frente triple:

- Competencia educativo-profesional.
- Vocación al magisterio.
- Orientación moderna de la educación.

Hace falta dar cabida a la participación no sólo en la fase organizativa, sino en la misma formulación de las metas y en la elaboración del modelo.

Animación

a) Una comunidad que se proponga recorrer este camino necesita un equipo de "propulsión y animación". A esta labor están llamados los directivos de la institución educativa. Es una fuente de energía más bien que un equipo de gobierno y mando. Ellos, en el interior de la comunidad, deben hacerse conscientes del papel de animadores al frente de todas las fuerzas que colaboran. Esta actitud es un elemento decisivo en la nueva perspectiva de la educación.
b) Se trata de un aspecto que pertenece al compromiso vocacional por la educación antes que a la eficacia organizativa: no es solamente una técnica de trabajo en equipo, ni una forma de ejercer la autoridad en una estructura de acción.

c) Las comunidades educativas que actualmente tienen ya un servicio de animación sabio, activo y previsor se dan cuenta de que poseen una fuerza interior a la que van unidas su crecimiento y su eficacia.

d) ¿Qué significa animar? La animación, en su significado original, se contrapone a algo impuesto desde fuera y ante todo hace pensar en la actividad integradora del alma como energía de vida, de crecimiento armónico, de cohesión articulada de las partes. He ahí, pues, un primer aspecto: animar es suscitar, motivar, despertar, hacer reflexionar, iluminar, corresponsabilizar, apoyar, proponer y, sobre todo, saber recibir de los demás. Descrita así, como un estilo de relaciones, la animación dentro del modelo educativo merece una consideración de privilegio. Más que una metodología para la dirección de grupos, es una educación de los mismos educadores. Les pide capacidad de enriquecimiento recíproco, sentido del valor de la persona y solidaridad en la misión común.

e) La tarea de animación se concreta en iniciativas que promueven la vitalidad de la comunidad. Cada iniciativa tiene un sentido y un objetivo diversos, como informar, suscitar actitudes y relaciones, planificar o profundizar en la propia identidad. Aunque se llevan adelante en tiempos distintos, por diferentes personas, con modalidades diversas, todas deben converger en una finalidad, definida con claridad y formulada con precisión.

f) Supone, por tanto, un plan de iniciativas convergentes. Debe saber convocar, presentar objetivos, superar los inevitables momentos de crisis, aceptar las distintas intervenciones y aportaciones.

g) Prever estímulos y propuestas para cada una de las personas, ocasiones de intercambio para los grupos y para la comunidad entera.

h) La animación, sobre todo, ayuda a tener presentes, sin perderlas de vista nunca, las motivaciones que nos llevan a formar una comunidad educativa.

i) La prueba más clara de la presencia de animadores eficaces en la comunidad se ve en el crecimiento de la corresponsabilidad. No se trata de que alguien proponga iniciativas en las que los demás son espectadores o beneficiarios, sino de una participación en el nivel de mentalidad y de trabajo de personas que se sienten complementarias.

j) En cuanto a la elaboración del modelo los animadores son quienes han de promoverlo, favoreciendo la participación de todos e iluminando su contenido con la aportación específica de su sentido profesional y de su experiencia. Esto les exige un esfuerzo previo de estudio y de cualificación.

Estrategia para la elaboración del modelo educativo

De acuerdo con las orientaciones anteriores, la estrategia para elaborar el modelo educativo se concreta en los puntos siguientes:

Reflexionar, prepararse, asumir. No lograremos un modelo sin comunidades que reflexionen y que trabajen en unión, y sin la presencia de animadores que hagan reflexionar y trabajar en unión; comprender el papel de animadores y sus consecuencias prácticas, cualificarse para servir y asumirlo con confianza, a pesar de las posibles incertidumbres de todo comienzo.

Grupo animador. Debe ser el equipo de directivos de la institución educativa. Son conscientes de que el modelo es un elemento que exige renovación, personal y comunitaria, así como comprometerse en serio y empeñarse en la elaboración, realización y evaluación del modelo como instrumento indispensable para lograr una verdadera y eficiente acción educativa. Este equipo es promotor de iniciativas y actitudes que comprometan a toda la comunidad educativa, valorando a las personas y los cargos de cada miembro, y está dedicado a formular, coordinar y revisar los objetivos y las líneas de acción educativa, para lograr los fines propuestos.

1. *Creación y organización de la comunidad educativa.* Es el elemento indispensable y decisivo que elabora, asume y pone en práctica el modelo. Organiza las bases que componen la comunidad educativa, en el nivel de cada estamento. Cada uno designará a sus delegados que los representarán ante el consejo educativo escolar.

2. *Elaboración de un ITER,* concreto y factible, para "hacer el camino juntos". Este ITER puede tener los momentos siguientes:

a) Sensibilización de los animadores sobre la necesidad de elaborar un modelo que exige:

- Dedicar tiempo a los encuentros de animación.
- Programar los encuentros necesarios para la fase y el proceso de elaboración.
- Profundizar en los elementos del modelo como marco doctrinal.

b) Concienzar y organizar, en el nivel de base, a los miembros de cada estamento, a fin de designar y constituir el consejo educativo escolar y hacer que toda la comunidad educativa se comprometa a la acción para:

- Conocer, analizar y diagnosticar la realidad social, infantil y juvenil de la zona por medio de encuestas.
- Confrontar los datos obtenidos, a la luz del marco doctrinal del modelo.
- Programar los objetivos, las actividades y acciones necesarias para lograrlos con sentido realista. Señalar responsables y equipos de trabajo para cada actividad.
- Verificar y revisar la aplicación del modelo y evaluarlo periódicamente, señalando los reajustes necesarios y las medidas correctivas oportunas.

c) Reflexión seria y constante acerca de los principios doctrinales y del diagnóstico de la realidad social, infantil y juvenil, con el fin de adecuarse a ellos en la aplicación del modelo.
d) Organizar conferencias y cursos de profundización práctica sobre la educación.
e) Confrontar constantemente la doctrina y la praxis con la realidad en que se vive.

La formulación de objetivos y líneas de acción para actuarlas consciente y corresponsablemente en el nivel de toda la comunidad educativa serán provisionales en su primera fase, y deben perfeccionarse poco a poco, pues el modelo ha de ser dinámico y funcional.

Se tienen en cuenta los tres momentos prácticos en sus fases de:

Programación

1. Análisis y diagnóstico de la realidad social, infantil y juvenil de la zona.
2. Conocimiento de situaciones, personas y problemas de la condición infantil y juvenil.

Criterios

1. La mayor o menor facilidad que se le brinda al niño y al joven para madurar humanamente.
2. Interpretación de los hechos a la luz de los valores humanos.
3. Traducirlos en resultados operativos en el campo educativo.

Pasos

1. Constatar la realidad por medio de encuestas, entrevistas, consultas, etcétera.
2. Proyectar el diseño del perfil del tipo de ser humano que pretendemos lograr.
3. Iluminar esta realidad con el marco doctrinal del modelo.
4. En la acción educativa: hacer al niño y al joven capaces de decidirse y responsabilizarse personalmente.

Proyección operativa

1. Formación y maduración de la comunidad educativa para lanzarla al trabajo. En ella se realizan y a partir de ella se promueven humanamente las personas para integrarse a la sociedad.
2. Elaborar opciones educativas en forma de objetivos: qué conocimientos, actitudes y capacidades deben adquirir los niños y jóvenes para llegar a ser libres, responsables y capaces de proyectar su futuro, etcétera.

Verificación

Comparación de las realizaciones educativas con la doctrina y la praxis.

1. Análisis de los resultados, detectando sus causas de éxito o fracaso y formulando los reajustes y las medidas correctivas necesarias.
2. Esta actividad debe ser constante, para que permita la profundización, iluminación y modificación de los caminos ya hechos, perfeccionándolos poco a poco.

Esto exige:

1. Reformular los objetivos, en vista de la promoción integral y el crecimiento personal y social.
2. Trazar un método de acción a grandes líneas, con sus consecuencias prácticas.

   - Estudiar y programar las actividades, los contenidos (valores), conocimientos y actitudes para lograr mejor los objetivos.
   - Determinar en forma precisa los oficios y las funciones de los estamentos de la comunidad educativa.

Determinar las intervenciones educativas concretas.

1. Aplicar el método y el estilo educativo a la realidad, con las características del ambiente, con el fin de orientar las relaciones educativas entre educadores y educandos, educadores y padres de familia.

Programa de trabajo del modelo educativo

Se entiende por programa de trabajo del modelo educativo la parte de la propuesta en la que se detallan y describen las actividades que deben realizarse, en función de las estrategias adaptadas, y con la finalidad de cumplir con los objetivos trazados: el qué, el quién y el cuándo.

El programa de trabajo está integrado por cuatro componentes íntimamente relacionados entre sí:

   a) *Calendarización de actividades*: ubicación en el tiempo y en el espacio de las acciones que deben realizarse.
   b) *Esfuerzo*: la magnitud e intensidad de su realización, la cobertura, los destinatarios atendidos, las metas por alcanzar.
   c) *Recursos*: empleo de personas e implementos necesarios para llevar a cabo las actividades mencionadas.
   d) *Costos*: gastos ocasionados por el uso de los recursos asignados para la realización de las actividades previstas con la magnitud deseada.

ELABORAR EL MODELO CON LAS COMUNIDADES **183**

Estos cuatro elementos están tan estrechamente relacionados que al programar uno se deben tener en cuenta los demás. Para ayudar en la programación se recomiendan los pasos siguientes:

La comunidad, responsable de su modelo educativo local

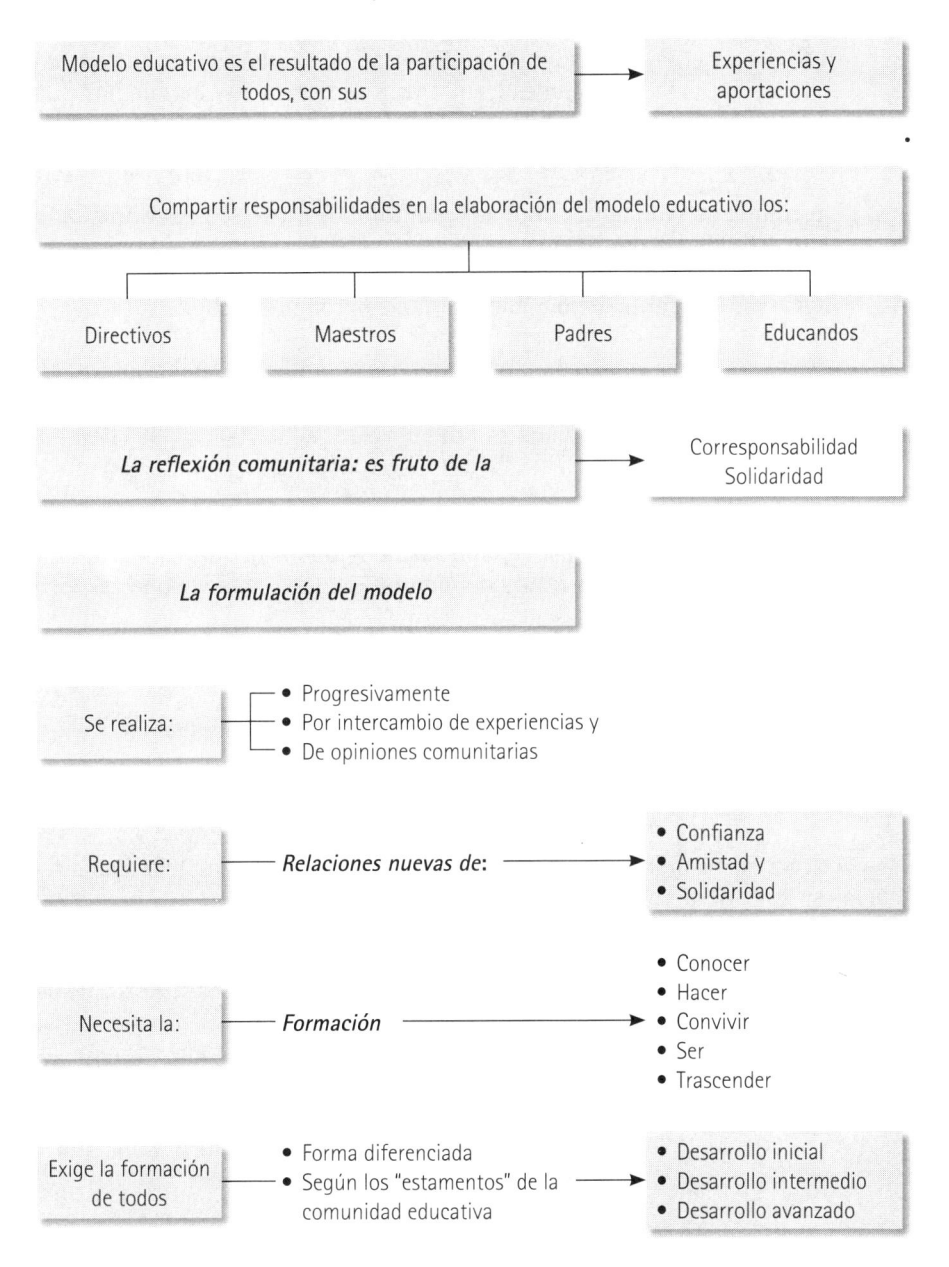

Modelo educativo es el resultado de la participación de todos, con sus → Experiencias y aportaciones

Compartir responsabilidades en la elaboración del modelo educativo los:
- Directivos
- Maestros
- Padres
- Educandos

La reflexión comunitaria: es fruto de la → Corresponsabilidad, Solidaridad

La formulación del modelo

Se realiza:
- Progresivamente
- Por intercambio de experiencias y
- De opiniones comunitarias

Requiere: *Relaciones nuevas de*:
- Confianza
- Amistad y
- Solidaridad

Necesita la: *Formación*
- Conocer
- Hacer
- Convivir
- Ser
- Trascender

Exige la formación de todos
- Forma diferenciada
- Según los "estamentos" de la comunidad educativa
→
- Desarrollo inicial
- Desarrollo intermedio
- Desarrollo avanzado

a) Expresar las actividades como acciones o tareas por realizar.
b) Hacer una lista, o redactarlas, una por una, o por un conjunto de actividades de la misma naturaleza.
c) Numerar las actividades con un sistema (Dewey) que permite su ordenamiento posterior en forma secuencial.
d) Agrupar las actividades por fases, partes o subprogramas del proyecto.
e) Redactar el programa, explicando en qué va a consistir cada conjunto de actividades, quiénes las realizarán, cuáles son los medios que emplearán y cuándo se llevarán a cabo. *No se debe presentar el programa como un simple listado o como un cuadro sinóptico.*

Se recomienda realizar un diagrama de flujo, después de haber ordenado la serie de actividades por realizar.

Programación del trabajo. Objetivo que se pretende alcanzar.

Después de haber analizado y ordenado las actividades, se puntualiza en qué va a consistir cada conjunto de actividades, quién, cuándo y cómo serán elaboradas.

Dinámica

a) Trabajar en comisiones, separar las actividades de la misma naturaleza y redactar el programa del conjunto de actividades que les tocó analizar.
b) En sesión plenaria, ponerlo en común.
c) Después de su aprobación, la comisión redactora realiza su trabajo.

Recursos disponibles para la realización del modelo educativo

Los recursos son los medios empleados para realizar el modelo. Estos recursos se consideran en tres niveles:

- Recursos humanos. Personas responsables de realizar el modelo.
- Recursos materiales. La infraestructura y los elementos físicos que se poseen para aplicar el modelo.
- Recursos financieros. Presupuesto disponible para la realización de las acciones.

Recursos humanos

Los recursos humanos para la realización del modelo quedan integrados por todas las personas que están dispuestas a participar en él. Los recursos humanos que poseen mayor efectividad son los que participan voluntariamente, por asumir un mayor grado de compromiso.

No todos los recursos humanos tienen igual importancia, aun cuando estén integrados a las actividades del modelo. La preparación de estos recursos corresponde a la dificultad de las tareas que integran la actividad.

La asignación de recursos humanos depende de encontrar la mejor persona disponible y comprometida para cada una de las tareas exigidas en las actividades del modelo. La persona más adecuada para una tarea es siempre la que mejor la conoce y puede ejecutarla con mayor atingencia; no siempre es quien tiene la mejor buena voluntad.

Recursos materiales

Representan el conjunto de elementos físicos y de infraestructura necesarios para realizar las tareas exigidas por las actividades del modelo. No siempre se dispone de los recursos materiales necesarios; corresponde, entonces, a los responsables de cada actividad, la realización de las mismas con los elementos humanos y materiales disponibles. Para asegurar un proyecto o alguna actividad es conveniente tener los recursos mínimos necesarios; si no, vale más diferir la ejecución de la tarea hasta contar con ellos.

Recursos financieros

Los recursos monetarios se programan por medio de un presupuesto. Para que éste sea confiable, se recomienda:

1. Realizar una descripción detallada de las actividades.
2. Describir los recursos humanos y materiales para realizar cada actividad.
3. Agrupar los recursos en partidas o bloques.
4. Indicar la estimación contable del costo de cada partida.

En el presupuesto conviene tener en cuenta los equipos y espacios de que dispone la institución.

Es importante considerar otros medios de conseguir financiamiento y no sólo esperar que todo lo aporte la institución.

Recursos. Objetivo por alcanzar

Después de analizar los recursos, se redactan el presupuesto y los requerimientos humanos y materiales para cada actividad.

Dinámica

a) Por equipos de actividades, se nombra a la persona que se considera más capaz de encabezar esa actividad. Ésta será la encargada de darle seguimiento, aunque todos se comprometen en ayudar en el cumplimiento de las mismas.
b) A continuación, en equipo de actividades elaboran el presupuesto para cada una de sus tareas.
c) En la sesión plenaria se presentan los presupuestos de cada equipo de trabajo.
d) El rector y un equipo buscarán la manera de conseguir financiamiento, si el gasto es excesivo.
e) El equipo redactor toma nota de todos los acuerdos y conclusiones.

Evaluación del modelo

La evaluación es un instrumento que permite antes, durante y después de la ejecución de un modelo educativo, asegurar la efectividad de las actividades que lo componen y, en consecuencia, garantizar el logro de los objetivos propuestos.

Por estas razones, la evaluación ocupa un lugar fundamental en la elaboración del modelo; además, será la base para la realización de futuros modelos.

La evaluación tiene tres propósitos:

a) Medir la eficiencia del programa (lograr los objetivos).
b) Estimar su eficacia (impacto en el entorno).
c) Realimentar y ajustar las acciones.

Antes de la ejecución es posible garantizar el éxito en la medida en que se evalúe la construcción técnica del modelo. Es de suma relevancia ir verificando el cumplimiento de las distintas etapas de la metodología propuesta, durante la ejecución del mismo. Se garantiza el éxito en la medida en que se evalúe la ejecución de las tareas y, en consecuencia, las actividades del modelo. Después de la ejecución ya no se permiten acciones correctivas sobre lo ejecutado, pero es factible reestimar la planificación de las acciones con miras a nuevos modelos.

La evaluación puede ser objetiva y subjetiva. La subjetiva es aquella que realizan de manera participativa los involucrados en la formación y puesta en marcha del modelo. La evaluación objetiva es la que realizan evaluadores externos; si se puede contar con un grupo de estos evaluadores se tendrá una visión más real.

Pasos en la elaboración de la evaluación

a) Formular los criterios de verificación para establecer la coherencia y la consistencia del modelo.
b) Formular los criterios de verificación para establecer la efectividad en la ejecución de cada una de las tareas que integran las actividades del modelo.
c) Proponer acciones correctivas o cursos alternativos de acción, para la eventualidad de que una tarea tenga retrasos o resulte ineficiente. Esto se realiza en cada una de las tareas que conforman las actividades.
d) Establecer criterios generales de evaluación para las actividades que componen el modelo. Estos criterios deben reflejar la medida de la efectividad de las tareas que integran la actividad y las acciones correctivas previstas.
e) Verificar la efectividad del modelo con base en los criterios formulados en el primer paso.
f) Durante la ejecución, supervisar la realización de cada tarea.

La evaluación debe tener un responsable para cada tarea o actividad y estar perfectamente calendarizada.

Puede realizarse de diferentes maneras: encuestas, entrevistas, exámenes escritos, cambio de actitudes, autoevaluaciones, tests. La variedad es tan amplia como la imaginación de los participantes.

Evaluación. Objetivo que se busca alcanzar

Elaborar una serie de instrumentos que permitan evaluar cada una de las tareas, actividades y el modelo educativo en su totalidad.

Calendarizar cada una de las evaluaciones.

Dinámica

a) Los responsables de cada actividad, junto con sus colaboradores, elaboren un instrumento que sirva para evaluar su tarea, definiendo claramente sus aspectos cualitativo y cuantitativo.
b) Los responsables de tareas similares se reúnen y elaboran un instrumento que permita evaluar la actividad, su aspecto cualitativo y cuantitativo.
c) Se calendarizan las evaluaciones parciales y la evaluación general de todo el modelo.

Calendarización de actividades

Consiste en calcular el tiempo, con la duración necesaria, para cada una de las actividades previstas en el programa de trabajo del modelo educativo. Además, la calendarización ayuda a establecer secuencias adecuadas en las actividades, sirve para repartir las cargas de trabajo en el tiempo y permite adecuar la programación de las actividades a las necesidades de la institución.

Pasos que deberán seguirse para la calendarización de actividades

Al darle el tiempo a cada una de las actividades, es conveniente tener en cuenta que la calendarización puede ser afectada por imprevistos, de ahí la importancia de realizarla lo mejor posible. Se sugieren los pasos siguientes:

a) Consultar, con la persona indicada y para cada una de las tareas que componen una actividad, cuál es el tiempo requerido para efectuarla (tiempo optimista).
b) Consultar, con la persona indicada, cuáles son los principales inconvenientes que pueden surgir al tratar de ejecutar la tarea propuesta, y pedirle que estime el tiempo de ejecución teniendo en cuenta dichos inconvenientes (tiempo pesimista).
c) Consultar, si se tiene la oportunidad, con otras personas que también puedan ejecutar la tarea y corregir diferencias de tiempos.
d) Sumar los tiempos necesarios para completar las actividades o tareas que componen una actividad para tener la temporalización y calendarización de ésta (tiempo optativo).
e) Si se decidió la programación del modelo con alguna técnica (como PERT), completar la tabla de procesamiento de datos con las estimaciones de tiempo.
f) La calendarización se expresa gráficamente en una red de actividades. Ésta puede ser gráfica de Gantt, PERT o ruta crítica, entre otras.

Calendarización. Objetivo que se pretende alcanzar

Al finalizar el estudio se expresan gráficamente, en un calendario o red, las actividades por realizar en el modelo educativo.

Dinámica

a) Trabajar por comisiones, dar el tiempo suficiente a cada actividad y sugerir probable calendarización.

b) Considerar, en sesión plenaria, los tiempos propuestos por cada comisión y, a partir de éstos, elaborar la calendarización de todas las actividades.
c) La comisión redactora, realizar el trabajo, una vez obtenida la aprobación.

Se informará a la comunidad antes o en este momento acerca de los principales avances del modelo y se pedirá retroalimentación.

Cronograma de actividades

	NP	NE	NO	NT
May.				
Jun.				
Jul.				
Ago.				
Sept.				
Oct.				
Nov.				
Dic.				
Ene.				
Feb.				
Mar.				
Abr.				
May.				
Jun.				
Jul.				
Ago.				
Sept.				

Niveles de la planeación

NP Nivel prospectivo
NE Nivel estratégico

NO Nivel operativo
NT Nivel táctico

Planeación
Ejecución

Recomendaciones

El manual para elaborar el modelo educativo pretende ayudar en la actualización de nuestro quehacer educativo. Para que realice adecuadamente su función recomendamos tener presentes los aspectos que siguen:

a) Recordar que el manual es una herramienta y exige, por tanto, usarla adecuadamente para alcanzar el objetivo propuesto. Es importante seguir los pasos que se sugieren en el manual.
b) Motivar a la comunidad educativa para participar activamente en el modelo educativo.

- c) Elaborar adecuadamente el modelo es tarea ardua que requiere, desde su formulación, un esfuerzo conjunto y un compromiso de la comunidad educativa para darle vida.
- d) Realizar cada una de las actividades y alcanzar cada una de las metas propuestas.
- e) Comprometer a la comunidad educativa con ella misma y, en especial, con sus alumnos.
- f) Hacer sentir que la labor realizada por cada integrante de la comunidad es relevante y necesaria.
- g) No desanimarse por la aparente complejidad en la elaboración del modelo educativo.
- h) Ser constante en el seguimiento del modelo.
- i) Formar una comisión para darle seguimiento al modelo y que ésta sea la responsable, ante la comunidad educativa, del proceso del modelo.

La comisión tendrá la función de revisar periódicamente la aplicación y el desarrollo de cada una de las actividades y tareas, las metas alcanzadas, y conforme con las evaluaciones, el ajuste y la retroalimentación del modelo. Las personas que integren dicha comisión deben ser objetivas (que vean los avances o deficiencias del modelo); optimistas y positivas para que, partiendo de la realidad, animen a todos los integrantes de la comunidad a continuar, corregir y mejorar; capaces de crear nuevos caminos o procedimientos en la realización y ejecución del modelo.

CAPÍTULO 4

Implantación del modelo basado en competencias en las instituciones educativas

EL PORQUÉ DE UN MODELO EDUCATIVO

¿Necesitamos un modelo?

La respuesta a esta pregunta podría discutirse si la institución educativa se redujera a trasmitir un programa de conocimientos perfectamente descrito y dosificado desde fuera. Pero el programa no abarca todo el concepto de educación al que quiere llegar la institución.

Aun así, si nos encontráramos en un periodo y en una sociedad estables, el modelo podría parecernos superfluo: bastaría repetir o reproducir el modelo social; sabríamos perfectamente qué y cómo iniciar; de dónde se viene, adónde se va y cómo llegar allí. Pero en una situación como la que se vive actualmente, definida justamente por el cambio, que no sólo es nueva e inesperada, sino que también se renueva continuamente y cada vez más deprisa, necesitamos puntos de referencia, ritmos comunes para marchar acompasados. El mismo hecho de la novedad implica un riesgo mayor de cometer errores. Por eso es preciso fijar objetivos, encontrar los medios para realizarlos y evaluarlos. En eso consiste el modelo.

Por otra parte, la sociedad en que vivimos no se caracteriza sólo por el cambio, sino también por una complejidad creciente que nos obliga a una interdependencia cada vez mayor. Nadie puede actuar o decidir por su cuenta en cuestiones sociales y menos en educación. Hemos entrado en una "sociedad de la negociación" y no sólo por un ideal democrático, sino también a causa de la complejidad social. Es preciso comunicar para existir y hacer existir. Serán necesarios, por tanto, los diversos consejos en la institución educativa y que éstos funcionen. No es deseable la "reunionitis", pero los inconvenientes serían mayores si en la institución no existieran estructuras de concertación, de evaluación o de decisión, cuando el diálogo se torna largo y difícil debido a la diversidad de personas, de la novedad y la complejidad de las situaciones. Por esta razón, *no hay modelo sin diálogo.*

EL MODELO EDUCATIVO, UN COMPROMISO CON LA CALIDAD

En México, durante los últimos lustros, con frecuencia ha aparecido el término *calidad educativa* como una prioridad por considerar. La educación intenta replicar para las escuelas los lemas de lo realizado en las empresas por autores como Demming, Crosby y Juran, entre otros, sin pensar que la finalidad en ambas instituciones no es la misma, ya que las empresas al hablar de calidad se refieren a la manufactura de bienes de producción y prestación de servicios al cliente. En el campo de lo educativo no se manufactura un objeto inanimado que se puede manipular ni un objeto de consumo; la educación trabaja con el ser humano, con la potencialidad de crecer en lo académico, lo personal y con capacidad para optar y tomar decisiones. En el terreno educativo el cliente es la sociedad que aspira a ser justa, equitativa y democrática por medio de la trasmisión y el enriquecimiento de la cultura. Ver la educación desde un enfoque técnico no permite alcanzar la calidad o excelencia que se desea en las instituciones educativas. Al hablar de la tarea educativa se hace referencia a las acciones administrativas que se establecen para propiciar la creación de una cultura de la calidad en las instituciones educativas y políticas que conducen al crecimiento de los maestros para habilitarlos en el logro de los aprendizajes significativos de los estudiantes, centro al que debe dirigirse cualquier acción educativa relevante que realmente opte por alcanzar la excelencia.

Entender la naturaleza de la calidad y llevarla a la práctica no siempre son tareas fáciles en virtud de la complejidad que su comprensión encierra y en razón de los determinantes que la afectan, algunos de los cuales dependen de las condiciones internas de las instituciones educativas, en tanto que otros están en relación estrecha con el contexto global en que ellas se encuentran. En cualquier caso, es necesario señalar la importancia que tiene para un país realizar un esfuerzo por comprender la calidad educativa en toda su complejidad, sin dejar a un lado los factores que inciden en ella, al igual que los procesos y resultados que de tal esfuerzo pueden derivarse.

Al revisar la bibliografía y las experiencias de diversos países en materia de evaluación de la calidad educativa, se observa que se utilizan modelos construidos con base en los aspectos que la constituyen. Por ejemplo, se juzga que existe calidad en una institución por su reputación, o se asume que hay calidad cuando se dispone de los recursos académicos o financieros adecuados, o a partir de los resultados obtenidos por la institución en una de sus funciones sustantivas, o por el valor intrínseco de los contenidos académicos, o por la apreciación del valor agregado de la educación ofrecida, es decir, por lo que el estudiante aprende durante su permanencia en la institución.

La calidad educativa en un primer sentido se entiende como un atributo integral de algo, resultado de una síntesis de los componentes y los procesos que lo producen y distinguen. Alude, de una parte, a las características universales y particulares de algo, y de otra, a los procesos por medio de los cuales tales características se configuran. La calidad de algo es aquello que le corresponde necesariamente y que al faltarle afecta su naturaleza, su ser propio. El concepto de calidad no es absoluto, ya que las propiedades en que se expresa se dan en el tiempo y se encuentran relacionadas, en su devenir, con el contexto. A partir de esas propiedades se consolida la identidad de algo, es decir, su concepto, en un proceso histórico. En un segundo sentido, la calidad de algo es la medida en que ese algo se aproxima al prototipo ideal definido históricamente como realización óptima de lo que es propio según el género al que pertenece.

La calidad, entonces, es un concepto análogo; es decir, se predica de algo en parte idéntico y en parte distinto. La identidad corresponde a lo que es común al género al que pertenece. La diferencia alude tanto a la posibilidad de distinguir a un miembro de los demás del género como a la distancia entre cada uno de los miembros y el prototipo definido para ese género. Así, se puede hablar de un mayor o menor grado de calidad efectiva. Un factor de calidad que también debe evaluarse en términos de la distancia a un prototipo es la mayor o menor diferencia entre lo que es la institución y lo que ella ha definido como su misión, que es parte sustancial de su identidad educativa.

Hay diversos documentos en la Secretaría de Educación Pública, entre los que se encuentran la *Ley General de Educación*, el *Programa de Desarrollo Educativo 1994-2000* y el *Plan Nacional de Educación 2001-2006*, en los que advertimos trascendentales aportes respecto a esta temática. El *Acuerdo Nacional para la Modernización de la Educación Básica 1989-1993* está concebido más como un punto de partida para elevar la calidad de la educación que como una fase definitiva, ya que establece las bases para hacer posible una mejor educación en la que se formen personas más preparadas y responsables.

En la *Ley General de Educación* se hace alusión a la calidad en la exposición de motivos de la ley misma: "La exigencia de una educación de cobertura suficiente y calidad adecuada es una firme demanda social pero igualmente es un imperativo que está imponiendo el perfil del mundo contemporáneo a todas las naciones, ricas y pobres, desarrolladas o en desenvolvimiento" (SEP, 1993:35). Considera además que "una educación con suficiente amplitud social y con una calidad apropiada a nuestro tiempo, es decisiva para impulsar, sostener y extender un desarrollo integral" (SEP, 1993:35). En el *Programa de Desarrollo Educativo 1995-2000* se afirma: "Una educación de calidad es apreciada por los padres de familia y valorada por los alumnos; alienta a todos a trabajar más y mejor e induce la permanencia de los niños y los jóvenes en la escuela; genera condiciones para conseguir una integración mayor de los centros educativos y la comunidad" (SEP, 1996:30).

En el *Programa Nacional de Educación (PNE) 2001-2006*, se expresa que el desafío de elevar la calidad sigue en vigor. Uno de los objetivos estratégicos del PNE, en consonancia con las estrategias del *Plan Nacional de Desarrollo*, es "proporcionar una educación de calidad adecuada a las necesidades de todos los mexicanos" (SEP 2001:76). En la calidad de la educación que reciben los niños y jóvenes intervienen numerosos factores tanto externos como internos. Entre los últimos encontramos los que hacen referencia a la operación de los servicios, el funcionamiento de las instituciones educativas y la posibilidad de contar con los insumos que se requieren para una buena marcha de la educación. Se considera que la calidad educativa se expresa en estrategias educativas exitosas generadas en la interacción de maestros y alumnos. También se asume que las propuestas para mejorar esta calidad deben considerarse en su contexto, pues la misma medida puede conducir a un avance o implicar un retroceso educativo según sean las condiciones donde se aplique y la manera como los actores del proceso la interpreten.

La calidad ha sido una preocupación de los que intervienen en el proceso educativo de muchos niños, jóvenes, adultos o de quienes se enfrentan con sus resultados. Tanto maestros, directivos, supervisores como las entidades incorporantes, acreditadoras y certificadoras de la calidad educativa que están más cercanas a esta labor advierten la calidad es consecuencia de un conjunto de factores que intervienen en diversos momentos y en distintas circunstancias del proceso.

Muchas de las actitudes docentes, como la de retomar el conocimiento de los alumnos, aceptar versiones alternativas, encarar preguntas, pedir argumentos, aceptar cuestionamientos y buscar consensos en vez de imponer un punto de vista, contribuyen al mejoramiento de la calidad en la interacción docentes-alumnos en aspectos relacionados con la construcción del conocimiento. En particular, este tipo de intervenciones docentes desarrollan los procesos de razonamiento, de confrontación entre opciones explicativas, de relación entre teoría y práctica, de vinculación entre conocimiento cotidiano y científico, de verbalización y por tanto de restructuración de las ideas propias, y contribuyen a mejorar las capacidades comunicativas y los recursos discursivos de los alumnos para estructurar sus ideas y defenderlas en situaciones de interacción social. Valorar y mostrar lo mejor del trabajo que los maestros realizan puede servir de ejemplo a otros docentes y ayudar a elevar la calidad de la educación, más que seguir modelos desarrollados en otras realidades o desde contextos que no son los escolares.

El término *calidad de la educación* está asociado con la capacidad tanto de las instituciones educativas como de los individuos formados en su seno para satisfacer los requerimientos del desarrollo económico, político, tecnológico, cultural y social de la comunidad a la que están integrados. La calidad se identifica no con el prestigio o las instalaciones físicas, sino más bien con un proceso permanente de autocrítica y autoexigencia que hace hincapié en la contribución de las instituciones a la formación intelectual, ética y personal de sus estudiantes, maestros y directivos. Sin embargo, entre las condiciones que inhiben el desarrollo educativo vinculado a la calidad se encuentran:

- La instrumentalización de la educación para convertirla en instrucción o en un oficio.
- La escasa pertinencia de los programas y la sobrecarga de asignaturas.
- La partidización y clientelización de la profesión docente.
- La baja formación y la poca actualización de los educadores.
- La subvaloración de lo humanístico y lo ético.
- La escasa congruencia entre los currículos y las exigencias de la vida real.
- La precaria condición de la infraestructura de muchas instituciones educativas.
- La autoestima pobre de los docentes.
- El número reducido de investigaciones originadas a partir de la práctica educativa.

Una institución educativa se considera de calidad si logra, entre otros resultados, integrar un cuerpo de profesores de alto nivel y desempeño; establecer relaciones de colaboración e intercambio académico con otras instituciones para garantizar el logro eficaz y oportuno de su propia misión; fortalecer la capacidad de planear, sistematizar y valorar sus experiencias educativas, y adoptar una organización funcional y flexible que favorezca la consolidación de grupos académicos, docencia, servicio externo y difusión relacionados con la orientación de sus programas de formación.

La calidad se consigna y se mantiene por medio de la gestión entendida como el proceso de conducir a la institución educativa al logro eficaz y oportuno de sus objetivos y de su misión. En la teoría clásica administrativa comprende las fases de planeación, organización, dirección, relaciones y control de la vida de una institución. La gestión de la calidad en la educación promueve cambios positivos en el seno de la institución en sus cuatro componentes básicos: dirección y liderazgo, desarrollo de procesos académicos, desempeño de los equipos de trabajo y comportamiento de los actores individuales.

En cuanto al primer componente, planear para la calidad implica actividades de dirección, corresponsabilidad, participación y liderazgo que intentan clarificar, reafirmar y comunicar la misión de la institución educativa; así como desarrollar estrategias y políticas para lograr el mejoramiento de la calidad de los equipos de trabajo y de los procesos educativos.

Por lo que respecta al segundo, el desarrollo de procesos académicos de calidad presupone un ambiente en el que coexistan la pluralidad y la libertad académicas, así como el estímulo a la innovación y a la creatividad.

En relación con el tercero, el desempeño de los grupos de calidad supone la reciprocidad en la obtención de los beneficios, lo que implica la colaboración consciente y voluntaria de toda la comunidad educativa para el logro de la misión.

El último aspecto, la promoción de la calidad en los individuos, se dirige a potenciar a los actores individuales para comprometerlos con la misión institucional, proporcionándoles información apropiada para cambiar y mejorar la forma en que desempeñan su trabajo.

La gestión de la institución está orientada al servicio de las necesidades de docencia y proyección social. El plan de estudios asegura una formación en los conocimientos, métodos y principios básicos de acción en que se forma el alumno.

Una condición previa para la consecución de la calidad de la educación es la de su evaluación, que por lo general se entiende como un análisis sistemático y de valoración de por lo menos uno de los elementos siguientes: el estado o la situación de los programas, departamentos, unidades, las instituciones mismas, así como el cumplimiento de sus funciones básicas; sus relaciones internas y externas; los procesos dentro de las unidades, es decir, el comportamiento de los actores y los resultados que logran mediante sus programas o productos.

Según Filmus Daniel (1999): "La educación de calidad es un concepto aplicado que requiere estructuras operativas jerarquizadas, responsables del proceso, las que se definen sobre la base de un diagnóstico según las cualidades de las variables que se desea analizar."

Por ello, ante este mundo cambiante, es la calidad educativa una preocupación que lleva a las instituciones y en particular a los directivos que tienen una visión de futuro, a elaborar y desarrollar un plan estratégico con el fin de mejorar los diversos aspectos que integran la tarea educativa. Por eso se considera que un elemento básico para el directivo en la organización y dirección de la institución es la planeación estratégica, la cual se define como un "proceso de gestión que permite visualizar de manera integrada, el futuro de las decisiones institucionales que derivan de la filosofía de la institución, de su misión, orientaciones, metas, objetivos, programas, así como determinar estrategias por utilizar para asegurar su implantación" (Isaías Álvarez García, 1997). Está orientada a soluciones de largo plazo y se sustenta en un diagnóstico que garantice la trayectoria de las posibilidades de evolución hacia el objetivo deseado.

La calidad debe ser un compromiso de todos los miembros de la comunidad educativa para propiciar el mejoramiento y brindar información confiable a los usuarios y a la sociedad sobre el servicio educativo que prestan las instituciones, estimulando la idoneidad y solidez en el cumplimiento de su misión, propósitos y objetivos expresados en el modelo educativo.

La calidad se hace manifiesta por medio de las características que proveen las instituciones y sus programas. El conocimiento posee una dimensión universal, de modo que su validez no está condicionada al contexto geográfico. La universalidad del conocimiento hace referencia a la multiplicidad y extensión de los ámbitos en que se despliega el quehacer de la institución. La calidad educativa propiamente dicha alude, entre otros aspectos, a los siguientes:

- La responsabilidad.
- La universalidad del conocimiento.
- La integridad de la institución.

- La equidad o sentido de justicia en la que opera.
- La idoneidad o sentido para cumplir con las tareas específicas de la institución.
- La responsabilidad o coherencia entre lo que se dice y lo que se hace en el modelo educativo.
- La pertinencia para responder a las necesidades del medio de manera proactiva.
- La eficacia.
- La eficiencia.

En suma, podemos precisar que:

a) La calidad no se refiere solamente a los resultados. Es sistémica, es consecuencia de un proceso de calidad. La calidad es el alma de cada fase, de cada operación y, por tanto, de cada persona. Dentro de un sistema que busca la calidad, cada quien está implicado en cada momento. Cada quien ha de producir calidad.
b) La calidad es un método democrático pues motiva a todos a fondo y a cada uno en su sitio, en sus funciones, en su nivel. Así, el docente, el empleado o el estudiante se sienten tomados en cuenta e incluidos seria y directamente en los resultados finales.
c) Lo dicho implica una gestión diferente de las personas. La calidad no es asunto de técnicas, sino de personas. Ahora se mira atentamente todo lo que precede a los objetivos, el proceso mediante el cual se llega a conseguirlos y los esfuerzos personales realizados. Cada actor del proceso educativo es valorado, por lo que hay un compromiso por ofrecer el máximo potencial.
d) La calidad exige una selección de prioridades en todos los ámbitos. Este principio habrá que aplicarlo a la enseñanza: no necesitamos saber muy bien centenares de cosas: bastan unas pocas, básicas y significativas; las otras son secundarias y no es preciso aprenderlas directamente. También es importante ser autocríticos.
e) La calidad se expresa en el mejoramiento continuado de los pequeños pasos; lo primordial es caminar siempre hacia la calidad. Las "grandes opciones" implican a pequeños porcentajes de la comunidad; mientras que las decisiones de la calidad comprometen a todos.
f) La calidad plantea el reto de repensar el trabajo con criterios de calidad, pagando el debido precio en esfuerzo, tiempo, preocupación, generosidad, aprendizaje y entrega. Ha llegado el momento de que la educación asuma estos criterios.
g) La calidad educativa exige una apertura a la verdadera excelencia en todos los servicios que prestamos, una aceptación, sin miedos, del cambio, una voluntad firme de autoformarse y reformarse permanentemente para ponerse a tono con los cambios, un verdadero compromiso con el quehacer educativo y con los sujetos de ese quehacer.

h) La calidad se vive en la cotidianidad, no es cuestión de principios. El presente no da tregua, la acción no es apurada, pero requiere un trabajo continuo y sostenido.
i) El concepto de calidad educativa está ligado al de calidad de vida, entendida ésta ante todo como la garantía que cada comunidad tiene de ejercer el derecho a definir su destino. Es poseer criterios para valorar y orientar críticamente el propio quehacer.
j) La calidad no va a llegar por azar o sin esfuerzo de nuestra parte. Implica generar un criterio de calidad y exige que busquemos caminos para alcanzarla.
k) Preguntarse por la calidad es interrogar a la realidad misma; es sentirse cuestionado en el quehacer cotidiano y en el compromiso, para luego motivar este análisis entre los colegas y en la comunidad.
l) Además, el concepto de calidad también hace referencia a otros factores en el campo educativo, como:

- Estrecha vinculación con el entorno, la comunidad y el mundo actual.
- Adecuación al proyecto de sociedad que se busca.
- Adaptación a los cambios y a las situaciones históricas.
- Pertinencia de las concepciones pedagógicas y de los principios que orientan a las instituciones educativas.

EL MODELO, EXPRESIÓN DE LIBERTAD

Cuando no se sabe adónde se va, no se va a ninguna parte. A menudo los educadores derrochan energía y dedicación en la preparación de la materia, las correcciones, las reuniones de evaluación de alumnos; tal parece que eso funciona, pero no se sabe por qué; la maquinaria tiende a justificarse por sí misma. Pronto llegan el desánimo, la pereza y la desilusión; es el turno de los desengañados; se corre el riesgo, entonces, de ajustar el trabajo a los mínimos, de reducir la semana a una espera de las vacaciones, de refugiarse en una enseñanza aséptica y carente de significado, pues ya no ofrece sentido ni esperanza.

La libertad no es un fin en sí misma: *libres, sí, pero ¿para qué?* El modelo contribuye a responder a esta pregunta, le permite a la comunidad educativa ser más creativa, trabajar con más confianza en sí misma y con un dinamismo renovado. Si la libertad consiste en "liberarse de...", "desprenderse de...", "rechazar...", también consiste en "comprometerse para", "arriesgar", "partir hacia"... Este es el sentido del modelo. La libertad reside, no en la indeterminación, sino en la elección. El modelo de las instituciones educativas debe ser la elección de un camino hacia la verdad y la libertad.

MODELO EDUCATIVO
Y MODELO DE SOCIEDAD

La actividad educativa implica una creación constante. El docente y el alumno acceden a situaciones inéditas que demandan el desarrollo de la intuición, la creatividad, la imaginación y la improvisación. La pedagogía da cuenta de lo anterior y se convierte en una de las dimensiones clave del modelo educativo en su sentido normativo. Define el deber ser, el cómo hacer, y de allí se determinan las reglas que asumen los actores de los hechos pedagógicos y de la filosofía institucional. Las normas surgen, entonces, del hacer, de los principios éticos, biológicos, sociales, psicológicos y económicos que permiten justificar la acción educativa.

La educación además de ser un fin es un bien social y un derecho connatural a las personas. Es un vínculo entre pasado y futuro. La labor educativa es, por antonomasia, trasmisora de la cultura, aceptada como deber social y vinculada a todos los ámbitos del quehacer humano. La educación es benefactora y su función primordial se relaciona con la movilidad social armónica y un desarrollo social equilibrado.

Educar es crecer, formar, transformar y preparar a lo largo de la vida a seres únicos dentro de escenarios sociales, forjadores de la cultura y su evolución. Quienes siguen una senda educativa formal o se nutren de un requerimiento de justicia y paz interior y hacia los demás son conscientes de su propia obra y de las determinaciones que impone la naturaleza, la cual también es modificada a partir del ejercicio de estos actores sociales. "Educar es la vida misma." Entre las características de la educación hay que destacar:

- La noción del perfeccionamiento que modifica a los seres humanos para explorar sus máximas potencialidades.
- Es un bien social y un bien moral.
- Es el medio para alcanzar la plenitud y el bien último. De allí parte su trascendencia.
- Organiza los conocimientos, habilidades, actitudes y destrezas, los cuales organiza para seguir un criterio moral.
- Es estrictamente humana y de ella emerge el entendimiento que nutre la voluntad.
- Es un proceso de socialización. A través de ella se accede al lenguaje, costumbres, ideas, normas morales y de convivencia.

La educación es un bien en el que se entrelazan procesos de transformación y perfeccionamiento individual y colectivo. Desarrolla las capacidades humanas, fomenta procesos de integración que no sólo impactan su realización personal, sino que, recibe, comparte y proyecta lo que es en otros seres –tanto presentes como futuros– con los que convive o a los que heredará su bagaje intelectual, afectivo y moral.

Por su carácter integral, la educación tiene

- Dinamismo, que le otorga su capacidad cambiante, versátil y susceptible de transformar sus paradigmas científicos, técnicos o sociales. Se educa de acuerdo con convenciones, pero también de acuerdo con las condiciones en las que se da la educación, las características culturales, la edad, el género, etcétera.
- Intencionada al concentrarse en ciertos valores, voluntades y acciones.
- Sistematicidad al amalgamar situaciones entre sí para obtener logros.
- Amplitud de alcances. Para entenderla es necesario comprender que la educación es diferente de la instrucción, la primera supone un ejercicio creativo, en tanto que el instruido repite y recrea. Asimismo, la formación supone la asunción de un patrimonio intelectual, afectivo y psicomotor que motiva ciertos comportamientos. La formación permite obtener resultados concretos mientras que la educación es un proceso inacabado y permanente.

En el proceso educativo es inevitable que los estudiantes atiendan opciones de aprendizaje superficial o memorístico y del profundo, el cual implica mayor responsabilidad creativa y de investigación. Esta última modalidad hará factible que el alumno desempeñe acciones de indagación y de investigación autónoma e, incluso, el planteamiento de una propuesta creativa personalizada; cada educando tendrá su particular estilo de aprendizaje. La tarea del profesor será identificarla para visualizar cómo resuelve los problemas el alumno, cómo expresa los resultados y encamina sus estrategias de aprendizaje, y cómo se integra a los grupos de aprendizaje y equipos de trabajo cooperativo. Con esos elementos será posible diseñar y aplicar modos de evaluación adecuada a las categorías del aprendizaje y al estilo de cada alumno.

Con la individualización del aprendizaje el nuevo conocimiento se integra al previo. Se da una sinergia entre el conocimiento adquirido, su valor instrumental y la nueva información que derive en significados novedosos. Se destaca el desarrollo de un aprendizaje significativo que tiene entre sus características:

- Incluye a toda persona, con sus pensamientos, sentimientos y acciones.
- El interés surge de la persona aun cuando haya estimulación externa.
- Entender y descubrir son una experiencia personal interior.
- El cambio puede suscitar una modificación de actitudes, valores y comportamiento.
- Cada quien hace suyo lo que aprende, lo que se convierte, entonces, en un recurso personal.

La institución educativa es un ámbito de vida; más allá del marco académico o de la enseñanza oficial de asignaturas, es una plataforma educativa en la que se dan grupos originados por afinidades culturales, deportivas, festivas, amistosas y políticas.

En este ámbito proponemos tanto los saberes de la cultura; el saber hacer, las técnicas y los aprendizajes, así como una concepción de hombre y de sociedad.

Las instituciones educativas deben ofrecer y promover un modelo de sociedad congruente con su modelo educativo, pues la relación entre ambos es indisoluble. Un modelo educativo supone siempre una filosofía de valores, expresada por medio de una visión del mundo, y de esta manera contribuye a crear o a dar continuidad a un modelo de sociedad. De la misma forma, todo cambio profundo en la sociedad repercute en la institución educativa. Y cualquier gobierno que desee producir una transformación duradera en la sociedad sabe que uno de los recursos decisivos es el de asegurar su influencia en el centro escolar.

El modelo educativo es la expresión de lo que pretende ser la institución educativa, su aspecto más específico, el pacto profundo que la avala y mantiene, las finalidades que alimenta en su interior. Es la memoria de la institución: medio de verificación y ajuste permanente, condición de continuidad. Es un instrumento de gestión de la institución educativa, pues tiende a asegurar la coherencia entre las orientaciones de fondo y las actividades concretas.

Es condición de libertad, pues un modelo definido con claridad permite a cada uno situarse en el conjunto: al educador, en su compromiso profesional en el interior de la institución educativa; al alumno, en la construcción de su personalidad y de su libertad.

Finalmente, el modelo educativo da al acto educativo su dimensión colectiva. Cada individuo, por supuesto, no tiene que realizar todos los aspectos de la misión educativa de la institución educativa. Pero cada uno de ellos tiene que desempeñarse de tal modo que el conjunto de esta misión pueda ser asegurado.

EL HORIZONTE DEL MODELO EDUCATIVO

En definitiva, el modelo educativo, como la misma institución educativa, está al servicio del educando y en él debe encontrar su última justificación. El modelo es el "horizonte" de cuanto se plantea. Este horizonte se contempla en dos fases:

La *primera fase*, que sirve de luz o perspectiva para la segunda, es la concepción del hombre que va implícita en el carácter propio de la institución educativa, y que se desarrolla en los siguientes aspectos:

a) La identidad espiritual del hombre, aquella que la diferencia fundamentalmente del animal y que se manifiesta en tres dimensiones:

- El amor, que es la aptitud para dar, entregar y entregarse en un proyecto de vida donde se planifica la persona y la sociedad en la que vive.

- La inteligencia, que es la aptitud para la reflexión, el razonamiento y el discernimiento (conocer, articular y evaluar ideas).
- La libertad, frente al determinismo propio del animal, como aptitud para decidir y elegir sin coacción.

b) El hombre, llamado a la superación: la persona está en camino, en demanda de progreso; es un ser que se está haciendo continuamente, lo que le permite asumir y superar los fracasos que va teniendo en el desarrollo de las mencionadas tres dimensiones del espíritu.

El modelo educativo de la institución escolar se propone, ante todo, promover y cultivar esta apertura del espíritu en el hombre.

La *segunda fase* se refiere a las necesidades educativas de los niños y jóvenes, necesidades que varían según la época, la edad, los grupos y las personas, y que no admiten, por consiguiente, respuestas genéricas o uniformes. El modelo educativo debe partir de una lectura atenta de la realidad. Dicha lectura, a la luz de las dimensiones que antes describíamos en el ser humano, nos sugerirá las respuestas adecuadas.

LAS FINALIDADES QUE QUEREMOS LOGRAR

El planteamiento de las finalidades nos obliga, ante todo, a superar el simple cumplimiento de los programas académicos y hacer consciente el porqué de nuestra misión; habremos de dar razones para vivir y para esperar (GS 31). El modelo educativo debe mirar al futuro, más que al pasado; un modelo que:

- Eduque en las competencias.
- Eduque en los valores, para hacer personas y no almacenes de conocimientos, intención que se refleja en el perfil del alumno.
- Eduque en la esperanza, una esperanza activa y creativa, para que la persona sea capaz de transformar y renovar la sociedad y no se integre pasivamente a ella.
- Eduque en la búsqueda, para hacer personas amantes de la verdad.

La finalidad última, que para nosotros se define como procurar la educación humana, hemos de especificarla, acercarla a nuestro hoy, a nuestra cultura, a nuestras circunstancias históricas y sociales. Ahí es donde tendremos que afinar la respuesta. Porque es en las finalidades concretas, "parciales", donde el dinamismo corre el riesgo de desaparecer por parálisis, al quedar absorbido por lo masivo, lo rutinario, lo cómodo, la premura de los programas, las conveniencias sociales y la dificultad de encontrar estructuras adecuadas.

Por eso un modelo no se valora tanto por la finalidad última cuanto por las finalidades intermedias, las que procuran su encarnación en la historia real.

Así, por ejemplo, las finalidades que tendremos que perseguir de manera especial, en nuestro aquí y ahora, son:

1. Promover la educación para la justicia y el compromiso por la paz.
2. Proporcionar a los alumnos, sobre todo a aquellos con dificultades especiales, los medios para el desarrollo de habilidades cognitivas y socioafectivas.
3. Establecer relaciones fraternales entre el profesorado, y entre éste y el alumnado.

LAS ESTRUCTURAS QUE SE HAN DE RENOVAR, PROMOVER, CAMBIAR E INVENTAR

Si antes afirmábamos que un modelo educativo se valora por sus finalidades intermedias, ahora añadimos que una comunidad educativa debería ser juzgada no por los objetivos que se propone, sino por los medios que está dispuesta a emplear para alcanzar esos objetivos. Porque en esos medios es donde entran en juego las prioridades, las opciones en el plano personal y comunitario. Y toda opción lleva consigo alguna renuncia, algo que cuesta.

En la renovación de estructuras deben congeniarse fidelidad y creatividad: fidelidad para que no se nos pierdan de vista las finalidades últimas; creatividad, para encontrar las estructuras más eficaces en orden a dar solución a las necesidades encontradas.

MACROAMBIENTE Y MODELO EDUCATIVO

Para responder a la misión es indispensable conocer la realidad en que vivimos, las necesidades que derivan y los factores que influyen en ella. Esta síntesis retoma de manera general y breve algunas características significativas de la situación actual y de esta forma respondemos a las grandes preguntas que como educadores nos hacemos: ¿qué tipo de persona queremos formar?, ¿qué sociedad queremos ayudar a construir?, ¿qué inspira y alienta nuestra labor?

Marco situacional

Situación económica. Destacan entre las más significativas las sucesivas crisis económicas, el desempleo y la explotación inadecuada de los recursos naturales.

Situación política. Entre las sobresalientes están el proyecto político agotado, la transición política lenta; la corrupción de los gobernantes desacreditados, las opciones políticas insuficientes, como lo son también la participación política y ciudadana.

Situación sociocultural. En este rubro destacan la rica herencia histórica y cultural, los proyectos políticos y económicos inspirados en la cultura globalizadora, la decadencia de valores, la aparición de grupos marginados, la desintegración familiar, la corrupción como un estilo relacional generalizado, el crimen organizado, el tráfico y consumo de drogas y otros ilícitos, la proliferación de la delincuencia; y la crisis de los sistemas de atención a la salud y la educación.

Situación educativa. Las más significativas son la reducción en el índice de analfabetismo, grupos marginales por atender (indígenas, campesinos); calidad educativa deteriorada, grave deserción escolar, influencia de los medios de comunicación con imágenes distorsionadas y superficiales de la realidad, ineficiencia en la preparación para el trabajo, insuficiente formación crítica y propositiva, confusión y desplazamiento de los valores; insuficiente desarrollo de la conciencia social, la participación democrática, la honradez, la responsabilidad y la justicia; escasa participación de los padres en la escuela de sus hijos y crisis en las instituciones educativas.

Situación familiar. Rica herencia en la tradición familiar, pero con crisis del proyecto familiar; desintegración familiar; poca preparación para la vida adulta en familia; promoción de proyectos relacionales descontextualizados de realidad nacional y falta de comunicación entre padres e hijos.

El proyecto de hombre y de sociedad

Proyecto de persona como ser individual

Consideramos a la persona un ser individual: persona única e irrepetible, autónoma, libre y responsable, creativa, en proceso de crecimiento y maduración, la cual:

- Toma conciencia de su ser y su dignidad, por lo que se respeta y valora.
- Descubre lo que es capaz de hacer y desarrollar y se empeña en realizarlo.
- Asimila los conocimientos y valores de nuestra cultura para proyectarlos en forma creativa y transformadora.
- Cuida su salud ejercitando sus habilidades físicas.
- Aprecia y disfruta lo bello, desarrollando su sensibilidad y creatividad.
- Aprende a prever y valorar, para tomar decisiones asertivas y actuar en consecuencia.
- Se forja una voluntad firme y perseverante mediante esfuerzos sostenidos, que lo capacitan para superar las dificultades.
- Formula su proyecto y lo realiza progresivamente al trabajar en objetivos inmediatos y congruentes, abierto a los retos de la vida.

Como ser social

Es un ser social, abierto al otro pues para vivir, crecer y realizarse necesita a los demás.

La institución educativa, considerando la dimensión social de la persona, debe fomentar en cada uno que:

 a) Reconozca y exprese sus valores personales al aprender a apreciar y tomar en cuenta los valores colectivos.
 b) Desarrolle sus cualidades personales y adquiera un espíritu de servicio en búsqueda del bien de los demás.
 c) Sea fiel en el cumplimiento de sus compromisos personales y de grupo.
 d) Sea sensible a los problemas y necesidades locales, nacionales y mundiales, comprometiéndose en acciones concretas que promuevan la justicia.
 e) Ame a su país, aprecie su presente y pasado histórico y se disponga responsablemente a desempeñar las funciones políticas que en el futuro le correspondan. Se eduque en la correcta administración de los bienes materiales, con una actitud crítica ante la sociedad de consumo.
 f) Fomente en su vida los valores de respeto, justicia, colaboración, amistad y desprendimiento para desempeñar adecuadamente su misión en la sociedad.

El tipo de sociedad que buscamos promover

Modelo educativo y modelo de sociedad

La institución educativa es un ámbito de vida que va más allá del marco académico o de la enseñanza oficial de las asignaturas; es una plataforma educativa en la que se forman grupos originados por afinidades culturales, deportivas, festivas, amistosas y políticas.

En este ámbito se educa en los saberes, en el saber hacer, en el saber convivir y en el aprender a aprender desde una concepción de hombre y de la sociedad. La institución debe ofrecer y promover por medio de la educación un modelo de sociedad: modelo educativo y modelo de sociedad son, en realidad, indisociables, pues un modelo educativo supone siempre una filosofía y valores, expresados por medio de una visión del mundo, que de esta forma contribuye a crear o a dar continuidad a un modelo de sociedad. De igual manera, todo cambio profundo en la sociedad repercute en la institución educativa.

Una sociedad digna del hombre

Buscamos una nueva sociedad. Una sociedad digna del hombre, en la que se vivan la fraternidad, la igualdad y la solidaridad; una sociedad en la que si alguien es privilegiado y favorecido, ése es precisamente el débil y el marginado, el que por sí mismo no puede defenderse.

Los sistemas injustos, como sabemos, se basan en la competitividad, la lucha del más fuerte contra el más débil y la dominación del poderoso sobre el que no tiene poder. Frente a esta situación, buscamos la cooperación, la solidaridad y conseguir que las diferencias entre los hermanos se reduzcan y si hay que privilegiar a alguien, que sea al menos favorecido.

Este estilo tiene que hacerse realidad en nuestra sociedad actual. Se hará realidad en la medida en que haya hombres y mujeres que cambien radicalmente su propia mentalidad, su escala de valores, su apreciación práctica y concreta por el dinero, el poder y el prestigio.

La libertad y la igualdad son términos dialécticos. Si se privilegia uno, se excluye el otro cuando se pretende imponer ambos en el ámbito de toda la sociedad. Así ocurrió que en algunos países se impulsó la igualdad, pero a fuerza de reprimir la libertad; en otros, se privilegia la libertad, pero a costa de grandes desigualdades. Para esta situación no hay más alternativa que el proyecto de los que con plena libertad se proponen establecer entre ellos mismos la más plena igualdad, basada en una auténtica fraternidad.

En síntesis, urge una sociedad verdaderamente humana: libre, solidaria, democrática, abierta al cambio, comprometida con los valores; preocupada por dar respuesta a los diversos problemas sociales, políticos, económicos y culturales, mediante el desarrollo de programas a favor de la comunidad.

Institución escolar, educación y sociedad

La institución educativa debe ser una respuesta social al derecho que tiene toda persona a la educación.

La persona no se realiza fundamentalmente en la posesión de contenidos, sino en el establecimiento de unas relaciones adecuadas consigo misma, con los demás, con su ambiente y con la naturaleza. Los contenidos han de ponerse al servicio de esas relaciones, para interpretarlas y llegar a nuevas estructuras de convivencia. Se trata de un modelo dedicado a cultivar la conciencia de pertenencia; encontrar el sentido de la propia identidad en la pertenencia a una comunidad, a un pueblo y a una historia.

Los cuatro pilares de la educación (UNESCO)

Para la UNESCO, la educación a lo largo de la vida se basa en cuatro pilares: aprender a conocer, aprender a hacer, aprender a vivir juntos y aprender a ser.

- Aprender a conocer, combinando una cultura general suficientemente amplia con la posibilidad de profundizar en los conocimientos en un pequeño número de materias. Ello supone además aprender a aprender para poder aprovechar las posibilidades que ofrece la educación a lo largo de la vida.
- Aprender a hacer, con el fin de adquirir no sólo una calificación profesional sino, más generalmente, una competencia que capacite al individuo para hacer frente a gran número de situaciones y a trabajar en equipo. Pero también, aprender a hacer en el marco de las distintas experiencias sociales o de trabajo que se ofrecen a los jóvenes y adolescentes, bien espontáneamente a causa del contexto social o nacional, bien formalmente gracias al desarrollo de la enseñanza por alternancia.
- Aprender a convivir al desarrollar la comprensión del otro y la percepción de las formas de interdependencia, realizar proyectos comunes y prepararse para tratar los conflictos respetando los valores de pluralismo, comprensión mutua y paz.
- Aprender a ser, para que florezca mejor la propia personalidad y se esté en condiciones de obrar con creciente capacidad de autonomía, de juicio y de responsabilidad personal. Con tal fin, no despreciar en la educación ninguna de las posibilidades de cada individuo: memoria, razonamiento, sentido estético, capacidades físicas, aptitud para comunicar…

La institución educativa humaniza mediante la cultura

Humaniza y personaliza

Orienta al educando para que desarrolle plenamente su pensamiento y su libertad, haciéndolos fructificar en hábitos de comprensión y de comunión con la totalidad del orden real, por los cuales el hombre humaniza su mundo, produce cultura, transforma la sociedad y construye la historia.

Promueve la totalidad de la persona mediante la educación integral e integradora

La visión integral exige globalidad y complementariedad, unificando las diversas acciones educativas y orientando humanamente al educando a la asimilación crítica de la cultura. Ayuda a madurar la propia identidad

Procura descubrir, valorar y cultivar a cada alumno en su propia identidad, ayudándolo a crecer desde la interioridad para que se configure su personalidad. Así, él asume poco a poco modos propios de ser, pensar, valorar y actuar.

Educa para la comunidad

La institución educativa concibe a la persona como ser llamado a la comunión con otras personas y con la naturaleza. Para ello facilita las actitudes para darse y acoger, al madurar y capacitar a los alumnos para insertarse creadora y comprometidamente en su comunidad concreta con el fin de transformarla con su iniciativa y su acción.

Educa por sus relaciones y su clima participativo

Los educadores se incorporan al ambiente de sus discípulos y comparten sus intereses, preocupaciones y esperanzas con el propósito de ayudar fraternalmente, apoyan a los educandos para que descubran y encuentren por medio del diálogo su puesto en el mundo.

Los alumnos ejercen sus responsabilidades en bien del conjunto, en forma progresiva y de acuerdo con su edad y capacidades.

Promueve el aprendizaje sistemático

La institución promueve la asimilación y profundización cultural por medio del aprendizaje sistemático y crítico, al tiempo que ofrece situaciones de aprendizaje que cultiven el crecimiento de todas las áreas.

Atiende a la persona y renueva sus objetivos y programas

En la institución la persona es siempre el fin del proceso educativo, nunca un medio. Para ello asume objetivos educacionales en coherencia con la imagen de persona y comunidad que se propone y jerarquiza sus programas en función de las necesidades de cada comunidad educativa.

Busca y crea una metodología congruente con el tipo de ser humano que quiere formar

En la institución educativa la opción metodológica es una exigencia impuesta por su propia y original visión de educación. Para ello participa en los movimientos de renovación de la pedagogía, acordes con este ideario.

Prepara el encuentro con la cultura

Como lugar privilegiado de promoción integral propicia la asimilación sistemática y crítica de la cultura al facilitar a los educadores el discernimiento de los valores y antivalores de la cultura en que se desenvuelven.

Colabora con otros educadores y demás agentes educativos

Está consciente del papel de cada agente educativo y procura darle coherencia a la totalidad de relaciones en que está inmerso el sujeto.

Forma en el tiempo libre

La institución educativa se proyecta más allá de la actividad académica y potencia el uso formativo del tiempo libre, la práctica del deporte, así como la organización de grupos y asociaciones.

MÉTODOS DE ELABORACIÓN Y REVISIÓN DEL MODELO EDUCATIVO

Entre los procedimientos para la elaboración del modelo están los métodos:

- Inductivo.
- Deductivo.
- Parcial.

Método inductivo

Se trata de hacer explícito el modelo que el centro educativo ya ha desarrollado y maneja, aunque haya sido de manera no formal, para ser contrastado con los objetivos y las actividades propuestas.

Hacer explícitos los acuerdos implícitos ayuda a considerar más a los diferentes integrantes de la comunidad educativa, gracias a lo cual se favorecen las decisiones de consenso, con ejes comunes de actuación, lo cual permite:

a) Intercambio y comunicación de ideas y experiencias ante los aspectos planteados.
b) Aparición de las divergencias en el pensamiento y actuación de los diferentes sectores de la comunidad educativa, valoración de esos criterios con la posibilidad de llegar a acuerdos.
c) Manifestación y localización de los problemas de la institución, que deben ser afrontados por los diversos sectores de la comunidad educativa, para compartir los mismos objetivos y fines.

Este método resulta sencillo, pues parte de lo que se realiza todos los días y tiende a ser más concreto y realista.

Método deductivo

Con este método, a partir del análisis del contexto de la institución se van elaborando, de forma lógica y derivada, los valores, los objetivos, la estructura organizacional y el reglamento.

Mediante el método deductivo se crea una línea de trabajo de lo general a lo particular, de lo teórico a lo práctico, en la que se irán insertando la organización y el funcionamiento de la institución educativa. Pero presenta dificultad en su elaboración, pues implica conocer en profundidad la metodología, aspecto que no todos dominan.

Método parcial

Para elaborar el modelo educativo de manera parcial, se eligen algunos aspectos de la organización y el funcionamiento de la institución según la importancia, urgencia o facilidad de llegar al consenso, y se parte de un mapa de necesidades, para poner de manifiesto los mayores logros o los problemas o dificultades existentes, como áreas para desarrollar o mejorar.

Las fases de elaboración son:

a) Mapa de aciertos o necesidades.
b) Atención prioritaria, negociación de los aspectos por desarrollar o mejorar.
c) Análisis del contexto del ámbito en que se va a trabajar.
d) Principios y valores relacionados con el aspecto que se desarrollará.
e) Formulación de objetivos tendentes a mejorar la institución.
f) Definición de estructuras.
g) División de funciones, tareas y responsabilidades.

Otro aspecto que hay que tener en cuenta es la coordinación que debe existir entre el modelo educativo y el proyecto curricular.

La motivación

Ésta desempeña un papel primordial. Los objetivos de esta fase son la adecuada trasmisión de información a todos los interesados y afectados por la elaboración y puesta en marcha del modelo, de modo que adopten una actitud favorable al cambio; la profunda motivación para que todos quieran colaborar en las tareas de planeación del modelo; la creación de una disposición tal, que ellos acepten los resultados de la investigación y de la programación, y se dispongan a ejecutar los modelos formulados.

Son fundamentales las buenas relaciones humanas entre todos los elementos de la institución y principalmente entre los integrantes del grupo directivo. En este aspecto no se pueden dar sugerencias, ya que cada director maneja a su personal de manera diferente; lo importante es que consiga los objetivos expuestos en la motivación.

El director o el consejo directivo buscarán e invitarán a aquellos elementos de la comunidad educativa que, por su actitud y su valor, puedan aportar elementos positivos al modelo educativo. Es fundamental que participe, si es posible en su totalidad, el grupo de docentes, administrativos y personal de apoyo (por parte de la institución), y un grupo representativo de padres de familia y alumnos.

Participación del modelo educativo, responsables de su elaboración

La elaboración del modelo requiere la participación activa de los distintos agentes del quehacer educativo.

En la participación del modelo pueden estar involucrados personas, grupos, departamentos y organizaciones que, de alguna manera, existen en la comunidad educativa.

Para elaborar el análisis de la participación podemos tomar como base los puntos siguientes:

a) Registrar los grupos importantes, personas, departamentos relacionados con el modelo o que se encuentren en su área de influencia.
b) Formar categorías de los mismos, según su acción y participación.
c) Identificar las consecuencias, ventajas y desventajas al incorporarlos al modelo.

Los responsables de la elaboración del modelo educativo son los integrantes de la comunidad educativa:

a) El director o rector.
b) El equipo directivo.
c) El consejo.
d) El claustro de docentes.
e) Los departamentos de la institución educativa.
f) La junta de delegados de alumnos.

Y sólo se realizará cuando los integrantes de la comunidad educativa coordinen sus aspiraciones, sus esfuerzos y se comprometan a mejorar la calidad de sus acciones educativas. Así, entre todos consideran sus necesidades más apremiantes, establecen los objetivos de la institución educativa, así como las posibles soluciones, tiempos, recursos y evaluaciones. Además, se revisa y establece la función de cada uno de los integrantes de la comunidad en el proceso educativo.

El objetivo que se pretende alcanzar con la participación en el modelo consiste en que después del análisis de la participación se procede a redactar, en forma sintética, el panorama de los participantes (personas, grupos o instituciones) que estarán involucrados de uno u otro modo en el modelo. Se presta especial atención a los integrantes de la comunidad educativa.

Dificultades en su elaboración

Pueden surgir una o varias dificultades en la elaboración del modelo:

a) El individualismo.
b) No saber trabajar en equipo.
c) Falta de profesionalismo.
d) No considerar relevante la realización del modelo.
e) Una inadecuada administración educativa.
f) La deficiencia en el trabajo de los educadores.
g) No dominar la metodología para elaborar el modelo.

Para superar estos problemas se deben fomentar el espíritu de cooperación y el compromiso entre los integrantes de la comunidad educativa, aspectos que corresponde a los directivos, y a todos los integrantes de dicha comunidad.

Fases de elaboración y revisión

Previa o de preparación

1. Estudio y significado del modelo educativo de la institución.
2. Motivación, justificación y sensibilización de la comunidad educativa.

3. Estudio, por parte del equipo directivo, de la normativa básica sobre el contenido del modelo, así como de los responsables de su elaboración.
4. Análisis de las razones que justifican su elaboración y existencia.
5. Clarificar el contenido del modelo educativo respecto a otros documentos institucionales y establecer su conexión.
6. Elaboración de un documento resumen (no más de tres hojas) para que lo estudien y analicen los distintos grupos de la comunidad educativa y puedan así aportar las sugerencias oportunas.
7. Diagnóstico de la institución (maestros, alumnos).
8. Planificación de objetivos, metas y estrategias, y tareas que hay que realizar para elaborarlo.
9. Elaboración de un plan de actuación y un calendario, para orientar los procesos de elaboración de las fases del modelo.
10. Plan de elaboración hasta que quede finalizado el modelo educativo.
11. Las fases de su elaboración y el tiempo de duración de cada una de ellas.
12. El grado de participación de los distintos estamentos.
13. Plan de incorporación del modelo educativo al plan general del ciclo escolar:

   a) Objetivos.
   b) Acciones o tareas.
   c) Estrategias organizativas y de participación.
   d) Grupo de personas responsables de las diversas tareas.
   e) Recursos necesarios para llevar a cabo cada tarea.
   f) Seguimiento y evaluación.
   g) Propuestas de colaboración requeridas y servicios de apoyo externos.

Elaboración de los distintos aspectos

1. Asentar principios organizacionales que rijan la elaboración de los diversos aspectos (estrategias, grupos de trabajo, comisión responsable de su coordinación y redacción).
2. Elaboración de los distintos apartados teniendo en cuenta su correlación y derivación.
3. Impulsar la participación de la comunidad educativa, privilegiando al docente.

Aprobación y difusión del documento

1. Redacción última del documento.
2. Proceso de aprobación por parte del consejo directivo.
3. Difusión entre los integrantes de la comunidad educativa para su conocimiento y puesta en práctica.

Revisión, seguimiento y evaluación

1. Procedimiento para la modificación del modelo.
2. Líneas generales para su revisión, seguimiento y evaluación.

Elementos que integran el modelo educativo

Marco de referencia

Como la realidad de cada institución educativa es distinta y a la vez ésta cuenta con márgenes de autonomía, es necesario tomarla en cuenta de manera diferenciada para su adecuada planificación y comenzar con el marco de referencia, el cual busca llegar a conocer dicha realidad, contrastando los aspectos reales (marco situacional) para obtener un diagnóstico de las necesidades de la institución educativa.

El marco educativo

1. Sistematización de la historia de la institución.
2. Marco doctrinal: ideario, filosofía, misión y propósitos educativos.
3. La visión.
4. La cultura institucional.

Sistematización de la historia de la institución

La reconstrucción histórica de los procesos de desarrollo de la institución es una tarea fundamental que deben realizar las instituciones para aprovechar su experiencia y proyectarla hacia el futuro, en un afán de enfrentar los retos que éste le presente. La información que resulta de la sistematización proporciona elementos para analizar críticamente los acontecimientos y otorgarles un sentido para la planeación y el desarrollo.

Objetivo:

a) A partir de la experiencia histórica sistematizada, se determinan los ciclos de desarrollo de la institución, identificando los problemas enfrentados, las estrategias y opciones utilizadas y los resultados obtenidos.
b) Señalar en cada ciclo las etapas del proceso del trabajo de las personas involucradas, del desarrollo institucional y el nivel de desarrollo general.

c) Identificar el entorno externo: oportunidades y amenazas; y del entorno interno: fortalezas y debilidades encontradas en los ciclos de desarrollo, con el fin de definir el posicionamiento estratégico de la institución.
d) Determinar el nivel de desarrollo en aspectos académicos, formativos, administrativos, sociales y de servicio de la institución en su evolución histórica.
e) Proporcionar elementos para valorar la experiencia de cada persona y de la institución con el fin de aprovecharla en la planeación prospectiva de la institución.

Metodología

Se propone una metodología basada en aportaciones teóricas e investigaciones con un enfoque genético y estructural, vivencial y hermenéutico que privilegia la experiencia personal y colectiva como fuente de reflexión, aprendizaje y toma de decisiones para dirigir la acción futura.

El enfoque proxológico resulta relevante para estudios de previsión y prospectiva, ya que incorpora tanto aspectos cualitativos de proceso y participación como formales de estructura lógica y soporte cuantitativo. De esta manera, la sistematización de la experiencia institucional es un insumo importante para la previsión de contextos y escenarios, ya que la prospectiva queda fincada en la dinámica concreta de la institución y su entorno inmediato.

El trabajo de sistematización se lleva a cabo por medio de las actividades fundamentales siguientes:

a) Definición de ciclos de desarrolllo y llenado de formas, actividad que se realiza en sesiones grupales. Se manejan tres instrumentos que sirven para recabar información:

- Se solicita la identificación de hechos relevantes sucedidos en cada ciclo y la determinación de sus impactos en la institución y en el entorno.
- Se asientan datos acerca de las condiciones económicas, políticas y sociales del entorno, así como los resultados globales del ciclo.
  - Se requiere la descripción más detallada de los hechos que se consideran clave en cada ciclo y que se nombran antes. Se pide que se seleccionen de tres a cinco de esos hechos.
  - Estructuración, por los integrantes, de la información vertida en la parte anterior: la información recabada en los instrumentos se ubica e interpreta por ciclo, de acuerdo con las categorías de estructuración y análisis: estabilidad, desequilibrio, problemas, estrategias, opciones y resultados.

- Elaboración de gráficas y cuadros analíticos por parte de los asesores, para determinar la experiencia histórica de la comunidad y el nivel de desarrollo logrado.

El modelo educativo lo elabora la comunidad educativa, después de considerar la realidad nacional, local e institucional. El hecho de analizar su propia situación con sus fortalezas y debilidades es lo que la hace diferente de todas las demás y por eso mismo necesita soluciones adecuadas a su realidad.

El marco situacional incluye un análisis externo y otro interno.

El análisis externo busca tomar conciencia de los hechos más significativos en el medio circundante local y nacional, hechos que pueden ser políticos, económicos, sociales, culturales, etcétera.

El análisis interno o diagnóstico se dirige a conocer la situación que vive la institución en el presente.

Marco situacional. *Objetivo que se pretende alcanzar.*

Después del estudio detallado del marco situacional se procede a redactar un escrito en el cual se muestre la realidad nacional, regional y local en los aspectos económicos, políticos, ideológicos, social, cultural, académico, etc. Este análisis de la realidad debe tenerse presente en la elaboración del modelo educativo.

Análisis de la realidad interna, características de la institución

El análisis de la institución educativa incluye los aspectos siguientes:

1. Analiza el modelo educativo que ya funciona en la institución.
2. Identifica los problemas que más preocupan a la institución y plantea propuestas para asumirlos y mejorarlos.
3. Sistematiza el estudio de los recursos existentes y de los que serán necesarios.
4. Clarifica las necesidades educativas de los alumnos y la situación económica y cultural de éstos y de su entorno.

Incluye también estos aspectos:

1. Denominación.
2. Características físicas.
3. Características del profesorado.
4. Características institucionales.
5. Características personales del alumno.
6. Características y necesidades educativas de los estudiantes.
7. Características académicas.

Marco doctrinal

Está constituido por los principios doctrinales básicos que identifican y orientan al centro educativo.

El primer paso que deben dar los directivos de una institución que busca una profunda renovación en forma planificada es establecer un marco doctrinal de ideas, fuerzas y objetivos que orienten al modelo e iluminen a todos los miembros que integran la comunidad educativa.

Los objetivos propuestos en el marco doctrinal son los principios básicos que identifican a la institución, son las metas últimas de la educación. Mediante estos objetivos se crea una situación ideal que quizá nunca se conquiste, pero que engendra un dinamismo renovador y actualizante, una especie de tensión constante en todos los integrantes de esa comunidad, que los impulsa a realizar lo que todavía no está hecho. Es un deber ser.

Las metas inspiran un proceso que alcanza tanto lo realizado como lo que hay que hacer. Este conjunto de principios deben ser conocidos y vividos por todos los integrantes de la comunidad escolar. Al cumplir con ellos se crea el estilo de cada centro educativo y se rige el comportamiento habitual de todos.

Características del marco doctrinal

En la elaboración del marco doctrinal conviene considerar lo siguiente:

1. No debe ser fijado por unas cuantas personas.
2. Los principios doctrinales deben ser revisados periódicamente (cada tres años) para que se puedan matizar las necesidades y los cambios operados en la comunidad educativa, y las orientaciones nuevas que vayan apareciendo.
3. No deben ser demasiados principios, sino seleccionar lo esencial de la institución.
4. Tener los elementos necesarios para alcanzar lo mejor posible lo propuesto en el marco doctrinal.

Elementos esenciales en la elaboración del marco doctrinal

Para realizar convenientemente el marco doctrinal se sugiere tener en cuenta:

1. Las tendencias del pensamiento filosófico contemporáneo, en sus líneas básicas y en sus líneas de fuerza fundamentales (existencialismo, personalismo, materialismo, pragmatismo, etc.).

2. Las tendencias del movimiento global de la educación frente a una sociedad en rápida transformación, con métodos que tienden hacia la personalización, hacia la formación de un hombre crítico y creativo.
3. Las disposiciones oficiales (SEP, UNAM, etc.).

Dificultades que pueden presentarse al elaborar y hacer realidad el marco doctrinal

1. No saber traducir los objetivos y principios generales en acciones concretas en la programación.
2. La falta de sensibilidad por parte del personal, debido al desconocimiento de la finalidad de la institución o cualquier otro motivo.
3. Un gran problema sería encontrar personas que no sólo desconocen los principios educativos de la institución, sino que los rechazan y se oponen sistemáticamente a ellos.
4. Otra dificultad podría ser no tener en cuenta los recursos humanos y materiales con que cuenta el centro educativo y, por tanto, defraudar a las personas al no llevarse a cabo las actividades programadas.
5. Y finalmente un problema muy grave sería la falta de formación profesional y humana de los directivos y profesores del centro educativo, impedimento que origina la imposibilidad de alcanzar los objetivos señalados en el mismo.

Conceptos que pueden ser considerados en la elaboración del marco doctrinal

Los que siguen son algunos conceptos para ser estudiados en la elaboración del marco doctrinal:

1. Concepto de hombre, de sociedad, del mundo, de educación.
2. El perfil del hombre que se busca formar.
3. El perfil del alumno que se busca formar (según su nivel académico).
4. Perfil del educador (padre de familia, personal docente, administrativo, intendencia).
5. Definir quiénes integran la institución educativa, qué se pretende alcanzar y cómo se puede dar vida al ideario.

No hay que olvidar que habrá tanta variedad de marcos doctrinales cuantas sean las formas de concebir el mundo, la sociedad y a la persona.

La unificación de criterios en el marco doctrinal surgirá con la lectura y reflexión de los documentos que se les sugieren, de carácter oficial (SEP, UNAM, etc.).

Marco doctrinal: objetivo que se pretende alcanzar

Al finalizar el estudio del marco doctrinal, se elabora un escrito en el que se explique la filosofía educativa o ideario de la institución, las bases que orientan e iluminan el trabajo del centro educativo (su concepción de hombre, de sociedad y de alumno que busca formar).

Dinámica para la realización del marco doctrinal

Elaborar adecuadamente el marco doctrinal es de vital importancia para realizar el modelo. Debido a la amplitud de lecturas y de comentarios que se desprende del mismo:

1. Se sugiere que las lecturas se hagan por grupos:

    a) Que las comenten en reunión plenaria.
    b) Que realicen la clasificación de los ideales que como institución se pretende alcanzar.

2. Se le dé a una comisión redactora el trabajo de ordenar las ideas expuestas, para su aprobación por todos los participantes:

    a) Contenidos del marco doctrinal.

3. Dichos contenidos son:

    a) El ideario educativo.
    b) La filosofía educativa.
    c) La misión educativa.
    d) El modelo educativo.

El ideario educativo de la institución

Los idearios son documentos de carácter sintético en los que las instituciones expresan los rasgos esenciales de su identidad, los principios en torno a los que se han organizado, los valores que se proponen promover, así como los objetivos fundamentales o misión que se comprometen a realizar, todo lo cual suele denominarse *filosofía institucional*.

La formulación de un ideario es conveniente cuando obedece a una voluntad de compromiso con la sociedad y con los destinatarios de los servicios que la institución ofrece. Cualquier empresa puede establecer un ideario, pero éste se impone sobre todo en las instituciones que ofrecen servicios de carácter social como en el caso de la educación.

Estas instituciones deben dar a conocer los principios en los que se cimentan, los valores que las inspiran y los objetivos que persiguen, y por eso los idearios no sólo se justifican, sino que se imponen a ellas, en especial cuando son expresión de un compromiso al que se obligan los responsables y que harán extensivo a los integrantes de su comunidad.

En el caso de una institución de carácter educativo, el ideario debe ser dado a conocer a los colaboradores docentes y administrativos y a los mismos beneficiarios del servicio educativo: los alumnos. Los primeros deben aproximarse a él, por su calidad de colaboradores en el cumplimiento de la misión decidida, que así se convierte en misión compartida; y los segundos, por ser los depositarios directos del modelo institucional, que reclama de su parte conciencia plena sobre su naturaleza y objetivos, así como una respuesta positiva y activa. Sólo de esta manera el compromiso es institucional, en toda la extensión y sentido del término.

En síntesis, el ideario es un conjunto de principios, valores y objetivos prioritarios que derivan necesariamente de la identidad de la institución educativa.

La filosofía educativa

Si la filosofía es la disciplina que aspira a darnos una explicación cabal y profunda de la realidad, referirse a la filosofía de una institución educativa es:

1. Mostrar los signos constitutivos de su ser e identidad.
2. Desprender de ellos la razón de su existencia.
3. Explicar el significado o sentido de su presencia en la sociedad.
4. Definir la misión que puede y debe realizar.
5. Enumerar los objetivos o valores que se propone alcanzar.

Tener conocimiento claro y preciso de la filosofía de la institución educativa a que se pertenece es vital para que pueda realizar su misión. Sólo con miembros dotados de ideas claras acerca de la identidad y misión de la comunidad a la que pertenecen podrá ésta cumplir lo que se ha propuesto.

Pero aunque lo primero sea contar con ideas claras sobre un ámbito determinado de la realidad, en el caso de la razón de ser y la misión de la institución esto no basta. La filosofía de la institución debe mover a la acción, pues además de esclarecedora ha de ser dinamizante, y por eso, resulta determinante prever los medios que habrán de ser necesarios para motivar a los colaboradores y suscitar en ellos el entusiasmo indispensable con el fin de alcanzar de la mejor forma posible los objetivos que aquélla se ha propuesto.

La reflexión frecuente en torno a los principios en que se sustenta la institución, los objetivos y valores que persigue, los ideales a que aspira, debe ser la base y el punto de partida para desatar esos dinamismos. La idea, cuanto más clara y precisa sea, mayor poder tendrá para inclinar a la acción.

Las razones expuestas muestran la conveniencia de contar con un documento en que la denominada filosofía de nuestra institución sea descrita y explicada en la forma más clara y sencilla, de suerte que sea accesible a todos los integrantes de la comunidad educativa. El mismo habrá de servir como instrumento para la difusión interna de este indispensable conocimiento, base de su acción. Se deben evitar en él los tecnicismos, en aras de una más fácil comprensión; sin embargo y por tratarse de los principios últimos sobre los que se cimenta el ser y quehacer de la institución, no siempre se podrá evitar la utilización de conceptos abstractos. En tal caso se deberán proporcionar las explicaciones que sean pertinentes.

La misión educativa

La misión se desprende de la identidad

La misión se puede definir con base en la identidad. Los objetivos se formulan en correspondencia con lo que somos.

De la filosofía se desprende la misión, de acuerdo con su identidad

Somos una institución educativa de tal país, somos y estamos para servir a nuestra nación; debemos identificar y crear conciencia sobre sus problemas, y contribuir a descubrir, a proponer y aplicar.

Somos una institución con carácter específico

Todo esto nos impone la tarea de conocer la institución educativa, así como de ir a las raíces que le dieron origen. El esfuerzo por definir nuestra misión nos remite necesariamente al de esclarecer nuestro ser o identidad, pues sólo hay claros imperativos de acción cuando se corresponden con manifiestos indicativos de existencia.

El modelo educativo

La institución educativa posee un modelo que todos los miembros de la comunidad deben conocer, al que las autoridades y los educadores deben prestar atención constante, evaluarlo periódicamente y nunca considerarlo estático.

Hay que distinguir entre los modelos educativos y los modelos de organización escolar. Estos últimos apuntan fundamentalmente hacia las metodologías pedagógicas y didácticas para el desarrollo de los procesos de enseñanza-aprendizaje.

El modelo se desprende necesariamente del ideario y currículo institucionales. En el ideario la institución expresa los objetivos que se propone en su modelo educativo y la inspiración o filosofía en las que se sustentan los mismos. Y con su currículo institucional se instrumenta, con todos los recursos de que dispone, el mecanismo con el que habrá de alcanzar sus objetivos. Es manifiesta la estrecha vinculación entre el ideario y el currículo. Como también lo es el hecho de que el modelo de la institución sea corolario del ideario y condición para hacer operativo el currículo.

La institución cuenta con el ideario educativo que determina los objetivos que se propone lograr con su modelo educativo, derivados de su peculiar identidad, que sintetizan todos los demás y que se desprenden y cimentan en la inspiración que la institución declara fundamental.

El proceso de educación integral

Considera la atención cuidadosa del desarrollo de todas las dimensiones de la persona del educando:

1. La técnica-profesional, académica.
2. La físico-deportiva.
3. La cultural-estética.
4. La social y de servicio.
5. La humanística.
6. La valoral.

Al tomar en cuenta la unidad total que es la persona, este proceso no se limita a proporcionar conocimientos y procedimientos para propósitos meramente utilitarios, sino que trasciende esta tarea: se propone formular y trasmitir la comprensión de la realidad total y la manera como el saber debe integrarse en ella, hasta lograr la madurez de la persona.

La visión

Por visión se entiende la imagen de la institución proyectada hacia el futuro, con tal que después se esfuerce en alcanzarla.

Es una fuerza motivadora de la acción, capaz de dar cohesión a la comunidad educativa. Alienta al grupo a buscar metas no imaginadas, a sobreponerse a la rutina, a buscar caminos no explorados y, sobre todo, a sacudir la inercia propia de todo grupo institucional.

Algunos ubican la visión dentro de la misión, y es posible hacerlo. Aquí se separan para destacar la dinamización que implica la visión y la proyección de futuro que aporta la institución.

Las condiciones que debe reunir la propuesta de visión son:

a) Poder convertirse en realidad.
b) Ser equidistante entre lo amplio y lo concreto.
c) Ajustarse a lo normativo.
d) Poseer propuestas coherentes.
e) Reflejar consensualmente lo acordado.
f) Ser fuente de dinamización.

Determinar la visión implica responder a las siguientes interrogantes:

- ¿Qué queremos ser?
- ¿Cuáles son los propósitos o fines a que aspiramos en la institución educativa, respecto a los alumnos en el futuro?
- ¿Qué condiciones ideales debemos tener en el futuro para que la institución educativa a la que aspiramos sea una realidad?

La cultura institucional

Además de la sistematización de la historia de la institución, del marco doctrinal y de la visión, el marco educativo de una institución consta de otro elemento: la cultura institucional que, contextualizada, se refleja en el modelo educativo. Posee los mismos elementos básicos que el currículo y la cultura social:

- Contenidos o conocimientos como formas del saber que ha generado la institución.
- Métodos-procedimientos como formas del hacer de dicha institución.
- Capacidades-destrezas como herramientas productoras de la cultura propia.
- Valores-actitudes como tonalidades afectivas de la propia cultura.

Todos estos elementos deben ubicarse en una perspectiva histórica y actual contextualizada. Esa cultura propia necesita un espacio curricular en los programas educativos, entendidos como formas de socialización y enculturación. La intervención educativa debe incorporar tales supuestos.

El modelo educativo puede ser entendido desde supuestos diferentes; entre los ya estudiados están: el ideario y el proyecto, o también puede tratarse como instrumento de gestión y estrategia institucional, tomando preferentemente los elementos referidos a la gestión curricular y la gestión organizativa de la institución educativa.

Pero como cultura institucional u organización contextualizada implica una síntesis coherente y contextualizada del propio modelo humanista de educación, integrador de conceptos filosóficos, psicopedagógicos, organizacionales y sociales, facilitadores de un modelo de intervención educativa, y abarca los otros modelos.

La cultura institucional de una organización educativa implica una cooperación humana consciente, deliberada y orientada a la consecución de un fin. Ello supone compartir valores, creencias, principios, presunciones básicas, rituales y ceremonias, normas y pautas, símbolos y héroes, mitos e historias, redes culturales y materiales de consumo interno y externo, elementos producidos por la organización.

Todo ello constituye una filosofía humanista y personalista que forma parte del modelo institucional donde debe recogerse la identidad cultural de la organización. A partir de lo anterior la institución trasmite dicha cultura por medio de su modelo educativo.

De este modo, la cultura institucional genera:

- Un clima organizacional.
- Un estilo educativo.
- Unas formas de hacer.

Esta cultura ha de ser visible por parte de los alumnos a la hora de elegir la institución educativa, y debe ser aprovechada al adaptar el currículo oficial de acuerdo con la identidad cultural de la institución.

ESENCIA DEL MODELO EDUCATIVO

El modelo educativo parte de tres grandes fundamentos:

1. Una didáctica constructivista, la cual se centra en los procesos que permiten al alumno obtener, rectificar y organizar la información con el objetivo de que más que un reproductor sea un productor de conocimientos.
2. Una perspectiva social, la que considera que el aprendizaje es un acto social, por lo que se enfatiza el trabajo de equipo y se analizan las repercusiones de éste en el contexto de los alumnos (familia, comunidad, etc.).
3. Una perspectiva trascendente, lo que supone que la claridad en las metas del individuo, la conciencia de su potencial de desarrollo y el tipo de vida que asume responsablemente contienen significado para su existencia y sirven de trasfondo a su quehacer profesional, enriqueciéndolo y dándole una profundidad mayor.

¿Qué entendemos por hombre y sociedad?

Conceptuamos al hombre como una unidad que puede ser analizada desde dos dimensiones:

- La dimensión psicobiológica.
- La dimensión humana.

La primera corresponde a la estructura orgánica y su funcionamiento, como resultado de una dotación genética, que es compartida por individuos de la especie humana. El tener una posición bípeda, un pulgar oponible, una visión estereoscópica, una corteza cerebral mayor que la del resto de los primates, etc., nos caracteriza y posibilita una serie de comportamientos, como el lenguaje, que nos distinguen de otro tipo de organismos.

Sin embargo, aun cuando esta dimensión puede describirnos exhaustivamente como especie y determina nuestra existencia, falta el conjunto de fenómenos a que da lugar la organización de los hombres en grupo y es ahí donde se requiere un análisis desde la otra perspectiva que hemos dado en llamar *humana*.

La dimensión humana tiene dos aspectos: el social y el trascendente. Por su desvalidez congénita, el hombre requiere para su supervivencia otras personas durante un largo periodo.

Por medio de ellos satisface en un principio sus necesidades básicas, posteriormente aprende a satisfacerlas por sí solo y por último participa en el cuidado de otros. Toda su vida está mediatizada por otros seres humanos con los que juega, ríe, estudia, trabaja, emprende proyectos, reflexiona, pelea, etc. Los "otros" son imprescindibles para nuestra identidad, para ser lo que somos: seres de relación.

El aspecto trascendente tiene que ver con el sentido o significado especial que damos a nuestra existencia en términos de nuestra historia, de la circunstancia que nos toca vivir y las metas que nos fijamos en la vida.

Los seres humanos no sólo viven la vida, sino que reflexionan sobre lo que hacen, piensan, sienten, dicen, lo enjuician y están en posibilidades de modificarlo. Normalmente otras concepciones educativas separan al individuo de la sociedad y lo presentan a veces como un binomio complementario, a veces como una dualidad antagónica.

Desde el modelo educativo consideramos que el desarrollo de uno no puede darse sin el del otro. Los individuos se forman en sociedad y las sociedades son diseñadas por los individuos. Las sociedades justas resultan de los actos justos de sus integrantes y viceversa, se aprende a ser justo en una sociedad justa.

¿Qué entendemos por educación?

La educación es un proceso de aprendizaje continuo que empieza desde el nacimiento y acaba con la muerte, y es socialmente importante. Es un proceso que no es responsabilidad únicamente de las instituciones educativas, sino de todas las instancias que participan en la formación del individuo/sociedad: familia, gobierno, medios de comunicación, etc. Está más allá de la certificación oficial, pues muchos de los saberes más valiosos no tienen constancia de acreditación, y sobre todo es un proceso que abarca todas las dimensiones de la vida humana: la física, la intelectual, la afectiva, etc. Aprendemos a caminar y a jugar futbol, aprendemos los nombres de las capitales del mundo y también a memorizar un poema, a analizar una teoría, a criticar un discurso político y a escribir un cuento; aprendemos a amar, a interesarnos por las cosas bellas, a defender nuestros ideales. Este es un proceso que lejos de ser secuencial, es decir, primero lo físico, luego lo intelectual, luego lo afectivo, es confluente, simultáneo. En el acto de educar más simple están implicadas todas las dimensiones humanas. Cuando el niño escribe sus primeras letras está pensando y está sintiendo. La educación a partir del modelo educativo debe contemplar toda esta riqueza y complejidad, ya que en las aulas pretendemos enseñar conscientemente mucho más que conocimientos.

¿Cómo se da el conocimiento?

No hay versiones definitivas sobre el conocimiento, aunque sí hay versiones *mejor acabadas* que otras. No hay verdades absolutas ni eternas, puesto que toda proposición científica está condicionada tanto a la cantidad y calidad de pruebas que puede aportar como a la perspectiva especial desde la que el investigador mira el mundo y al conjunto de tradiciones, costumbres, prejuicios, limitaciones tecnológicas de la época e incluso intereses políticos. Conocer es, en primera instancia, un acto subjetivo que pretende tener una validez otorgada por un contexto social. De ahí que la didáctica basada en la trasmisión de conocimientos no tenga cabida dentro del modelo educativo. Éste propone que tanto alumnos como maestros construyen, en un ambiente propicio al diálogo y la confrontación, a partir de la interacción con los hechos objetivos, la información confiable y la propia experiencia personal, una versión coherente de la realidad, un saber. Conocer, es pues, crear saberes.

¿Cuáles son los valores que promovemos?

Los valores por promover en la comunidad son:

Responsabilidad. El alumno responsable es aquel que cumple con las normas que rigen la vida institucional y está consciente de sus obligaciones y de las consecuencias de sus actos sin presión externa.
Solidaridad. Como institución atiende todas las demandas educativas de las personas por igual.
Honestidad. Ser honesto es tener la capacidad de consolidar fortalezas y trabajar creativamente para atenuar las debilidades, de acuerdo con el espíritu de la misión y filosofía institucionales.
Integridad. Es conducirse de acuerdo con los principios que rigen en la búsqueda de la verdad.

Respeto. Se entiende como la aceptación de la dignidad y los derechos individuales e institucionales.

Justicia. Es la consideración de todas las condiciones determinantes de un caso para sancionar y regir las acciones de acuerdo con un principio de equidad.

Tolerancia. Es el respeto por las ideas, opiniones y formas de conducta divergentes de la propia.

Excelencia. Es la capacidad de perseverar continuamente en la mejora de las potencialidades y habilidades propias, y en el desarrollo de aquéllas de las que se carece.

Comunicación. Es la facultad de interactuar de forma verbal y no verbal que nos permite consolidarnos como grupo y da sentido a la individualidad. Somos lo que nos han comunicado y lo que comunicamos.

Creatividad. Es la capacidad de innovación que nos permite resolver nuevas situaciones problemáticas, enfrentar la incertidumbre ante la diversidad y el cambio vertiginoso y desarrollarnos hasta convertirnos más en nosotros mismos.

El perfil de nuestro egresado

El egresado de las instituciones educativas, a partir del modelo, es un individuo capaz de:

- Desenvolverse en escenarios globalizados.
- Tomar conciencia de su entorno social.
- Poseer un amplio acervo cultural.
- Mantener un adecuado equilibrio entre la adaptación y la promoción al cambio.
- Tener un espíritu de iniciativa y autogestión.
- Fijarse metas claras acordes con una escala definida de valores.
- Adoptar una actitud flexible ante la incertidumbre de la época.

Estrategias de implantación del modelo educativo

Personal académico

Conocimientos que sobre didáctica constructivista debe incorporar:

1. Las habilidades respecto a cómo presentar los contenidos, cómo promover la interacción entre el alumno y ellos, cómo tender los puentes ("andamiaje") entre la experiencia del estudiante y dichos contenidos, cómo facilitar el ambiente grupal adecuado, etcétera.

2. Las actitudes para considerar más procesos que cantidad de información, aceptar que como docente sólo dispone de una versión de la realidad, el respeto por las versiones menos elaboradas y precisas de los alumnos, la forma en que los procesos efectivos intervienen en el aprendizaje, el sentido no persecutorio y participativo de la evaluación, etcétera.

Personal administrativo

Adecuación de las estructuras administrativas a los requerimientos del proyecto:

- Énfasis en lo académico.
- Modificaciones en el currículo.
- Agilización de trámites, etcétera.

Alumnos

1. Un papel más activo y responsable en su aprendizaje.
2. Una definición más clara de sus metas personales.
3. Una mayor interacción con alumnos de otras facultades, en el caso de instituciones de educación superior, y departamentos institucionales.
4. Un perfil que va más allá de los requerimientos especiales de la profesión en el nivel superior.
5. Por tales razones se requieren líneas estratégicas que faciliten la transición del modelo anterior al que ahora se plantea. En términos generales, éstas serían:

    - Un cuidadoso programa de inducción y formación docente que abarque desde cursos introductorios, diplomados de actualización y especialidades y hasta maestrías en educación.
    - La aplicación gradual del modelo educativo en dos sentidos:
        - Iniciar con pilotos en algunas materias de ciertas facultades (en el nivel superior) hasta afinar las estrategias y luego generalizarlas a todos los currículos.
        - Incorporar el modelo educativo de manera gradual a lo largo de cada plan de estudios, con el objetivo de facilitar al estudiante su adaptación a él.

6. Una estructura organizacional acorde con el modelo educativo donde se contemplen departamentos destinados a vigilar estrechamente el desarrollo y la evaluación continua del mismo.

Antes de iniciar el modelo educativo es determinante definir qué entendemos por planeación y algunas de sus características.

Consolidación del modelo educativo

En este modelo damos respuesta a tres preguntas:

- ¿Quiénes somos?
- ¿Qué queremos?
- ¿Cómo nos organizamos?

DESCRIPCIÓN DEL MODELO EDUCATIVO

Concretar el planteamiento del modelo educativo comprende la consideración de los variados ambientes de interacción en el contexto educativo; el primero es todo el macroambiente para vislumbrar el quehacer educativo en los ámbitos nacional e internacional; otro es el ambiente próximo, conformado por la comunidad circundante a la institución, así como el ambiente institucional constituido por la actividad de la comunidad educativa y el ambiente de formación integrado por los reglamentos y métodos de enseñanza. Describiremos algunos de ellos.

- Macroambiente, compuesto por la tecnología, el gobierno, la cultura, la economía, la política, la ciencia y la demografía, entre otros. Éstos forman el marco contextual que rodea y circunscribe el ambiente educativo.
- Ambiente próximo, constituido por la comunidad circundante a la institución.
- Ambiente institucional, formado por la comunidad educativa y por todos los estamentos de reglamentación y currículo que estructuran el quehacer educativo diario.
- Sistemas de apoyo, que constan de instalaciones, administración, recursos y medios didácticos, servicios, planeación y evaluación institucional. Éstos sistemas de apoyo son las estructuras que facilitan el ambiente educativo de la institución.
- Ambiente de formación, conformado por el proceso de aprendizaje-enseñanza, los objetivos, el método y la materia, la dirección, la orientación educativa, la investigación, las actividades curriculares y las extracurriculares. Estos son los elementos esenciales que constituyen la razón de ser institucional, donde se dan el hecho educativo y la realización de nuestra organización como institución educativa.

El modelo educativo es una propuesta operativa que ofrece un tipo concreto de educación, abierto a las más variadas posibilidades de realización,

230 CAP. 4. IMPLANTACIÓN DEL MODELO

en las que se asimilan los pilares más sólidos de la educación basada en competencias, aprender a aprender, que implica el adquirir las herramientas de la comprensión a partir del desarrollo del pensamiento reflexivo; aprender a hacer, al actuar de acuerdo con el entorno a través de conductas eficaces, orientada a una acción generadora de desarrollo personal y social; aprender a ser, que implica desarrollarse como persona individual y social en un contexto de auténticos valores; aprender a convivir, para lograr un verdadero desarrollo social con la capacidad de ir de la participación a la cooperación, a la auténtica comunión y solidaridad con los otros, y aprender a trascender.

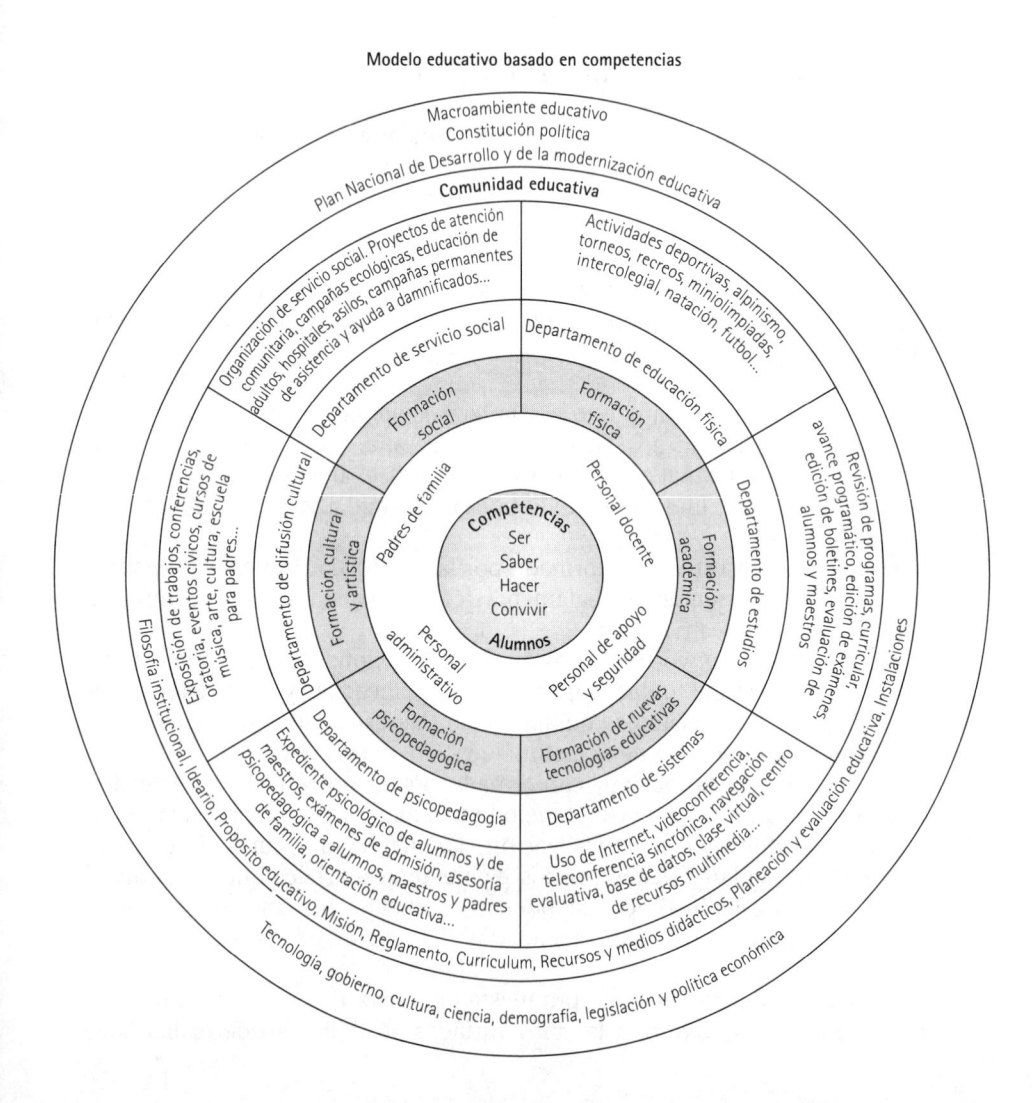

Modelo educativo basado en competencias

EL MODELO EDUCATIVO BASADO EN COMPETENCIAS EN EL NIVEL BÁSICO

En el nivel básico se considera esencial entender que en toda selección de objetivos, fines educativos y contenidos hay un modelo educativo y de futuro para la sociedad. En realidad, para asumir un nuevo modelo no es tan importante el cambio de los contenidos, sino su aprendizaje. Este proceso de aprendizaje debe conducirse por medio de una metodología que derive en la adquisición de competencias; como ya se ha señalado, el camino es transformar la enseñanza en aprendizaje. Un proceso fundamental es lograr que los alumnos adquieran las competencias en la convergencia de todas las asignaturas. Ahí, el trabajo docente debe compartirse responsablemente con la certeza de que las competencias básicas no están vinculadas a una materia determinada, sino a todas.

La experiencia española, que tiene muchas afinidades con las de otros países donde se aplica el modelo educativo basado en competencias, nos proporciona pistas interesantes para formular un trayecto que sustente el desarrollo de ocho competencias básicas: la comunicación en lengua materna y en lenguas extranjeras, competencia matemática, competencia científico-tecnológica, competencia digital, competencia social y ciudadana, competencia artística y cultural, y dos más que fundamentan a las otras: competencia para aprender a aprender y competencia para aprender a emprender (López, 2006).

El proyecto de la OCDE *Definición y selección de competencias* (DeSeCo), que la *Ley Orgánica de Educación* (LOE) ha asumido en su normativa, señala que una competencia básica debe cumplir tres condiciones: "contribuir a obtener resultados de alto valor personal o social, ser aplicable a un amplio abanico de contextos y ámbitos relevantes y permitir a las personas que la adquieren, superar con éxito exigencias complejas. Es decir, las competencias son básicas o clave cuando son beneficiosas para la totalidad de la población, independientemente del sexo, la condición social y cultural y el entorno familiar" (López, 2006:3).

Por su parte, la Unión Europea define la competencia básica como una *combinación de destrezas, conocimientos, aptitudes y actitudes y la disposición de aprender, además del saber cómo. Las competencias clave representan un paquete multifuncional y transferible de conocimientos, destrezas y actitudes que todos los individuos necesitan para su realización y desarrollo personal, inclusión y empleo. Éstas deberían haber sido desarrolladas para el final de la enseñanza o formación obligatoria y deberían actuar como base para un posterior aprendizaje, como parte de un aprendizaje a lo largo de la vida.*

No abordar el aprendizaje a partir de las competencias supone un grave riesgo que podría condicionar negativamente el futuro desarrollo personal, social y profesional de la persona, quien al quedar fuera de ese proceso tendría altas probabilidades de exclusión social.

López (2006) indica que es necesario ubicar las competencias básicas en relación con los objetivos establecidos, con los contenidos y con los criterios de evaluación si se pretende conseguir su desarrollo en la práctica educativa cotidiana.

La propuesta de competencias básicas que se derivan de la mencionada LOE y que plantea López (2006) al señalarlas como aquellas que todo alumno debe adquirir al finalizar la educación básica obligatoria, se dividen en tres grandes ámbitos:

- *Ámbito de la expresión y la comunicación*. Competencia en comunicación lingüística, competencia matemática, competencia cultural y artística, competencia en el tratamiento de la información y competencia digital.
- *Ámbito de la relación y la interacción*. Competencia en el conocimiento y la interacción con el mundo físico y competencia social y ciudadana.
- *Ámbito del desarrollo personal*. Competencia para aprender a aprender y competencia en la iniciativa personal y espíritu emprendedor.

Con el propósito de ampliar las particularidades específicas de cada ámbito de competencia, se describen textualmente los señalamientos de López (2006) referidos a la descripción, finalidad, conocimientos, destrezas y actitudes que se vinculan al desarrollo de tales competencias.

Competencias referidas al ámbito de la expresión y la comunicación

Descripción. Usadas como instrumentos de comunicación, de aprendizaje y de socialización, requieren conocimiento, habilidad y respeto para utilizar correctamente los códigos de los distintos sistemas de comunicación; identificación y dominio de los diferentes contextos y variedad de situaciones de uso que conducen a la interacción. Están relacionadas entre sí: el grado de desarrollo de una incide en el que se logrará en otras.

Finalidad. La meta es "saber hacer" (saber comunicar). Todas ellas tienen en común la aplicación en múltiples ámbitos de la información y la comunicación, de la construcción del conocimiento, del desarrollo personal, social y laboral del alumnado. Inciden notablemente en el proceso de enseñanza-aprendizaje en el que quienes aprenden realizan procesos cognitivos a partir de la interacción con fuentes diversas y variadas de información. Dominar el acceso a la información y la adecuada utilización de las fuentes es un aspecto básico del aprendizaje (aprender a aprender). El uso de los diferentes lenguajes permitirá intercambiar pensamientos y emociones, vivencias, ideas y opiniones, y también formarse juicios, generar ideas, estructurar el conocimiento, dotar de coherencia y cohesión las producciones propias y disfrutar de las ajenas. El desarrollo de este grupo de competencias contribuye también a la creación de una imagen personal positiva y fomenta las relaciones constructivas con los demás y con el entorno. Sirven para acercarnos a otras culturas, cuya comprensión es imprescindible para valorarlas y mostrar el debido respeto por ellas. Son muy importantes para aprender a resolver conflictos y para aprender a convivir.

Conocimientos. Si la finalidad se refiere a saber hacer, los conocimientos se refieren a "saber qué". Se trata de una reflexión sobre los mecanismos y soportes, propios de cada tipo de lenguaje, que intervienen en los actos comunicativos (características, intención, estructuras, normas de funcionamiento…). Es necesario un conocimiento de las situaciones en las que cada tipo de lenguaje puede ser más útil o responder mejor a las intenciones comunicativas. Es necesario también un conocimiento de los diferentes tipos de información, sus fuentes, sus posibilidades, su localización y los soportes más frecuentes en los que suelen expresarse.

Destrezas. Las destrezas están orientadas a "saber cómo". Se requieren destrezas relacionadas con la búsqueda, selección, recopilación y procesamiento de la información, procedentes de fuentes tradicionales, de aplicaciones multimedia y de las tecnologías de la información. Son técnicas para la interpretación de la información (incluida la transformación de lenguajes no verbales) y el manejo de los recursos adecuados para comunicarla a públicos diversos y en diferentes soportes y formatos. Son destrezas de razonamiento para organizar, analizar críticamente y comprender la información. Se requieren habilidades para usar los conocimientos y estrategias propios de cada una de las competencias de manera convincente en función de la intención expresiva o comunicativa y del contexto, así como utilizarlos para interactuar y para resolver problemas del mundo real y tomar decisiones bien fundamentadas.

Actitudes. Las actitudes se refieren a un "saber ser" en relación con los demás y con uno mismo. Es la actitud crítica y reflexiva en la valoración de la información disponible y la importancia del contraste de la información en una sociedad democrática y plural. Es la actitud positiva y responsable ante las nuevas fuentes de información y la comunicación como elementos de potencial enriquecimiento personal y social. Es la valoración positiva del uso de los diferentes lenguajes para trabajar de forma autónoma y en grupo y del potencial que ofrecen para poder intervenir en los procesos de cambio personal y social. Por último, es la valoración de las manifestaciones artísticas como fuente de disfrute, de enriquecimiento personal y de respeto a otras culturas y otros modos de expresión, así como el deseo de cultivar la propia capacidad creadora y un interés por la vida cultural.

Competencias referidas al ámbito de la relación y la interacción

Se trata de las competencias básicas cuyos rasgos comunes más importantes residen en la capacidad de relacionarse y de interactuar ya sea con el medio físico o con las otras personas de manera adecuada, respetuosa y positiva.

Competencia en el conocimiento y la interacción con el mundo natural

Descripción. Habilidad para interactuar con el mundo físico, tanto en sus aspectos naturales como en los generados por la acción humana. Ello facilitará la comprensión de sucesos, la predicción de consecuencias y la actividad dirigida a la mejora y preservación de las condiciones de vida propia, de las demás personas y del resto de los seres vivos.

El dominio de esta competencia hace posible la identificación de preguntas y la obtención de conclusiones basadas en pruebas, con la finalidad de comprender y ayudar a tomar decisiones sobre el mundo natural y los cambios que la actividad humana produce. Estos conocimientos y metodologías se aplican para dar respuesta a lo que se percibe como deseos o necesidades de las personas.

Para ello es necesario promover la familiaridad con un conjunto de conocimientos científicos y técnicos fundamentales y la habilidad para utilizar los procesos de indagación científica, el reconocimiento de la naturaleza y los límites de la investigación, la identificación de la evidencia necesaria para responder a las preguntas científicas y la obtención, evaluación y comunicación de conclusiones.

La posibilidad de analizar y conocer mejor la naturaleza y la interacción de las personas con ella hace posible además el desarrollo de la capacidad y la disposición para lograr una vida saludable en un entorno también saludable.

Por otra parte, incluye la adecuada percepción del espacio físico en el que se desarrollan la vida y la actividad humana, en gran escala y en el espacio inmediato, así como de la incidencia, en ese espacio, de la presencia de las personas y las modificaciones que introducen. La interacción con el espacio físico requiere habilidad y respeto para moverse en él y resolver problemas en los que intervengan los objetos y su posición.

Finalidad. Esta competencia se refiere a ámbitos del conocimiento muy diversos (ciencia, salud, consumo, procesos tecnológicos, etc.). Los avances científicos y tecnológicos que se van produciendo y la influencia decisiva que tienen en el medio ambiente, la salud y la calidad de vida de las personas hacen que cada vez sea más importante que el alumnado ejercite el pensamiento científico-técnico para desarrollarse de manera autónoma. El adecuado desarrollo de esta competencia requiere tener en cuenta las diferentes dimensiones presentes en el ámbito científico y tecnológico. Tiene también como finalidad promover en el alumnado un consumo racional y responsable y fomentar la cultura de protección de la salud y del medio ambiente como elementos clave de la calidad de vida de las personas. Por tanto, se trata de que el alumnado sea capaz de aplicar el pensamiento científico para poder comprender y resolver problemas del mundo actual. Pero además se trata de que el proceso de toma de decisiones tenga en cuenta la importancia del uso responsable de los recursos naturales, la preservación del medio ambiente y la promoción de la salud.

Se pretende, pues, desarrollar en el alumnado las bases del pensamiento científico necesarias para poder interpretar el mundo de los objetos y los fenómenos con los cuales convive, así como afrontar los problemas más comunes que se presentan en estos contextos.

Conocimientos, destrezas y actitudes esenciales relacionadas con esta competencia

Conocimientos. El desarrollo de esta competencia requiere el aprendizaje de los conceptos básicos imprescindibles para el análisis de los fenómenos desde los diferentes campos del conocimiento científico afectados. En su ámbito se encuentran los conceptos científicos y técnicos, necesarios para la realización de los procesos propios del pensamiento científico y de las relaciones elementales entre ellos que permiten asociar las causas con los efectos y, en su caso, la cuantificación de unos y otros. Relacionada con todo lo anterior está la comprensión de los procesos básicos mediante los que se producen las transformaciones en la naturaleza, así como el papel de los objetos técnicos por un lado y de las acciones humanas por otro, en esas transformaciones.

En relación con la salud o con el medio ambiente es necesario conocer qué prácticas son beneficiosas y cuáles son perjudiciales y los riesgos que estas últimas conllevan. En relación con el espacio es necesario el conocimiento de los rasgos esenciales del espacio físico en el que se desarrollan la vida y la actividad humana y la interacción de las personas con ese espacio.

Destrezas. Entre las destrezas necesarias destacan las asociadas a la aplicación del pensamiento científico y las que permiten la comprensión y resolución de problemas sobre el mundo natural y lo tecnológico. Es necesario también poner en juego los procesos cognitivos, más o menos complejos, que para ello se requieren con el doble objetivo de conocer mejor los fenómenos naturales y las máquinas y poder, en la medida de lo posible, predecir el comportamiento de unos y otras. Todo ello debe llevar a la explicación, a través de criterios científicos, de algunos de los cambios más destacados que se producen en la naturaleza, sean éstos espontáneos o provocados. Colaboran al desarrollo de esta competencia las destrezas asociadas a la obtención de información, cualitativa y cuantitativa, y a la resolución de problemas sobre el espacio físico y sobre los fenómenos que se producen en él. La habilidad con lo tecnológico requiere además destrezas asociadas a la planificación y manejo, siguiendo criterios de economía y eficacia, de soluciones técnicas para cubrir las necesidades habituales de la vida cotidiana y del mundo laboral. Se debe señalar, por último, todo el conjunto de destrezas asociadas al mantenimiento y mejora de la salud y la condición física propia, así como de la biodiversidad y las condiciones saludables del entorno.

Actitudes. Las actitudes están relacionadas con la valoración del conocimiento científico, de las formas de obtenerlo y de la información asociada a él. Colaboran además actitudes en relación con el entorno natural (uso responsable de los recursos naturales, conservación del medio ambiente y de la diversidad de la Tierra y la valoración de la incidencia de la acción humana en la biosfera). Referidas al ámbito de la salud son esenciales las actitudes asociadas al mantenimiento de un régimen de vida saludable, a una alimentación adecuada y al rechazo del consumo de sustancias nocivas.

Competencia social y ciudadana

Descripción. Esta competencia permite vivir en sociedad y ejercer la ciudadanía democrática. Por una parte incorpora formas de comportamiento individual que capacitan a las personas para convivir, aprender, trabajar solo o en equipo, relacionarse con los demás, cooperar y afrontar los conflictos de manera positiva. Su adquisición supone, en el ámbito personal, el desarrollo de la autoestima, la dignidad, la libertad y la responsabilidad y, en el ámbito relacional, la aceptación de las diferencias, la tolerancia y el respeto por los otros (sus valores, lengua, cultura, etc.).

Por otra parte incluye habilidades para ejercitar una ciudadanía activa, democrática e integradora de las diferencias. En este sentido es imprescindible propiciar el sentido de pertenencia a un grupo social, conocer la organización y funcionamiento de las sociedades y particularmente la propia, en un marco que comprende desde lo más cercano hasta lo más global.

Finalidad. Es una competencia básica para convivir, está asociada a derechos democráticos de participación, comprometida con los derechos humanos y los valores constitucionales. Una ciudadanía del mundo compatible con la identidad local, formada por individuos que participan activamente. Es imprescindible el conocimiento de la realidad social y sus problemas. Prepara para participar de forma constructiva en las actividades de la comunidad y en la toma de decisiones en todos los niveles. Contribuye de manera importante a la cohesión social.

Conocimientos, destrezas y actitudes esenciales relacionadas con esta competencia

Conocimientos. La competencia social y cívica incluye el conocimiento y la comprensión de los códigos de conducta, la interrelación de los comportamientos individuales en la convivencia social, los usos aceptados y los valores de las sociedades democráticas. Implica la reflexión crítica sobre conceptos como democracia, libertad, solidaridad, corresponsabilidad, participación y ciudadanía, con particular atención a los derechos y deberes reconocidos en las declaraciones internacionales, en la Constitución española y en la legislación autonómica y su aplicación práctica por las diversas instituciones. La conciencia de pertenencia a una identidad cultural compartida y de la identidad europea requiere el reconocimiento de la diversidad territorial y social española y europea. La competencia social exige la comprensión de los principales modelos de organización social, territorial, económica y política de España y de Europa y del carácter no concluido de los mismos para que los futuros ciudadanos europeos se impliquen en la defensa del patrimonio y del desarrollo sostenible y en la construcción de sociedades cohesionadas, libres, prósperas, equitativas y justas.

Destrezas. Esta competencia exige aceptar y practicar normas sociales, comportamiento cívico, reclamar derechos y cumplir deberes ciudadanos. Entre las habilidades destacan la de la comunicación, la toma de decisiones en todos los niveles de la vida comunitaria; practicar el diálogo, la negociación, prevenir conflictos y, cuando éstos se producen, aportar soluciones. El ejercicio efectivo de la ciudadanía supone comportamientos responsables, participativos y solidarios.

Para la comprensión de los fenómenos sociales e históricos se necesitan destrezas relativas al tratamiento de la información, el análisis multicausal de los problemas de la sociedad, entender la diversidad como riqueza cultural y la desigualdad como injusticia social y, en todos los casos, la reflexión crítica y creativa. Finalmente la competencia incluye la identificación y el uso de los órganos de participación social mediante el ejercicio del voto y a través de la participación en diferentes foros ciudadanos.

Actitudes. Adquirir esta competencia supone poner en práctica la autoestima y el respeto, el criterio propio, la responsabilidad, la cooperación y la tolerancia y, sobre todo, el respeto y el ejercicio de los derechos humanos. Supone el rechazo a los prejuicios, la participación en la solución de los problemas comunitarios, el uso de la negociación y la mediación para resolver conflictos y el cumplimiento de las obligaciones cívicas incluyendo en ellas el respeto y la conservación del medio ambiente, del patrimonio natural y cultural y el desarrollo sostenible.

Competencias referidas al ámbito del desarrollo personal

Se incluyen en este ámbito las competencias cuya adquisición redunda en una mejora personal que, a su vez, tiene repercusión positiva en la sociedad. Existe una relación de proporcionalidad directa entre el grado de desarrollo del resto de competencias y el de las referidas al ámbito personal. En la medida en que se ejercitan aquéllas, se verán beneficiadas éstas y viceversa.

Competencia en aprender a aprender

Descripción. Aprender a aprender supone iniciarse en el aprendizaje y ser capaz de continuarlo de manera autónoma, poder desenvolverse en la incertidumbre aplicando la lógica del conocimiento racional, admitir la diversidad de respuestas posibles ante un mismo problema y encontrar motivación para buscarlas desde distintos enfoques metodológicos. Requiere ser consciente de lo que se sabe y de lo que queda por aprender, de cómo se aprende y de cómo se gestionan eficazmente los procesos de autoaprendizaje, con el fin de adquirir seguridad y motivación ante nuevos retos. Incluye la posibilidad de obtener información para transformarla en conocimiento propio. Su adquisición implica dos dimensiones fundamentales: la toma de conciencia de las propias capacidades intelectuales y sus posibilidades de desarrollo y la motivación para aprender desde la autoconfianza en el éxito del propio aprendizaje. Incluye además la habilidad para organizar eficazmente el tiempo y la perseverancia en el aprendizaje como elemento de enriquecimiento personal y social.

Finalidades. La adquisición de esta competencia supone una mejora en la capacidad de enfrentarse con éxito al aprendizaje autónomo, sabiendo que es indispensable para un mejor desarrollo de las capacidades individuales. Supone también tomar conciencia de que el aprendizaje tiene un costo asumible; es fuente de competencia personal y si se plantean metas alcanzables y de corto plazo, será más fácil cumplirlas.

El proceso de aprender a aprender afecta no sólo a la disciplina objeto del aprendizaje, sino al desarrollo del pensamiento, al propio proceso de autoaprendizaje y conduce a una progresiva madurez personal. Es crucial iniciar la práctica de esta competencia en la enseñanza obligatoria para consolidarla con el aprendizaje a lo largo de la vida. En otro caso, las posibilidades de aprendizajes posteriores y por ende las posibilidades de adaptación personal, social y laboral se verán disminuidas.

Conocimientos, destrezas y actitudes esenciales relacionadas con esta competencia

Conocimientos. Los conocimientos necesarios incluyen todos aquellos que enseñan a aprender de manera eficaz, como el conocimiento de sí mismo, la conciencia de lo que se sabe o no se sabe y de las propias capacidades junto con el dominio de las estrategias que favorecen su desarrollo y facilitan el aprendizaje (atención, concentración, técnicas de estudio, resolución de problemas, etc.). Son conocimientos imprescindibles también los contenidos fundamentales de todas las áreas del currículo, en especial de las instrumentales y de las tecnologías de la información y de la comunicación.

Destrezas. Las destrezas incluyen la exploración de objetos y situaciones; la de relacionar las estimaciones con otros datos, con la propia experiencia y con conocimientos anteriores; la planificación y organización autónomas de actividades y tiempos, así como asimilar e integrar los aprendizajes de forma personalizada y habilidades para comunicar y poner en común lo aprendido.

Actitudes. En este ámbito son importantes la participación activa en el propio aprendizaje y una actitud positiva que conduzcan al sentimiento de competencia personal y a una progresiva autonomía. Para ello se necesitan responsabilidad y compromiso personal, curiosidad para hacerse preguntas que generen nuevos aprendizajes así como perseverancia, saber administrar el esfuerzo, aceptar los errores y aprender "de" y "con" los demás.

Iniciativa y espíritu emprendedor

Descripción. Entendido como la capacidad de transformar las ideas en actos, el espíritu emprendedor requerirá habilidades para proponerse objetivos, planificar y gestionar proyectos con el fin de conseguir lo previsto; para elaborar nuevas ideas o buscar soluciones y llevarlas a la práctica y tener una visión estratégica de los problemas que ayude a marcar y cumplir los fines previstos y a estar motivado para lograr el éxito deseable. Se requieren además habilidades de adaptación a los cambios sociales y económicos con una visión positiva de las posibilidades que ofrecen y de las propias capacidades para poder optar y decidir con voluntad de asumir las propias responsabilidades.

La adquisición de esta competencia comporta el desarrollo de una serie de aspectos que se relacionan entre sí: llegar a poseer una serie de cualidades y habilidades personales, sociales y de dirección o liderazgo.

Finalidad. No se puede reducir el término *emprendedor* al ámbito meramente empresarial. Los valores y capacidades que se concretan en esta competencia traspasan el ámbito restrictivo del término y van más allá de esa acepción restrictiva. La adquisición de esta competencia es fundamental para el desarrollo de aptitudes necesarias para afrontar múltiples aspectos de la vida personal, profesional, social y económica y actitudes que contribuyan a conseguir la efectiva igualdad de oportunidades y la cohesión social.

Asimismo, busca la mejora en la capacidad de idear, definir y afrontar proyectos y la adaptación a los cambios que presenta la sociedad actual. Debe ser una fuente de motivación para el desarrollo académico y personal. Por otra parte, los jóvenes deben aprender a apoyarse en iniciativas propias desde edades muy tempranas. Esta cultura "emprendedora" quedará así incorporada al desarrollo de cualidades y habilidades, ayudando a crear un tipo de "emprendedores" mucho más amplio que, con visión de futuro, les ayude a ser capaces de aplicar estas habilidades en todos los ámbitos y a plantear iniciativas innovadoras que colaboren en la transformación de la sociedad.

La adquisición de esta competencia afecta al aprendizaje en general y al desarrollo personal y social.

Conocimientos, destrezas y actitudes esenciales relacionadas con esta competencia

Conocimientos. La adquisición de esta competencia precisa el conocimiento de las propias capacidades y las habilidades personales requeridas para desarrollar un proyecto. Es necesario, por ende, conocer tanto las fases de desarrollo de un proyecto como las características del entorno en el que se va a llevar a cabo.

Destrezas. Se requieren todas aquellas destrezas que resulta necesario poner en juego en cada una de las fases de desarrollo de un proyecto, desde la detección de necesidades hasta la evaluación del mismo y la actualización si se considera necesario. Se deben añadir a las anteriores las asociadas al manejo de diferentes recursos de aprendizaje, al trabajo de forma cooperativa, etc. Son además aspectos fundamentales, en la adquisición de esta competencia, la capacidad de liderazgo, el uso de las habilidades sociales, la creatividad y el sentido crítico.

Actitudes. Para conseguir esta competencia, el alumnado debe ejercitar su disposición para mostrar iniciativas propias y asumir valores personales como la honestidad, el espíritu de superación, la perseverancia y la responsabilidad. Se requiere también una actitud positiva para el cambio y la innovación; para afrontar problemas y encontrar soluciones tanto en la vida personal como en las relaciones sociales y en los proyectos vitales que se emprendan.

Además deben desarrollarse actitudes que favorezcan la cooperación y el trabajo en equipo; saber relacionarse y ponerse en el lugar del otro para comprenderlo y valorar sus ideas. La perseverancia, el espíritu de superación, aprender de los errores o asumir riesgos son actitudes fundamentales para adquirir esta competencia.

MODELO EDUCATIVO POR COMPETENCIAS EN LA EDUCACIÓN TÉCNICA, EN EL NIVEL MEDIO SUPERIOR Y UNIVERSITARIO

Las aportaciones que puede ofrecer una institución de educación superior a un tipo de modelo educativo que pretende ser integral e integrativo consideran los siguientes aspectos (adoptados por el Modelo Educativo de la Universidad del Bío Bío en Chile):

- La responsabilidad y el compromiso social que se asumen como parte de los deberes y las obligaciones de la institución con la región y el país.
- El pluralismo y la convicción democrática que implican la libertad de expresión y la aceptación de la diversidad científica y profesional.
- El trabajo en torno a la excelencia que comprometa a la comunidad educativa a un proceder íntegro con una actitud de rigurosidad y búsqueda de la calidad.
- Sustentar la libertad del conocimiento y la búsqueda de la verdad como valores esenciales que animan el ejercicio de las diversas disciplinas científicas, humanísticas y tecnológicas.
- Desarrollar una vía de integración social y constituirse en un referente validado y acreditado dentro del sistema de educación superior.

El contexto de la nueva universidad se torna desafiante y en él subyacen necesidades que se vinculan a un orden no sólo regional, sino internacional. En afinidad a estos requerimientos se han formulado políticas internas, así como acuerdos que han derivado en diversas redes de colaboración a nivel mundial. Su sustento es dar viabilidad al cambio que precisa la revisión y adecuación de las instituciones en ese entorno de globalidad. El reto es coadyuvar al desarrollo de una sociedad capaz de generar, apropiar y emplear el conocimiento con el propósito de avanzar en la construcción de un futuro que postule el crecimiento en la calidad de vida de las personas. La creación y la transferencia del conocimiento han de darse para el beneficio de la sociedad en su conjunto.

En el ámbito de desarrollo de la sociedad del conocimiento y del aprendizaje se observa el crecimiento de las comunidades, empresas y organizaciones a partir de la difusión, asimilación, aplicación y sistematización de conocimientos obtenidos localmente u originados en el exterior. Se logra así, el desempeño de un aprendizaje que se sustenta en redes, empresas, gremios, comunicación inter e intrainstitucional, entre regiones y países. La apuesta es por la competitividad e innovación que permitan el logro de un bien común.

En este modelo de universidad, la misión consiste en generar, aplicar y difundir el conocimiento de las ciencias, la tecnología, las artes y las humanidades, con el propósito de formar profesionales competentes, integrales y reflexivos que respondan a los requerimientos regionales y nacionales para servir a la sociedad con excelencia y calidad. La orientación hacia el cambio se basa en la creación y divulgación del conocimiento, lo que exige la adecuación y revisión de mecanismos tradicionales de acción social dentro de las organizaciones e instituciones educativas.

En el modelo que se ejemplifica, el de la Universidad del Bío Bío, el estudiante es el centro, quien asume su realidad y sus potencialidades para proyectar su formación profesional y personal para alcanzar un desarrollo integral que haga viable su incorporación a su entorno, con todas las herramientas que permitan esa inserción social. La estructuración del modelo refiere los siguientes integrantes: los estudiantes, los profesores, los actores administrativos y de servicio. Sus ejes temáticos son las competencias genéricas y específicas, el diseño curricular, el desarrollo didáctico, la evaluación curricular de los aprendizajes y la evaluación y seguimiento de la gestión. El compromiso, la diversidad y la excelencia son guías que otorgan su sello educativo a la institución. De manera desglosada, la Universidad del Bío Bío señala a sus actores del acto académico:

El estudiante

En él se centra el proceso de enseñanza-aprendizaje. Se pretende, por medio de su formación, tocar las dimensiones intelectuales, psicológicas y ético-morales que posibiliten su desarrollo integral como individuo, profesional y ciudadano. El estudiante es un ser social, protagonista de las diversas interacciones que establece a lo largo de su formación. Desarrolla aprendizajes a partir de su experiencia en múltiples contextos que lo direccionen a aprender y a solucionar problemas.

El docente

Es el gestor del proceso educativo, quien se sirve de la planificación, el diseño y la evaluación. Orienta las actividades académicas y sus acciones tienden a la contención, tanto escolar, como personal. El profesor reconoce en su alumno a un individuo activo, capaz de lograr aprendizajes significativos y de aprender a aprender y a pensar. Es el facilitador que promueve el desarrollo de las capacidades, conocimientos, habilidades y actitudes en el alumno; también ayuda a determinar el perfil profesional sustentado en las competencias para conformar el currículo, el desempeño didáctico, la evaluación, así como el diseño y la organización del proceso educativo.

Personal administrativo y de servicios

Hace posible que se generen las condiciones óptimas para el desempeño del aprendizaje y procura los medios técnicos, los recursos y la atención expedita. Su tarea consiste en facilitar la acción activa y coordinada que permita el acceso a los acervos bibliotecarios, el registro académico, los servicios informáticos, los funcionarios de cada carrera y el personal auxiliar.

Los *ejes temáticos*, por su parte, son los componentes transversales del proceso de enseñanza-aprendizaje, y comprenden:

Competencias genéricas y específicas

Se derivan del medio profesional y a partir de él se define el perfil de egreso del estudiante. Su consideración permite la construcción del currículo formativo en concordancia con los avances disciplinarios y las necesidades del mundo laboral.

Diseño curricular

A través de él se guían los procesos, se organizan los componentes, fases y medios del proceso de enseñanza-aprendizaje. Articula el conocimiento y la acción. El diseño curricular es un proceso continuo que sirve para orientar las actividades académicas, revisarlas y ajustarlas a sus diferentes momentos. Su despliegue es el resultado de una acción de planificación curricular que toma en cuenta el espíritu del modelo educativo, los perfiles de egreso y las competencias genéricas y específicas.

Desarrollo didáctico

Es la expresión práctica del currículo. Establece sistemas, métodos, prácticas, estrategias y medios didácticos.

Evaluación curricular

Es un proceso cíclico que se propone medir metas de aprendizaje y plantea determinaciones para modificar, mejorar y hacer más óptimo el proceso de aprender. Considera la evaluación de los planes y programas de estudio, así como la intervención de los docentes. Al centrarse en el estudiante, la evaluación hará énfasis en logros de aprendizaje que den cuenta de los conocimientos, habilidades y capacidades obtenidos.

Los ejes temáticos del modelo educativo que propone la Universidad del Bío Bío son:

- *Compromiso*. Responsabilidad personal, profesional y social que compromete a la persona a desarrollarse como individuo, ejercer sus derechos, cumplir sus obligaciones, así como desarrollar habilidades, capacidades, competencias y valores que propicien un desenvolvimiento eficaz de su profesión. El compromiso se enlaza con el conocimiento, con el espíritu crítico y la intervención sobre la realidad económica y social de la región que se integra al mundo globalizado.
- *Responsabilidad social*. Supone la formación de profesionales sensibles a los problemas del entorno relacionados con las necesidades de un desarrollo solidario, inclusivo, sustentable, democrático y participativo.
- *Diversidad*. Apuntala la inclusión y la coexistencia entre el desarrollo humano, el conocimiento y la convivencia social. Atiende las necesidades particulares de las personas, en especial las que presentan capacidades diferentes. La diversidad del conocimiento también comprende la articulación de las diferentes perspectivas de las ciencias, la tecnología, las humanidades, las artes y el deporte. Asimismo, la diversidad implica aprender a respetar y convivir con quienes tienen formas alternativas de pensar, al tiempo que se propicia la dignificación y la libertad humanas.
- *Excelencia*. Es el grado superior de la calidad que se hace visible a partir del quehacer intelectual, social y laboral. La excelencia es concebida como medio y meta de la construcción del conocimiento, del trabajo reflexivo, de los valores sociales y éticos. Con el desenvolvimiento de la excelencia se potencian los talentos y se coadyuva a la creación de herramientas que permitan la movilidad internacional y ubicarse a la par de las exigencias profesionales del mundo.

Un ejemplo de modelo educativo que incorpora aspectos que se orientan hacia el humanismo es el que ofrece la Universidad Autónoma de Hidalgo, México, el cual señala entre sus sustentos:

1. El impulso de una dirección con sentido profundamente humano que hace énfasis en la garantía de una estabilidad social basada en el respeto, el ejercicio responsable de los derechos y prerrogativas concedidos por la legislación institucional. Se da paso al ejercicio de la participación como un deber insoslayable que cada miembro de la comunidad escolar ha de desarrollar.
2. Elevar la calidad de la educación impartida con el propósito de ubicar a los egresados en una posición de competencia profesional que responda a las necesidades previsibles en el ámbito regional, nacional e internacional. Para ese logro se propone la permanente revisión de la estructura educativa en lo curricular y extracurricular.
3. Colocar la investigación como esencia del desarrollo institucional en el área académica y administrativa, con el compromiso explícito de promover la participación de todos los miembros de la comunidad educativa a través de cuerpos académicos y con el uso de las TIC.
4. Fomentar y respaldar la creación de un ambiente que permita mostrar la diversidad de aspectos vinculados al arte, el deporte y la solidaridad social. Los factores culturales son observados como facilitadores de la integración de la comunidad educativa y de su proyección institucional.
5. Fortalecer y diversificar las posibilidades de vinculación interna y externa para ampliar el carácter multilateral de la universidad, y permitir con ello el intercambio, la obtención de recursos y promover una imagen positiva de la institución.
6. Mejorar la administración para optimizar recursos, atender las prioridades económicas e impulsar una cultura de servicio generadora de un clima laboral con sentido humano, y a la disposición de los propósitos académicos.
7. Proporcionar los servicios de apoyo a la labor académica, con suficiencia, eficiencia, pertinencia y calidad que redunden en un beneficio que trascienda aspectos inmediatos y permita avanzar en la organización de un esquema académico fundamentado en el uso de las TIC.
8. Generar una operación institucional que considere como esenciales la evaluación, la planeación, la programación y un orden presupuestal. El propósito es sustentar una universidad que prevea y corrija sus funciones y procesos para orientarse al logro de sus objetivos institucionales.

Este modelo concibe una reinterpretación de las nociones de "escuela" y "comunidad escolar". La primera ha de ser en el futuro un espacio-tiempo, no un establecimiento físico cuyas aulas serán entidades mixtas, reales y virtuales. El segmento poblacional que será atendido por la universidad ya no se integrará estrictamente por jóvenes, sino también adultos, debido a que la situación demográfica y la perspectiva de una institución incluyente habrán de influir en la conformación de la población estudiantil. Además, gracias a las bondades tecnológicas y a un esquema de estudio más flexible, la universidad tiene la expectativa de ampliar su cobertura y su impacto social, así como su potencial de convertirse en multidimensional.

En este cambio de época, las sociedades internacionales, al margen de los gobiernos, se están integrando a dinámicas de flujo irrestricto del conocimiento, lo que motiva un cambio de conciencia respecto al hecho de educarse. De manera óptima, la universidad se pondrá al servicio de las causas más humanitarias, transformando su papel tradicional de educar para reproducir y dominar. En la nueva universidad, el hacer habrá de tener un profundo sentido humano que exalte principios axiológicos relacionados con el desarrollo y el crecimiento de las sociedades y sus miembros. Los individuos han de asumir un compromiso social que se fundamente en lo que habrán de ofrecer para el bienestar de su entorno, y con respeto a lo realizado por sus antecesores, con quienes existe una responsabilidad moral.

El modelo es resultado de la investigación permanente sobre la evolución del conocimiento y su impacto en el desarrollo social. Da fundamento a las normas jurídicas y operativas, al tiempo que orienta las políticas institucionales, la visión estratégica de largo plazo y las actividades inmediatas. Así, el modelo que se desarrolla de acuerdo a los avances del saber, ha de dar respuesta a los nuevos desafíos que se relacionan con el dominio del conocimiento y sus aplicaciones.

Al asumir mayor responsabilidad social, la universidad rinde cuentas de sus acciones y manejo de recursos, además de constituirse en una entidad promotora de una cultura de paz. También, las instituciones de educación superior han de incrementar su capacidad para vivir dentro de la incertidumbre; para transformarse y provocar el cambio; para atender las necesidades sociales; fomentar la solidaridad, la igualdad; mantener y ejercer el rigor y la originalidad científicos que favorezcan la calidad, así como educar de manera permanente.

La educación superior inscrita en un nuevo modelo educativo habrá de procurar habilidades investigativas, de comunicación y de pensamiento para favorecer la toma de decisiones responsables para resolver problemáticas en concordancia con las necesidades del desarrollo. Además, ha de impulsar el avance social, la convivencia multicultural y la democracia a través de la formación integral.

Las competencias emergidas del proceso educativo no contemplan únicamente la formación para la movilidad social o la inserción laboral, sino que han de proporcionar los elementos para ejercer la ciudadanía, preservar el patrimonio cultural; manejar críticamente la información; aprender de manera autónoma; convivir funcionalmente y lograr un bienestar físico, afectivo y personal. Se considera como pilar el enfoque de la inteligencia emocional, que se sustenta en los afectos para entender las más diversas expresiones humanas, en contracorriente a la tradicional tendencia racionalista.

Entender la formación a partir de la óptica de las competencias supone imponer un cambio trascendente en las condiciones, los hábitos y la cultura global del docente, quien tendrá que asumirse como un actor del proceso de aprendizaje con un fuerte compromiso institucional, profesional y personal.

Asimismo, la inserción de tareas bajo la clave de competencias propiciará que se termine con la tendencia a acumular contenidos curriculares que muchas veces no responden a los intereses del usuario del servicio educativo. También, será obligada la conformación de una estructura interdisciplinar para favorecer la adquisición de las competencias necesarias acordes con el perfil de egreso o profesional, en el caso de la educación superior. Los propósitos fundamentales son romper con la fragmentación del conocimiento, asimilar la necesaria vinculación entre asignaturas, e integrar un proceso de evaluación continua. Armengol *et al.* (2011) refieren, en el nivel universitario, tres tipos de competencias correspondientes a la formación pedagógica:

- *Instrumentales*, que permitirán el dominio de los conocimientos y de las herramientas requeridas para ejercer la práctica educativa.
- *Sociales*, que permitirán el trabajo colaborativo, con mística grupal y de entendimiento interpersonal.
- *Emocionales*, que harán posible gestionar y regular constructivamente la dimensión socioafectiva personal y grupal.

Competencias transversales del profesional de la educación[*]

Instrumentales	*Sociales*	*Emocionales*
1. Dominar las estrategias de recogida, de análisis y síntesis de la información.	10. Tener elementos para poder tomar una posición ética en el ejercicio de la profesión.	17. Reconocer las limitaciones profesionales.
2. Expresar las ideas con claridad, teniendo en cuenta la audiencia a la que se dirige.	11. Saber trabajar en equipos multiprofesionales.	18. Conocer las necesidades para el ejercicio profesional y confiar en las propias fortalezas.
3. Dominar las tecnologías de la información aplicadas al ámbito profesional.	12. Tener habilidad para trabajar en equipo de forma constructiva.	19. Implicarse en los actos, reuniones y eventos de la institución a la que se pertenece.

[*]C. Armengol, Castro, D. *et al.*, *El practicum en el Espacio Europeo de Educación Superior (EEES)*, Revista de Educación, 354, enero-abril, 2011.

4. Supervisar el trabajo realizado de forma sistemática.	13. Mostrar aptitudes para aportar ideas y soluciones nuevas a los retos que la tarea profesional requiera.	20. Soportar situaciones adversas y estresantes de forma positiva sin bloquearse.
5. Mostrarse creativo e innovador en la solución de problemas y en la solución de problemas y en el desarrollo de la tarea profesional.	14. Tener habilidad para buscar soluciones integradoras para las partes y conseguir un intercambio satisfactorio.	21. Mantener una distancia emocional en las actuaciones profesionales.
6. Evaluar la realidad social y la interrelación de factores implicados para predecir su evolución.	15. Abordar con iniciativa las diferentes situaciones que se presentan para mejorar la realidad y aceptar nuevas propuestas que surjan en este sentido.	
7. Tener capacidad para trabajar en red con profesionales de distintos ámbitos.	16. Implicarse en diferentes proyectos de forma simultánea.	
8. Tener capacidad para actuar con exactitud y precisión.		
9. Elaborar el proyecto profesional.		

El ejercicio profesional que ha dominado en los años más recientes ha mostrado un cambio drástico respecto a las modalidades tradicionales del trabajo. La incorporación de las tecnologías de la información ha motivado nuevas formas de entender la actividad laboral, la cual no sólo tiene impacto dentro de un mercado interno, sino global. Ante ello, la exigencia formativa dentro del ámbito académico se orienta hacia la transformación curricular, de contenidos y didáctico-metodológica.

Respecto a la metodología, Bautista-Cerro describe las siguientes modalidades que pueden enriquecer la manera de acceder al aprendizaje:

A. *Enfoque didáctico para la individualización:*

- Enseñanza programada.
- Enseñanza modular.

- Aprendizaje autodirigido.
- Investigación.
- Tutoría académica.

B. *Enfoque de socialización didáctica:*

- El método del caso.
- El método del incidente.
- Enseñanza por centro de interés.
- Seminario.
- La tutoría entre iguales.
- El pequeño grupo de trabajo
- La metodología de aprendizaje colaborativo

C. *El enfoque globalizado:*

- Los proyectos
- La resolución de problemas

El planteamiento que emerge de este cambio se proyecta hacia un modelo promotor de aprendizajes que sea múltiple, abierto y motivador, que fortalezca la capacidad de elección del alumno y en el cual el profesor contribuya con su experiencia y conocimientos a la formación de modelos flexibles.

La evaluación, por su parte, se constituye desde esta óptica en una tarea que debe ser planificada como un proceso continuo que permita al docente tener una permanente retroalimentación sobre cómo se desarrolla el trabajo académico, cuáles serán las modificaciones que ha de integrar y cómo mejorar su desempeño. Para el alumno esta clase de evaluación le dará elementos para detectar sus fortalezas y entender cómo habrá de introducir cambios que hagan factible otorgar mayor eficacia a su dinámica de aprender.

La conformación de un perfil profesional a partir de considerar las competencias que habrá de desarrollar la persona tiene su base en la creación de un perfil educativo afín a los requerimientos de las nuevas formas de empleo. En Europa se ha trabajado sobre el Proyecto Tuning, el cual tiene una versión latinoamericana. En ambas propuestas se establecen dos tipos de competencias, las genéricas y las específicas. Las primeras son aquellas que han de poseer todos o la mayoría de los diseños curriculares para introducir un modelo de educación integral. Las específicas se limitan a las particularidades de la profesión. La formulación de un perfil diseñado bajo esta perspectiva, además de definir funciones y tareas, se encuadra en el Marco Europeo de Cualificaciones (EQF). En él se describen ocho niveles de referencia que marcan qué conoce, qué comprende y qué es capaz de hacer el profesional. Este Marco apuesta por propiciar una mayor transparencia en las cualificaciones, así como favorecer el aprendizaje permanente.

En esa estructura de perfil también se han de incorporar las competencias que son imprescindibles para el desarrollo personal y social del individuo. En el nivel universitario aún es válido apuntalar sus funciones básicas: el desenvolvimiento de la investigación científica, la difusión crítica de la ciencia, y la formación cultural y humana.

Introducir la perspectiva de competencias profesionales en la educación parte de la creciente demanda social de conocer las capacidades que se desarrollan en las fases formativas, y por la inquietud de mejorar la preparación que permita una mejor incorporación del educando al ambiente laboral. Los procesos de selección se hacen presentes en el ámbito laboral, en el educativo y en las instancias evaluadoras y acreditadoras que dan un peso fundamental al aprendizaje de los alumnos, a los resultados obtenidos.

En el ejercicio realizado por el equipo de trabajo sobre el eje de competencias profesionales (Proyecto 6 × 4 UEALC) se señala que la competencia profesional es "la capacidad de un profesional de tomar decisiones, con base en los conocimientos, habilidades y actitudes asociadas a la profesión, para solucionar los problemas complejos que se presentan en el campo de su actividad profesional" (Verdejo, 2008:158). La capacidad de manejar las competencias eficazmente es primordial para adaptar las habilidades y actitudes a situaciones nuevas y cambiantes. Asimismo, la competencia integra lo afectivo, lo psicomotor y lo cognitivo para llevar a cabo la acción, la evaluación y la reflexión sobre la acción (Verdejo, 2008).

Al abordar el estudio de las competencias profesionales se considera, inicialmente, el perfil del egresado que tienen los programas académicos, para contrastarlo con las expectativas del campo profesional. Aquí, es básico tomar en cuenta que las condiciones del perfil favorezcan los elementos de la formación personal, ciudadana y de responsabilidad social.

El enfoque de análisis funcional en torno a las competencias profesionales es particularmente valioso dado que ofrece la posibilidad de replantear y actualizar aspectos de la formación universitaria, a partir de considerar las actuaciones del profesional en un ámbito práctico. Esto, sin duda, genera aportes esenciales que contrastan con mecanismos tradicionales en los que hay una formación acorde con las áreas de conocimiento de la profesión y después se ve qué funciones puede desempeñar el egresado. Así, la competencia se demuestra en la acción. Verdejo (2008) menciona que la competencia es "la ejecución de la acción esperada, de forma rápida, bien hecha y de buen modo". El quehacer del profesional y la formulación de expectativas en torno a lo que espera de él la sociedad son el sustento para identificar y describir las competencias. Además, las características de un entorno en permanente cambio exigen que los perfiles profesionales se revistan de un carácter flexible, adaptable y complejo, afín a las sociedades, y que por tanto, obliguen a una revisión permanente de esos perfiles y de sus estrategias formativas.

En el complejo mundo de las competencias es importante señalar que para los fines del análisis se identifican las competencias genéricas (aplicables a todas las profesiones), las transversales (que aplican a un grupo de profesiones) y las específicas, que dan identidad a la profesión, y que se aplican a una vasta diversidad de situaciones.

Con el enfoque funcional se apuntalan las acciones, sus resultados y los criterios de ejecución para un ejercicio profesional competente para, más adelante, realizar el análisis de los conocimientos, las habilidades y las actitudes que entran en juego para realizar las acciones (Verdejo, 2008). En esta dinámica se entrelazan la lógica académica y la lógica de la profesión para introducir en el diseño curricular los elementos de un proceso de enseñanza-aprendizaje en el que tengan cabida el desarrollo y la evaluación de las competencias, así como del conjunto de conocimientos, habilidades y actitudes. La calidad, destaca Verdejo, se refleja en los criterios de ejecución.

No obstante, no pueden sesgarse en la formulación de la competencia profesional los aspectos formativos científicos y humanísticos, por lo que deberán considerarse como prioritarios los factores técnicos, tecnológicos, éticos y de desarrollo personal y social.

Verdejo (2008) muestra un camino para describir las competencias profesionales con un enfoque funcional:

- Tomar como referente esencial el perfil de egreso actual de la profesión de la institución educativa, considerando que para definirlo se realizó una consulta tanto en el campo académico como en el profesional.
- Conforme al perfil de egreso, describir las funciones características de la profesión.
- Identificar los problemas y las circunstancias comunes que enfrenta el profesional en el ejercicio de estas funciones.
- Identificar y describir las tareas que necesita llevar a cabo para solucionar estos problemas. Describir estas actividades en términos de competencias profesionales (acciones, contexto en que se espera se realicen y criterio de calidad de las mismas).
- Clasificar las competencias en específicas, transversales y genéricas.
- Identificar y proponer las competencias profesionales que se consideren básicas para el ejercicio de la profesión y que deberían ser comunes a las sustentadas en otras instituciones que promuevan la enseñanza de la profesión.

Con el procedimiento anterior se puede contar con un perfil profesional de referencia, susceptible de ser contrastado con las expectativas en el campo profesional y con las necesidades sociales.

La competencia podrá esquematizar los siguientes elementos (Verdejo, 2008):

El sujeto de la acción	La conducta enunciada por un verbo en tiempo presente	El tema o asunto sobre el que versa la acción	El contexto o condición de realización de la acción	Los criterios de ejecución de la acción o las características del producto de la acción

Una competencia genérica podría expresarse del modo siguiente (Verdejo, 2008):

| El profesional | Desarrolla | Juicios o inferencias sobre el valor, cualidades y méritos del objeto de juicio | En el campo de la profesión | Con base en procesos de razonamiento y conocimientos actualizados |

Este proceso de enunciación deberá desarrollarse con cada tipo de competencia: genérica, transversal y específica. Los criterios comunes de ejecución son vitales y su importancia se reflejará en los procesos instrumentales de evaluación que servirán a los procesos educativos formales y a los no tradicionales como la educación a distancia, el aprendizaje autónomo y la experiencia laboral.

Un modelo de educación basado en competencias impactará el diseño curricular, la pedagogía, la organización de la institución educativa, el perfil del estudiante, el trabajo académico del alumno y los recursos que requerirá (uso de TIC, laboratorios, talleres, material bibliográfico y documental).

En la descripción de las competencias se identifican tres dimensiones que se desarrollarán progresivamente: la complejidad, la reflexión y la autonomía:

1. *Complejidad*. Situaciones en las que intervienen numerosas y cambiantes variables de género diverso, que pueden ser actuales, pasadas, futuras o probables.
2. *Reflexión*. Es la conclusión sobre el actuar o el no actuar. Para ello, funcionan todos los procesos de pensamiento en función de la comprensión de un fenómeno. Es un mirar a sí mismo para conocer, interpretar, analizar o aclarar y decidir.
3. *Autonomía*. Capacidad para decidir conforme a los propios principios resultado de los procesos reflexivos y de la revisión crítica de las leyes externas.

Verdejo (2008) ofrece un ejemplo del desarrollo continuo de las dimensiones de la competencia:

Desarrollo inicial	Desarrollo intermedio	Desarrollo avanzado
Complejidad		
Identificar variables y sus relaciones	Identificar nuevas relaciones	Identificar nuevas variables y nuevas relaciones
En un área disciplinar y profesional	En varias áreas disciplinares y profesionales	En nuevas áreas disciplinares y profesionales

Desarrollo inicial	Desarrollo intermedio	Desarrollo avanzado
Reflexión		
Explicaciones	Argumentaciones	*Insight*
Autonomía		
Dirigido	Dirigido con algún grado de autonomía	Autónomo

En la descripción de la competencia es importante especificar el grado de desarrollo deseado en los diferentes niveles formativos con el propósito de precisar los resultados esperados para cada programa de estudios, puesto que en ellos se basarán los procesos de evaluación.

Dentro de las instituciones es necesario revisar si las áreas curriculares actuales cubren las competencias descritas en el perfil o si es necesario agregar otras. También es importante destacar los diferentes niveles de dominio de las competencias, desde la categoría de novato a experto "con la trayectoria curricular para graduar su desarrollo durante la formación y determinar estrategias transversales y/o de cursos específicos para su desarrollo" (Verdejo, 2008:169).

Para realizar esta tarea, los docentes expertos en diseño curricular de la profesión relacionarán las áreas con las competencias o recurrirán a la descripción de los conocimientos, habilidades y actitudes que se requieren para realizar las acciones especificadas en la competencia.

Con esta elaboración junto con la secuencia del aprendizaje y las relaciones entre estos elementos se establecerán las estrategias pedagógicas, el mapa curricular y los momentos intermedios y finales de evaluación de competencias (Verdejo, 2008).

Con la perspectiva de formular para la institución educativa un modelo basado en competencias es indispensable replantear totalmente el plan curricular para secuenciar la formación de conocimientos, habilidades y actitudes, así como para incorporar asignaturas y experiencias que den cuenta de la competencia. Al incorporar la competencia es fundamental describir los conocimientos, habilidades y actitudes necesarios para realizar la acción que demuestra la competencia. Con esta tarea es factible revisar las áreas de conocimiento del programa académico y diseñar los procesos de aprendizaje para adquirir las competencias. A lo largo del proceso de enseñanza-aprendizaje el tono que tienen los conocimientos, habilidades y actitudes varía respecto al proceso de desarrollo de la competencia.

Por su parte, al referir aspectos básicos de la formación basada en competencias, Tobón (2009) señala que el desempeño a partir de ellas se vincula a un enfoque particular dado que se focalizan en aspectos concretos de la docencia, del aprendizaje y de la evaluación. Estos son, de acuerdo con este autor: 1. La integración de los conocimientos, los procesos cognoscitivos, las destrezas, las habilidades, los valores y las actitudes en el desempeño ante actividades y problemas; 2. La construcción de los programas de formación acorde con los requerimientos disciplinares, investigativos, profesionales, sociales, ambientales y laborales del contexto, y 3. La orientación de la educación por medio de estándares e indicadores de calidad en todos sus procesos.

Tobón (2009) define las competencias como *procesos complejos de desempeño con idoneidad en un determinado contexto, con responsabilidad*. En una expresión sistemática y específica que describe lo anterior, señala el siguiente ejemplo:

Competencia:	
• Planear la vida con base en un proyecto personal para alcanzar la plena autorrealización, teniendo como referencia un diagnóstico de necesidades vitales y valores.	
Proceso:	*Complejidad*:
• La planeación de la vida constituye un conjunto de actividades que tienen como punto de partida el autodiagnóstico de cómo está la propia realización y un punto de llegada: la construcción de metas a corto, mediano y largo plazos que respondan a las necesidades personales.	• Elevado número de aspectos que hay que tener en cuenta: metas alcanzadas, metas no alcanzadas, necesidades vitales insatisfechas, grado de compromiso con la autorrealización, disponibilidad de recursos, etcétera. • Incertidumbre: hay muchos factores que pueden influir para no alcanzar las metas y hay que tener conciencia de ello. Esto implica que hay que tener flexibilidad para establecer nuevas metas.
Desempeño:	*Idoneidad*:
• Realización de un plan para planear la propia vida con metas a corto, mediano y largo plazos. • Dimensión afectivo-motivacional: deseo de realización personal y compromiso. • Dimensión cognoscitiva: conocimiento de un plan de vida, conocimiento de sí mismo, conocimiento de los tipos de metas. • Dimensión actuacional (hacer): manejo de una metodología para planear la vida.	En esta competencia la idoneidad está dada por los siguientes criterios: • Realizar el plan de vida especificando las metas, los recursos y la manera de alcanzarlas. • Construye el plan de vida con base en un autodiagnóstico exhaustivo de sí mismo. • Demuestra compromiso por su realización personal.

Contexto:	Responsabilidad:
• La vida de la persona en relación con valores, pautas y demandas sociales. • Familia, pareja, amigos y entorno de trabajo.	• En la elaboración del plan de vida tiene que buscar no hacerse daño a sí mismo ni que exista la posibilidad de hacerle daño a otras personas. • En la planeación deben establecerse mecanismos para compensar una meta por otra de tal forma que esto no afecte la realización personal.

En su propuesta, Tobón (2009) establece los aspectos mínimos para describir una competencia:

Verbo de desempeño	Objeto de conocimiento	Finalidad	Condición de calidad
Se hace con un verbo de acción. Indica una habilidad procedimental.	Ámbito o ámbitos en los cuales recae la acción.	Propósitos de la acción.	Conjunto de parámetros que buscan asegurar la calidad de la acción o actuación.
• Se sugiere un solo verbo. • Los verbos deben reflejar acciones observables. • Se sugiere un verbo en infinitivo, aunque puede estar en presente.	• El ámbito sobre el cual recae la acción debe ser identificable y comprensible por quien lea la competencia.	• Puede haber una o varias finalidades. • Se sugiere que las finalidades sean generales.	• Debe evitarse la descripción detallada de criterios de calidad porque eso se hace cuando se describa la competencia.

Un ejemplo descriptivo sería el siguiente (Tobón, 2006):

Verbo de desempeño (habilidad procedimental)	Objeto	Finalidad	Condición de calidad
Planear	Un proyecto productivo o social	Para satisfacer una determinada necesidad de la comunidad. Para obtener ingresos económicos.	Con base en unas determinadas normas de redacción. Siguiendo criterios de estructura establecidos en el área.
La competencia sería:			
• Planear un proyecto productivo para satisfacer una necesidad de la comunidad y obtener ingresos económicos por ello, con base en unas determinadas normas de redacción, siguiendo los criterios establecidos en el área respecto a sus componentes y haciendo énfasis en su viabilidad.			

Siguiendo a Tobón (2006), en la estructura de la competencia se describen los siguientes aspectos:

Competencia. Es el desempeño general ante una determinada área disciplinar, profesional o social.

Unidad de competencia. Es el desempeño concreto ante una actividad o problema en un área disciplinar, social o profesional. Una competencia global se compone de varias unidades de competencia.

Elementos de competencia. Son desempeños ante actividades muy precisas mediante los cuales se pone en acción la unidad de competencia.

Problemas e incertidumbres. Son problemas que se pueden presentar en el entorno y que debe estar en capacidad de resolver la persona con la respectiva competencia.

Indicadores de desempeño. Son criterios que dan cuenta de la idoneidad con la cual se debe llevar a cabo la unidad de competencia, y de manera específica cada elemento de competencia. Se sugiere que cada indicador se acompañe de niveles de logro para orientar la formación y evaluación del desempeño de manera progresiva.

Saberes esenciales. Se describen los contenidos concretos que se requieren en la parte cognoscitiva, afectivo-motivacional (ser) y actuacional (hacer) para llevar a cabo cada elemento de competencia y cumplir con los indicadores de desempeño formulados.

Evidencias. Son las pruebas más importantes que debe presentar el estudiante para demostrar el dominio de la unidad de competencia y de cada uno de sus elementos. Las evidencias son de cuatro tipos: evidencias de conocimiento, evidencias de actitud, evidencias de hacer y evidencias de productos (se indican productos concretos que se deben presentar).

Los componentes se ejemplifican a continuación considerando el ejemplo anterior (Tobón, 2009):

Competencia: gestionar proyectos productivos *Unidad de competencia:* Planear un proyecto productivo para satisfacer una necesidad de la comunidad y obtener ingresos económicos por ello, con base en unas determinadas normas de redacción, siguiendo los criterios establecidos en el área respecto a sus componentes y haciendo énfasis en su viabilidad.	*Elementos de competencia:* 1. Determinar el servicio o el producto que se va a ofrecer, con sus correspondientes características, y justificar su importancia. 2. Realizar la planeación de cómo se va a ofrecer dicho producto o servicio. 3. Establecer cómo se va a desarrollar el proyecto, con etapas, actividades, recursos y cronograma. 4. Realizar el análisis financiero y evaluar la viabilidad del proyecto.
Problemas e incertidumbres: 1. Ofrecimiento de servicios o productos similares por parte de otras personas. 2. Cambio de la necesidad sobre la cual se ha basado el proyecto o inadecuada identificación de ésta. 3. Aumento imprevisto de los precios de determinados recursos, con lo cual cambia el análisis financiero del proyecto. 4. Dificultad para tener acceso a determinados recursos presupuestados.	*Indicadores de desempeño:* (Actividades concretas que deben hacerse en la competencia) 1. El proyecto está redactado siguiendo normas de sintaxis y ortografía. 2. El proyecto describe las etapas, los recursos necesarios, el análisis financiero, la forma como se van a obtener dichos recursos y el cronograma de trabajo. 3. El servicio o producto que se ofrece presenta una o varias ventajas respecto a calidad, precio, distribución y atención. 4. La planeación del ofrecimiento del servicio está acorde con los recursos que son factibles para el proyecto.

Saberes esenciales:	*Evidencias*:
Dimensión afectivo-motivacional: • Deseo de ser emprendedor. • Motivación hacia el logro. Dimensión cognoscitiva: • Concepto de proyecto. • Concepto de necesidad. • Conocimiento de las partes de un proyecto. • Concepto de viabilidad. • Conocimiento del mercado. Dimensión del hacer: • Evaluación de productos y servicios del mercado. • Innovación en un servicio o producto. • Metodología de planeación de un proyecto. • Metodología del análisis financiero.	*Evidencia de conocimiento*: mapa mental sobre cada uno de los elementos de competencia con su respectiva explicación textual por escrito. *Evidencia de actitud*: documento escrito con registro de dificultades y superación de éstas. *Evidencias de hacer*: entrevista al estudiante sobre la realización de un proyecto. *Evidencias de producto*: documento escrito de un proyecto productivo para generar ingresos.

La evaluación por competencias

Las actividades que se desarrollan antes, durante y después de la evaluación deberán tener un objetivo destinado a la construcción de significados, tanto para el alumno como para el profesor, quienes le han de otorgar un sentido. Desde esta perspectiva, la evaluación no se genera en un momento específico, sino que es un proceso constituido por diversas acciones realizadas a lo largo del ciclo escolar. Se habla, entonces, de incorporar situaciones de evaluación que además de valorar los conocimientos obtenidos, ofrecerá la expectativa de ampliarlos y enriquecerlos, lo que contribuirá al fortalecimiento de una permanente dinámica de creación del conocimiento.

Formas de concebir la evaluación:

a) R. W. Tayler (1949, 1975)

La evaluación es una constante comparación de los resultados del aprendizaje de los alumnos con los objetivos previamente determinados en la programación de la enseñanza.

b) M. Scriven (1967)

La evaluación es una estimación o constatación del valor de la enseñanza, considerada no sólo en sus resultados, sino también en su proceso de desarrollo. La evaluación sumativa se centra en el estudio de los resultados, mientras que la evaluación constituye una estimación de la realización de la enseñanza y contiene en sí el importante valor de poder servir para su perfeccionamiento al facilitar la toma de decisiones durante la realización del proceso didáctico.

c) B. MacDonald (1971)

Considera que la evaluación debe ser holística, es decir, tomar en consideración todos los posibles componentes de la enseñanza: proceso, resultados, contexto, etc. Asimismo, considera que la enseñanza adquiere unas determinadas características distintas para cada situación, por lo que es necesario acercarse desde una perspectiva ecológica y contextual de la evaluación misma.

d) D. L. Stufflebeam (1971, 72, 87)

La evaluación es el proceso de identificar, obtener y proporcionar información útil y descriptiva acerca del valor y el mérito de las metas, la planificación, la realización y el impacto de un programa determinado con el fin de servir de guía para la toma de decisiones, solucionar los problemas de responsabilidad y promover la comprensión de los fenómenos implicados.

e) Joint Committee on Standards for Educational Evaluation (1981)

- La evaluación es el enjuiciamiento sistemático del valor o mérito del programa.
- La evaluación debe poseer las siguientes características:

  – *Utilidad*. Ha de servir para un mejor conocimiento de las características de la enseñanza y una consiguiente adopción de decisiones de perfeccionamiento sólidamente fundamentadas.
  – *Viabilidad*. Se debe poder llevar a cabo sin grandes dificultades.
  – *Ética*. Debe respetar los derechos de los implicados mediante la realización y cumplimiento de los compromisos explícitos.
  – *Exacta*. Debe proporcionar conclusiones válidas y fidedignas.

f) Alineamiento constructivo y evaluación

- Llamada también auténtica.
- En línea con: ¿Qué quiero que...? ¿Cómo sé qué...? ¿Qué actividades...?
- Ligada a las actividades de aprendizaje.
- Diálogo permanente con los estudiantes.

- Concertada.
- Socializada.
- Está inserta en un contexto curricular.

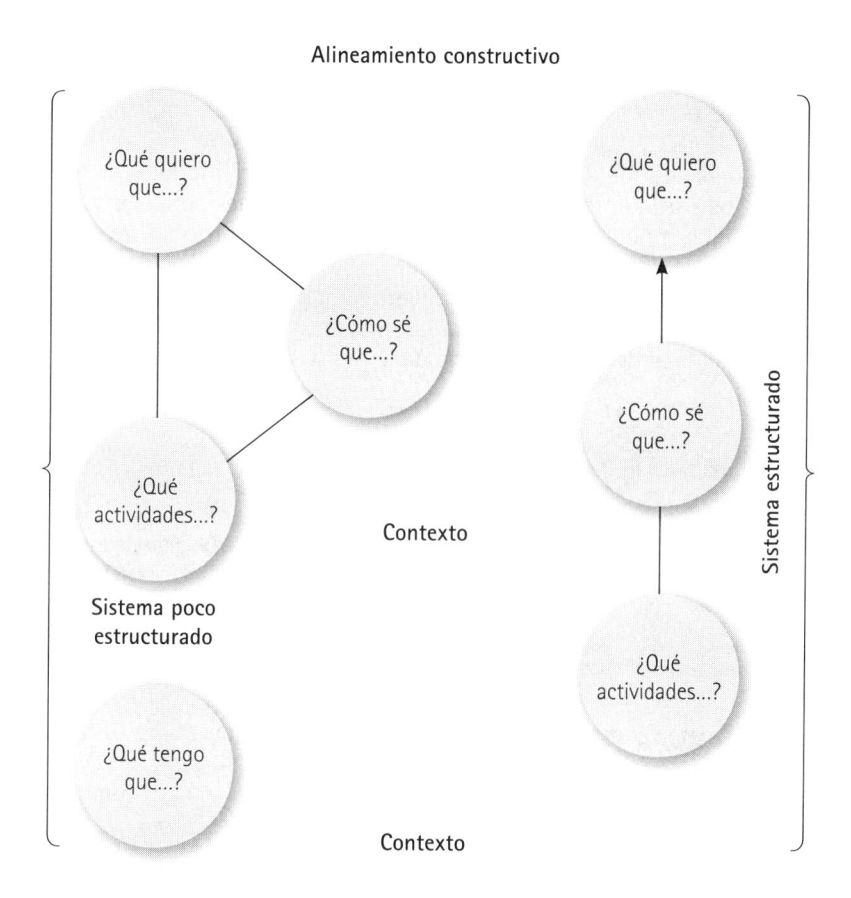

Alineamiento constructivo

Sistema poco estructurado:
- ¿Qué quiero que...?
- ¿Cómo sé que...?
- ¿Qué actividades...?
- ¿Qué tengo que...?

Contexto

Sistema estructurado:
- ¿Qué quiero que...?
- ¿Cómo sé que...?
- ¿Qué actividades...?

Contexto

Una evaluación basada en el enfoque de competencias precisa no sólo de una aplicación de una evaluación o pruebas, sino de la realización de tareas contextualizadas. Se puede hablar, entonces, de una *evaluación alternativa* (González, 2010). Este tipo de evaluación, que recopila evidencias sobre la manera como los alumnos logran procesar y completar sus labores dentro de un ámbito real, hace posible documentar el avance en determinado tiempo y no compara a los alumnos entre ellos. Hace énfasis en las fortalezas de los educandos, no en sus debilidades. También, considera sus estilos de aprendizaje, sus capacidades lingüísticas y sus experiencias culturales y educativas. En esa ruta la evaluación debe reflejar las necesidades prácticas de la realidad e incrementar las habilidades para resolver problemas y construir con ello significados; no mira el producto final sino el proceso de razonamiento orientado al logro de aprendizajes; hace visible los valores intelectuales de la comunidad; valora de manera esencial el trabajo en equipo; permite al alumno acceder a diversos caminos para enfrentar la solución de una problemática; considera la necesidad de que el educando observe el todo, no sólo las partes.

Por parte del docente es necesario que, en la tarea de evaluar por competencias, tome en cuenta una selección de actividades de evaluación que se vinculen estrechamente a lo realizado en la esfera académica a lo largo del periodo considerado; que se comparta a los alumnos cuáles serán de antemano los criterios de evaluación, los estándares y modelos de desempeño; que los estudiantes tengan claro que sus acciones serán comparadas con situaciones modelo y con otros alumnos; que el proceso favorezca la autoevaluación.

Asimismo, un aprendizaje es estratégico cuando se aprende de manera consciente e intencional, y determina la toma de decisiones en concordancia con las situaciones del contexto (cuándo y porqué se ha de utilizar el conocimiento).

Técnica o procedimiento	Estrategia	Competencia
Saber hacer	Saber pensar	Saber coordinar
Tomar apuntes Usar instrumentos Aplicar métodos	Autorregular Planificar Supervisar Autoevaluar	Coordinación de estrategias para dar respuesta a problemas prototípicos y emergentes

C. Monereo, *La evaluación de los aprendizajes estratégicos*, disponible en < http://www.sinte.es/ >.

La estrategia, como aspecto central a partir del cual se ha de desarrollar el aprendizaje, demanda respuestas en sus ámbitos de acción. Monereo (2008) señala que en la *planificación* se deben formular cuestionamientos como:

- ¿Qué conocimientos previos pueden ayudarme? Qué sé, qué no sé, qué puedo hacer para encontrar información, etcétera.
- ¿Qué técnicas o métodos pueden ser más eficaces? De la materia (teorema), interdisciplinares (mapas de conceptos).
- ¿Qué resultado debo obtener?, ¿cómo se evaluará? Orientación del estudio más reproductiva o comprensiva.

En la *supervisión*, preguntar:

- ¿Estoy controlando las condiciones de la tarea? Me aproximo al objetivo, tengo tiempo suficiente, empleo los recursos necesarios, etcétera.
- ¿Estoy encontrando respuesta a las dudas y dificultades que van surgiendo durante el proceso?

- Las técnicas o métodos que estoy aplicando ¿me permiten progresar en la dirección deseada?, ¿qué otro procedimiento podría emplear?, ¿por qué no lo utilizo?
- ¿Estoy acercándome al resultado esperado en los términos apropiados? Retengo la información, puedo parafrasear, soy capaz de interpretar, tengo buenos argumentos, etcétera.

En la *autoevaluación* se ha de responder lo siguiente:

- ¿He respetado las condiciones que exigía la tarea? Si volviese a realizar esta tarea, ¿en relación con qué condiciones y de qué modo ajustaría mejor mi conducta?
- ¿He alcanzado los resultados deseados? Si volviese a efectuar esta tarea ¿cómo interpretaría la demanda y los criterios de evaluación?
- ¿He resuelto las dificultades encontradas de un modo satisfactorio? En otra ocasión ¿cómo actuaría?
- ¿He utilizado las técnicas o métodos más apropiados? En una nueva oportunidad ¿qué procedimiento(s) escogería?

Dimensiones para evaluar un aprendizaje estratégico

La actividad que habrá de ser evaluada hará referencia a un problema complejo que demande un compromiso respecto a la toma de decisiones, además de coordinar un amplio bagaje de conocimientos y permitir respuestas alternativas. La actividad motivo de la evaluación debe tener sentido, ser auténtica, realista, relevante y útil; encaminada a resolver una problemática cercana a la realidad del alumno. De igual modo, la acción necesita incorporar un nivel de incertidumbre para hacer posible que el alumno autorregule sus procesos de planificación, supervisión y autoevaluación.

El portafolio es una modalidad que integra las evidencias del aprendizaje. Su elaboración habrá de considerar el *saber decir* (conceptos), el *saber hacer* (procedimientos) y *saber sentir* (actitudes y valores).

De manera obligatoria, las evidencias expondrán resultados obtenidos a partir de informes, fotografías, presentaciones, noticias y entrevistas. De forma optativa, el alumno realizará maquetas, inventos, videos, CD-DVD, representaciones y juegos.

La revisión de las evidencias pasará por la autoevaluación, la coevaluación y la heteroevaluación, que orientarán los criterios e indicadores de mejora. Con esos elementos se replantearán las evidencias y se establecerán las definitivas. Se desarrollará una autocrítica y una prospectiva.

Sectores de la evaluación integral

¿Qué evaluar?

1. *El ser.* Competencias antropológicas
2. *El sentir.* Competencias afectivas
3. *El actuar.* Competencias éticas y morales
4. *El vivir.* Competencias axiológicas y espirituales
5. *El convivir.* Competencias ciudadanas

Evaluación de las actitudes

6. *El saber.* Competencias académicas y científicas
7. *El saber hacer.* Competencias laborales y ocupacionales
8. *El pensar.* Competencias cognitivas
9. *El aprender.* Competencias investigativas y tecnológicas
10. *El emprender.* Competencias del emprendimiento

Evaluación de las aptitudes

Evaluación integral del aprendizaje

Contenidos
- Currículo
- Estándares
- Plan de estudios
- Áreas
- Asignaturas
- Núcleos temáticos
- Unidades didácticas
- Temas

→ Conceptos

Aptitudes

Procedimentales
- Métodos
- Técnicas
- Procesos
- Estrategias
- Hábitos
- Habilidades
- Destrezas

→ Desempeños

Intelectivas
- Estructura mental
- Múltiples inteligencias
- Funciones cognitivas
- Niveles de pensamiento
- Operaciones mentales
- Potencial de aprendizaje

→ Competencias cognitivas

Actitudes
- Expectativas
- Interés
- Motivación
- Atención
- Comprensión
- Participación

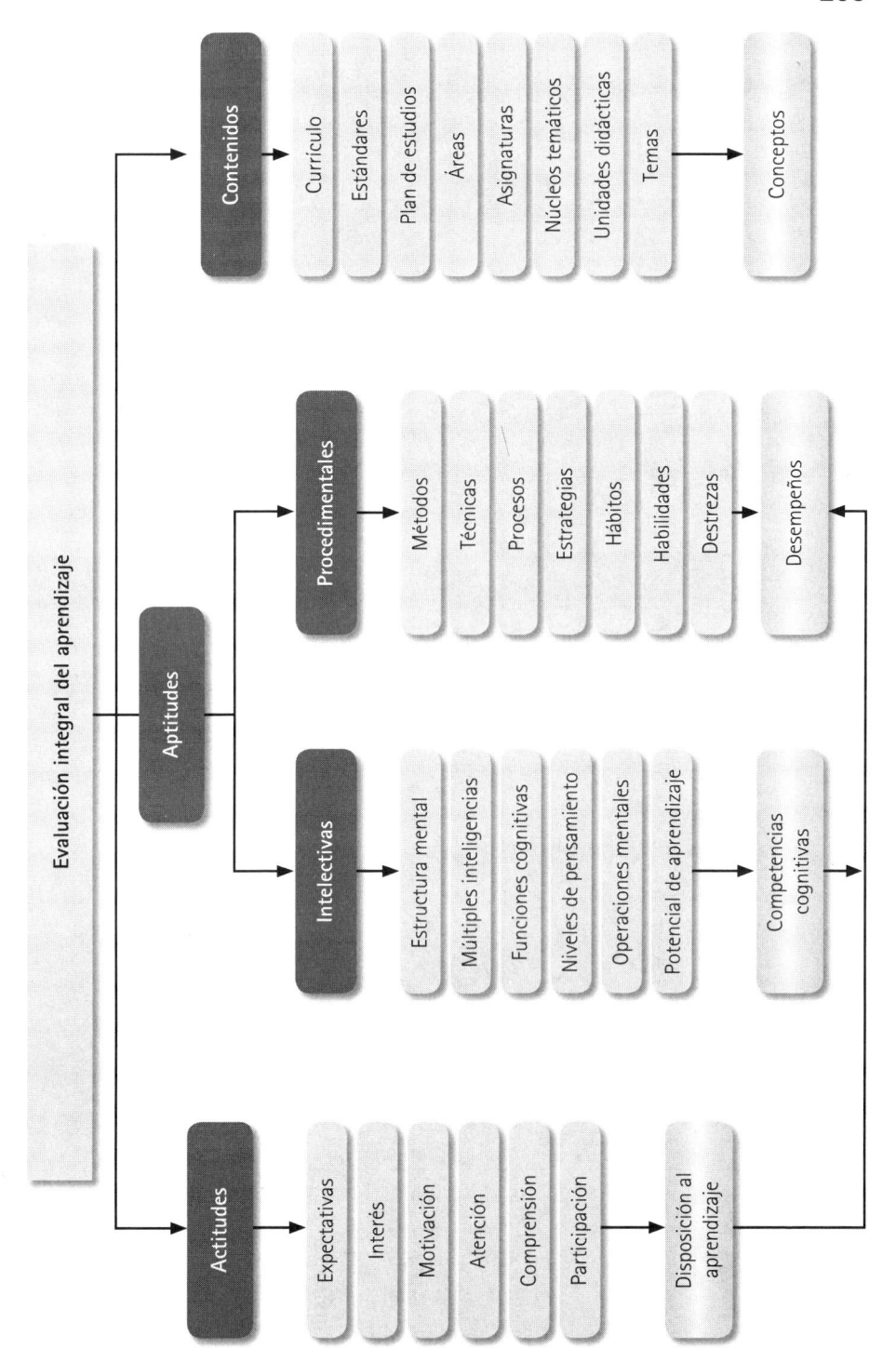

→ Disposición al aprendizaje

Parámetros	Nivel de competencia			Ritmo de proceso		Actitudes	
Escalas / Criterios	Alto	Normal	Bajo	Sin dificultad	Con dificultad	Positiva	Negativa
Excelente	X			X		X	
Sobresaliente	X				X	X	
Sobresaliente	X	X		X			X
		X		X		X	
Aceptable		X			X	X	
		X		X			X
Insuficiente			X			X	
Insuficiente			X		X		X
Deficiente			X		X		X

G. Francesco, *Hacia un nuevo paradigma evaluativo siglo XXI. Evaluación integral de los aprendizajes*, Congreso Perspectiva, Educación, Escuela y Pedagogía Transformadora, 2012.

La competencia es multidimensional y multifactorial, por lo que su evaluación tendrá que ser abordada con modelos multidimensionales. Estas evaluaciones se basan en los modelos centrados en las evidencias que hagan visible y valoren la adquisición o el dominio de la competencia.

Puesto que la competencia se demuestra en la acción, las evidencias se tomarán a partir de la ejecución de tareas y ejercicios para inferir en qué grado se tiene la competencia. En este proceso deben considerarse tanto el contexto como la situación. Los académicos deberán desarrollar un exhaustivo trabajo para establecer los criterios de calidad que deben ser descritos en los criterios de ejecución.

Las pruebas para demostrar las competencias deben cubrir los requerimientos de confiabilidad (reproductibilidad, las diferencias en las puntuaciones se deberán a diferencias en el desempeño), validez de contenido (que se mida lo que se pretende medir) y validez predictiva (predicción de la calidad y el perfil de la práctica profesional) (Verdejo, 2008).

El modelo de evaluación deberá considerar el conjunto de tareas y productos que se obtienen por las acciones realizadas y desarrollar el modelo de evidencias respecto de las competencias que se van a evaluar. "Un sistema de evaluación basado en competencias se basa en el conjunto de evidencias sobre el desempeño o acción del individuo que muestran si se logran los criterios especificados en las competencias profesionales" (Verdejo, 2008:173).

Las evidencias directas se refieren al desempeño que se verifica mediante la observación y se valora con listas previas de cotejo donde se describan los elementos por observar y las características de esos elementos. Las evidencias indirectas son los resultados o productos que se valoran respecto a los estándares o criterios de la competencia.

Un ejemplo de este ejercicio es el siguiente (Verdejo, 2008):

El sujeto de la acción	La conducta enunciada por un verbo	El tema o asunto sobre el que versa la acción	El contexto o condición de realización de la acción	Los criterios de ejecución de la acción o las características del producto de la acción

| El profesional | desarrolla | juicios o inferencias sobre el valor, cualidades y méritos del objeto de juicio | en el campo de la profesión | con base en procesos de razonamiento y conocimientos actualizados |

En un ámbito estrictamente práctico dentro del aula, Laura Frade (2009) señala que una competencia define lo que se espera que el estudiante realice al final de sus estudios, pero también durante la clase. Por eso se redacta en *presente, tercera persona* y *singular*. Son metas terminales y procesuales. Se desarrollan cuando el alumno enfrenta desafíos, conflictos cognitivos en los que tiene que poner todos los elementos necesarios para abordarlos y solucionarlos.

De este modo, establece que la realización del proceso por parte del alumno se lleva a cabo:

- Pensando, observando, buscando información.
- Interactuando con los demás, el ambiente y los docentes.
- Realizando actividades que tienen antecedentes y consecuencias.
- Experimentando, problematizando, analizando y preguntando.
- Cuestionando la realidad de lo que sucede.
- Utilizando el conocimiento mediante diferentes habilidades de pensamiento para resolver algo.

En esta dinámica el proceso sigue la secuencia

Analiza - Comprende - Usa

Se establecen, entonces, una situación y una secuencia didáctica.

Situación didáctica. Escenarios de aprendizaje que incluye un conflicto cognitivo que hay que resolver.

Secuencia didáctica. El orden en que se llevarán a cabo las actividades en la situación para resolver el conflicto.

Ejemplo: situación didáctica de química (Frade, 2009):

Competencia genérica que hay que trabajar. Elige alternativas y cursos de acción con base en criterios sustentados y en el marco de un proyecto de vida.
Competencia disciplinar. Sustenta una opinión personal sobre los impactos del desarrollo y la tecnología en su vida diaria.
Competencia que hay que desarrollar. Explica la importancia de la química en la vida de las personas.

Situación didáctica. Testimonio de un joven adicto a la "piedra" y cómo las nuevas medicinas lo ayudan a superar el problema.
Secuencia didáctica. Se presenta el caso y:

- Se analiza cómo la química interviene positiva y negativamente.
- Se identifican los procesos químicos que llevan a su elaboración y las ramas de la química que intervienen.

- Se analiza cómo la química interviene en la vida y que su ambivalencia depende de la decisión que tome la persona (se vincula con la ética y el proyecto de vida del alumno). ¿Cómo se realiza la evaluación?

Evaluación formativa. Centrada en el proceso de logro en la competencia.
Evaluación sumativa. Centrada en el resultado obtenido en la competencia. Utilizando instrumentos para recabar evidencias e información sobre el proceso y los resultados (elaboración de portafolios, de productos, campañas). El alumno debe preguntarse si lo realizado en efecto desarrolla la competencia.

METODOLOGÍA PARA RECOPILAR INFORMACIÓN SOBRE LA VIABILIDAD DE LAS COMPETENCIAS

Para llevar a cabo un trabajo académico que establezca la incorporación curricular de las competencias, el equipo creador del modelo para la educación por competencias (MECO), en el marco del Proyecto 6 × 4 UEALC, propone una metodología cualitativa a partir de grupos de enfoque, y que es la que ahora sugerimos como viable y esclarecedora para avanzar en la identificación de las competencias que las instituciones educativas necesitan desarrollar.

En el grupo de enfoque intervienen los actores directamente involucrados con la temática que se va a tratar. En una dinámica de reflexión en voz alta que da lugar a la discusión, el investigador que coordina la sesión registra no sólo las informaciones obtenidas, sino que considera las expresiones emocionales, el lenguaje no verbal, el tono de voz, las contradicciones, entre otros aspectos, lo que permite conocer qué hay detrás de una argumentación.

El grupo de enfoque es una clase de entrevista grupal en la que interacciona un número determinado de participantes. En una conversación natural, las personas del grupo cuentan historias personales relacionadas con el tema, disienten, analizan, ríen, se contradicen, guardan silencio y se interrumpen. El enfoque debe ser orientado a los objetivos propuestos y no debe salir de la temática planteada a lo largo de una hora y media o dos horas de interacción. En este sentido, el papel del moderador es muy importante. Para mantener este enfoque, el coordinador del grupo se vale de una guía de entrevista que está diseñada para que los participantes piensen intensamente y propongan opciones en una condición relajada y que genere confianza. Las preguntas van de lo general a lo específico y las sesiones se graban y se transcriben para su análisis e interpretación.

Metodología

Erosa (2008) señala las etapas siguientes:

I. *Preparación de la sesión.*

1. Se reúnen entre ocho y 12 participantes con características similares, por ejemplo, un grupo de académicos, otro de egresados de la misma área, empleadores de egresados, etcétera.
2. Esta técnica permite comprender las diferentes perspectivas de los interesados/afectados/actores del tema en estudio. El grupo, como ya se indicó, debe ser homogéneo. Se sugiere extender la invitación a más de la mitad de las personas para prever que la sesión se realice aunque algunos participantes falten en el último momento.
3. Enviar a los participantes la invitación junto con el documento del perfil de referencia acordado para que lo revisen.
4. Dar un incentivo a los participantes por el tiempo dedicado a la sesión. Los académicos podrían recibir una carta de agradecimiento suscrita por la autoridad competente.

II. *Administración de la sesión del grupo de enfoque.*

1. Romper el hielo. Es esencial crear un ambiente cálido y confiable para alentar su participación en las dinámicas. Algunas ideas que propone Erosa (2008) para ello son:

a) Dar la bienvenida a los participantes en lo individual y presentarlos entre sí.
b) Iniciar una conversación sobre algún tema general, ajeno a los planteamientos específicos de la temática que se abordará más adelante.
c) Pedir que llenen una hoja de registro que proporcionará información que describa el perfil del grupo.
d) En esta fase, el moderador identificará los temperamentos de quienes participan para detectar a los dominantes, a los tímidos y a los que se consideran expertos.
e) Esta primera etapa no debe durar más de 10 min.

2. Introducción del grupo de enfoque:

a) Bienvenida.
b) Descripción general del tema.
c) Lineamientos para guiar la participación.
d) Número de preguntas.
e) Papel del moderador.

f) Pregunta de apertura que se caracteriza por ser general para permitir a los participantes expresar cómo observan y comprenden el tema de análisis. Se solicita la manifestación de un comentario sobre su experiencia, o puede pedirse una definición o una explicación.

3. Las preguntas:

a) Debe definirse una ruta de preguntas o guía de temas.
b) Las preguntas deben ser cuidadosamente redactadas y determinar un mínimo de ellas.
c) Las preguntas han de ser formuladas en modo de conversación.
d) Los moderadores deben modificar la secuencia de preguntas y éstas se contestan dentro de una discusión particular, para así dar secuencia a la conversación.
e) Los moderadores deben llevar el control del tiempo.
f) El moderador debe tener una conducción que mantenga el enfoque del grupo hacia las respuestas. Si hay redundancia debe cambiarse a otra pregunta.
g) El moderador debe dirigirse a cada participante por su nombre cada vez que emita una respuesta, esto con el fin de identificar su participación en la transcripción de la sesión.

4. Cierre de la discusión. El moderador hace una breve síntesis de lo expresado y pregunta si en ello hay precisión. Posteriormente invita a hacer preguntas, comentarios, observaciones o correcciones.

5. Registro de percepciones del moderador. Al retirarse los participantes, el moderador debe anotar sus observaciones y percepciones sobre la sesión. Esta actividad se realiza en una hora como máximo y considera, entre otras, estas ideas:

a) ¿Cuáles fueron las ideas o temas más importantes en esta discusión?
b) ¿Cuál es la diferencia entre la expectativa del moderador y del objetivo del proyecto?
c) ¿Cómo difiere este grupo de los otros?
d) ¿Qué citas deben incluirse en el reporte?
e) ¿Se encontró algo nuevo de modo inesperado o anticipado?
f) Resumen y conclusiones de la sesión.

III. *Procesamiento de la información y elaboración del reporte.*

a) Transcripción de la grabación. Debe realizarse una transcripción literal, señalar pausas, identificar a las personas y anotar el tono de voz. El investigador contrastará las grabaciones con las transcripciones.

b) *Análisis de los patrones.* El investigador identificará los patrones de la conversación por tema, las ideas, los conceptos, acuerdos y desacuerdos. Seleccionará citas relevantes. Para ello puede elaborar tablas de evidencias para organizar las citas y elaborar las conclusiones.
c) *Elaboración del reporte final.* Se destacan los resultados obtenidos a través de esta técnica y se interpretan a partir de los objetivos planteados inicialmente. Describe los aspectos nuevos no contemplados y sus implicaciones.

En afinidad con los objetivos desarrollados por el Proyecto 6 × 4, a partir de los grupos de enfoque, aquí se retoma la importancia de explorar las necesidades de formación mediante competencias profesionales en grupos relacionados con la prestación de servicios de educación superior: estudiantes, académicos y empleadores; obtener información cualitativa de estos grupos sobre las condiciones que prevalecen para la incorporación del enfoque de desarrollo de competencias profesionales en el ámbito de la educación superior; revisar y recibir comentarios sobre el perfil de referencia de la profesión expresado en competencias profesionales e identificar las propuestas para el mejoramiento del perfil, así como analizar las implicaciones que tiene su implantación en las instituciones de educación superior.

La ruta de preguntas que propone el Proyecto 6 × 4 dentro de la técnica cualitativa descrita se señala textualmente para dar claridad a los puntos relacionados con la guía de entrevista, y que implica a egresados, académicos y empleadores (Erosa, 2008).

Grupo de enfoque 1. Egresados.
Ruta de preguntas.

Pregunta eje	*Pregunta derivada 1*	*Pregunta derivada 2*	*Pregunta derivada N*	*Observaciones*
Inicio				
¿Saben qué es una competencia profesional?	¿Cuándo se dice que un profesional es competente?	Un ejemplo de una competencia profesional es...	Cada uno de ustedes mencione una competencia profesional que posee	Pregunta abierta
¿Cuáles son las competencias profesionales que tienen hoy, con lo que han estudiado hasta ahora?	¿Han desarrollado alguna competencia profesional adicional a las adquiridas como resultado de sus estudios?	¿Para qué se aplica esa competencia en el mundo laboral?	¿Es útil esa competencia para su desarrollo profesional?	Ruta temática de las preguntas. Significa que se busca la respuesta del grupo a esta pregunta clave
¿Consideran apropiado el perfil de referencia propuesto para reconocer la capacidad profesional de una persona?	¿Le añadirían o eliminarían alguna competencia?	¿Este perfil facilitaría los procesos de formación profesional dentro y fuera de las instituciones de educación superior?	¿Este perfil les facilitaría a los egresados su incorporación al mercado laboral?	Ruta temática de las preguntas

Grupo de enfoque 2. Académicos.
Ruta de preguntas.

Pregunta eje	*Pregunta derivada 1*	*Pregunta derivada 2*	*Pregunta derivada N*	*Observaciones*
Inicio				
¿Qué han escuchado acerca de la educación por competencias profesionales?	¿Cuándo se dice que un profesional es competente?	Un ejemplo de una competencia profesional es...	Cada uno de ustedes mencione una competencia profesional que desarrolla en sus programas	Pregunta abierta
¿Consideran apropiado que la educación superior adopte un enfoque de competencias profesionales?	¿En qué forma puede adoptarse un enfoque de competencias profesionales en la educación superior?	¿Los egresados del nivel superior requieren desarrollar competencias para incorporarse al mercado laboral?	¿Qué le hace falta a los egresados para facilitar su incorporación al mercado laboral y su desarrollo en él?	Ruta temática de las preguntas
¿Consideran apropiado el perfil de referencia propuesto para reconocer la capacidad profesional de una persona?	¿Le añadirían o eliminarían alguna competencia?	¿Este perfil facilitaría los procesos de formación profesional dentro y fuera de las instituciones de educación superior?	¿Este perfil les facilitaría a los egresados su incorporación al mercado laboral?	Ruta temática de las preguntas

Grupo de enfoque 3. Empleadores.
Ruta de preguntas.

Pregunta eje	Pregunta derivada 1	Pregunta derivada 2	Pregunta derivada N	Observaciones
Inicio				
¿La educación universitaria desarrolla competencias para el trabajo en organizaciones en la empresa?	¿Qué problemas enfrentan la empresa y las organizaciones para alinear los conocimientos que trae el profesional a las actividades que desempeña?	Un ejemplo de competencia profesional para una posición dentro de su empresa u organización es…	Cada uno de ustedes mencione una competencia profesional que requiere una persona para trabajar en su empresa u organización	Pregunta abierta
¿Qué tipo de competencia requiere un profesional en (nombre de la profesión-carrera) para trabajar en una organización o empresa?	¿Cómo puede la institución de educación superior adaptarse al ritmo de cambio de necesidades de competencias profesionales por parte del sector empresarial?	¿Las instituciones de educación superior requieren adoptar un enfoque de educación por competencias profesionales?	¿Qué le hace falta a los egresados para facilitar su incorporación al mercado laboral y su desarrollo en él?	Ruta temática de las preguntas
¿Consideran apropiado el perfil de referencia propuesto para reconocer la capacidad profesional de una persona?	¿Le añadirían o eliminarían alguna competencia?	¿Este perfil facilitaría los procesos de formación profesional dentro y fuera de las instituciones de educación superior?	¿Este perfil les facilitaría a los egresados su incorporación al mercado laboral?	Ruta temática de las preguntas

A continuación, de acuerdo nuevamente con el informe final del Proyecto 6 × 4 UEALC, se plantean ejemplos del desglose de competencias genéricas, resultados de un ejercicio colectivo de análisis (Erosa, 2008).

Nivel 1	Nivel 2	Nivel 3
Dominio de los conocimientos de la profesión		
Aplica los conocimientos básicos de la profesión en la explicación y solución de problemas de su campo de acuerdo con los parámetros de la profesión.	Aplica los conocimientos avanzados de la profesión para la predicción de eventos en su campo de manera confiable.	Crea nuevos conocimientos de la profesión en la solución de problemas complejos de forma sistemática y reflexiva.
Metodología de la profesión		
Busca, evalúa, selecciona y utiliza la información actualizada y pertinente para su campo profesional.	Busca, evalúa, selecciona y utiliza la información especializada y pertinente para su campo profesional.	Busca, evalúa, selecciona y utiliza la información científica para el proceso de investigación.
Utiliza tecnologías de información y comunicación genéricas y especializadas en su campo como soporte de su ejercicio profesional en el nivel básico.	Utiliza las tecnologías de información y comunicación especializadas en su campo como soporte de su ejercicio profesional y de los procesos de investigación e innovación en el nivel avanzado.	Utiliza tecnologías de información y comunicación especializadas en diversos campos como soporte de los procesos de investigación e innovación en el nivel avanzado.
Analiza problemas, situaciones y contextos aplicando métodos y técnicas básicas e integra soluciones y propuestas pertinentes en su campo profesional.	Analiza problemas, situaciones y contextos aplicando los métodos y técnicas actuales e integra soluciones y propuestas pertinentes en su campo profesional.	Sistematiza experiencias y genera nuevos modelos y técnicas de análisis.

Investigación e innovación		
Colabora en proyectos de investigación básica y aplicada encaminados a identificar procesos, productos o campos en los que hay la posibilidad de mejorar o innovar.	Diseña, ejecuta y evalúa de manera individual y colectiva proyectos de investigación básica y aplicada encaminados a identificar procesos, productos o campos en los que hay la posibilidad de mejorar e innovar.	Diseña, ejecuta y evalúa de manera individual y colectiva proyectos de investigación básica y aplicada encaminados a generar conocimientos que mejoran o perfeccionan el desempeño profesional en su campo, contribuyen al avance de la ciencia y al desarrollo de la tecnología.
Aplica los métodos básicos de investigación de su profesión con habilidad.	Aplica los métodos de investigación actuales, con habilidad y a partir de un profundo conocimiento de ellos.	Aplica los métodos de investigación actuales de su profesión y de otros campos disciplinares, con un profundo conocimiento de ellos.
Liderazgo y gestión		
Dirige y organiza equipos de trabajos orientados hacia los objetivos de la organización dentro de los indicadores de desempeño de la organización, con calidad, competitividad, responsabilidad, justicia y ética.	Gestiona y dirige proyectos con efectividad y buen funcionamiento del grupo de trabajo.	Dirige y gestiona proyectos de investigación integrando equipos de trabajo creativos y eficaces.
Gestiona la información y el conocimiento de las organizaciones o grupos para su operación y desarrollo.	Desarrolla procesos y sistemas para la gestión de la información y conocimientos de las organizaciones o grupos.	Gestiona la innovación orientándola a organizar y dirigir los recursos disponibles, tanto humanos como técnicos y económicos, con el objetivo de aumentar la creación de nuevos conocimientos, generar ideas que permitan obtener nuevos productos, procesos y servicios o mejorar los existentes, y transferir esas mismas ideas.

(*Continuación.*)

Nivel 1	Nivel 2	Nivel 3
\multicolumn{3}{c}{*Comunicación*}		
Comunica, bajo supervisión, las ideas o resultados de los proyectos en el ámbito de la profesión con el lenguaje, información y medios de difusión propios del campo, adecuados al propósito académico, profesional o de divulgación de la comunicación y a los diferentes auditorios a los que se dirige.	Comunica las ideas o resultados de los proyectos que lleva a cabo con el lenguaje, información y medios de difusión propios del campo, adecuados al propósito académico, profesional o de divulgación de la comunicación y a los diferentes auditorios a los que se dirige.	Comunica resultados de investigación y participa en el diálogo y discusión científica con las bases conceptuales que rigen la acción de investigación.
Comprender y producir mensajes orales y escritos en la lengua extranjera de mayor uso en su campo profesional.	Comprender y producir mensajes orales y escritos en las lenguas extranjeras más utilizadas en los grupos de trabajo internacionales en su campo profesional.	Comprender y producir mensajes orales y escritos en las lenguas extranjeras más utilizadas por los investigadores en el campo.
\multicolumn{3}{c}{*Trabajo colaborativo*}		
Trabaja en equipos profesionales para la resolución de problemas y en el ejercicio profesional de forma colaborativa y propositiva en el contexto nacional e internacional.	Trabaja en equipos profesionales multidisciplinares e interdisciplinares, nacionales e internacionales, para la resolución de problemas de forma colaborativa y propositiva.	Trabaja en equipos de expertos e investigadores, nacionales e internacionales, de forma colaborativa y propositiva.
\multicolumn{3}{c}{*Ética profesional y responsabilidad social*}		
Evalúa de forma crítica y objetiva las situaciones, problemas, argumentos y propuestas con una actitud comprensiva, respetuosa y tolerante hacia las culturas e ideas de los demás.	Entiende las implicaciones éticas de su desempeño profesional y defiende sus principios y valores con solidez y criterio.	Integra en su acción las dimensiones humanas y atiende al contexto social y a su responsabilidad social.

Conclusiones

El modelo educativo de las instituciones escolares se entiende desde la comunidad educativa que lo vive y lo hace parte de su cultura para poder cumplir los objetivos de la investigación, la docencia, el servicio a la comunidad y la unidad del saber humano. En este sentido no puede pensarse el modelo fuera de las relaciones entre la sociedad, la educación y el desarrollo. El plantearnos el modelo educativo en nuestros días exige darnos cuenta de cómo asistimos a unas transformaciones profundas que desde finales del siglo xx se han generado; el capitalismo bajo la forma de globalización va a mostrar su fuerza en nuevos valores y competencias para la realización de proyectos con la sociedad. Por ello, hablar del modelo educativo institucional es entrar en la discusión sobre la manera en que la globalización reestructura su modelo de acumulación de capital, genera y busca que la institución educativa sirva más a sus nuevos modelos de organización.

Los componentes de la moderna producción capitalista: flexibilidad, polivalencia, creatividad e investigación han sido trasladados al ámbito educativo como nuevos contenidos: la generalización es más importante que la especialización, para atender las demandas de los empleadores. Estas transformaciones obedecen a un mundo globalizado y al nuevo lugar del conocimiento en la sociedad. Pero además es un conocimiento radicalmente diferente del centrado en la acumulación de información y en la memoria, porque la velocidad del cambio en el conocimiento es de tal magnitud que vuelve obsoletas rápidamente informaciones y procesos en muy corto tiempo. De este modo, las exigencias en torno a la elevación de la calidad productiva y de las mercancías impone a su vez el aumento de la productividad de los recursos humanos implicados, lo que ha derivado en el planteamiento de un debate acerca de los mecanismos a través de los cuales se forman tales recursos. Con este énfasis se destaca la importancia de establecer modificaciones en la organización, contenidos y en los métodos de enseñanza.

Por ello, hacer hoy un replanteamiento sobre el modelo educativo significa entrar en el compromiso con la sociedad y el ser humano que se pretende formar en el campo específico de las relaciones sociales que intentamos construir, es decir, en este tránsito se generan procesos de construcción sobre el futuro sentido de la globalización. Esa disputa va a ser efectiva para la manera como hoy se plantea el futuro ético, político, económico y pedagógico de la sociedad y su visualización en los procesos educativos. Hablar del modelo educativo es reconocer procesos culturales, opciones profesionales, formas distintas de estar en la sociedad y ante todo opciones intelectuales portadoras de intereses sociales, donde se vea lo político como la construcción de lo público y de la nueva ciudadanía no excluyente; la ética, como la corresponsabilidad por el bien común orientado por fines, y la pedagogía, como la concreción del entendimiento de lo educativo. Por eso plantearse el modelo educativo basado en competencias significa responder éticamente a las exigencias más progresistas de:

a) Productividad globalizada, la capacidad de nuevos procesos de inserción en el mundo del trabajo.
b) Cultura universal, la acumulación científico-técnica, no como hecho solamente del conocimiento, sino como parte de la acumulación cultural.
c) Cultura común del entorno, pertenencia a un lugar preciso desde el cual organiza su mirada del mundo y lee la globalización, al hacer real lo local.
d) Cultura personal, que da cuenta de la inmersión de cada uno en este mundo y su corresponsabilidad en la construcción de él.

Una formación que vincule la educación con el trabajo precisa reconocer la relevancia de los resultados educativos y aquellos conocimientos, habilidades y destrezas adquiridos fuera de las aulas. En esta dinámica, lo esencial no es la posesión de conocimientos adquiridos mediante procesos formales e informales, sino el uso que se haga de ellos. Para el sistema educativo que necesita cuestionar sus prácticas formativas a la luz de los nuevos requerimientos, la definición de un individuo competente debe tomar en cuenta las condiciones en las que se hace propicio el desempeño, en lugar de cumplir con una serie de objetivos de aprendizaje que no tienen relación con el contexto.

El desarrollo de las competencias ha de comprobarse en la práctica mediante el cumplimiento de criterios de desempeño. Tales criterios y sus productos de aprendizaje (evidencias) son el sustento con el que se evalúa y determina si se alcanzó la competencia. Por ello, los criterios de evaluación están íntimamente relacionados con las características de las competencias establecidas. De igual modo, el término *competencia* refiere unidad y una visión de conjunto: ser competente supone el dominio de la totalidad de elementos, no sólo de algunas de sus partes.

La vinculación de la teoría y la práctica es otro aspecto crucial en la concepción de las competencias, ya que la primera cobra sentido en un contexto real, en un ámbito concreto de trabajo que requiera una solución a cierto conflicto. Ahí, es factible formular una perspectiva holística de la competencia, lo que permite entender que un modelo basado en competencias profesionales integradas articula conocimientos globales, conocimientos profesionales y experiencias laborales para abordar necesidades y problemas de la realidad. Tales aspectos se identifican a través del diagnóstico de las experiencias de la realidad social, de la práctica de las profesiones, del desarrollo de la disciplina y del mercado laboral; todo ello para definir las competencias profesionales integrales o genéricas indispensables para la determinación de un perfil de egreso profesional.

Al resumir los planteamientos abordados a lo largo de esta obra, se ha señalado que un modelo de competencias profesionales establece tres identidades: las básicas, las genéricas y las específicas. Las competencias básicas comprenden las capacidades intelectuales necesarias para el aprendizaje de una profesión. Entre ellas se encuentran las competencias cognitivas, técnicas y metodológicas. Las competencias genéricas son la base común de la profesión que requiere respuestas complejas, en tanto que las competencias específicas constituyen el fundamento particular del ejercicio profesional. Es claro, entonces, que los modelos educativos basados en competencias profesionales suponen la revisión de los procedimientos de diseño de los objetivos educativos, de las concepciones pedagógicas que dan dirección a las prácticas centradas en la enseñanza, así como de los criterios y mecanismos de evaluación.

Es primordial entender que un modelo basado en competencias profesionales integradas debe pretender la formación de profesionales que conciban el aprendizaje como un proceso abierto, flexible y permanente, no limitado a la formación áulica. Así, combinar el aprendizaje académico con situaciones de la realidad profesional determina una formación en alternancia, la que concibe que el cambio es permanente, carácter que requiere de los profesionales una capacidad amplia para aprender nuevas competencias y "desaprender" las que resultan obsoletas para, así, permitir el abordaje de procesos permanentes de actualización.

Por otra parte, un alumno formado con estos criterios tendrá la posibilidad de reflexionar y actuar sobre situaciones imprevistas o disfuncionales con un desempeño creativo que impulse la iniciativa y la toma de decisiones.

Desde una visión de modelo basado en competencias que da prioridad al aprendizaje más que a la enseñanza, es posible determinar, entre otros propósitos educativos, los siguientes:

- Buscar una formación que favorezca el desarrollo integral de la persona para incorporarlo con asertividad a la sociedad contemporánea.
- Promover una formación de calidad.
- Articular los requerimientos formativos con el mundo laboral.
- Desarrollar la creatividad, la iniciativa y la capacidad de tomar decisiones.

- Integrar la teoría y la práctica, el trabajo manual y el intelectual.
- Estimular el desarrollo de competencias desde una perspectiva holística.
- Propiciar la autonomía de las personas.
- Promover la capacitación permanente.

En cuanto a los programas académicos se pretende generar:

- Programas de estudio y procesos de aprendizaje más flexibles y diversificados.
- Contenidos referidos a situaciones reales.
- Contenidos relevantes y significativos.
- Atributos de la competencia: habilidades, conocimientos, aptitudes, actitudes y valores.

Respecto a la evaluación:

- Se parte de una concepción de evaluación integral que toma en cuenta aspectos generales y particulares.
- Las unidades de competencia se desglosan en criterios de desempeño.
- Los criterios de desempeño remiten a los criterios de evaluación.

Sobre el aprendizaje:

- La formación se centra en el aprendizaje.
- Reconoce la práctica como recurso para consolidar lo que se sabe, para actuar sobre lo que se sabe y para aprender más.
- Reconoce a la persona como capaz de autodirigir y organizar su aprendizaje.
- Implica acciones que consideran los diferentes contextos y culturas en los que se realizan.
- Requiere procesos activos y reflexivos.
- Dar prioridad a las estrategias didácticas en las que los estudiantes tengan un rol activo que les permita construir y descubrir el conocimiento.
- Promover el aprendizaje a partir de situaciones problemáticas.

En este ámbito de propósitos que compromete a todos los actores educativos subyace algo esencial: la humanidad se encuentra en el siglo XXI en la búsqueda de un nuevo orden social, que sólo podrá acaecer en virtud de una cultura nueva de dimensiones planetarias, en la que el ser es el punto de apoyo para elevarse por encima de los propios intereses y velar por los de toda la humanidad.

Hoy día la sociedad de la información ha situado al conocimiento y al saber en la categoría de los elementos motores de toda la economía, y todo ello ha permitido el planteamiento de un nuevo reto: la construcción de una postura social en la que el proceso educativo tiene lugar a lo largo de toda la vida, y que asume la formación continua de la persona humana, de su saber y de sus aptitudes, más allá de la fase inicial de existencia, mediante la sociedad educativa, en la que todo puede ser una ocasión para aprender y desarrollar talentos propios.

De esta forma, la educación a lo largo de la vida responde a un principio fundamental que no sólo incrementa el valor estratégico de la educación, sino que la sitúa en el centro de la sociedad del siglo XXI con toda su complejidad, donde la iniciativa individual, la autonomía, la creatividad y la inventiva se convierten en cualidades básicas para dar respuesta a los continuos retos que hay que afrontar. Todo ello nos obliga a plantearnos la transformación de los centros educativos, de manera que no sólo enseñen los conocimientos básicos, sino también las destrezas para vivir ética y productivamente en un mundo cada vez más complejo y diverso, así como las competencias genuinas de una ciudadanía responsable. Este es el reto que afrontaremos en los próximos años: perder el miedo al cambio e imaginar cómo podrían realizarse estas posibilidades para todo el alumnado. Asimismo, es preciso sustentar, frente a la opción de formar en competencias, que éstas deben ser vistas con una mirada crítica y, si es necesario, cuestionadora, ya que es fácil limitar la competencia desde un orden que convierta la práctica del conocimiento en un producto mercantil.

No debemos olvidar que en las regiones donde se está trabajando en los currículos oficiales en competencias, sus planteamientos han sido debatidos por ciertos sectores, que señalan que la concepción de persona y de sociedad a la que se aspira formar tiene un sesgo individualista y competitivo, si bien en el orden discursivo se habla de una preparación para la ciudadanía. Se afirma, asimismo, que no hay claridad en los conceptos que definen a las competencias; no se parte de la sociedad para la que se pretende formar; no se apuesta explícitamente por la igualdad; no se potencian el trabajo global y la transversalidad; no hay un tratamiento secuenciado, coordinado y colectivo de la inclusión y el seguimiento de las competencias; resulta ficticio incluir las competencias en un sistema academicista y clasista. En las competencias parecería soslayarse el desarrollo del juicio crítico que ponga en tela de juicio la sociedad en la que se vive y tratar de mejorarla. Esto es afín al enfoque empresarial del que procede el término *competencia*. Las empresas nunca dejarán que se cuestione su forma de proceder y para ellas lo aceptable será únicamente el criterio que permita acrecentar sus capitales y dominios. Es propicio, entonces, reconocer la trascendencia de considerar estos aspectos y rescatar los que profundicen en el compromiso y la responsabilidad social que cada individuo debe tener para lograr la expansión de un desarrollo verdaderamente humano, solidario e incluyente.

En este contexto la educación está llamada a realizar una función de transformación y a dar respuesta a un buen número de interrogantes para convertir esos retos en oportunidades reales; la educación se vuelve así el medio por excelencia de difusión y renovación de esta ética mundial que reivindica el nuevo proyecto social, que más que nunca sitúa en el orden de las prioridades la gran tarea de educar a sus ciudadanos, para convivir de manera efectiva en un mundo plural como garantía de la cohesión social, la movilidad humana y el aprendizaje de la vida en comunidad.

Construir la convivencia social comunitaria no sólo se relaciona con desarrollar la conciencia de ser ciudadanos del mundo además de la propia comunidad o nación, sino también con adquirir la competencia necesaria para participar y desarrollarse adecuadamente. Esta es la gran tarea que la educación para la ciudadanía está destinada a servir.

La educación intercultural debe ser parte integral de ese proyecto de construcción social en la medida en que se orienta a fomentar el respeto por el pluralismo cultural. Se convierte así en otro medio para crear un marco necesario de cohesión de las diferentes culturas a través del diálogo intercultural (con la Unión Europea, con el Tratado de Libre Comercio de Norteamérica y con los tratados de libre comercio con los distintos países del continente, ya que en todos ellos se incluye el aspecto educativo, por lo que es común encontrar en nuestras aulas del nivel superior alumnos asiáticos, europeos, estadounidenses, centroamericanos o de otras regiones del mundo).

Lo anterior nos lleva a concluir que vivimos un cambio de época más que una época de cambios, lo que implica la ruptura y la emergencia de una nueva era histórica similar al cambio de época que aconteció con el Renacimiento o con la Revolución Francesa. Con la mundialización se ha descubierto un nuevo territorio histórico. Este nuevo mundo de la aldea global implica un nuevo descubrimiento con consecuencias tan importantes como la del encuentro del Viejo Continente con el Nuevo Continente hace más de 500 años. Aquí la institución educativa desempeña un papel de primera índole en el sistema educativo como lo hizo en los grandes cambios civilizatorios del pasado en la creación de los Estados-nación, en la independencia de las colonias, en la lucha por la democracia, desarrollando su potencial estratégico y a la vez su tarea social, porque al transformar la realidad, las instituciones educativas se transforman a sí mismas al recuperar la pertinencia, la equidad y la calidad.

En consecuencia, la institución educativa debe proponerse, entre otros, los retos siguientes:

- La calidad, la equidad y la pertenencia.
- La inclusión, la solidaridad y la participación.
- La creatividad, es decir, generar nuevo conocimiento a través de la investigación y la innovación educativa.
- Reconocer y respetar las diferencias, compartiendo los valores indispensables para dirigir la globalización hacia una convivencia responsable y solidaria.
- Contribuir al desarrollo de una dinámica social favorable.
- Educar para la ciudadanía, construir comunidades justas y democráticas al desarrollar los conocimientos, valores y habilidades necesarios para una sociedad pluralista.

- Dar las pautas de conducta social para generar una cultura cívica.
- Asumir la formación continua de la persona humana, de su saber y de sus aptitudes y talentos.
- No sólo enseñar los conocimientos básicos, sino también las destrezas para vivir productivamente en un mundo cada vez más complejo y diverso.

Hablamos del modelo educativo, su concepto, su necesidad e importancia en la labor pedagógica y su orientación. El modelo educativo basado en competencias es el documento que define la identidad de la institución escolar, formula sus fines y objetivos, expresa el modelo que oferta la sociedad, el cual es asumido por la comunidad educativa; hace explícitas las opciones básicas, que serán las bases comunes de actuación. Por ello, el modelo crea la comunidad educativa y a la vez se fundamenta en ella; es la reflexión conjunta de todos sus integrantes, de manera directa o delegada, que corresponsabiliza a los participantes y a los distintos sectores, puesto que se trabaja en equipo, supone y favorece la autonomía de la institución y mejora su organización y funcionamiento.

El modelo educativo basado en competencias no se limita al cumplimiento de programas académicos o a la elaboración de un currículo académico, sino que considera las funciones de la institución educativa en todas sus dimensiones: plantea un carácter dinámico; las decisiones están sujetas a evaluación, que generan cambios y modificaciones en función de los resultados obtenidos y busca la participación e interacción de todos los integrantes de la comunidad educativa. Es decir, se basa en la reflexión conjunta.

El contenido del modelo puede expresarse de formas diferentes. A menudo han surgido ciertas preocupaciones entre los miembros de la comunidad educativa por tratar de identificar de manera precisa y estricta cuál debería ser el contenido exacto del modelo educativo o cuáles los apartados que debería contener. Creo que se trata de inquietudes poco importantes ya que tendría que ser cada institución educativa la que eligiese y utilizase sus propios esquemas y dispositivos para expresar sus principios y acuerdos.

En ocasiones las directrices para la elaboración del modelo educativo han representado o se han interpretado de manera uniforme, limitando y condicionando la autonomía y la creatividad de las instituciones educativas. Creo, por el contrario, que deben emplearse como simples referencias o ayudas, ya que si no es así podrían llegar a utilizarse, dada su rigidez y estandarización, como excusas para justificar la pasividad o la falta de creatividad y de iniciativa. Debemos tener siempre presente que el modelo educativo basado en competencias es un instrumento de trabajo vivo y en evolución constante, no un texto rígido, burocratizado e inerte.

El modelo educativo es un instrumento en el que los miembros de la comunidad educativa van recogiendo los acuerdos que son capaces de ir elaborando y estableciendo en común con el fin de orientar peculiarmente su práctica de forma coordinada y coherente. Entendemos, pues, el modelo educativo como un instrumento abierto, susceptible de revisión y mejora constantes, flexible, cuya finalidad es servir de referencia y orientación a la acción educativa por medio de la cual se enriquece y mejora.

Así, el modelo hace posible el seguimiento y la evaluación de la organización y el funcionamiento de la institución educativa, que debe estar armonizado con otros instrumentos de planeación institucional como: el plan maestro, la planeación institucional, planeación curricular, administrativa, reglamentos, manuales de funciones, programación general anual o semestral, presupuesto, el acompañamiento del alumno, la evaluación, memoria anual o semestral de los estudiantes, de los profesores y de la propia institución, entre otros.

El ideario, la filosofía, la misión y el modelo de una institución educativa crean líneas de acción coherentes para toda la comunidad, racionalizan los esfuerzos personales, permiten esfuerzos de supervisión, control, seguimiento y evaluación, evitan la improvisación y la rutina e involucran a todos los integrantes de esa comunidad.

Los objetivos son crear una participación entre los distintos sectores de la comunidad educativa, para ir más allá de los mínimos, servir de orientación al resto de los documentos institucionales, establecer criterios comunes que hagan posible una acción educativa, propiciar el clima de trabajo y convivencia, unificar los objetivos educativos como metas asumidas por todos y facilitar la evaluación de los mismos.

Una vez definido el modelo educativo basado en competencias debemos clarificar las finalidades y los medios para que en la educación trascienda el currículo académico, posteriormente hay que estudiar la metodología de trabajo, que es necesario tomar en cuenta para la elaboración de tal modelo.

Es indispensable respetar el derecho a la diferencia que tienen las instituciones educativas. Debemos seguir profundizando y poniendo el énfasis en ese derecho, que garantiza el cumplimiento de un conjunto de requisitos de calidad en todas las instituciones escolares: equidad, justicia, igualdad de oportunidades. Esa calidad sólo es posible si se les proporciona la capacidad de maniobra, la autonomía y los recursos suficientes, acompañados de la necesaria evaluación interna y externa.

Otra forma de respetar la diferencia es procurar que cada institución educativa lleve un ritmo propio en la elaboración de los acuerdos que recoja el modelo educativo, en función de sus características y circunstancias. El modelo ayuda a construir una estrategia que permita utilizar el potencial del conocimiento como un elemento democratizador en la sociedad global y formar el capital humano apropiado para el desarrollo sostenible y no reproducir el que conlleva ineficiencia, ingobernabilidad e insostenibilidad ambiental.

La institución educativa debe tener un papel privilegiado como conciencia crítica, integradora y propositiva de la sociedad. Ésta podría incorporar los elementos que el sistema social dominante no puede integrar satisfactoriamente y que son fundamentales para la conformación de nuevos *ethos*: el trabajo, la ética y los valores, las relaciones de género, el medio ambiente, la diversidad cultural y las nuevas generaciones.

Esto implica una ruptura epistemológica en la forma de conocer y enfrentarse a la realidad que se requiere para integrar las perspectivas, intereses y sentimientos del mundo del trabajo en profunda transformación, de la mujer en su nueva situación de género, en la relación sostenible con la naturaleza, desde las diversas culturas. Cada profesión debería integrar la epistemología proveniente desde estos temas fundamentales, para ayudar a conformar un *ethos* cultural más integrado al cambio de época. Este *ethos* a la vez contribuirá a que la institución educativa encuentre su nuevo rumbo y consiga la transformación requerida.

Exigir calidad supone corresponder con calidad. La calidad reclama la calidad. Todos pedimos a las instituciones educativas que clarifiquen sus propuestas, que hagan, en suma, un esfuerzo y una apuesta por la calidad y por el compromiso en la mejora de la educación. Podemos decir que cuando el proceso del modelo educativo se ha desarrollado en forma eficaz y satisfactoria es porque se han dado algunos o la mayor parte de los requisitos de calidad, entre los que están:

a) Capacidad para entenderlos como una necesidad sentida.
b) Capacidad para crear condiciones favorables para su elaboración.
c) Implicación clara y decidida de los equipos directivos.
d) Apoyo y facilitación.
e) Capacidad para relacionar recíprocamente el contenido del modelo educativo con las actuaciones más cotidianas del profesorado en las aulas.
f) Metodología de trabajo adecuada durante la elaboración, poniendo el interés y el acento en procesos participativos.

Elaborar un modelo educativo tiene sentido únicamente si ha de servir como guía real, si las personas a las que les afecta están sujetas al compromiso de asumir críticamente y guiar actuaciones de acuerdo con su contenido. Por otra parte, el modelo educativo debería utilizarse como referencia para cualquier proceso de evaluación interna o externa de la institución educativa; para la provisión y dotación de recursos; como criterio para la adscripción y constitución de los equipos de profesores con los necesarios controles democráticos, etcétera.

Es evidente que un modelo educativo basado en una concepción que compromete profundamente a la persona exige ser realizado con la libre adhesión de todos aquellos que toman parte en él: no puede ser impuesto, se ofrece como una posibilidad, como una buena nueva y, como tal, puede ser rechazado. Sin embargo, para realizarlo con toda fidelidad la institución educativa debe contar con la unidad de intención y de convicción de todos sus miembros.

Ojalá que esta obra haya logrado suscitar interés en los lectores, que los haya motivado, que les haya dado algunas luces doctrinales y algunas pistas de acción.

Recuerden que estamos abriendo caminos nuevos para la educación y para la institución educativa. Esto representa un gran reto y un desafío a nuestra creatividad educativa precisamente porque nuestra sociedad requiere cambios profundos. Es un gigante que se despierta de su letargo y que espera de todos nosotros que lo ayudemos a transitar por los caminos de la verdad, de la libertad y de la justicia.

Ante estos retos y desafíos del mañana las instituciones educativas tienen mucho que aportar mediante sus idearios pedagógicos y de sus modelos educativos formulados y elaborados con inteligencia y sabiduría, pero sobre todo al saber ejecutar y aplicar con audacia y valentía como precursoras del futuro.

En esta tarea somos apenas caminantes y peregrinos. Recordemos entonces: "Caminante, no hay camino: se hace camino al andar."

Lancémonos, pues, a abrir caminos, echémonos a andar, pero... ahora.

Educar...
Educar es lo mismo
que poner un motor a una barca...
Hay que medir, pesar, equilibrar...
... y poner todo en marcha.

Pero para eso, uno tiene que llevar en el alma
un poco de marino...
un poco de pirata...
un poco de poeta...
y un kilo y medio de paciencia concentrada.

Pero es consolador soñar,
mientras uno trabaja,
que ese barco, ese niño,
irá muy lejos por el agua.
Soñar que ese navío
llevará nuestra carga de palabras

hacia puertos distantes,
hacia islas lejanas.
Soñar que, cuando un día
esté durmiendo nuestra propia barca,
en barcos nuevos seguirá nuestra bandera
enarbolada.

Gabriel Celaya

Bibliografía

Álvarez, I., *Cultura de la evaluación y desarrollo institucional. Investigación administrativa*, núm. 1, IPN, México, 1995.
Álvarez, M., *El proyecto educativo de centro*, Madrid, 1993.
Antúnez, S., *Claves para la organización de los centros escolares*, ICE, Horsori, Barcelona, 1993.
____, *El proyecto educativo de centro*, Graó, Barcelona, 1996.
____, *El papel de l' Administració Educativa en l'elaboració i desenvolupament dels projectes educatius dels centre públics*, Perspectiva Escolar, 123.
____, *Enfoques actuales en la elaboración de proyectos del centro, Reforma educativa y organización escolar*, Santiago de Compostela, España.
Anuarios Estadísticos de la UNESCO, 1991-1993, UNESCO, París.
Argudín, Y., *Educación basada en competencias*, Trillas, México, 2005.
Armengol, C., Castro, D., Jariot, M., *et al.*, *El practicum en el espacio europeo de educación superior (eees): mapa de competencias del profesional de la educación*, Revista de Educación, 354, España, Enero-Abril 2011.
Asociación Nacional de Universidades e Instituciones de Educación Superior, *La educación superior hacia el siglo XXI. Líneas estratégicas de desarrollo*, noviembre, México, 1999.
Beens F., *Instituciones educativas, enciclopedia internacional de ciencias sociales*, t. X, Madrid, 1977.
Beltrán Llera, J. y J. Martín, *La novedad pedagógica de Internet*, Fundación Encuentro, Madrid, 2003.
Botes, C., *Elaboración de proyectos en centros docentes*, Cuaderno de trabajo, Centros de profesores de Sagunto, 1988.
Brundrett, M., *The question of competence: the origins, strengths and inadequacies of a leadership training paradigm*, School Leadership & Management Abingdon, **20** (3): 353-370, 2000.
Buber, M., *El camino del ser humano y otros escritos*, trad. y notas de Carlos Díaz, Fundación Emanuel Mounier, Salamanca, España, 2003.
Bunk, G. P., "La transmisión de las competencias en la formación y perfeccionamiento profesionales de la RFA", *Revista Europea de Formación Profesional*, **1**:8-14, 1994.

Canquiz, L. y A. Inciarte, *Desarrollo de perfiles académicos profesionales basados en competencias*, Luz, Maracaibo, Venezuela, 2006.

Cárdenas Salgado, F. A., "Competencias docentes y enfoques de aprendizaje", en revista *Papeles*, núm. 6, julio-diciembre, Bogotá, 2011.

Cardona, G., *Tendencias educativas para el siglo XXI: educación virtual, online y @learning. Elementos para la discusión*, Revista Electrónica de Tecnología Educativa, 15:1-27, 2002.

Carriel, J., S. Ruiz, N. Ruiz y E. Suazo, *Diseño de un sistema de evaluación de las competencias a desarrollar por los usuarios de las TIC*, disertación para obtener el grado de licenciado, Universidad de Concepción, Chile, 2004.

Carrillo, F. J., *La identificación, capacitación y motivación de los recursos humanos técnicos*, España, 1993.

Castellanos, A., J. Huerta, e I. Pérez, "Desarrollo curricular por competencias profesionales integrales", en *Educar: Revista de Educación*, nueva época, núm. 13, abril-junio, 2000.

Catalano, A. M., S. Avolio y M. Sladogna, *Diseño curricular basado en normas de competencia laboral: Conceptos y orientaciones metodológicas*, Banco Interamericano de Desarrollo, Buenos Aires, 2004.

Coombs, P. H., *Estrategia para mejorar la educación superior en México*, SEP, México, 1991.

Curso básico de formación continua para maestros en servicio, El enfoque por competencias en la educación básica 2009, SEP, 2009.

De la teoría a la práctica: manejo de competencias educativas en el aula, Fernández Editores, Bachillerato, México, 2009.

Delors, J., *La educación encierra un tesoro*, UNESCO, Santillana, Madrid, 1996.

Díaz Barriga, A., *Didáctica y currículum*, UNAM, México, 1990.

____, *Empleadores de universitarios, un estudio de sus opiniones*, México, 1995.

Diccionario enciclopédico conciso e ilustrado de la lengua española La Fuente, Ramón Sopena, Madrid, 1995.

Estruch, J., *Dirección profesional y calidad educativa*, Praxis, Madrid, 2002.

Fernándes, E., *Proyecto educativo*, Narcea, Madrid, 1987.

Filmus, D., "La concertación de políticas educativas: una asignatura pendiente en la agenda latinoamericana de fin de siglo", en Paz V. Milet, *Miradas a la Agenda Latinoamericana*, FLACSO, Santiago de Chile, 1999.

Frade, L., *El ABC de las competencias*, Patria, México, 2009.

Fromm, E., *El humanismo como utopía real. La fe en el hombre*, Paidós, México, 1998.

Fullat, O., *Antropología filosófica de la educación*, Ariel, Barcelona, 1991.

Gallego-Badillo, R., *Discurso sobre el constructivismo*, Cooperativa y Magisterio, Bogotá, 2001.

Galvis, A. H. y L. Pedraza, "Desafíos del b-learning y e-learning en educación superior", en *Lineamientos para la educación virtual en la educación superior*, Bogotá, 2010.

Garagorri, X., "Currículo basado en competencias, aproximación al estado de la cuestión", en *Innovación educativa. Las competencias en la educación escolar. Diseño y desarrollo curricular*, núm. 161, 2007.

García-Cabrero, B. et al., *Modelo de evaluación de competencias docentes para la educación media y superior. IV Coloquio Iberoamericano sobre la evaluación de la docencia (memorias)*, Instituto de Investigaciones sobre la Universidad y la Educación, UNAM, México, 2008.

García, A. y S. Paniagua, *El desarrollo de competencias como instrumento de selección y gestión de los recursos humanos*, Madrid, 1999.

Giroux, H., *Teoría y resistencia en la educación*, México, 1992.

Gonczi, A., "Análisis de las tendencias internacionales y de los avances en educación y capacitación laboral basadas en normas de competencias", en A. Argüelles, y A. Gonczi, *Educación y capacitación basada en normas de competencias: una perspectiva internacional*, Limusa, México, 2001.

González, J. L., *Novedosas técnicas e instrumentos de investigación en educación*, EDU-PSYCHO, Revista Internacional de Investigación y Calidad Educativa y Psicológica, número 2, Las Palmas de Gran Canaria, abril, 2010.

Goyes, I. y M. Uscátegui, *Incidencias de la acreditación de programas en los currículos universitarios*, Asociación Colombiana de Universidades, Universidad de Nariño, Bogotá, 2004.

Gutiérrez, O., "Educación y entrenamiento basados en el concepto de competencia: Implicaciones para la acreditación de los programas de Psicología", en *Revista Mexicana de Psicología*, número monográfico especial 22, 2005, pp. 253-270.

Hacket, S., "Educating for competency and reflective practice: fostering a conjoint approach in education and training", en *Journal of Workplace Learning*, **13(3/4)**: 103-113, 2001.

Hernández A. R. y K. Rodríguez, "La organización para la cooperación y el desarrollo económico, OCDE, y la definición de competencias en educación superior: el caso de México", en EDUCERE, artículos arbitrados, año 12, núm. 43, octubre-noviembre-diciembre, México, 2008.

Hernández, G., *Los constructivismos y sus implicaciones para la educación*, Perfiles Educativos, Instituto de Investigaciones sobre la Universidad y la Educación, UNAM, vol. XXX, núm. 122, México, 2008.

Herrera, A., *Competencias didácticas y prácticas educativas*, conferencia dictada en el Tercer Congreso de Educación de la Federación de Escuelas Particulares de Tula, Hidalgo, México, 27 de febrero de 2009.

Ianni, O., *Teorías de la globalización*, Siglo XXI-UNAM, México, 1994.

Katz, R., *Information Technology and the New Competition in Higher Education*, Jossey-Bass Higher and Adult Education Series, San Francisco, 1999.

Leal, D. E., "Evaluación de aprendizaje en entorno en línea, abiertos y distribuidos", en *Lineamientos para la educación virtual en la educación superior*, Bogotá, 2010.

Leal, J. L., "La Ecología de la formación e-learning en el contexto universitario", en *Lineamientos para la educación virtual en la educación superior*, Bogotá, 2010.

Liard. L., *L'enseignement supérieur en France*, París, 1965.

Longas, A. J. y M. Navasa, *El proyecto educativo de centro*, Diputación general de Aragón, 1992.

López, F., *Competencias básicas en educación*, Alianza, Madrid, 2007.

Marín, R., *El modelo educativo de la UACH: Elementos para su construcción*, UACH/Dirección Académica, México, 2003.

Marín Martínez, N., *Conocimiento y competencias*, Federación de gremios de editores de España, 2014.

MINEDUC, *Manual de proyectos de mejoramiento educativo*, Ministerio de Educación, República de Chile, 1994.

Ministerio de Educación Nacional, *El proyecto escolar*, Hachette Ecoles, París, 1992.

Moncada, J. S., *Estrategias para la construcción del proyecto educativo pastoral*, Reflexiones Universitarias, núm. 63, Universidad La Salle, México, 2004.

Moncada, J. S. y Gómez, B., *Tutoría en competencias para el aprendizaje autónomo*, Trillas, México, 2012.

_____, Modelo Educativo de la Universidad Autónoma del Estado de Hidalgo, México, 2011.
Morin, E., *Los siete saberes necesarios para la educación del futuro*, Ministerio de Educación Nacional, Bogotá, Colombia, 2000.
Onrubia, J. y C. Coll, "Evaluación del aprendizaje y atención a la diversidad", en C. Coll (coord.), *Psicología de la instrucción: la enseñanza y el aprendizaje en la educación secundaria*, Horsori/ICE UB, Barcelona, 1999.
"Opinión. Hemos pasado de la era industrial a la era del conocimiento", en *El Comercio, Noticias Financieras*, 28 de junio, 2007.
Organización para la Cooperación y el Desarrollo Económicos, *Redefinición de la educación superior*, 1998.
_____, *Definition and selection of competencies. Country contribution process*: Summary and country reports, Neuchatel, 2001.
Pansza, M., *Pedagogía y currículo*, Gernika, México, 1990.
Perrenoud, P., *Diez nuevas competencias para enseñar*, Graó, Barcelona, 1999.
_____, *Desarrollar la práctica reflexiva en el oficio de enseñar*, Graó, Barcelona, 2001.
Ramos de Robles, S., "El desarrollo de las competencias didácticas: un reto en la formación inicial de los futuros docentes de primaria", en *Enseñanza de las competencias, Educar, Revista de Educación*, Secretaría de Educación, Gobierno del Estado de Jalisco, México.
Rey, R. y J. M. Santamaría, *El Proyecto Educativo: de la teoría a la acción educativa*, Madrid, 1992.
Saacs, D., *Teoría y práctica de la dirección de los centros educativos*, EUNSA, Navarra, 1995.
Salazar, R. y A. Melo, "Lineamientos conceptuales de la modalidad de educación a distancia", en *Lineamientos para la educación virtual en la educación superior*, Bogotá, 2010.
Sánchez Sánchez, L. V., *Los modelos educativos en el mundo, comparación y bases históricas para la construcción de nuevos modelos*, Trillas, México, 2013.
SEMS, *Competencias que expresan el perfil del docente de la Educación Media Superior*, documento interno, Subsecretaría de Educación Media Superior, SEP, México, 2008.
Senlle, A., *Pedagogía humanista. Lo que los educadores y padres deben saber*, Ediciones Mensajero, Bilbao, 1998.
Tébar, L., *El perfil del profesor mediador*, Santillana, Madrid, 2003.
Tobón, S., "Aspectos básicos de la formación basada en competencias", en *Curso básico de formación continua para maestros en servicio. El enfoque por competencias en la educación básica 2009*, SEP, México, 2009.
_____, *Metodología de gestión curricular. Una perspectiva socioformativa*, Trillas, México, 2013.
Villa, A. y M. Poblete, *Aprendizaje basado en competencias. Una propuesta para la evaluación de las competencias genéricas*, Ediciones Mensajero, Bilbao, 2007.
Yarbazabal, L., *El plan de acción para la transformación de la educación superior en América Latina y el Caribe*, CRESALC-UNESCO, Caracas, 1998.
Zabalza, M., *Competencias docentes del profesorado universitario. Calidad y desarrollo profesional*, Nacea, Madrid, 2006.

REFERENCIAS EN LÍNEA

Aguerrondo, I., *Realidades subyacentes en los modelos de planificación (educativa)*, UNESCO, Buenos Aires, septiembre 2007. Disponible en: < http://www.iipebuenosaires.org.ar >.
Barrón, C., *Docencia y competencias didácticas*.
   Disponible en < www.lasallep.edu.mx/HUMANAS_CONGRESO/ >.
Chan, M. A., *Guía para el diseño curricular por competencias*, Universidad Autónoma del Estado de México (2003).
   Disponible en < mail.udgvirtual.udg.mx/.../Guia_para_el_diseño_curricular_por_competencia.pdf >.
Erosa, V. E., *Metodología para recopilar información a partir de grupos de enfoque*.
   Disponible en < www.6×4uealc.org/site2008/p01/11.pdf >.
Flores, M. C., *Transferencias de conocimientos en el desarrollo de competencias docentes*.
   Disponible en < octi.guanajuato.gob.mx/sinnco/formulario/.../MT9_FLORESpdf >.
Francesco, G., *Hacia un nuevo paradigma evaluativo siglo XXI. Evaluación integral de los aprendizajes*, Congreso Perspectiva, Educación, Escuela y Pedagogía Transformadora, 2012, contacto: < g_iafrancesco@yahoo.com >.
Ginés Mora, J., La necesidad del cambio educativo para la sociedad del conocimiento, en *Revista Iberoamericana de Educación*, núm. 35, 2004.
   Disponible en < http://www.campus-oei.org/revista/rie35a01.htm Ver síntesis >.
Gutiérrez, B. y S. Rodríguez, *Formación basada en competencias*.
   Disponible en < http://www.hemerodigital.unam.mx/ANUIES/ipn/academia/10/sec_5.htm >.
Huerta, J., *Desarrollo curricular por competencias profesionales integrales*.
   Disponible en: < educar.jalisco.gob.mx/13/13Huerta.html >.
Kerka, S., *Desarrollo de modelos para la formación de recursos humanos*.
   Disponible en < http://www.ilo.org/public/spanish/region/.../ii_b.htm >.
Ley General de Educación, México, 1993.
   Disponible en < http://www.cddhcu.gob.mx/LeyesBiblio/ref/lge.htm >.
López, J. *Las competencias básicas del currículo en la LOE*.
   Disponible en < http://congreso.codoli.org/conferencias/Juan-López.pdf >.
Luengo, J., Luzón, A., Torres, M., *El enfoque por competencias en el desarrollo de políticas de formación del profesorado. Entrevista a Claude Lessard,* Profesorado, Revista de currículum y formación del profesorado, 12, 3, Universidad de Granada, 2008. Disponible en: < http://www.ugr.es/local/recfpro/rev123ART5.pdf >.
Modelo educativo de la Universidad Autónoma del Estado de Hidalgo, 2011. Disponible en < http://www.uaeh.edu.mx/docencia/docs/modelo_educativo_UAEH.pdf >.
Modelo educativo de la Universidad del Bío Bío, Chile, 2008.
   Disponible en < http://www.ubiobio.cl/web/descargas/Modelo_Educativo_(08.07.08).pdf >.
Monereo, C., *La evaluación de los aprendizajes estratégicos*, Universidad Autónoma de Barcelona, Congreso en Santander, julio, 2008. Disponible en: < http://www.sinte.es/ >.
Navarro, A. *La Reforma de la Educación Secundaria. El énfasis en las competencias para la vida*.
   Disponible en < http://kino.iteso.mx/ ~ navarro/Reformadesecundarioycompetencias.pdf >.
Núñez, J., *El modelo de gestión por competencia*.

Disponible en < http://www.monografias.com/trabajos14/mocom/mocom.shtml >.
Organización Internacional del Trabajo, *Competencias laborales*, 1996.
Disponible en < www.ilo.org/public/spanish/region/.../index.htm >.
Perrenoud, P., *Diez nuevas competencias para enseñar*, 2004.
Disponible en < http://www.carmagsonora.gob.mx/pagina/modules/news/Secundaria%20Bibliografias/Diez%20Nuevas%20Competencias%20para%20Ensenar.pdf >.
Programa de Desarrollo Educativo, SEP, 1996.
Disponible en < www.sep.gob.mx/work/appsite/dgaj/.../6222.HTM >.
Programa de Renovación Curricular y Pedagógica de la Educación Preescolar, SEP.
Disponible en < http://www.oei.es/quipu/mexico/PRONADE.pdf >.
Programa Nacional de Educación (PNE), 2001-2006.
Disponible en < www.iea.gob.mx/infgeneral07/dcs/leyes/plannac1.pdf >.
Rama, C.,"El contexto de la reforma de la virtualización en América Latina", en *Lineamientos para la educación virtual en la educación superior*, Bogotá, 2010.
Ramírez, C., *Qué es una competencia*.
Disponible en < catarina.udlap.mx/u_dl_a/tales/documentos/.../bibliografia.pdf >.
Rial Sánchez, A., *Diseño curricular por competencias: el reto de la evaluación*.
Disponible en < http://www.udg.edu/Portals/49/Docencia%202010/Antonio_Rial_(text_complementari).pdf >.
Sosa, A., *Apuntes para un curriculum basado en competencias. Una mirada desde Vigotsky*
Disponible en < http://www.fisica.ver.ac.cr/varios/ponencias/5apuntes%20para%20un%20curriculum.pdf >.
Sousa, M. C., *Análisis de necesidades de entrenamiento basado en el modelo de competencias*.
Disponible en < http://www.monografias.com/trabajos14/mocom/mocom.shtml#des >.
UNESCO, *Perfil del egresado* (*conocimientos, habilidades, actitudes y destrezas*).
Disponible en < http://portal.unesco.org/education/es/ev.php-RL_ID=36639&URL_DO=DO_TOPIC&URL_SECTION=201html >.
Verdejo, P., *Modelo para la educación y evaluación por competencias* (*MECO*).
Disponible en < www.6x4uealc.org/site2008/p02/11.pdf >.

Índice onomástico

Álvarez García, I., 196
Argudín, Y., 22, 55, 57

Barrón, C., 66, 69, 76
Beltrán Llera, J., 25
Berry, T., 21
Bourdieu, P., 64
Boyatzis, R., 23, 57
Buber, M., 150, 158
Bunk, G. P., 22, 51

Canquiz, L., 113-114
Cárdenas Salgado, F. A., 98-99
Cardona, G., 21
Carr, W., 110
Catalano, A. M., 75

Daniel, F., 196
Delors, J., 26, 155, 158
Díaz Barriga, A., 29

Erosa, V. E., 268, 270

Flores, M. C., 45-46, 156n
Frade, L., 266
Fromm, E., 157n-159n
Fullat, O., 149

Garagorri, X., 74-75, 82
García, A., 29
García Cabrero, B., 76
Ginés Mora, J., 52
Gutiérrez, B., 45, 62, 76

Hacket, S., 23
Hernández, A. R., 60-61, 63-64
Herrera, A., 30-31

Inciarte, A., 114-116

Kemmis, S., 110-111
Kerka, S., 82

Leal, J. L., 146-149
López, F., 28, 73, 231-232

Marín Martínez, N., 29, 64
McClelland, D., 22, 54
Melo, A., 143, 147
Moncada, S., 156n
Moreno Bayardo, M. G., 57
Morin, E., 8

Núñez, C., 112-113

Onrubia, J., 34

Paniagua, S., 29
Pansza, M., 153n
Perrenoud, P., 29, 65, 69-70
Pinto Cueto, R., 57
Poblete, M., 75

Ramírez, C., 60
Ramos de Robles, S. L., 55n
Rial Sánchez, A., 22, 73
Rodríguez, S., 45, 63-64

Romero Torres, N. L., 56
Rousseau, J. J., 21

Salazar, R., 143, 147
Sánchez Sánchez, L. V., 10
Schwab, J., 110
Senlle, A., 156-157
Sousa, M. C., 60
Stenhouse, L., 110

Tébar, L., 26
Tobón, S., 121-127,
   252-256

Tyler, R., 109-110

Verdejo, P., 249-252, 265
Vigotsky, L., 34
Villa, A., 75

Weinert, F. E., 63
Wittoroski, R., 63

Zabalza, M., 63, 67

Índice analítico

Actitudes, 27n, 61
Actividades
    calendarización de, 188
    cooperativas para el logro de objetivos educativo-formativos, 152
    cronograma de, 189f
    pedagógicas, contextualización de las, 157
Acuerdo Nacional para la Modernización de la Educación Básica *1989-1993*, 193
Alimento constructivo, 258-259f
Alumno(s)
    en el enfoque de competencias, papel del, 53
    proceso de formación integral de los, 28f
Amor, 201
Análisis de la realidad interna. *Véase* Institución educativa, características de la
Animación, 178
    definición, 179
Aprender
    a aprender, 53, 232
    a convivir, 53
    a hacer, 53
    a ser, 53
Aprendizaje(s), 35f
    actividades de, organización de las, 45
    derecho al, 15
    dimensiones de, 155
    factores que influyen en el, 27
    por disfunciones, 82
    y valores, 28
Aptitudes, 27-28
Autonomía, 251

Calidad, 194, 197
    condiciones que inhiben el desarrollo educativo de, 194-195
    de vida, 198
    desarrollo de procesos académicos de, 195
    educativa, 192-193
    grupos de, desempeño de los, 195
    institución educativa de, 195
    promoción de la, en los individuos, 195
    requisitos de, 285
Capacidad, 22
Coherencia, 14
Competencia(s)27f, 29f
    académicas, 57f-58
    ámbitos
        de identidad y, 53c
        y, 232
    básica(s), 62, 279
        componentes de una, 231
        de un perfil óptimo de egreso, 78
        definición de, según la Unión Europea, 231
        para el éxito social, 58

características de las, 75
científico-tecnológica, 155
componentes de una, 32c, 61
comunicativa, 139
crítica al enfoque de, 82-83
de gestión, 140
definición(es), 55-57, 255
    elementos para elaborar una, 63
    según
        Boyatzis, 57
        Hernández, A. R., 60
        Herrera, 31
        la Comisión de las Comunidades Europeas, 74-75
        la OCDE, 72
        la OIT, 60
        la UNESCO, 27-28, 56
        Moreno Bayardo, 57
        Núñez, 60
        Perrenoud, 29
        Pinto Cueto, 57
        Ramírez, C., 60
        Romero Torres, 56
        Sousa, 60
        Tobón, 252-253
del componente
    académico, 32
    del mundo de la vida, 33
del Programa de Renovación Curricular y Pedagógica de la Educación Preescolar, 76
desarrollo de una, 29-30
descripción de, 72
    aspectos mínimos para la, 254
dimensiones
    de la, ejemplo de desarrollo continuo de las, 251c
    que conforman el concepto de, 51
disciplinares, 79
diseño curricular por, 112
docentes, 66
    en el perfil de la Secretaría de Educación Media Superior (SEMS), 66
elementos de una, 75, 114, 255-256
en aprender a aprender, 237
en el conocimiento y la interacción con el mundo natural, 234
específicas, 62, 66-67, 242, 279

etimología del término, 22
evaluación por, 257
formulación de, 123
genéricas, 62, 73-75, 79, 242, 279
instrumentales, 31c
interpersonales, 31c
investigativa, 140
laboral(es), 52, 57f, 72-73
    básicas, 55
    evaluación de, 22
metodología para la elaboración de la, 116
niveles en donde se aplican las, 81f
para América Latina, 59
para el aprendizaje permanente, 30, 78
para el desarrollo, 64
para el manejo
    de la información, 30, 78
    de situaciones, 30, 78
para la convivencia, 30, 78
para la vida en sociedad, 30, 78
pedagógica, 139
personales, 62
profesional(es), 62, 72-73
    definición, 62, 246
    descripción de las, con un enfoque funcional, 249
propósito de las, 60
referidas
    a actitudes, 76
        existencialistas y éticas, 76
    a capacidades creativas, 76
    a comportamientos profesionales y sociales, 76
    al ámbito
        de la relación y la interacción, 233
        del desarrollo personal, 237
sistémicas, 31c
social(es), 62
    y ciudadana, 236
tecnológica, 139
tipos de, 51, 57
    según Herrera, 30-32, 51-52
transversal, 74
unidad de, 75, 255
uso del término, en el mundo, 8
viabilidad de las, información sobre la, 267

vínculo de la teoría y la práctica en la concepción de, 278-279
Complejidad, 251
Componente. *Véase también* Modelo educativo, elementos del
   académico, 153
   filosófico, 149
   organizacional, 160
Comunicación, 207
Comunidad(es) educativa(s), 18, 130
   creación y organización de la, 180
   orientaciones y estrategias para elaborar un modelo educativo con las, 177
   valores por promover en la, 226
Conocimiento(s), 61, 226
   actitudinal. *Véase* Saber ser y convivir
   declarativo. *Véase* Saber qué
   habilidad para aplicar los, 61
   procedimental, 28. *Véase* Saber hacer
   universalidad del, 196
Constructivismo(s), 33
   tipos de, 36-37
      diferencias entre los, 38-39
Contenidos
   tipos de, 29
   tratamiento de los, 66-67
Convivencia, 66
Creatividad, 227
Cultura institucional, 223
Currículo
   características del, 111
   crítico, 111
   definición, 109
   educativo, 108
      programación del, 108
      urgencia de un, 111
   flexible y diversificado, 109, 111
   interpretativo, 111
   práctico, 111
   programación del, 109

Definición y selección de competencias (DeSeCo), 231
Derecho natural, 159
Desarrollo didáctico, 243
Desempeño, indicadores de, 255
Destreza(s), 28n
   para dar soluciones novedosas, 61

Didáctica constructivista, 224
Diseño curricular, 242-243

Educación
   b-learning, 146-147
   basada en competencias
      aspectos de la, 17
      definición, 58
      en la era del conocimiento, 21
      pilares de la, 230
      ventajas de la, 23
   definición, 17, 225
      según el paradigma humanista, 159
   e-learning, 146-147
   el ser humano como principio y fin de la, 17
   en el contexto de los cambios sociales en América Latina, 173
   enfoque holístico de la, 8
   fin de la, según el Programa Nacional de Educación *2007-2012*, 158n
   humanista, 17
   integral
      e integradora, 208
      proceso de, 222
   intercultural, 282
   m-learning, 146
   pilares de la, 207
   saberes indispensables para la, 8-9
   virtual, 143-146, 148
Eficacia, 14
Eficiencia, 14
Enseñanza, 24
Entorno educativo, 131. *Véase también* Modelo educativo, elementos del
Equidad, 14
Espíritu emprendedor, 239
Estilo pedagógico, 121
Estudio, objetos de, 45
Evaluación, 196, 257-258
   a distancia, 148
   curricular, 243
   de competencia laboral, 22
   de los objetivos de aprendizaje, 44
   del modelo educativo, 186
      pasos en la, 187
   formativa, 267
   por competencias, 265

sumativa, 267
virtual, 148
Evidencias, 255, 265
Excelencia, 227

Familia, 175
Filosofía
 educativa, 220
 institucional. *Véase* Ideario educativo
Formación en alternancia, 82

Gestión, 195
 educativa, 138
Grupo
 animador, 180
 de enfoque, 267
  etapas de la sesión del, 268
  rutas de preguntas de los, 271-273

Hombre, concepto de, 224
Hominización, 149
Honestidad, 226
Humanizar, 174

Ideario
 definición, 219
 educativo, 130, 222
  contenido, 171
  definición, 171, 219-220
Identidad espiritual del hombre, 201
Identificación, 159
Idoneidad, 14
Información, 155
Iniciativa, 239
Institución educativa, 205
 características de la, 216
 frente al desarrollo y al cambio social, 176
 humaniza mediante la cultura, 175
 retos de la, 282
 sistematización de la historia de la, 214-215
Integración, 156
Integridad, 13, 226
Inteligencia, 202
Interacción docente-alumno, 34
Interdisciplinariedad, 45
ITER, elaboración de un, 180

Justicia, 227

Ley General de Educación, 193
Libertad, 202
 e igualdad, 206

Mapa funcional, 75
Marco curricular común (MCC), 79
Método
 DACUM, 72
 educativo, 117-118
Misión educativa, 221
Modelo(s)
 académico tradicional, 8
 cognitivo, 64-65
 como expresión de libertad, 198
 de sociedad, 199
 definición, 42, 88-90
 didáctico
  -alumno activo, 25
  -colaborativo, 26
  -expositivo, 25
  -instructivo, 25
 educativo(s), 10-11, 89, 199
  ambiente
   de formación, 229
   institucional, 229
   próximo, 229
  basado(s) en competencias, 40, 42, 45, 230f
   criterios bajo los cuales opera el, 13
   ejes de los, 45
   en el nivel básico, 231
   en los niveles técnico, medio superior y universitario, 240-246
   fines del, 12
   profesionales integradas, 79
  como generador de agentes de cambio social, 174
  contenidos del, 107
  definición, 43, 89
  descripción del, 207
  destinatarios, 99-100
  dimensión antropológica del, 150
  el hombre en el, 150
  elaboración del
   dificultades en la, 212
   fases para la, 87
   guía para la, 88f

responsables de la, 211-212
elementos de un, 90, 131, 214
marco de referencia, 214
doctrinal, 217-219
educativo, 214
esencia del, 224
estrategia(s)
de implantación del,
en el personal
académico, 227
administrativo, 228
en los alumnos, 228
para la elaboración del, 179
estructura y planeación del, 161
evaluación del, 186
formulación del, 183
horizonte del, 201
importancia del, en la labor
pedagógica, 169
incorporación del, al plan general
del ciclo escolar, 213
macroambiente y, 203, 229
marco situacional de, 203, 216
métodos de elaboración y revisión
del, 209
deductivo, 210
inductivo, 209
parcial, 210
necesidad de un, 191
objetivos del, 104, 202
diseño de los, 104-105
preparación del, 212
programa de trabajo del, 182
qué no es y qué debería ser el,
40c-41c
recursos disponibles para elaborar
el, 184
financieros, 185
humanos, 185
materiales, 185
tipos de, 43
de Hilda Taba, 45
de Popham-Baker, 44
de Ralph Tyler, 43
de Roberto Mager, 44
tradicional, 43
y modelo de organización escolar,
diferencia entre, 221
Motivación, 211
Multirreferencialidad, 81

Objetivos, 43-44
diseño de los, 104
particulares y específicos, 44-45

Pedagogía del umbral, 154
Pensamiento complejo, 120f, 122, 124,
126c
Perfil
académico-profesional, competencias
del, 115
óptimo de egreso, 227
competencias del, 78
del Sistema Nacional de
Bachillerato, 78-80
Persona(s)
humana, desarrollo integral de la,
153
integrales, 157
proyecto de, como ser
individual, 204
social, 205
Perspectiva
social, 224
trascendente, 224
Pertinencia, 14
definición, 153
Planeación
institucional, 160-162
estratégica, 164, 196
modelo de, 163
operativa, 165
prospectiva, 163-164
táctica, 167-168
para la calidad, 195
Problemas e incertidumbres, 255
Profesor(es)
como gestor y facilitador de
aprendizajes, 54
competencias didácticas del, 67
identidad de los, 90
papel del, 25
en el enfoque de competencias, 52
perfil del, 66
Programa
de Desarrollo Educativo *1995-2000*,
193
de unidad curricular, elementos, 114
instruccional, 113
Nacional de Educación *2001-2006*,
193-194

Progreso humano, 157
Propósitos, 160, 162
Proyecto
   socioformativo, 123
   Tuning América Latina, 59

Querer hacer, 81

Redacción de competencias, 266
Reflexión, 251
Relaciones educativas, elementos de las, 108
Respeto, 227
Responsabilidad, 226

Saber(es)
   cómo, 233
   convivir, 81
   esenciales, 255
   hacer, 28, 232
   metodológicos, 81
   prácticos, 81
   qué, 28, 233
   ser, 233
      y convivir, 28
   técnicos, 81
   teóricos, 81
   valorativos, 81
Secuencia
   didáctica, 266
   instruccional, 116

Sistemas de apoyo, 229
Sistematización, 44
Situación didáctica, 266
Sociedad
   del conocimiento, necesidades ante la, 9
   digna del hombre, 206
Solidaridad, 226
Superación, 202

Tarea
   educativa, 192
   socializante, 159
Tolerancia, 227
Totalidad, 149n
Transparencia, 14
Transversalidad, 79
Tutoría, 66

Universalidad, 13

Valores humanos universales, 158
Vida, finalidad de la, 157
Visión, 222
   condiciones que debe reunir la propuesta de, 222-223

Zona de desarrollo próximo (ZDP), 34

*La publicación de esta obra la realizó
Editorial Trillas, S. A. de C. V.*

*División Administrativa, Av. Río Churubusco 385,
Col. Gral. Pedro María Anaya, C. P. 03340, México, D. F.
Tel. 56884233, FAX 56041364*

*División Logística, Calzada de la Viga 1132, C. P. 09439
México, D. F. Tel. 56330995, FAX 56330870*

*Esta obra se imprimió
el 28 de agosto de 2015, en los talleres de
Impresora Publimex, S. A. de C. V.*

B 75 TW